中国社会科学院老年学者文库

目　录

1914 年

(中华民国 3 年)

1 月

2 日

▲下午 1 时，蔡锷出席政治会议举行的“救国大计”“增修约法程序”两案审查会。首由审查长蔡锷“报告两案并付审查顺序，嗣有三四人辩论两案之性质至一小时之久，始行议决”。讨论中，有人认为“救国大计头绪纷繁，解决国会，修改约法，均不过救国大计之一种。然救国大计之要点，即在现国会问题，众赞成。现在国会残留之议员，决计给资回籍，照发公费。至另候召集，则俟新国会组织成功再行召集，并非召集此次遣散之议员。而许鼎霖且谓新国会愈迟愈好，若速则又不能得好结果”。对于约法修改问题，审查会的意见与上年袁世凯提出于众议院的修改主张“无甚差异”。最后，由蔡锷指定顾鳌、朱文劭为审查报告起草员，“起草报告书，以便于第二次开审查会时公同讨论取决。”① 报载许鼎霖所提召集新国会“愈迟愈好”的主张，获得了多数人的赞同。② 外电报道则说“中国各界预测政治会议最先之举动，必为进言政府请从各省都督民政长之议解散国会”。③

《时报》为此评论道：“使国会于中华民国而不应有也，则政治会议议裁之可也。使国会于中华民国而不能不有也，则虽不必谓愈速愈妙，视其能及之时而有之犹可说也。愈迟愈妙，何言哉！”④

而社会议论，大致有下四种：“一、大总统专设此项机关为解散国会之

① 本报驻京访问员慧子：《政治会议之审查会》，上海《时报》1914 年 1 月 6 日；《政治会议之第二次审查会记》，上海《时报》1914 年 1 月 12 日。

② 《三日戌刻北京专电》，上海《时报》1914 年 1 月 4 日。

③ 《北京一日字林西报电》，上海《时报》1914 年 1 月 4 日。

④ 骨子：《愈迟愈妙》，上海《时报》1914 年 1 月 4 日。

武器；二、国会消灭之后，即以此项机关组织参议院，如英之贵族院、德之上议院等；三、以为修正约法之机关；四、大总统特为监督现在内阁之行动而设者。”①

4日

▲报载政治会议委员蔡锷签定的座次是79号。②

6日

▲蔡锷主持“救国大计”和“增修约法程序”两案第二次审查会。审查会沿用参、众两院审查会旧例，禁止旁听，“又参以几分官厅通行之机密主义”，“书记员亦不得与闻，所有记录皆由秘书长自行执笔”。报告书也只印15份，非审查员不得寓目。会后，审查员也“守其如瓶之口，不肯以审查结果，稍泄外间。机密之至，几于水泄不通”。对于起草员朱文劭，因系前国会议员，人多疑其对于救国大计及修改约法或多迁避，未能所谓“秉公”，但他所提出的报告书，“确能对题作文，不溢分寸，他审查员阅之，亦皆惬心，贵当称为难能。视陈瀛洲之并审查员亦思托辞谢却者，其相去为有间矣”。审查会就顾、朱二人所提报告书进行了反复讨论。“报告书之对于救国大计及修改约法之二议案，其措辞偏重于解释方面，于问题之根本上则出以一字不着、尽得风流之态。”讨论结果，“对于救国大计一案，以原案有给资回籍，另候召集八字，分作三层解释：一、给资一层。是否给资，以政府财政为衡，有则给资，无则停给；二、回籍一层。是否回籍，听之议员之自由；三、另候召集一层。是否即系旧国会议员，俟将来国会问题解决时再行决议。旧国会议员之未被取消者，现尚认为有法律上之议员资格。至关修改约法一案，审查结果颇以约法之须修改，总统命令中已明白指明，无待讨论。其待讨论者，系修改约法程序之如何。修改约法之程序，以组织修改约法机关为第一步，因决议组织修改约法机关，其用意在表明万不以政治会议充修改约法之机关而已矣”。③

---

① 本报驻京记者阿严：《政海钩沉记》，上海《时报》1914年1月6日。

② 《政治会议委员签定之坐次》，天津《大公报》1914年1月4日。

③ 《政治会议之第二次审查会记》，《时报》1914年1月12日。

7 日

▲中午 12 时，蔡锷与政治会议议员出席袁世凯在怀仁堂举行的新年公宴。①

按：虽未见出席者名单，但由这年 5 月 5 日袁世凯举办游园会，有蔡锷出席的名单看，袁不可能不请蔡出席。

8 日

▲蔡锷出席政治会议茶话会，并向 50 余位委员报告“救国大计”和“增修约法程序”两案“两次审查之情形”。略谓：“前二次开审查会审查救国大计及增修约法二案，均有可报告者，大抵第一次所讨论者系对于两案之大体主张，第二次所讨论者乃系其详细办法。现在此两大要案大体均已通过。至其结果，应俟明日开会时详细报告。于此有应注意者，两案关系非常重大，其不可不先研究之。第一问题，即处置国会一事是也。据当时各都督原电中所云‘给资回籍，另候召集’之八字，实已代表一般人之心理，本会按照原电决议，更不能越其范围。至第二案咨询修正约法，本会以为约法之不适用，至此已无可讳言，以已往之成绩言，国家一年以来之未见进步，约法实不得不任其咎，故其必出于修改一途，早为不可避之事实。此案即经两次开会，各议员之意见类皆一致，主张另行增修，明日可报告于大众云云。”②

至于各议员何以议决约法“另行增修”，而不是当时舆论所认为由政治会议作为“修正约法之机关”，那是为了不能给人们造成与行政对立的形象，顾鳌秘书长有如下解释：“至于第二案，各都督原电中有援照美国先例云云，由此推寻第二案之应有之范围，不外以下二事：一提案权，一议决权是也。吾辈对于提案权业已无可讨论，所以讨论者，全在第二项中。现在我辈所主张约法在未有宪法以前，其效力与宪法等，即关系亦非常重大，故非另立机关与以立法职权不能有效。外间人有云政治会议将代国会而为之，此实纰缪之见，惟是国会与行政机关皆根本法中之一部分，若使国会

① 《总统府新年公宴志盛》，上海《时报》1914 年 1 月 12 日。

② 《八号政治会议之茶话会·蔡审查委员长之报告》，上海《时报》1914 年 1 月 13 日。

增修之，既与行政对立，必不能得公平之修正，事所必至，断不容疑。故今日当另立一种造法机关，使超然于行政、立法等机关之上，乃能不偏不倚，各得其平。”①

▲报载“政治会议李议长定于八日请各员在招待所开茶会”：

兹闻是日午后二时，各员到齐即于二时三十分开会，各员就坐后首由李议长报告茶话会之用意，次由蔡审查长宣布审查报告内容，并令各员自由讨论。再次由顾鳌演说组织政治会议之用意，最后仍由李议长宣布该会应守之宗旨。各员对于两案之审查报告无一异议，遂自由散会，时四点五十五分。兹将各员之言论，记其大概如下。李议长于各员就坐后，起立略谓今日之茶话会有两种用意：（一）新年本会议同人尚未一同晤面，借此以图自由集会；（一）上年第一次大会所议两案，现已审查完竣，并拟定报告书，明日即须开大会表决，恐明日时间迫促，不能细心研究，故趁今日茶话会，将审查报告内容报告诸君。如有意见，无论几人，可以从容讨论。即将来亦拟多开茶话会云。

蔡锷略谓审查报告书前已印就，本可分送诸君，惟因昨日又经数人斟酌，略有修改，须经重印。故今日不及分送，但对于第一案，国会当然停止职权，另行组织。至约法何以必须修改，因立宪国不可无宪法，而制定宪法非旦夕所可程功，自不可无依据之法，而求其可以依据者，即为约法。然约法实有许多窒碍难行之处，故不能不修，以为过渡时之办法。惟修改约法，总须另设一种机关，以政治会议乃咨询机关，而非立法机关，将来似应仿照本会组织，由各省派人组成主持其事，即政府欲将修改约法之事，委任本会，则本会亦应另改名目方可云。

顾鳌略谓今日中国之大势，异常危险，若不速图救济，不堪设想。政府非无救济之方，不过共和国之政府，其意思必有一种发表的机关，此机关即国会。然吾国之国会，不但不能发表政府之意思，且多阻挠政府之行动。故国会一日不改组，政府一事不能为。然共和国不能无国会，无国会即无大总统。外间疑为不要国会，盖不知

① 《八号政治会议之茶话会·顾秘书长之报告》，《时报》1914 年 1 月 13 日。

大总统之意者。至修改约法，审查长蔡君言之已详，无庸赘述，请诸君照议长之言，自由讨论云。

李议长又起立云，今日诸君不辞辛苦，远道而来，对于议案，悉心讨论，一矫从前国会叫嚣之习，非取悦于政府，亦非计及于个人，不过以国家已危，吾人即国家一份子，不能不图挽救，保此国家，以保个人。故艰苦不辞，物议亦不恤，而救国之目的何在，即建设强有力且有利益之政府，与组织最完美之国会而已。此次两案，虽大致已定，将来应议之事尚多，尤愿常抱定前述两种之目的进行，此鄙人深望于诸君者也。今日若对于两案之审查，大体上无何意见，可以自由去留云。①

9 日

▲由顾鳌代表蔡锷口头宣读袁世凯所提“救国大计谘询案”“增修约法程序谘询案”的审查报告。说：

审查终结，本应提出报告意见书，印刷多分，按人分送，以备研究。惟时限短促，筹办不及，不得不以口头代之。兹详报如下。

（一）关于救国大计之案件

查去腊十八日大总统命令，系据兼领湖北都督事黎元洪等来电所议。原电以鉴于民国建设伊始，法制纷繁，立法机关，成绩甚少，因特陈救国大计。其要端有二：一则请修正宪法，而不可拘文牵义；一则请资遣议员，以扶持国本。宏谟远识，溢于言表。惟所谓修正宪法一节，经审查会详细讨论，均谓民国宪法尚未制定公布，自无修正之可言。若谓宪法未施行以前，《临时约法》之效力与宪法等是，则该原电所称应行修正者，即指约法而言，应于大总统谘询修改约法程序案内别行议复。

至对于国会现有议员给资回籍，另候召集一节，审查意见以为原电所陈，不无可采。盖就国会本体而论，其组织法由约法发生，而选举法又发生于组织法，种种不良之点，既经一度试验，已属无可讳言。

① 《政治会议茶话会之解说》，天津《大公报》1914 年 1 月 10 日。

知者以国会不良之故，归咎于组织；不知者以国会不良之故，集矢于议员，情理虽失其平，而影响实有所自。方今国势岌岌，改良国会组织，几于异口同声。兼之本届国会分子，既多以乱党嫌疑，丧失资格，递补又需时日。虽前奉大总统命令，曾饬内务总长查取本届合法候补当选人如额递补，以重国会，而内务总长亦经饬由筹备国会事务局遵办，现据河南等省选举监督来电，力陈递补补选之困难，奉交本会议并案讨论。审查会细核原电，证以前此大总统命令，所揭本届选举种种违法舞弊之处，诚有未免，无惑乎最高立法机关不能收良善结果。而部令调查以来，该选举监督等既称手续繁难，苦无善术，则补足法定员额尤非易易。

夫以现有议员既不足法定人数，而候补议员又难克期递补，是我国民所恃以为运用共和政治之国会，目前决不能行使职权，少数议员即无到院之必要。况国会定期四个月延长之限，虽未明白规定，而各国国会通行办法遇有延期情形，绝无倍于法定会期之例。我国国会开会自民国二年，至今已九阅月，延期倍过正期，立法机关终岁常设，即使人数过半有余，亦非政治良轨。何况议员实存少数，更无庸再拥延会之虚名。查两院议长业于上年十一月十三日，代表两院以停发议事日程通告有案。议事既已停止，则该都督等原电所谓无成立希望者，尤属切中事实。至大总统取消乱党议员，前次命令业已声明，系为挽救国家之危亡、减轻国民之痛苦起见，事非得已，实具苦心。而各都督、民政长关心救国大计，尤注重于修正宪法，亦无对人关系之可言。现在国会组织不良，万不得已而求改良，此心既可共信，希望必期速达。对此组织不良之国会，又事实上职权业已停止，何必于现有议员虚示维絷，以重违我国民渴望改良国会之公心。

要之，我民国决不能无国会，国会组织旦暮改定，大总统决不能不仍行召集。约法具在，无可怀疑。则今日即徇各省地方长官之请，明白宣布，使济济贤能议员暂结残局，而养精蓄锐，以待将来之结合，实亦无戾于救国精神，且可以促国会之再造，此原电之可采者一也。至就议员个人而论，自国民党议员悉经解散后，其余稳健明达之士，留则无职可尽，去则弃职为嫌，爱时徒深，身心俱苦。国家爱重人才，岂宜如此！此原电之可采者二也。

审查会审查结果，全体决议认原电所请另候召集一节，系属度势审时正当办法。应请大总统俯纳各都督、民政长之议，宣布暂时停止两院现有议员职务，并声明两院现有议员，既与现行《国会组织法》第十五条所载总议员过半数之规定不符，应毋庸再为现行《国会组织法》第二条暨第三条之组织。况议员职务虽停止于一时，而国会机关终仍存于民国，所有组织各法及选举程序一经厘定，召集不患无日。与其听个人之浮沉无定，致启国民以轻视国会之心，何如求机关之进步改良，尚留国民以尊重国会之地。其现有议员既经停止职务，如何给资之处，或依据院法所定，或斟酌财政情形，应由政府迅速筹给。至现有议员停止职务后，是否回籍，可听其便。审查会讨论再四，意见相同，谨以口头报告，以待公决。

（二）关于增修约法程序之案件

查大总统去腊二十二日命令，言增修约法程序究应如何，特谘询政治会议并案讨论办法，分别具复云云。兹查《临时约法》成于南京临时参议院，南京临时参议院为十四省所派代表组织而成。彼时兵事甫息，民意未申，且起草各员仓卒竣事，不暇详考夫中国国情国势，复于国家机关权限之分划，不免参以成见。故实行以来，障碍丛生，举国诟病。大总统本两年经验之所得，为增修约法之请求，而议院迟迟不议，以致凡百政务，均滞进行。今于政治会议开始之日，首举增修程序，以相谘询，无非欲为国家谋久安长治之计。而《临时约法》第五十五条，大总统本有提议增修约法之权。现在国事日棘，非刷新政治，无以救国家之危，非增修约法，无以立刷新政治之本。审查会以为约法之应行增修，与增修案之得由大总统提出，揆之法理事实，均无疑义。

本会所当讨论者，即系此项增修问题应由何种机关议决。据《临时约法》之规定，增修约法系参议院之职权，参议院消灭，当然由国会承继。今国会情形既难开议，而将来召集尚需时日，际兹百废待举，断无因循坐误之理。前兼领都督黎元洪等原电，引美国费拉德亚会议往事为证，谓此次政治会议与美国往事相同，似隐以增修约法之责属之本会。查政治会议由中央政府及各省各地方委员组织而成，虽人数较北京参议院为多，组织较南京参议院为备，而既为政府之谘询机关，即无参预增修根本法律之职责。审查会依据法理，参之事势，佥以为宜于现在之谘询机关及普通之立法机关以外，特设造法机关，以改造民国国家之根本法，既可示天下以尊重约法之意，且与该兼领都督等以时势造法律之意相符。前此临时参议院制定约法，即因组织粗疏，以致法行之后，流弊滋多。今当此一发千钧之时，一误不容再误。且有此一完善机关，将来约法修定以后，凡附属于约法之各种重要法案，即可由其制定，庶不至国家要政，因此久悬。反复思维，有利无害，讨论再三，意见无歧，应详为报告，以待公决。①

10 日

▲王锡彤说他是日见“报载大总统明令解散国会。此为政府失人心之始。国民党人与政府为难，进步党固与政府接近者，一例待之，人心不寒乎？”他后来为此发表感慨说：“国会未解散之先已有政治会议，国会解散之后又有约法会议。而宪法之修，乃待之立法院，遥遥无期。参政院之参政以命令擢授者，实给以代行立法院之权。宜乎宵小窥伺，而有筹安会之役也。履霜坚冰，其来者渐盛，业不终其有由矣。盖政府所用之大老，皆一班预备立宪之旧人，故所行仍是预备立宪之故技。殊不知‘预备立宪’四字，实促成清室之亡。天下人窥见其隐，不惜断脰绝腹以反抗之者，故演成今日之局。奈之何旧梦重温，覆车相蹈也。”②

14 日

▲下午 2 时，蔡锷与其他政治会议议员 70 人出席第三次政治会议，讨论袁世凯特交两案：一、祭天谘询案；二、祀孔谘询案。68 人赞成。蔡锷与许鼎霖、梁建章、张志谭、张一麐、吴贯因、恩华等 7 人被议长李经羲指定为祀孔案审查员。③ 据审查长许鼎霖说，经审查，他们对此祀孔案取得如下一致意见：“孔子该百家之精，立人伦之杰，其于教也无类，其于人也无所不容，二千年来释道耶回并行中国而不相悖，故欧洲有十字军之战，而中土绝无宗教之争。自变更国体之后，有创为废孔之说者，而国教问题

① 曾业英编《蔡锷集》（二），第 1106—1109 页。

② 《抑斋自述》，第 197—198 页。

③ 本报驻京通信员冰若：《十四日政治会议详志》，《时报》1914 年 1 月 19 日。

即由此发生，聚讼纷纷，牵及祀典。本审查会详细讨论，以为崇祀孔子乃因袭历代之旧典，实未含有国教之意思，于信仰自由毫无妨碍，此本案之定义一也。自世界进化，日趋大同，保守之与革新，正如离心、向心二力之互相摩荡，政治以革新为主，而礼俗以保守为宜，苟犁然有当，于人心不必过事更张，使人疑虑，此本案之定义二也。执此二义以为标准，窃谓春秋两祭，仍宜适用上丁，准夏时以祭。孔子正与《春秋》通三统用意相同，盖政令用阳历，所以取世界之大同，祭祀用阴历，所以从先圣之遗志，言各有当，事不相蒙，若夫大祀之说，有举莫废，实无疑义。其礼节服制，自应与祭天一律，以示尊崇。京师文庙应由大总统主祭，各地方文庙应由该长官主祭，如有不得已之事故，得由临时遣员恭代，用昭诚格。”

17 日，报载“政治会议开祭天、祭孔两案审查会，定祭天用大礼，日期用仲春、仲秋之上丁。祭孔祭服用特别形式”。①

29 日，李经羲以此审查报告交付政治会议表决，得多数赞成，遂通过。②

16 日

▲11 日，袁世凯“特再谘询”政治会议，“造法机关究应如何组织？应用何种名称？其职权范围及议员选派方法应如何妥善规定？”令“克日议决具复，以凭公布施行”。③

16 日，蔡锷出席政治会议第四次会议，讨论袁世凯特交造法机关谘询案。李经羲谓“成立愈速愈妙，手续万不可繁，亦不能过事详备，拟略仿南京参议院之组织”。指定蔡锷与许鼎霖、刘馥、顾鳌、方枢、王印川、李庆芳、邓镕、朱文劭、孙毓筠、刘邦骥、贡桑诺尔布、林万里、黎渊、陈瀛洲等 15 人为审查员，并指定蔡锷为审查长。④ 蔡锷等审查委员于 19 日、23 日两次开会审查，多数议决拟具《约法会议组织条例草案》，并附意见

① 上海《时事新报》1914 年 1 月 19 日。

② 《二十九日政治会议详情》，《时报》1914 年 2 月 3 日。

③ 顾鳌编《约法会议纪录》，沈云龙主编《近代中国史料丛刊》第 19 辑，台北：文海出版社，1984，第一编“成立与组织”，第 148 页。

④ 《十七日亥刻北京专电》，《时报》1914 年 1 月 18 日。又见《政治会议第四次开会详志》，《时报》1914 年 1 月 21 日。

书，提出报告。[①]

关于此次会议，另有报载："十六日下午二钟，政治会议开会，到者七十四人。首由秘书长报告文件，议长说明组织造法机关谘询案之大意，谓现在时局日趋于危，种种关系，均由约法缚束驰骤，故有前次增修约法程序，经本会议议决，以为须设造法机关。现大总统又谘询造法机关之组织，须知此案关系非常重大，且国家待此种机关成立非常需要，务须从速议决。众讨论时，有许世英提出意见书，其名称为《国民会议选派方法》，由各省民政长各派三人，蒙古六人，西藏六人，其资格限于国会、省会议员，及各大学毕业生，又富于政治经验者。孙毓筠主张用国法会议，李庆芳主张用许君意见，名国民会议。刘馥主张用修改约法会议，梅光远主张用共和议院。至于选派方法，则皆主张由各省行政长官。最后顾鳌主张先指审查员，后再报告讨论。吴乃琛言共和宪法，不论民选与选派，只问其内容如何，而宪法之精神，亦不在民选与非民选，如墨西哥宪法为民选机关所产，其结果如何？日本宪法为钦定宪法，其结果又如何？稍治法学、稍明政治者，必崇日本而鄙墨西哥。可见，宪法之精神与民选非民选无关系也。最后议长宣告讨论终止，指定审查员蔡锷、许鼎霖、孙毓筠、顾鳌、陈瀛州、方枢、贡桑诺尔布等十五人。审查长蔡君定于月之十八日午后一钟开审查会。"[②]

又载 19 日"下午一钟在政治会议审查室开审查会，十五人均到会。李议长亦列席，审查长蔡锷主席。刘馥提议先讨论职权，次组织，次选举，次名称。主席谘询各员，举手赞成多数。刘馥主张职权用列举规定，谓宪法会议组织法应归造法机关职权之一。顾鳌、王印川谓制定宪法，《约法》已规定明白，将来宪法如何规定，修改约法时自必连类而及。未修改约法之前，先以宪法会议组织之权与之造法机关，是不啻本会议代造法机关修改约法。李庆芳、邓镕等均主张照前次呈文内，以增修约法及附属于约法之重要法案，为造法机关之职权。□审查长以此意付表决，举手者十二人，多数。选派方法，时有主张选举者，有主张选派者。顾秘书长当场提出意见书，采派而兼选，而兼派之折衷主张。其大意以内务总长及民政长为选

① 《约法会议纪录》，第一编"成立与组织"，第 148 页。

② 《开议组织造法机关咨询案》，天津《大公报》1914 年 1 月 18 日。

举监督，由监督□［核］定合格之选举人，复认定合格之被选人。在都会、省会行投票选举。主席以顾说付表决，赞成者多数。至于名称问题，分为两派，赞成国法会议名义，主张最力者为顾鳌、朱文劭、方枢、黎渊等，主张用增修约法会议者为王印川、刘馥、许鼎霖等。主席先以国法会议付表决，举手者八人，不举手者六人，遂定为国法会议，大体决定。复由主席指定起草员四人如下：顾鳌、朱文劭、邓镕、方枢。李议长对于国法会议之名称，反对甚烈，谓与其尚□名词，不如近征事实，且大总统原欲以此机关增修约法，各方面对于宪法问题异常注目，大总统对宪法问题亦注意非常，名称问题总宜使人一目了然，知用意之所在，故予亦赞成用增修约法之名称云。时四钟半，遂宣告散会。起草员草出后，仍须开审查会一次云。兹将顾秘书长提出国法会议组织法草案一件附录于后。（按：从略）"①

23 日，蔡锷以审查长身份，与除李庆芳之外的 13 名审查员出席组织造法机关案审查会，并报告审查意见书。议长李经羲首先指称将此造法机构命名为国法会议"不适用，主张改用增修约法会议"。讨论历二时之久，全体认为此前政治会议曾"以特设造法机关，改造民国国家之根本法及附属于约法之重要法案等情呈复"大总统袁世凯，因而赞同"即称约法会议，以符名实"。对于如何组织此种造法机关，与会者认为须解决两个问题，一是由什么人组成造法机关问题，二是采用选派还是选举方法问题。对于前者，不外两情况，"一系于现有之各机关、各团体选出议员而组织之，一系于现有之机关、团体以外选出议员而组织之。所谓机关系指行政、司法机关及国会、省会、县会等机关而言，所谓团体系指教育会、商会及各种职业之团体而言。增修约法关系国家根本大计，自无统由行政、司法机关参预而加入组织之理，其立法及自治机关，目前情形既难行合法之互选，而为国家谋根本上之统一起见，尤未便率取地方代表主义，径于地方议会以组织造法机关之权。至各项团体，除商会外余皆仅具雏形或未组织，则均难认其可以为组织此项机关之基础，是以审查会多数意见佥以为应于现有之各机关及各团体以外选出议员若干人，而后可以有适当之组织也"。对于后者，"有一先决问题，即关于议员之选派或选举应采地方代表主义，抑应

① 《纪十九日政治会议之审查会》，《申报》1914 年 1 月 29 日。

采都会集中及人才标准主义之问题也”。造法机关本“专以改造国家之根本法为其唯一之权能，而并无监督政府之职责，其性质与国会悬殊。盖国会虽通称为立法机关，而其实质上之作用则在代表人民监督政府，故宪法学者以为与其称国会为立法机关，毋宁称以监督机关之为愈也。是以造法机关之议员，在审查会全体意见，佥以为大总统谘询命令所称选派方法系援前参议院组织之例办理。约法固有明文，惟事属改良根本大法，为尊重造法机关起见，拟仍酌用选举方法，然当以学识经验为准。而其选举区划则不得不取都会集中主义，选举资格又不得不取人才标准主义。此两主义既符吾国选贤与能之遗意，复合各国限制选举之良规。至此项选举方法，如何折衷厘订之处”，“经审查会全体议决，以为此项选举方法，应即因时立制，一方面使各选举监督于一定条件下，调查列入选举人名册，组成选举会，并于最严重条件之下，调查列入被选举人名册，其数均各倍于法定员额有差，以之提出于该选举会，作为被选举人；而一面仍由选举人于列入名册之被选举人中，以自由意思，投票公选，庶有选举之精神，而无选举之弊害。惟调查遗漏既不容当事人呈报，选举违法又无利害关系人提起选举诉讼，则选举监督之认定权过重恐有流弊，故拟于中央政府所在地方特设议员资格审定会，以为纠正选举监督之机关，则不患救济之无术矣”。①

24 日下午 1 时，蔡锷以“造法机关案”审查长身份出席政治会议第 5 次大会。首由议长介绍新到议员龙建章，签定席次第 49 号。随后议长请蔡锷报告审查事件。蔡登台演说“此案审查之大概”。议长请各议员就此发表意见。“于是众论纷纭，莫衷一是。大约计之，可分为两派：一主张选举法，即用原案约法会议组织法者；一主张官派法，即反对原案之组织法者。主张官派论者谓民意不好，必如国会之现象。官派可省时日，可得多数优秀分子。主张选举论者以约法为重要根本法，仅仅官派，手续太形简单，且不能代表民意。如谓须费时日，此所以采都会集中主义也。前说（按：似为‘后说’之误）为刘彭寿、王印川、梅光远、李庆芳、杨增炳。后说（按：似为‘前说’之误）为邓镕、朱文劭、顾鳌、孙世伟等。两方争论极烈，几于无所折中，并提出第二案之建议案为审查员个人之意思，不能成立，即根本打消约法会议之组织也。”休会半小时后，议长以起立法将审

① 《组织造法机关案最后之大审查》，《时报》1914 年 1 月 30 日。

查会草案付表决，“不起立仅十八人，大多数通过。复将《约法会议组织法条例》二十二条逐案表决通过。其比前草案不同者，惟人数京师减去二人，蒙藏联合会加出二人，而资格审查会之组织另以教令定之。至选举人数则比前减少五倍而已。余均如原草案所定”。[①]

另一报载与此略有不同，且更详尽。说：“政治会议第五次常会，午后二时开会，到者六十四人，广东新改派之议员龙建章出席，抽定五十九号。秘书长报告文件后，主席议长李经羲即宣告开议，请审查委员长蔡锷报告。蔡锷君登台说明审查结果，并述由审查会提出建议案之理由。维时在场发言者分两派，一派主张用选举方法，一派主张用选派方法，前派主张最力者如邓镕、孙世伟等，后派主张最力者如陆梦熊等。主席先以职权范围及名称两项报告书付表决，均大多数起立。第一、第二两项审查报告书表决后，主席即将第三项组织、第四项议员选举方法合并付讨论。移时，主席遂宣告休息三十分钟。休息后，主席登台发言，以为主张选举、选派两方面各有理由，今日当取选中有派，派中有选为合格。多数议员请主席先以大体付表决，主席以大体付表决，多数起立。遂循序讨论条文，并多数赞成不必作为建议案呈复政府，应作为谘询答复案，标题‘约法会议组织法草案’，当由多数议决改为‘约法会议条例草案’。第一条，无讨论。第二条第一款改为四人，第三款改为八人。第三条，有讨论，仍照原文。第四条第二项，朱为湘主张删去，未付表决。第五条，‘其他相当人员’句，杨增炳提出疑问，顾鳌引国会选举法解释。第六条第二款，梅光远有修正，未表决。第九条，方枢动议十五倍改为十倍，多数通过。第十二条，刘彭寿主张加候补当选人之规定，少数。杨增炳动议加票数相同，以抽签定之句，多数可决原文。第十四条，文为前修之约法会议议员资格审查会由大总统简任，左列各员组织之：一大理院院长，二总检察厅厅长，三大理院推事，四总检察厅检查官。又第二项前项审查会以大理院院长为会长，非有会员过半数之列席，不得开会。李庆芳谓此项审定会不能将一般法官拉入政治潮流中，主张删去，于第十四条加第二项。又为前项之约法会议员资格审定会，其组织别以教令定之，多数赞成。原第十五条至第十七条，无讨论。第十七条第二项，杨增炳主张加‘第二次’三字。第二十三条，

---

① 《政治会议之最近消息》，《时报》1914 年 1 月 31 日。

陆梦熊主张删去，均多数可决。主席最后以全案付表决，起立大多数。遂散会，时午后六时二十分。”①

26日，袁世凯公布《约法会议组织条例》。

关于政治会议的来历和性质，有报载说：“政治会议，先名为行政会议，初发起于内阁。其时在大政方针将次议决，为排去施行时之障碍计，故发起此会议，召集各省行政界重要人员来京与议，其所议者，即大政方针。盖自知实力薄弱，欲假地方行政界全体之力赞助其施行，使得如愿办理，则彼内阁之力量加厚一层，而大政方针乃无人能为阻障。不谓此议初倡，总统甚表赞同，且嘉许国务员办事之小心谨慎。于是电催各省派员，并由府内自派委员加入。过此以后，此会不仅为内阁斟酌行政之暂设机关，更进而为总统府会商要政之最高代表，此地位与权限俨有凌驾国务会议而上之势。”又说政治会议之派别有总统派，蔡锷等八人皆为总统派。② 还有报载称，政治会议的讨论，历来只是一种形式。说：“政治会议自开会以来，所议各种重要议案，大抵皆不用十分讨论，经一二人发言即照原案表决。”偶有例外，议长李经羲就会大加制止。如“旧腊念九日议增修约法条例，因系法律案，须逐条讨论，在席议员发言者较往日为多，李议长颇露不悦，谓议场内议事不过一种形式，若人人皆要发言，议长实无能为役。语毕，诸议员皆相顾缄口。议长即令多数赞成者起立而表决之，结果亦卒得多数”。③

30日

▲蔡锷撰写《〈中华民国宪法史案〉总序》。说：

《中华民国宪法史案》为宪法之亡作也。有钦定之宪法，有民约之宪法，《中华民国宪法史案》之作，为民宪之亡，而钦定宪法之见端作也。闻君主之国，有钦定宪法矣，未闻民主之国，有钦定宪法也。以民主之国，而将易民宪为钦定焉，是为其国宪法之亡，抑亦宪法之大变，不可以无述焉者也。

---

① 《纪政治会议第五次常会》，《申报》1914年1月30日。

② 上海《时事新报》1913年12月21日。

③ 《政治会议之闻闻见见》，《时报》1914年2月4日。

呜乎，中华民国，故民主国也，中华民国宪法，由国会制定，故载之约法者也。以制定宪法之故，而废国会，而改造约法，诚不知民宪之何以不容于民主之国也。且约法者，故国家根本法，效力与宪法等者也。

增修约法，虽得由临时大总统之提议，必经参议员五分四以上之出席，出席员四分三之可决，又载之约法者也。以行政代表之议决，而设机关改造之，而以大总统裁可之，诚不知大总统之裁可，何以异于君主之钦定也。夫以民主之国，而将以君宪代民宪，则所谓共和云者，特有其名耳。悲夫，共和国民之所不惜数十万之生命与专制争，幸而得之者，唯得其名也。然尝究极其实，则共和之实亡久矣，固不必待国会之废、约法之改造，而约法云者，国会云者，亦有其名耳。

大借款者，国会开会之始第一大事也。前乎大借款者，又有奥款。奥款之秘密私借也，大借款之秘密签字也，国会于约法上，议决增加国库负担契约之权安在，而约法第十九条第四项之效力安在也。降而要求预算案，而预算案卒未正当提出于国会也，国会于约法上，议决预算决算权安在，而约法第十九条第二项之效力安在也。又降而中俄条约，参议院不与通过，而俄约缔结，卒未尝待国会之同意也，国会于约法上，缔结条约之同意权安在，而约法第十九条第五项与第三十五条之效力又安在也。故袁氏之无国会久矣，无约法亦久矣，岂必待废止而后为无国会，待改造而后为无约法哉。

洎国会废，则一切以命令代法律，而约法荡然无复余地又无论已。且其心之疾首蹙额于约法，两年以来，处心积虑，必去之而后已者，彼固自言之而不讳也。推其疾恶之心，终必以一当为快，是故废国会有所不顾，改造约法有所不避也。夫至于废国会，改造约法，则民宪于是亡；至于以大总统裁可约法，则钦定之宪法于是始矣。虽然共和者，国民以数十万之生命所争而得之者也，将共和之国可以无宪法，将有宪法焉而可以出于一人之钦定，则国民于此可以无事。不然，叛宪法者谓之叛，夺国民制定之权而代之谓之僭，使民意代表之机关，国家根本之大法一切皆坏谓之乱，以袁氏之为叛耶、僭耶、乱耶，国民其犹得执其名而问之耶，抑将听其所为而遂已也。呜乎！此又共和之大变，而不幸于宪法史见之者也。故因其成文，存其行事，自国会制定宪法草案起，讫改造约法止，以表见始末，备征信。若夫草案所主持，与袁氏所非难，是非得失，有国民之共见，非一人之私言，兹故不著。中华民国三年一月三十日①

按：李根源1932年印行的自选集《曲石文录》中，收录有《〈中华民国宪法史案〉后序》一文，内容与上录蔡锷《〈中华民国宪法史案〉总序》一字不差，实际由蔡锷此文改名而来。李根源虽辑有《中华民国宪法史案》（国闻社1914年1月30日付印，2月10日发行）一书，但其《总序》的作者并非李根源，而是蔡锷。理由如下。

第一，《贵州公报》刊发的《蔡松波先生〈中华民国宪法史案〉总序》，从题名到内容皆与李根源纂辑的《中华民国宪法史案》一书的记载无异。唯一不同的是，李书《总序》本无作者的署名，而《贵州公报》披露为蔡锷。这说明《贵州公报》相关编辑或记者对此中的内情是了解的，或者核实过的，否则，不可能如此不顾后果地直言为蔡锷。因为《贵州公报》刊发《蔡松波先生〈中华民国宪法史案〉总序》时，蔡锷、李根源二人都还健在，而且是同一个战壕的战友，同在致力于推翻“洪宪”帝制的护国大业。蔡锷当时正率领护国第一军，于1916年1月16日离开云南昆明，经贵州威宁、毕节等地，向川南永宁进发。李根源则是蔡锷护国第一军的“驻港专员”。李根源既然是蔡锷护国第一军的“驻港专员”，说明两人此时存在正常的联系。何况李根源自己也说过，蔡锷1915年12月由日本潜回昆明时，他曾在香港接待过蔡，而且住在一起叙过旧。说：16日，蔡锷偕戴戡、殷承瓛、韩凤楼先后到达香港。蔡锷在这里“待船”，与李根源同“住一日，匿腾商王爱贤室二日”。②“松坡到香港，宿余（按：李根源）寓，谓杨春魁案，姜梅龄邀功念切，非将君与少三（按：张文光，字少三）名牵入，不足以张大其辞，耸［怂］恿谢汝翼捏造事实，竟致少三于死。吾人当日待少三挈得太紧，及今思之，

① 《总序》，李根源纂辑《中华民国宪法史案》，第215—217页；《要件》，《贵州公报》1916年1月28日。1月28日未刊完，30日续刊，但仍未续完。遗憾的是2月1日、3等日的《贵州公报》已散失难觅，因此，今人未能看到该《总序》“约法第十九条第二项之效力安在也”以下的“未完”续文。

② 《雪生年录》卷二，第11页。

心犹歉然。”李说：“少三与余从未知杨春魁为何如人，少三方请准解职，赴日本留学，省亲回里，浴于硫黄塘，唐（继尧）、谢（汝翼）派连长李青龙率兵二十余人持枪丛击，身中十数创，殒焉。时十二月十九日也（1913 年 12 月 19 日）。”[①]《贵州公报》作为贵州省响应云南首义、宣布独立后的主要舆论机关之一，对于刊发此文不可能不谨慎从事。如果所言事实有误，《总序》并非蔡锷所撰，而的确是李根源所为，即使不考虑远在香港的李根源是否产生不快，也不能不考虑将使近在眼前的蔡锷陷入情何以堪的尴尬境地。

第二，《贵州公报》刊发《蔡松波先生〈中华民国宪法史案〉总序》时，蔡、李二人既然都还健在，他们完全有可能直接通过阅看《贵州公报》或从他人之口获知这一信息。特别是 1 月 16 日离开昆明的蔡锷，按《云南陆军兵站暂行简章》拟定的行军计划，自昆明至贵州毕节须“十四日”行程，[②] 他这时应该尚在贵州威宁至毕节的进军途中，完全有可能直接看到《贵州公报》。即使因行军或军务繁忙未能阅看这天的《贵州公报》，也可能从一路追随他离京南下，绕道日本，回到云南昆明发动护国战争的亲密战友、护国第一军右翼总司令戴戡那里得知这一信息。因为戴戡这时正在贵阳，而且 1 月 28 日刊发此文的《贵州公报》，还同时刊发了戴戡两天前在贵阳各界数千人欢迎大会上的长篇演说词。[③] 戴戡肯定能够也完全可能看到该报同日刊发的这篇《蔡松波先生〈中华民国宪法史案〉总序》。可见，即使尚行进在贵州威宁至毕节途中的蔡锷没有直接看到这天的《贵州公报》，也极有可能从戴戡的来往通讯中获知这一信息。可是，迄今却没有发现蔡锷否定此文的记录。如果《贵州公报》所说有误，《总序》实际非其所写，他是不太可能置之不理的。因为蔡锷待人处事，历来严谨，对于不存在或者与己无关的事，一向态度分明，毫不含糊。如，1912 年 9 月 1 日至 14 日，蔡锷出巡临安、个旧、蒙自等“南防”各地，外间传言他“将乘间离滇”，他随即向《天南日报》记者声明“实属无稽之言”。[④] 又如，1916 年 6 月 19 日，上海《中华新报》

---

① 《雪生年录》卷二，第 9 页。

② 《云南陆军兵站暂行简章 · 附表二》，《护国文献》（上），第 136 页。

③ 纪：《戴戡演说词志略》，《护国运动资料选编》（下），第 342—345 页。

④ 《与〈天南日报〉记者谈话》（1912 年 8 月底），曾业英编《蔡锷集》（一），第 725 页。

发表有蔡锷列名的31人致国务院及各省通电，因与事实不符，蔡锷立即于6月21日发表《致各报馆电》，声明泸州“所发华密庚电一通，内署贱名，实未预闻前［其］事，应不负责任。特此通告。”[①] 既然迄今未见蔡锷否定《〈中华民国宪法史案〉总序》为他所撰的证据，也未发现可以一目了然判断此文出于何人笔下的手稿，似乎也可说明蔡锷实际已默认《贵州公报》批露的这一事实。对于蔡锷而言，这种情况也非没有先例。如，1913年6月，梁启超要他出任新组建的进步党“名誉理事”，他就曾回电说：“前以置身军籍，故于统一共和党合并时宣告脱党。今承吾师指命为名誉理事，义又不得即辞，惟有勉从诸公之后，为默示之承认而已。”[②]

第三，李根源倒是16年后在其自刊《曲石文录》中否定了《贵州公报》这一记载。虽然仅仅改了一个字，将“总序”的“总”改成了“后”字，给人造成一个错觉，以为《〈中华民国宪法史案〉总序》之外还有另一《后序》。但其内容与《总序》的一致和《中华民国宪法史案》一书在《总序》之外并无《后序》一文，已证明李根源刊发的这篇所谓《后序》，实际是否定了《贵州公报》所说《〈中华民国宪法史案〉总序》的作者是蔡锷。然而，《贵州公报》所载《蔡松波先生〈中华民国宪法史案〉总序》一文，刊发首日为1916年1月28日，距离1914年2月李根源纂辑《中华民国宪法史案》一书刊行的时间仅仅过去两年。较李根源1932年改其《总序》之名为《后序》，并声明系自己所撰，刊于自选的《曲石文录》中，整整早了16年。而《贵州公报》又是一份天天发行、读者众多、传播速度远远高于一般书籍的省级大报，这就决定了《贵州公报》刊发《蔡松波先生〈中华民国宪法史案〉总序》时，有兴趣阅读该文和了解该文作者内情的人势必比16年后多得多。如果该报所说该文作者为蔡锷不是事实，那么，被人揭穿的风险和机会自然也要大得多。何况李根源1932年刊发《〈中华民国宪法史案〉后序》时，蔡锷早在1916年11月8日就因积劳成疾辞世了，戴戡也在1917年7月18日的川、黔军事冲突中被川军击毙，两个关键人物皆已无法针对李根源的说法再开口说话了。而《总序》如真的为李根源自己所写，那为何1932年重刊时又不按《中华民国宪法史案》

① 《致各报馆电》（1916年6月10日），曾业英编《蔡锷集》（二），第1429页。

② 《复梁启超电》（1913年6月中旬），曾业英编《蔡锷集》（二），第933页。

原书如实题为《总序》，而非要改为《后序》呢？如此看来，当日《贵州公报》依据《中华民国宪法史案》一书所载，如实题其名为《总序》，而不是李根源 16 年后所说的《后序》，并直言作者为蔡锷，虽然没有交代如此认定的依据，但还是能让人相信比李根源 16 年后的一面之词要可信得多。

此外，蔡锷为李根源《中华民国宪法史案》一书作序也是完全可能的，因为第一，蔡、李二人虽然在 1913 年孙中山发动反袁"二次革命"期间，一度分道扬镳，蔡锷甚至视李根源为"煽惑"民众的"暴烈分子"，[①] 并遵从袁世凯的命令，"除密令一、二师严加防范外"，还要求王广龄等人"详细查报，得实密报"。[②] 但是，他们毕竟共同策划、领导过辛亥云南重九起义，与李烈钧一起被时人誉称为"重九起义"的"三杰"，[③] 因而在其后的大部分时间里和其他许多方面上都还是彼此信任、相互合作的革命战友。例如，英国驻腾越领事为挑拨蔡锷与李根源的关系，曾向蔡锷告李根源的恶状，说李"有反对外人之意，且在迤西权力无限"。蔡锷却电复英领事并转告李根源说："李师长（按：时任云南陆军第二师师长）开通文明，为滇人所共称，亦本都督所深信，可决其必无反对外人之意。来照称其在迤西权力无限，本都督考其所办事项，亦俱为其职权所当为。"[④] 再如，1912 年 7 月 24 日，袁世凯以与各省都督无"疏通意见之机关"为由，要求各省都督"切实遴选""熟于军事及内政各门"，"而又为各省都督所信任"的三人，"迅即来京，以备谘询"。蔡锷认为李根源"于云南现政情形颇为谙悉，堪以续派赴京充云南代表"，因此遴选的三人中就有李根源，可见对李根源的确是信任的。[⑤] 第二，蔡锷虽然在编纂宪法问题上，认为"国权巩固，国力自张，然后有发达民权之可言"，因而强烈主张"民国宪法宜以巩固国权为主义"，并提出"编拟宪法有不可不先决之问题二事"，"一曰大总统不可不有解散议会权"，"二曰任命国务员不必求国会之同意"，在当

① 《蔡锷复张国淦电》（1913 年 9 月），《熊希龄先生遗稿》第 2 册，第 1610—1611 页。

② 《致王广龄电》（1913 年 8 月 30 日）、《致杨觐东等电》（1913 年 9 月 1 日），曾业英编《蔡锷集》（二），第 1090、1092 页。

③ 张汉臬：《呈蔡都督七律二章》，昆明《共和滇报》1913 年 9 月 18 日。

④ 《致李根源电》（1912 年 3 月 8 日），曾业英编《蔡锷集》（一），第 496 页。

⑤ 《呈袁世凯文》（1912 年 12 月），曾业英编《蔡锷集》（一），第 802 页。

时袁世凯任临时大总统的情况下是利于袁世凯专制集权的。[①] 但是，这仅仅是就宪法的具体条款而言的，至于宪法由谁制定，通过何种程序形成为国家根本法的问题，他同样也是认为人民才是“一国之主人翁，凡制定宪法，推举总统，票选议员”，皆应“出自一班人民之公意”。[②] 1913 年 6 月，他甚至通电各省都督、民政长，希望“一致赞同”拟请国会“两院将一切议案缓议，赶将宪法编订，或先从选举总统入手”的要求，“电达两院，催促进行”。[③] 可见，在蔡锷心目中，作为国家根本大法的宪法是必须经过民选国会议员议决这一程序的，否则，就不可能有真正的法律效力，就不是“民宪”，而是“君宪”了。这与李根源纂辑《中华民国宪法史案》一书，旨在揭露袁世凯“踣国会、坏《约法》，然后从其大欲以自定国之宪典，宪法自此无复国民之事矣”[④] 的思想是完全一致的。正是这种思想上的一致，加上又是自策划、发动辛亥云南重九起义后合作多年的革命战友，蔡锷才有为李根源所纂辑的《中华民国宪法史案》撰写序言的兴趣和意愿。否则，对于早年受教于湖南时务学堂，后又在广西从事军事教育时特地以“半日”时间“专读”对“修身处世”“确有见地”的“中国有用各书”，[⑤] 而有着深厚传统文化根基的蔡锷来说，道不同不相为谋，肯定是绝无此可能的。

总而言之，无论从哪方面看，1916 年 1 月 28 日《贵州公报》所披露的蔡锷是《〈中华民国宪法史案〉总序》一文的作者，皆比 1932 年李根源在《曲石文录》中披露的内容与此完全相同而题名被改为《后序》一文为他自己所写更值得信赖，应是肯定无疑的。[⑥]

31 日

▲蔡锷函请袁世凯所聘外籍顾问莫里循出席迎春宴会。说：“敬启者。

① 《致各省都督电》（1913 年 2 月 7 日），曾业英编《蔡锷集》（二），第 811 页。

② 《在蒙自绅商学界欢迎会上的演说词》（1912 年 9 月 11 日），曾业英编《蔡锷集》（一），第 735 – 736 页。

③ 《致各省都督民政长电》（1913 年 6 月 17 日），曾业英编《蔡锷集》（二），第 932 页。

④ 李根源在《制宪第一》之前加的按语，见李根源纂辑《中华民国宪法史案》，第 1 页。

⑤ 《蔡松坡先生遗札：丙午年在广西致友人杨君书》，《上海工业专门学校学生杂志》第 2 卷第 2 期，1918 年。

⑥ 参见曾业英《蔡锷一篇鲜为人知的轶文及其价值：“〈中华民国宪法史案〉总序”作者辨》，《社会科学辑刊》2018 年第 2 期。

谨订于阳历二月八号正午十二时设座东厂胡同将校联欢社，絜治春酌，敬候高轩。如荷宠临，并请先期示复为幸。祗颂日祉。蔡锷谨订。正月三十一号。”①

2 月

4 日

▲黄远庸披露约法会议选举法案未公决之前与蔡锷有关的“一段趣闻”。说：

> 此次约法会议之选举法案，全用顾鳌提案，余于政治会议未曾公决之先，早已预断。惟闻此事颇有一段趣闻，余既忍俊不禁，因表而出之。
>
> 先是政治会议既决定约法会议之组织，乃由顾鳌、朱文劭等与蔡锷协议，谓若专用派遣之法，未免过于极端，若用普及（广义的）选举，则于此次改造立法机关之意不合。且大众既以承认造法机关与立法机关之区别为前提，则在理法上不能以组织国会之法而组织造法机关。执两用中，不如用此特别选举办法为善，此顾鳌提案之所由来。政治会议中，大多数均无党派之见，只须有一种意见足成具体者，自易通过。而顾鳌之意见，其地位及性质，尤为会中所注意，故审查员中大势，已颇决定用顾案。顾乃提此案谒见总统，总统既见顾案亦颇满足。而梁士诒氏闻顾鳌主张选举，深用骇诧，以为大事糟了。乃直谒总统，谓大总统上了外间的当，将来恐须费第二番手续。言之极为挚切，此亦出于梁氏诚笃之心。总统为晓譬之者，甚至谓不妨事。而梁犹不谓然，乃语公民党健者反复言其不可。故政治会议大会议决造法机关之日，李庆芳、梅光远等极力反对，声浪甚激宕。梅氏至谓此等选举法案为违反约法，亦有他人谓与大总统命令，意旨不合者，会场中极其骚扰。老实之李议长乃摇铃制止，宣告停会，谓可借此疏通疏通。于是停此正式之会，而开疏通会。

① 《蔡锷集外集》，第 325—326 页。

疏通会开后，李等坚谓此等选举法案，必大怫大总统之意，且举其言之所自来以为左证。嗣另有一直接于大总统之人，谓大总统不喜之说恐不确，于是诸君不争法律问题，而争事实问题。又由事实问题牵入心证（诉讼法中语）问题，心证互用之结果，乃似以顾案为无防碍，因遂得通过矣。

余日昨在一公会中晤顾氏，为余反复以言所以主张此等选举制，及于蝉蜕之间不取爽快法，而取纡徐之法之不得已（顾君盖用余前此通信中语）者甚详。大致谓社会之误解，政治家惟不应置之意端。然能避则避，亦是往事，且无论何等开明国家，政治之作用，终不能无也。

据顾氏之意，以正谊论，国会须由宪法产生。但今欲急消弭社会上一种将来恐无国会之误解，故造法机关一面制定约法，一面即制定国会组织法，由此即产生新国会。至将来制定正式宪法机关用何等组织，亦包括于改正约法范围以内。以余意妄测之，将来制定宪法机关，必出于一种特种组织，而超然立于国会之外。其佐证有二，（一）往日国会时代，政府本主张宪法委员会特别组织；（二）造法机关与立法机关之区分，如前所言，为今日有力者所公认故也。

两院秘书厅既交代矣，各议员纷纷回籍，或在京谋事矣，流水落花春去也，天上人间。议员诸君诵之，感慨何如？[1]

按：1920 年《远生遗著》初版时，编辑者收入了此文，但将“乃由顾鳌、朱文劭等与蔡锷协议”一语中的“蔡锷”名字删去，改为“乃由顾鳌等协议”了。[2]

10 日

▲下午 1 时，蔡锷等 58 位政治会议议员出席政治会议第八次常会，讨论第一案为袁世凯特交省议会停止职务谘询案。首由议长李经羲发表意见，谓“自国民党取消之后，各省省议会有停止者，有未停止者，形式上殊不

---

① 远生：《国会蝉蜕之后》，《申报》1914 年 2 月 9 日。

② 《远生遗著》下册，卷四，第 8 页。

划一，此犹就表面言之也。各省行政长官对于中央负责任，则大经大法皆不得仰承于政府，自不免与省议会有意见相左之处，故各省省议会议员之贤者有不能尽其力。至于各都督、民政长来电所陈云云，系就事实上立论，本会议所应主张之理由，尚不能与来电原意尽同，因议员中不乏稳健明达之士，恐一笔抹煞，转灰贤者之心。至于如何解决之处，应请诸君平心研究”。陈懋鼎也发表了意见，梅光远、吴乃琛、王丕煦、李庆芳等先后发言，大体赞成陈懋鼎的意见，“以为省议会绝无存在之理由，就法理上立论，三权分立，立法机关只应有一国会，若于国会之外，别有一种机关操绝大之立法权，实无此等办法。且各省凭借此等机关，适足以破坏统一。我国既非如美洲之联邦，则省议会绝无存在之必要。前清谘议局以资政院为之后盾，与督抚冲突甚多，然由帝政变为民政，该局之功亦不可没。今民国成立，则绝不宜有此机关”。最后，指定蔡锷、马良、饶汉祥、顾鳌、刘馥、王印川、李庆芳、孙毓筠、林万里、朱文劭、秦望澜、邓镕、龙建章、黎渊、张一麐等 15 人为审查员。讨论的第二案为核定国庆纪念日谘询案。①

另一报载说，“初十日政治会议”，“议员到会者五十九人，秘书长报告文件，即开始讨论第一案。议长发表意见，略谓省议会现状，各省不同，有停止会议者，有解散机关者。似此省自为政，不足以示统一，不如明定办法，一律停止之为愈云云。陈懋鼎主张将省议会从根本上取消，中国国家为统一国家，自应只有一个立法府，决不容有类似立法府之省议会存在，如存在省议会是破坏国家统一云云。梅光远、吴乃琛等均赞成。王丕煦谓解散方法，如经明定，恐生意外之疑虑，不如停止职务之为愈。有人提议请指出审查员，再行讨论，遂指定蔡锷、马良、饶汉祥、顾鳌、刘馥、王印川、李庆芳、孙毓筠、林万里、朱文劭、秦望澜、邓镕、龙建章、黎渊、张一麐等十五人为审查员”。②

14 日

▲下午 1 时，蔡锷在政治会议西审查室，以审查长身份，主持省议会停止职务案审查会。首由蔡锷发言，“谓省议会停止职务案，前次大会有主

① 《政治会议初十日开会详情》，上海《时报》1914 年 2 月 15 日。

② 《前日政治会议志略》，北京《白话捷报》第 182 号，1914 年 2 月 12 日。

张应就法理立论，请诸君讨论”。接着，“顾秘书长报告覃寿昆致李议长函，议长意欲和平解决，不可过伤各省议员之心，省议会之停止乃机关的问题，非个人的问题也”。讨论过程中，“顾秘书长略谓，省议会成立之历史，系一种暂行法，为参议院议员之选出机关，当时既云暂行，可见此种机关有变组之必要。林万里主张答复政府应就法理立论，李庆芳谓前此大会，议长演说，谓各省议会，已有停者，有未停者，于政治统一上，殊不画一，此意甚好，亦可加入”。蔡锷“以顾、李二说付表决，全体举手”。最后由“蔡审查长指定饶汉祥君”为起草员，“饶因事固辞，遂指定顾鳌、刘馥二人，限三日内草出，于十八日下午一时，定期开会”。[1]

▲袁世凯以“教令第二十号”颁布如下《约法会议议员资格审定会组织令》：

第一条　约法会议议员资格审定会由大总统就下列各员中选任组织之：一、大理院院长；二、总检察厅厅长；三、大理院推事；四、总检察厅检察官；五、法政专门以上学校校长；六、其他富有学识经验、声望素著之员。

第二条　约法会议议员资格审定会以会员中之一人为会长，由大总统特派之。

第三条　约法会议议员选举会投票完毕后，由选举监督分造当选人名册，报告筹备约法会议事务处转送于约法会议议员资格审定会。

第四条　约法会议议员资格审定会于当选人名册送到后即行定期审查。前项审查非有会员五人以上之列席不得开会。审查资格以列席会员三分二以上之同意决定之可否，同数取决于会长。

第五条　约法会议议员资格审定会审查完毕后，须将合格及不合格之当选人姓名，报告于筹备约法会议事务处。

第六条　前条之审查报告，除合格各当选人由约法会议议员资格审定会，依照约法会议组织条例之规定给予议员证书外，其不合格者由筹备约法会议事务处依照审查报告，行知该选举监督另选。

---

① 北京《白话捷报》第186号，1914年2月17日。又见1914年2月19日上海《时报》所刊《政治会议连日开审查会纪详》一文，所不同的仅是开会时间定为13日，而不是14日。

第七条　当选人名册式及议员证书式，依另表之规定。

第八条　约法会议议员资格审定会之准备开会及其他庶务，由筹备约法会议事务处派员兼办，但须受会长之指挥。

第九条　本令自公布日施行。[1]

随后，报载约法会议议员22行省及京师、蒙、藏、青海并商会均次第选出发表，“唯此选出议员之人才，不外下之三项：第一，现充政治会议议员者；第二，现充行政方面各重要差委者；第三，现在闲散之地位者。而尤以第一、第二两项人员为最多，几占全额三分之二。闻已拟定办法如下。（一）约法会议关系重要，既经选出之员，除朱家宝现任直督重职，势难兼顾，尚须另选外，其余均无庸更选，并不得辞职。（二）现充政治会议员者，于约法会议开会之中作为政治会议缺席，无庸更动。（三）现充行政方面各要差者，于约法会议开会之中暂行给假，或请员代理，以闭会为限”。[2]

3月4日，袁世凯任命李经羲、蔡锷、姚震、余棨昌、董鸿祎、饶汉祥、胡诒谷、朱深、黄德章为会员，组成约法会议议员资格审定会，负责审定约法会议议员资格。[3]

5日，报载蔡锷出席约法会议议员资格审定会。说：“此项审查会，自系一种形式上必经之手续。会长李经羲，会员蔡锷、姚震、余棨昌、董鸿祎、饶汉祥、胡诒谷、朱深、黄德章等于五号开会，均依次解决。所谓依次解决者，即照章合格者给予证书，不合格者另行选举。而解决之结果，大抵均给予证书者也。惟对于政治议员身兼约法会议者，是否双方有效，抑系取消一方，颇有议论，但此节似无问题云。”[4] 但某外国公使评论此项资格审定时，却说“此项会议之组织在人民程度不足时，用此等选派方法极为适当，不然，政府若取放任主义，恐所得结果将不免仍蹈前此两院之覆辙矣”。[5]

① 《命令》，《政府公报》第636号，1914年2月14日。

② 《议员蝉联办法》，《申报》1914年3月12日。

③ 《申报》1914年3月7日。

④ 本报驻京记者远生：《局势·（三）约法会议议员资格审定会之开会》，《申报》1914年3月11日。

⑤ 《外人之约法选举评论》，《申报》1914年3月15日。

8日，又载李经羲、蔡锷等“筹议审定办法，大致仍注重于官僚一派。凡当选议员查系曾任高等官吏五年以上者，莫不认为合格，并加以确有成绩批词。对于一般老学究，即所谓硕学通儒者，尤为欢迎。唯苦于学校毕业生，所谓需审定者，即此项而言。大约将来总须于此项内剔出三五人，认为资格不合，以完该会之责任云”。①

9日，约法会议议员资格审定会通告各会员本日开始审查。说：“查约法会议议员资格审定会组织令第八条，载约法会议议员资格审定会之准备会及其它庶务由筹备约法会议事务处派员兼办，但须受会长之指挥等语。现在约法会议议员资格审定会会长及会员业奉大总统任命，本会亟应克日成立。兹暂假众议院为约法会议议员资格审定会会场，并奉会长示定于本月九日午后二时开始审查，除通知各会员届时莅会外，特此通告。”②

其间，有报纸两次报道约法会议议员资格审定会有关情况，一次说：“约法会议议员资格审定会已于九号起开始审查，闻该会对于各议员注意之点，略志于左。（一）是否足法定年龄（三十五岁以上）。（一）符（合）约法会议组织法第六条规定之被选资格否？此外，须令各该员莅会，由审查会员面询数事。（一）有无身隶党籍。（一）于政治上有无实在经验。（一）在被选省份曾否办事，其名誉及成绩如何。（一）宪法学识能否具备。”③ 二次说：“约法会议议员资格审定会业已开始审查，于各议员除核对其姓名、籍贯、年龄是否符合外，如曾任或现任高等官吏五年以上者，即须述其最近事实。如法政专门三年以上毕业，或举人出身者，应将凭照缴呈。若无须声明理由，如硕学通儒，应将著作缴呈。惟对于蒙、藏、青海议员，如系世袭王爵即为合格。但查青海议员以安徽之许世英、浙江之钱能训二人当选，不知又以何者为其资格也。”④

13日，筹备约法会议事务处发表《审定确定之通告》。说：

查约法会议各选举会当选人前经本处汇造总名册，送请约法会议

① 《资格审定办法》，《申报》1914年3月11日。又见《资格审定会之意见》，天津《大公报》1914年3月8日。

② 《申报》1914年3月12日。

③ 《资格审查会审查要点》，《申报》1914年3月15日。

④ 《审定资格之近闻》，《申报》1914年3月16日。

议员资格审定会审定在案。兹准复称本会于三月九日开会审定，现截至三月十三日止审查终结，统计共审查得京师等选举会当选人，邓镕等五十七人。其议员资格等项均经决定合格，应即给予议员证书。除浙江、广东、云南各选举会应各另选一人，应俟选出册报贵处转送到会，再行继续开会审查，并将审定情形呈报大总统外，相应依照约法会议议员资格审定会组织令第五条、第六条之规定，函知贵处查照办理。并附原册一本。另附议员证书五十七纸，希由贵处分别转发等因。合将审定合格之约法会议议员姓名宣示周知，即希议员诸君迅速携带名章来处领取议员证书可也。特此通告。

兹将约法会议议员资格审定会审定合格之约法会议议员姓名列下：邓镕、宝熙、黎渊、程树德、王劭廉、李槼、袁金铠、陈瀛洲、齐耀珊、徐鼐霖、施愚、秋桐豫、庄蕴宽、马良、孙毓筠、王揖唐、李盛铎、赵惟熙、朱文劭、严复、王世澄、刘心源、张国溶、夏寿田、舒礼鉴、柯劭忞、王丕煦、王祖同、王印川、贾耕、田应璜、汪涵、王恒晋、顾鳌、秦望澜、王学曾、王树枬、傅增湘、曾彝进、梁士诒、张其锽、关冕钧、严天骏、任可澄、陈国祥、那彦图、齐默特散披勒、阿旺根敦、根布札布、葛拉增、江曲达结、许世英、钱能训、冯麟霈、向瑞琨、李湛阳、张振勋。①

17 日

▲2 月上旬，湖南共和、民主、统一三党支部酝酿合并为进步党支部，初推都督汤芗铭为支部长，“汤以军人不得有党，力辞不就。旋又推定蔡松波、杨皙子两君充任副部长”，蔡、杨皆致电辞谢。“当由湘支部电请梁任公劝驾，皙子仍固辞，又经易克臬［杲］、包炳坤及进步党湘支部地方科长梁伯强仍强松坡担任。”

17 日，蔡锷电复“进步党湘支部”筹备处，允任该支部部长。

3 月 12 日，长沙致电“进步党本部转蔡松坡先生鉴。奉洽电，俯允担任部长，党员同深感戴。本部委托书由张鹏君面呈。本月咸日开成立大会，推易君克杲为临时主席，并请廖君名缙报告在京与部长接洽情形。谨此奉

① 《约法会议之近信·筹备事务处审查确定之通告》，北京《群强报》1914 年 3 月 16 日。

闻。湘支部筹备处。文”。

18 日，长沙又电“进步党本部诸公转梁任公、蔡松坡先生暨驻京湘进步党诸君子鉴。支部十五开成立大会，报告松公来电担任部长，到会党员千余人，甚为忻戴。参议、干事俟举定函达。进步党湘支部。巧”。

25 日，长沙再电“进步党本部及蔡松坡部长鉴。本支部已于巧日推定前共和方永慎、姚联奎，前统一姚鸿逵，前民主张祖荫、马乾负为各科主任干事。余函详。进步党湘支部。漾”。①

此外，《中华杂志》还有以下三条反映蔡锷允任进步党湘支部长的记载：一、“湘支部来电，报告支部成立，举定蔡锷为部长由”；二、“长沙支部来电，转蔡松坡，报告开成立会情形由”；三、“（进步党本部）电致易敦白，告知蔡锷已担任部长，请主张一致赞成由”；四、“宝庆来电，欢迎蔡松坡为部长由”。②

19 日

▲12 日，熊希龄辞去国务总理职。报载梁启超随后也于 19 日正式辞职。说：“熊总理辞职后，梁任公曾致梁秘书长（按：指梁士诒）一函，略云大政方针（按：指代熊希龄所草《内阁大政方针宣言书》），本出自予一人之手，前之不忍求去者，实为待政策之见诸施行。今事已绝望，理应辞职，并恳将此意转达总统。后经总统挽留，任公仍一再坚辞。近闻其正式辞职书已于今日（十九）呈递。大致或可邀准云。”③

23 日

▲报载政治会议“开第三次审查，已将起草员顾君原草经审查会讨论，其内容极其秘密，无从探悉，惟传闻各审查员之意见，概谓各省会之应否存在，此于省制存废问题有连带关系。省议会之不应存在，以法理论，欧洲大陆诸国及日本自治制之通例，大抵地方自治之级愈下者，其自治权限

① 以上各电见《湖南近事记·推定支部正长》，《时报》1914 年 4 月 3 日；《党务报告》，《中华杂志》第 1 卷第 1 期，1914 年 4 月 16 日。又见徐博东《蔡锷对民初政党的态度及其与进步党的关系》，《齐鲁学刊》1987 年第 2 期。

② 《函电摘由》，《中华杂志》第 1 卷第 11 期，1914 年 11 月 16 日。

③ 《第一流内阁之回顾·梁启超》，《申报》1914 年 2 月 23 日。

愈宽，级愈高则自治之权限愈狭，且至于无，故国家最上级行政区域则仅有官治，而无自治。盖自治之级愈高，则国家行政权紧相接触，微论不宜委诸自治，就令认为自治亦必无可办之自治事，此以法理论不应存在之理由也。以事实论，中国省制面积过大，令其自治几成联邦之国体，于统一之国体且有妨碍，就令废省之议果见诸施行，省缩为州，则一州所辖，大亦数百里，终以地广级高，而不适于自治团体之用。何况废省问题既未议决，则省既不能认为自治团体，当然不能于中央议会与地方议会之间发生一不上不下之省议会，此以事实论不应存在之理由也。且省会有议决本省单行条例之权，因使两院立法机关生种种之枝节，而致国家立法权不能统一，此法理、事实兼筹之均不能有存在理由也。又谓临时省议会之设自定职权，政府鉴于谘议局前车即有废止之意见，嗣因参议院议员应由省会产出，议遂暂止。然亦名其法曰暂行法，政府亦认为一时权宜之计，预留根本解决之余地也。又谓共和国之地方行政长官，已隶属于各国务员之下，既无前清督抚之特权，即无须对待机关之监督，此种高级议会安有任其习常蹈故而不予改良，且国党取销，各省会议员存废不齐，大非政治所宜，不如根本解决去之较爽云”。①

26 日下午 2 时，蔡锷出席第 10 次政治会议，“议员到者五十二人”。讨论政府交付的“停止省议会议员职务谘询案”等三大议案。首先讨论“停止省议会议员职务谘询案”。蔡锷以“审查长”身份“登台报告审查理由，略谓省议会根本上不应存在，法理、事实均确有根据。惟只宜筹计将来，不必推究既往，只宜就议会本体上研究得失，不必就议员身份上论定是非云云。报告毕，余绍宋谓本案大体均赞同，惟报告书中之语病当删除。如自吾国行省制度造端于元一段，应改为吾国行省制度辖地过广，只宜认为最上级地方行政区域。邓镕赞成，徐世伟对于审查案不甚满意。其言省议（员）职权似未经细阅省议会法条文。林万里、江绍杰主张删去”。经短暂讨论，议长李经羲“将全案付表决，赞成起立者多数，遂通过”。其次讨论“整理短期外债谘询案”。邓镕报告审查理由，“略谓借债偿还，大体赞同，惟政府所拟之两法何者为优，实难悬揣，只好让政府做去，就使稍

① 《二十六日政治会议预志·停止省议会议员职务谘询案（审查报告）》，上海《时报》1914 年 3 月 1 日。

有损害，亦只好忍痛。但抵押之田契、印花两税，其收额能否有把握，应请财政部筹办”。表决结果，“赞成者起立，大多数，通过”。最后讨论第三案“整理长短期内债谘询案”，仍由邓镕说明，“略谓内国［国内］公债应偿还，以全信用。惟发行债票方法，一不宜侵入加赋范围；二宜有简便方法，使民不扰；三宜使一般经济关系人平均分担，不使农人独重。应由财政部另筹办法，不必以前清租捐为据”。梅光远、吴乃琛、任福黎、徐世伟等人略有讨论。“以大多数起立表决，通过全案”。①

随后，

政治会议议长李经羲呈大总统，前奉令交议各省都督、民政长电，请停止各省省议会议员职务一案，经议员大多数议决，拟请将各省省议会一律解散等情，请裁夺施行文。本月四日，奉大总统令，据各省都督、民政长（衔名略）电称，各省议会成立，瞬及一年，于应议政事，不审事机之得失，不究义理之是非，不权利害之重轻，不顾公家之成败，惟知怀挟私意，一以党见为前提，甚且当湖口肇乱之际，创省会联合之名，以沪上为中心，作南风之导火，转相联络，胥动浮言，事实彰明，无可为讳。有识者洁身远去，谨愿者缄默相安，议论纷纭，物情骇诧，而一省之政治，半破坏于冥冥之中。推求其故，盖缘选举之初，国民党势力实占优胜，他党与之角逐，一变而演成党派之竞争。于是博取选民资格者，遂皆出于党人，而不由于民选，虽其中富于学识，能持大体者，固不乏人，而以扩张党势，攘夺权利为宗旨，百计运动而成者，比比皆是，根本既误，结果不良。现自国民党议员奉命取消以来，去者得避害马败群之诮，留者仍蒙薰莸同器之嫌，议会之声誉一亏，万众之信仰全失。微论缺额省分，当选递补调查，备极繁离，即令本年常会期间，议席均能足额，而推测人民心理，利国福民之希冀，全堕空虚，一般舆论，佥谓地方议会，非从根本解决，收效无期。与其敷衍目前，不如暂行解散，所有各省省议会议员，似应一律停止职务，一面迅将组织方法，详为厘定，以便另行召集。请将所陈各节，发交政治委员会议决等语。该都督等所陈各节，自系实情，

① 《政治会议讨论结束之三大案》，上海《时报》1914 年 3 月 2 日；《政治会议常会之纪事》，北京《白话捷报》197 号，1914 年 2 月 28 日。

应如所请，交政治会议公同议决，呈候核夺施行。此令。等因。奉此，本会议遵于本月（按：指2月）十日，列入议事日程，各议员就本案大体一再讨论，决定先付审查。当照章指派议员蔡锷、马良、饶汉祥、顾鳌、刘馥、王印川、李庆芳、张一麐、孙毓筠、林万里、朱文劭、秦望澜、邓镕、龙建章、黎渊等为审查员。该审查员开会三次，提出审查报告书，本会议复于本月二十六日，开会提议，经各议员详细讨论，意见相同，佥以为各省议会成立以来，或因地方事变，牵涉内乱嫌疑，或因党派纷争，议事鲜有成效，容有如该都督、民政长所言者。然其中多数省分之省议会议员，深明大义，不越范围，直接以保卫地方，间接以维持国本，苦心调护，正不乏人。徒以制度规划，未能适宜，因而得失利害，不免互见。该都督、民政长等目击时局艰危，不可终日，欲谋政治根本之补救，自不得不急图议会组织之改良，虽措词不无过当，要自有激而成。惟是各省议会之应否存在，乃地方制度一大问题。若因法律之弊失，指为个人之罪状，平情而论，究觉未安。本会议反复讨论，对于此案，大体佥以为只宜筹计将来，不必推究既往，只宜就议会本体上研究得失，不必就议员本身上论定是非。盖各省议会根本上之不应存在，法律事实均有强固之理由。查中国今日之省，其性质是否应认为自治团体，抑纯为国家之地方行政区域，尚属疑问。本会议以为吾国行省制度，区域过广，只宜作为最上级地方行政区域，不宜施行自治区制。按欧洲大陆诸国及日本自治制通例，虽即以国家之地方行政区域，兼为自治体之自治区域，然大抵级愈下者，认其自治权愈宽，由是层累而上，至于最上级行政区域，或且仅有官治，而无自治。诚以自治之事，级愈下境愈小，则人民公共关系愈见亲密，而自谋亦易周，其他地方行政区域，级愈高而境愈广者，微独与国家政权接触益近，不宜委任自治，且就令认为自治团体，亦必无事可办，徒拥虚名。中国行省辖地之广，几埒于欧美一国，世界各国现行自治团体中，求其区域如是之广者绝不之见。故难任令省各自治，致蹈联邦国制之嫌，且无论现行之省未能遽废，就使政府缩省为州之策即见施行，其最上级地方行政区域之州，亦终以地广级高，不适于自治团体之用，而何况于一省。省既不能认为自治团体，则当然不应于中央议会与地方议会之间，发生此性质不明之省议会。查省议会之设，系沿袭前清谘议局制度而来，其权限亦略相等。综其职务范围，几于省自为政，即如省议会暂行法，因有议决本省单行条例之权，虽有不得抵触国家法令之规定，然国会之立法范围，无形之中已受种种限制，而国家之立法权不能统一。因有议决本省预算、决算之权，致中央之行政事务，每牵入地方自治范围，而国家之财政权又不能统一。因有弹劾本省行政长官之权，致与国会请求查办官吏权，显有叠床架屋之弊，而国家之一切用人行政，皆不能统一。溯自民国成立之初，各省临时议会之设，大率自定职权，本非整齐划一之制。嗣政府初次提出地方制度各案，即欲确定其职权范围，以免逾越。及至第二、第三次修正地方制度各案，政府鉴于前车，即毅然有废止各省议会之计划，均因事体重大，积久未决。旋以国会组织在即，参议院议员依法多应由省会举出，于是有省议会议员选举法之制定及省议会成立后纷纷以会章为请，乃补定省议会法仓卒成立，遂一以谘议局章程为蓝本，然尚名之曰暂行法者，固已预留根本解决之余地。故自省议会成立以来，政府固认为一时权宜之计，在前参议院亦认为非国家永久之图，因仍旧贯，暂立法规，施行至今，情见势绌。故省议会之不宜于统一国家，与统一国家之不应有此等庞大之地方议会，殆无疑义，此就法律上言之，省议会不能存在之理由一也。查谘议局成立之始，其立法者之意，实以中国地大民众，分省而治，各省之政主于督抚与各国地方之治直接国都者不同，故特有谘议局之设。今则各地方行政长官已隶属于各国务员之下，既无前清督抚之特权，则此等对待机关已非必要。当此刷新政治之时，凡京外各重要机关，均将为根本之改良，此种地方高级议会更无任其蹈常袭故之理。且自国民党议员取消后，各省议会每因人数不足，选补需时，议会之职权早难行使。若同此机关，甲省之所有，而乙省之所无，参差不齐，殊非政体所宜有，此就事实上言之省议会之不能存在之理由又一也。据以上理由，是该都督、民政长等以解散省议会为请，揆之法理，按诸事势均属可行。拟请大总统俯如所陈，将各省省议会一律解散，所有一切行政事务，由各该省行政长官力负完全责任。至各省地方将来应否组织别种议事机关，应以地方制度如何规定为衡，拟请俟制定地方制度时，通盘筹划，折衷定制，以利推行。目前毋庸厘定组织方法，亦毋庸声明另行召集，免涉骈枝。以上各项理由，均经本会议议员大多数议决，理合呈请裁夺施行。谨呈。①

28 日，袁世凯颁令解散各省省议会。说：“前据各省都督、民政长电请停止各省省议会议员职务，当经特交政治会议议决，呈请核夺施行。兹据该会议呈称，本会业经开会议决，佥以为各省议会根本上之不应存在，在法律、事实均有强固之理由，拟请将各省省议会一律解散，所有一切行政事务，由各该省行政长官力负完全责任。自各省地方将来应否组织别种议事机关，应以地方制度如何规定为衡。请俟制定地方制度时，通盘筹划，折衷定制，以利推行。目前毋庸厘定组织方法，亦毋庸声明另行召集，免涉骈枝等语。查各省议会系沿袭从前谘议局旧制而来，本大总统前在临时任内，就职未久即经特颁命令，饬下各省长官召集临时省议会，当时尊重民意之初心，谅为我国民所共见。嗣由前参议院议决省议会暂行法，本大总统亦经立予公布施行，并先期饬由内务总长督饬筹备国会事务局，将省议会议员克期选出，力促厥成。其兢兢于好恶同民之苦衷，初不料各该省议会成立以来，或因地方事变，牵涉内乱嫌疑，或因党派纷争，议事鲜有成效，竟有如该会议及各该都督、民政长之所陈者。吾国行省制度，区域过广，就经前谘议局暨临时省议会与夫现设各省议会而言，其性质既界于中央议会及地方议会之间，而事实上之经历又已积有五六年之久，得失利害早已了然。该会议既称省议会不宜于统一国家，统一国家不应有此等庞大地方议会，应即依照议决，将各省省议会一律解散，统俟厘定地方制度时再行折衷定制，俾利进行。各该省议会一经解散，各省行政长官须知本大总统系以刷新政治为怀，初非蔑视地方舆论。该长官等责任既萃于一身，即应勉袪因循敷衍之习，自时厥后，务各于地方吏治、闾阎疾苦加意讲求，下以救水深火热之人民，上以扶风雨飘摇之国本。各该议员中不乏深明大义、热心公益之员，该长官等尽可随时延访，虚衷谘询，尤望桑梓敬恭，共谋乐利，本大总统有厚望焉。此令。”②

---

① 《公文》，天津《大公报》1914 年 3 月 6 日、7 日。

② 《命令》，上海《时报》1914 年 3 月 4 日。

27 日

▲许宝蘅日记载："二时到部（按：指内务部），闻赵智庵暴疾垂危，余疑有他故。六时回局（按：指考绩局，许时任该局局长）。"[①]

第一季度

▲熊希龄、梁启超、汤化龙、蔡锷四人，为为唐才常、林圭等自立军起义烈士修墓竖碑事致函段芝贵说：

敬启者。庚子武汉之役，唐才常、林圭等烈士首先倡义，正命滋阳，其功固未可没，其事实属可悯。现闻遗骸尚留鄂土，久恐委没于荒蔓之中，致无以阐潜德而发幽光，同仁等拟为之修墓竖碑，以志不忘。

兹今司法部主事林绍敏调查诸烈士就义地点在武昌滋阳湖，拟于该处建立纪念碑二座，估计需银若干元。又调查诸烈士原葬处所，在武昌洪山义园，拟于该处建筑公墓一座，并刊碑竖表，估计需银若干。二共需银若干。此系为表扬先烈起见，所费尚不为多。用特公恳台端，仰祈筹拨的款，派员承修，克期兴工，俾得早日成功，以彰义烈，实纫公谊，至为盼祷。专此，祗颂勋安。熊希龄、梁启超、蔡锷、汤化龙等同启。中华民国三年月日。

拟建就义碑式二座款式：

庚子武汉首义烈士林圭、傅良弼、王天曙、周南廷、李炳寰、杜玉林、田邦浚、颜为贵、陈顺卿、蔡成煜、向联陛、黎科、李荣盛、瞿河清、黎贵全、刘国珊、郑保丞、周七十八人就义处。

以上应在武昌大潮街古天符庙，即现在武昌甲栈东院地址。

拟建诸烈士公墓款式：

此项公墓，应仿北京公园四烈士墓式做法：

庚子武汉首义诸烈士墓。

① 《许宝蘅日记》第 2 册，第 477 页。

墓　门

碑面应刊诸烈士姓名。

碑后应叙诸烈士事实。

发起人：熊希龄、梁启超、汤化龙、蔡锷。[1]

3 月

10 日

▲报载黎元洪、蔡锷被法国陆军中校白列沙在北京组成的战术研究会“推为理事，法国陆军中校白列沙将任总干事，军界高官七十人已入会”。

又载继战术研究会后，“又组军学会”，“专以研究兵法、军队组织、军事史及参谋部各种问题为事。参谋部人员入会者已有一百十五人，会务由德国陆军中尉定克尔孟主持”。[2]

又载“北京组织军学会，以黎副总统及蔡锷为正副会长，以法国陆军中佐白里桑为管理部长。入会者有高等军官七十人”。

11 日及之后，又载军学会旨在“研究高等战术、陆军制度、陆军历史及参谋部各问题。入会之军官有一百十五人，由德人丁特曼少佐主持一切”。[3]

11 日

▲下午 1 钟，周希哲与梁启超大女儿梁令娴在北京前细瓦厂梁启超宅内举行婚礼，车马如云，观者甚众。蔡锷为此次婚礼的“宴宾者”。“赞礼者为前众议院副议长陈国祥”。[4]

19 日

▲报载蔡锷“住丰盛胡同，除照常赴政治会议外，并在某陆军学校担

---

① 《蔡锷集》(二)，第 1110—1111 页。

② 《译电》，《时报》1914 年 3 月 11 日、12 日。

③ 《译电 · 北京电》，《申报》1914 年 3 月 11 日、12 日。

④ 《梁任公女公子结婚纪事》，《申报》1914 年 3 月 16 日。

任讲习，恂恂焉悃愊无华，令人可亲”。[1]

按：据“甲寅春（1914 年春）始识”蔡锷，并自此“从公之后者三载”的赵默 1916 年 12 月回忆，蔡锷“初入都，赁住惜薪司民房，以随从人众，后迁居丰盛胡同陈昭常住宅。陈宅较宽，惟赁金过昂，乃迁居护国寺棉花胡同。迁居后仆役随从一律遣散，仅留女佣任炊事，二男仆守门，其俭德诚非近人所可及也”。[2]

蒋方震的回忆则说，蔡锷“初入京，有为赁屋于某氏，一寻常邸宅也，而惊其华，且笑指仪门曰，可以八字题之曰，养尊处优，藏垢纳污也”。[3]

26 日

▲报载蔡锷任滇督时，曾两次查明丁槐子侄霸占良民田产，“发还原主”，并在袁世凯再次令其“查复”时，仍电复“不能归还”。说：“前清广西提督丁槐，系云南鹤庆州人，行伍出身，曾署任总兵、提督等缺，积资数百万，于滇省迤西一带及沪、汉各埠均开设店号，革职侨居上海。而其子侄丁素平、丁聚五辈则在家居住。前年秋间，民军举义，军府成立后，地方人民控诉其子侄霸占良民田产等事于军府。当经军府饬令前西征司令李根源、殷承瓛等，先后两次查明所控是实，乃将其占得之产业发还原主。又经省议会议决，将丁家资变卖充公，迄已年余。近因丁槐受大总统令，任为荆州镇守使，乃赴中央控告，请求追还财产。当经总统电令蔡督查复，当查得被抄原因，乃以不能归还各情电复去后，丁又以李根源名列党籍，殷承瓛已经卸差，复控请中央要求拿办殷承瓛、李根源审问。总统又复电令将殷解案对质，唐督得电，乃一面将丁子侄不法情形电复中央，一面又令谢镇守使再查丁被抄有无委屈。现经谢镇守使复称，丁被抄家产，实由自取，并未稍有委屈，电请唐督电达中央取消前令云云。恐此案一时不能解决也。”[4]

---

① 本报驻京记者远生：《个人消息》，《申报》1914 年 3 月 19 日。

② 赵默：《蔡松坡先生逸事》，北京《民苏报》1916 年 12 月 1 日。

③ 蒋百里：《蔡公行状略》，曾业英编《蔡锷集》（二），第 1524 页。

④ 《云南通信 · 丁槐控追产业案》，《申报》1914 年 3 月 26 日。

4 月

6 日

▲蔡锷与汤叡为梁启超父七十大寿发表《梁太公庆寿之启文》。说：

阳历四月十一日，为梁任公之太翁七旬正寿，拟在湖广会馆称觞祝嘏，由蔡锷、汤叡两君通启征文。其文云：

梁先生归国之三年，岁甲寅三月十有六日，为连涧太公□揆之辰，锷等谋觞于先生邸舍，遥为太公寿。抑太公绩学笃行，不可不著闻于世，用诠其略，以告海内。

新会梁氏，世居厓之茶坑，习为农。至太公祖若父，治诗书，守程朱实践之训。太公世其学，以诏子弟。盖先生兄弟幼岁，未尝就外傅，一切学行，皆秉太公之教也。

太公以为中国治本在于宗族，既不乐仕进，乃尽瘁于乡事。茶坑以一小岛，绾厓门口，沿岛居者千数家，梁氏居其半。而太公受乡人推，主乡事者垂二十年。

粤故多盗，邑滨海港汊歧复，盗以为薮，攻剽无宁岁。然太公之乡，未尝或以案验劳有司。盖太公率子弟既正且严，莫敢比匪，而厉行团保，又足以自卫也。海禁既开，国人嗜雅片，粤为甚，间以饮博，吏弗能禁，又从而征之，民日以偷。谈粤俗者，首患盗，次雅片，次博，称三害焉。而雅片与博之风，绝于茶坑者垂十年，盖太公禁之极严，虽以宵分大风雨，必躬察缉，故咸敬惮，勿敢犯，久而化之也。

自秦汉以来，粤号陆、梁，至今勇于私斗，往往乾糇小愆，千室为墟。当其椎牛列械，跳突噪呼，守吏莫敢谁何。茶坑亦尝与其邻构怨，亘十余岁。太公既董乡治，戒子弟勿得争意气，而躬与邻之父老和。时梁先生方以弱令登第，声华藉甚，而太公深自敛抑，故其邻感焉，言归于好。兹以往，附近诸乡有争讼者，恒丐太公一言而解，若虞芮之质成。而太公亦以排难解纷自任，奔走弗倦也。

太公性孝友，父疾三年，衣不解带，子弟请代，弗许。曰：是固余职，亦完吾伯仲之责也。盖太公有两兄不禄，故云。戊戌政变，梁先生走日本，粤吏承风旨，里闾弗宁。太公怡然曰：安有孝治之世，辟及亲者乎！顾非弱小所堪，乃遣仲子负笈美洲，徙其家，时往来澳门、日本之间。虽在播越门以内，雍雍然困而弥笃。锷等居东，久恒亲见之。其后，梁先生日与彼邦人士游，所学益进，亦太公教也。

自太公出居于外，乡风少替矣，而自治之嬍，犹为邑中最。癸卯、甲辰间，禁网少懈，重以乡人敦迫，爰复厥居。今年七十矣，聪明康强，视昔有加，乡人无远迩，咸欢喜相告，谋为上寿。时则仲子启勋学成归国，与梁先生同官京师，将于是日南向称庆礼也。

锷等不文，粗述其略，幸海内巨人长德，锡以嘉篇，播之歌咏，此则梁先生所百拜而受者尔。蔡锷、汤叡谨启。①

15 日

▲蔡锷为《中华杂志》的出版题签祝词。说："一锦之成，缫以万缕。纂组文章，服被九有。一宫之成，擎以万木。刻镂雕题，焕乎华屋。群言淆乱，政论波激。扶之翼之，进党（按：指当时的议会政党进步党）是出。风义所被，群英结轸。众说之郛，横流之障。宏惟哲人，纂兹杂志。著论湛深，搜辑宏富。如播嘉稻，必有美获。排彼浊滓，湛然清瀊。鼓钟于宫，声闻于外。纳民轨物，兹志是赖。蔡锷谨祝。"②

16 日

▲唐继尧电请蔡锷婉陈袁世凯饬军部"给照放行"滇购军械。说："北京政治会议蔡松坡先生钧鉴。尧密。滇购礼和洋行军械，尧电军部，请发护照。复电竟谓滇军屡变，储械危险，且本省无此财力，拟收归中央云云。措词多谬，已严电驳之，并电段总长，乞现军械已自德厂起运，若此问题不解，势必寄顿在途，中央对滇又增一层障碍。此事本公计划，恃公挽回，乞婉陈主峰，饬部勿狃成见，给照放行。幼臣请裁镇守使，志甚坚决，强留无效，尧拟请中央命令调京候简，何如？尧叩。铣。印。"③

① 曾业英编《蔡锷集》（二），第 1111—1112 页。

② 曾业英编《蔡锷集》（二），第 1113 页。

③ 云南省档案馆藏档案，档案号：106－1－2951，第 12 页。原无年、月，据电文内容推定。

下旬

▲22 日，报载“广州电。闻龙督为剿办上淇党人，扰及良民。旅京同乡大为反对，屡向大总统控告，中央拟不日派蔡锷前往查办”。①

按：京津沪各报自此开始传言蔡锷将被派往广东任都督职。

23 日，报载“广东自龙济光接任都督后，维持地方，办理善后，大致尚为得力，然于其他行政，不甚在行，因之发生滞碍问题亦颇不少。现在政府以蔡松坡文武兼资，威望素著，若以之帮同龙督办理各项，必能较为顺手，故决意令蔡君为该省巡阅使，大约不日可见命令矣”。②

26 日，又载“预料粤督龙济光辞职在即，大约将以蔡锷继之”。③

28 日，又载“蔡锷即日赴粤，先调查军务，后将继龙督粤”。④

但是，30 日即有报载予以纠正。说：“蔡松坡现奉大总统所派赴粤查办要件，外间传闻将有继任督粤之耗。昨据调查，前虽曾有此议，然尚未确定，因尚有某某要人不赞成故也。惟无论是否蔡君继任，而龙都督之更替则已决矣。”⑤

5 月 4 日，该报进而解释说：“大总统近因刘子英总长有要务调京，遂特派蔡松坡君赴粤会办裁兵政策，系将有继任都督之耗。昨闻龙都督曾有电到京，自称年力就衰，夙疾时作，难膺重任，恳请辞职等情。当由大总统复电未允，一因裁兵政策仍须龙督负责，一因蔡君之督粤目下尚未规定之故。”⑥

5 日，又载“广东裁兵经费，拟由王璟芳携带赴粤，日昨军事处忽奉大总统令交财政部，谓奉大总统令，谓迅速筹划粤省裁兵费，先期汇往交蔡锷备用，万勿延缓云云”。⑦

8 日，又有报载“北京电。中央派蔡锷为广东裁兵监督，早已拟定，

---

① 《专电》，《申报》1914 年 4 月 22 日。

② 《蔡松坡巡阅广东》，北京《群强报》1914 年 4 月 23 日。

③ 《特约路透电》，《申报》1914 年 4 月 26 日。

④ 《二十七日戌刻北京专电》，上海《时报》1914 年 4 月 28 日。

⑤ 《蔡松坡督粤之未定》，天津《大公报》1914 年 4 月 30 日。

⑥ 《龙都督又辞职未允》，天津《大公报》1914 年 5 月 4 日。

⑦ 《饬拨粤省裁兵费》，天津《大公报》1914 年 5 月 5 日。

现因款无着，蔡尚未出京”。① 11日，又改传将任其为参谋总长了。说："蔡松坡前有因裁兵事宜赴粤之说，嗣复闻蔡君赴粤以后将继龙督后任。外间纷传，莫衷一是。现又闻蔡君将担任参谋总长一席。据言黎副总统将去参谋总长之职，而为参政院院长云云。传闻如此，姑志之。"②

14日，开始有报纸转向说："蔡锷赴粤一事，外间种种揣测，有谓此行专为裁兵者，有谓此行为督粤之先声者，言人人殊，迄未正式发表。顷得确实消息，政府以粤省军队，内容复杂，军费过巨，财政不敷，年计千万，非将该省军队大加裁汰，不足以维财政而保治安。惟此时各军事机关之裁并，及此后陆军与杂项军队之裁撤、改编，手续繁重，非有声望素著、富有学识经验暨与龙督交好莫逆之人，不能办理得手。总统以蔡氏夙负军界重望，且在滇治军成绩最优，又与龙氏兄弟在桂共事甚久，故欲令蔡氏一行。月前屡经提议，蔡氏雅不欲往，盖以龙督为所最佩仰之人，彼此交谊素厚，此去本无隔阂可言。惟裁兵一事，闻龙督已经着手，必能渐次就绪，尽可责成龙督一手办理，不须派员前往也。现闻政府必欲以此事相嘱，再四敦促，蔡氏将不得不勉为其难，奉命一行。其名义或用巡阅使，或用宣慰使，尚未确定。所需裁兵经费四十万元，闻已由财政部筹备汇港，则蔡氏赴粤之事，不久当可发表。此行纯系专裁兵事宜，所传督粤一说，自系外间揣想之词也。"③

但仍有报馆坚持说："京师传言粤东都督、民政长均将更动，龙都督将代以蔡锷，李开侁将代以张其锽，若张不就，拟代以饶汉祥。闻俟裁兵就绪后方可发表。"④

20日，又载北京通信员报道说："入于三年（按：即1914年）以来，中央对于各省已渐收统一之效。"说广东都督龙济光与民政长李开侁有矛盾，"其时，李开侁已知龙督动了他的手，遂亦密电中央，讦参龙督，数其种种靠不住之证据，而李于中央又有最有力之奥援，于是政府不但不欲遽撤换李开侁，且并欲撤换龙督矣"。还说："前月政府以查办军务名义，派蔡锷赴粤，余曾电告，并云将继龙督粤。然此虽必成为事实，而实行总在

① 《专电》，《申报》1914年5月8日。

② 《京尘中之新人物·蔡松坡》，《申报》1914年5月11日。

③ 《蔡锷到粤裁兵，不是做都督》，上海《生活日报》1914年5月14日。

④ 《专电》，上海《时报》1914年5月19日。

一两月之后。何则？盖以龙都旧日所部之军队现在广东者，有数师之多，若遽将龙撤换，其部下难免不以保全自己饭碗之故，竭力拥护龙督，则欲弥患者甚或反激成事情出来。故蔡赴粤，仅以查办为名，其实欲将龙督所部之军队逐渐裁去若干，以孤其势力，然后发表换人，庶易接收，是殆所谓谋定后动者欤。”①

25 日，又载津报文说：“日前大总统特交财政部手谕一道，极为紧急。闻系关于军饷问题，特纪大致如下：（一）陆建章请拨剿匪军饷二十万元；（一）蔡锷请续拨粤省裁兵经费；（一）蒋雁行由清江请拨三、四两月欠发军饷（除已收十四万）。大总统因关紧要，故特谕饬从速筹拨云。并闻是日周总长聘妹未曾到署，次长亦前往道喜，无人负责，该部即将原件送至总长宅中，周于事毕，晚间即趋谒大总统，筹商一切。”②

6 月 1 日，又载广东巡按使一席，袁世凯“初本拟任命蔡锷，蔡既出发至沪。嗣因特别障碍回京，故以李（国钧）代之。某报谓粤省财政紊乱，又龙督旧属李文忠部下，非李之才识门第，不能肩此重任。其说甚为确实可靠”。李国钧是“李文忠侄孙，前政治会议议长、现充参政院参政李仲轩之公子也。其人长于理财，且于军事上有旧统系”。③

21 日，又载“北京电。蔡锷病已愈，前日见大总统，大约不久即欲赴粤裁兵”。④

7 月 31 日，又载“扬威将军张凤翙、昭威将军蔡松坡前曾拟与蒋宣威将军、丁奋威将军同入中央将军府办事，乃迄未见任命。□［近］闻蔡将军将仍赴广东办理裁兵事宜，张将军亦将另有特任，入将军府之说已经作罢。其他蒋、丁各将军之能否加入，亦均在尚未可定”。⑤

29 日

▲袁世凯“给予”戴戡五等嘉禾章。⑥

---

① 北京通信员寄稿：《民国三年各省中之广东》，上海《时报》1914 年 5 月 20 日。
② 《指拨要款之交谕》，天津《大公报》1914 年 5 月 25 日。
③ 《晋粤两巡按使任命之原因》，上海《时报》1914 年 6 月 1 日。
④ 《专电》，《申报》1914 年 6 月 21 日。
⑤ 《蔡张两将军之未入将军府》，天津《大公报》1914 年 7 月 31 日。
⑥ 《申报》1914 年 4 月 29 日。

30 日

又载“易实甫、罗瘿公（按：罗敦曧，字掞东，号瘿公）及法源寺方丈道阶”在法源寺“发起留春大会”，“折柬遍邀在京知名之士，昨日在该寺雅集。一时骚人政客、达官遗老，以及报界巨子、银行专家靡不联翩莅止”。是日到者除王壬秋之外，有“梁任公、杨皙子”等人。“未到者尚有陈伯潜、熊秉三……薛子奇、汤济武、蔡松坡、孙少侯、王书衡等。”①

5 月

1 日

▲4 月 29 日，唐继尧电告沈汪度、张子贞等人，中央政府已任命其兼任民政长。说：“蒙自沈师长、临安张参谋长，泉密。大理赵旅长，衡密。永昌施团长，继密。奉国务院艳电，四月二十八日，大总统令署云南民政长李鸿祥着来京觐见。此令。同日，奉大总统令，任命唐继尧兼署云南民政长，此令。等因。查李民政长奉命入都，由尧兼任，省中政局初无变更。诚虑无识者乘机造谣，淆惑闻听，转为党人利用，应请尊处密为防范，妥慎镇摄为要。尧。艳。印。”

5 月 1 日，又电谢蔡锷为云南“划一事权”所做的安排，并表示“对于军界尚有把握”。说：“北京丰盛胡同蔡松坡先生钧鉴。荛密。奉梗、有两电，公为滇计，划一事权，实佩远谟，非关私爱。尧虽力薄，然对于军界尚有把握，李（按：指李鸿祥）系重要人物，罔或抗颜，正拟裁复，而兼署令下，幸舆论尚孚，政局安稳，李已预备交代，当不致别生枝节。事繁责重，乞锡南针，俾得遵循，以待贤者。尧叩。东。印。”②

5 日

▲下午 4 钟至 7 钟，蔡锷出席总统府举办的“游园会”（不在京及兼充约法会议议员者不列入，共六十八员）。列名名单中的第一位是政治会

① 《北京通信·法源寺留春大会纪闻》，上海《时报》1914 年 4 月 30 日。

② 以上二电见云南省档案馆藏档案，档案号：106－1－2951，第 30、31 页。

议议长李经羲，第二位是政治会议议员蔡锷，第三位是政治会议议员杨度。①

8 日

▲袁世凯发布教令第六十一号《陆海军大元帅统率办事处组织令》。说：

第一条　依约法第二十三条大总统为陆海军大元帅，统率全国陆海军之规定，于大总统府设统率办事处。

第二条　办事员依下列之规定：参谋总长、陆军总长、海军总长、大元帅特派之高级军官、总务厅长。

第三条　本处内设三所，分办军事，其组织如下：第一所、第二所、第三所。

第四条　总务厅长监督处内三所事务。

第五条　每所设主任一员，助理员额以事务之繁简定之。

第六条　本处设参议八员，随同计划一切。

第七条　参谋总长、陆军总长、海军总长应每日入值，但遇有事故时，得委员代理。

第八条　本处会议事件有与外交、内务、财政、交通各部相关系时，应奉令召该部总长列入议席。

第九条　各所之职掌及办事细则，由本处秉承大元帅另定之。

第十条　本处承发军令事件，以陆海军大元帅命令行之。

第十一条　本处得随时向各处调取人员来处办事。

第十二条　本令自公布日施行。②

9 日，又任命唐在礼为陆海军大元帅统率办事处总务厅长。特派荫昌、萨镇冰、王士珍为陆海军大元帅统率办事处办事员。

13 日，又任命蒋廷梓为统率办事处第一所主任，田书年为第二所主

① 《关于公府举行游园会邀请约法会议议员和外国公使人员名单》（1914 年 12 月），中国第二历史档案馆藏，档案号：1003－582。

② 《陆海军大元帅统率办事处组织令》，北京《群强报》1914 年 5 月 10 日。

任，童焕文为第三所主任。任命姚宝来、程璧光、覃师范、张一爵、蒋方震、陈仪、姚鸿法、唐宝潮为陆海军大元帅统率办事处军事参议官。①

中旬

▲唐继尧电告蔡锷，谢汝翼入都（本月江日）时，在火车上被人暗杀，疑犯供述此举宗旨，“在使有强权无公理者惧，为下级军官放一线之光明”。②

按：此事的简要经过是，1914年3月，袁世凯下令裁撤迤西镇守使建制，并电召镇守使谢汝翼入觐，表示“另有任用”。5月3日，谢乘滇越铁路火车，从昆明出发南下越南海防，取道香港赴京。其留日同学，时任参谋长的姜梅龄也与谢汝翼一起登车，打算护送谢汝翼至中越边境。而同时登车的，还有一位因不满所部营长克扣军饷和津贴被除名的连长何荣昌，他此前为了恢复被除名的身份而投诉于谢汝翼，可谢却不问情由，反而关监了他20多天，由此而心生报复之念。车行至宜良，何荣昌乘谢、姜无备，开枪击中谢的头、胸等处，致其当即毙命。③

16日

▲报载蔡锷“患肠窒扶斯病甚重”，袁世凯“特派侍卫武官方咸五前往安慰，并赠珍贵食品多种”。④

赵默回忆说，“甲寅春”，蔡锷“赴津养疴，袁氏以金钱笼络之，特赠医药费千六百元，先生却之，再来再命仆璧还。乃仆竟携之远扬。迨督办经界，自定筹办期内（六个月）概不支薪。后给属员以津贴，而自身竟不支车马费。迄后脱险，乃以六千元分给助义同志作为旅费，平时每月薪金多半散给旧部之赋闲者。松宅预算极严，其夫人居京时，曾质金饰资遣佣

① 北京《群强报》1914年5月11日、15日。

② 云南省档案馆藏档案，档案号：106-1-2951，第34页。

③ 《滇省通告谢汝翼被刺情形》《五月六日大总统命令》《谢汝翼被刺案之结果》，《申报》1914年5月8日、9日、28日。

④ 《专电》，《申报》1914年5月16日。

工，而先生绝不顾［过］问，每月馈赠故交，资助学费数千金，以是家苦不给，故部下乐于效命也”。①

26 日

▲袁世凯颁令梁启超、蔡锷、荫昌、萨镇冰、蒋尊簋、徐绍桢、王揖唐为参政院参政。②

29 日

▲报载“政府所委参政员多半为旧官僚，如前清驻外公使、总督、巡抚、各部尚书及袁派之都督、民政长，前国会议员仅数人，藏蒙王公各一。该院组织严遵保守主义，有数方面观为反动政策”。③

6 月 20 日，又载“参政月薪五百元之议定，而兼差问题薪俸迄未解决”。④

对于梁启超受袁令为参政员，梁系同人多有异议。如陈叔通致函梁启超说：“昨接季常（按：蹇念益，字季常）缄，亦以先生之出处为念。敬始终劝辞参政者，尚不在将来之奇剧难于同演，即目前之宪法起草，倘竟举先生为委员长，将何以处之？名士如王壬秋，达官如瞿子玖，本不识羞耻两字，先生亦岂能委蛇其间？敬私心敬爱，不觉言之深切，先生虽亦嘉纳，往往惑于号称明于世故者之言，辄复游移不决，吾辈迁就亦自有分寸，否则不啻人乌而化，非迁就也。币制局当别一问题，昨客在座，未便率陈，缕缕之私，尚希鉴宥。”

又如，同门刘复礼也劝其从速自拔。说：

任公先生总长足下：前书不省，何事哓哓，窃见半月以来，晦盲否塞，滔滔者不知何底，天下英雄尽入彀中，平时负时望者，亦复丧精夺魄，更复何望。为之解者，曰政治家贵有忍辱负谤之雅量，不沽名钓誉，扞射讥弹，兼容并包，坚守不拔，以孔子、子产为前车，其言甚壮，呜呼，何其颜之厚也。子谓秦无人乎，丈夫以身许国，当坚

① 赵默：《蔡松坡先生逸事》，北京《民苏报》1916 年 12 月 1 日。

② 《命令》，上海《时报》1914 年 5 月 29 日。又见天津《大公报》1914 年 5 月 28 日。

③ 《译电》，上海《时报》1914 年 5 月 29 日。

④ 《参政院开院前之闻闻见见》，上海《时报》1914 年 6 月 20 日。

苦卓绝，不视流俗毁誉为转移者，所处之地位有辨也。孔子处何地位，摄相事也；子产处何地位，子产当国也。手秉国钧，更无第二种物事足以抗挠之而摧挫之，故一往直前，能达其志而暴其能于天下，乃可称耳。今也不然，阁员不过为人之机械，闻人不过为人之奇货，任何事，负何责，望风希旨，旅进旅退，伴食素餐，唯唯否否，偶荷青眼，或令拟一文，草一檄，斯秘书记室之职耳，何足贵，何足贵。能举此以解嘲，能援此以答难乎？如曰凡入官者，皆宜具此雅量，则二十四史中伟人，惟长乐老人足为新政治家不祧之祖，足下亦谓然否？天地生材不数，古今落落可数，举足左右，便有轻重，今世人才负此望者，有几何人，足下而为某甲也，仆不欲多言，足下而为某乙也，仆更不屑与言。何者，彼辈去就国是，不能稍生震撼，不足以寒其胆而慑其气，且今日正若辈风云际会，千载良辰，吾安忍夺其饱食而褫其暖衣，任公岂犹有衣食之念耶？读书破万卷，足迹遍全球，捧手受业于名贤之门，交游侪辈非齐、鲁奇节之人，即燕、赵悲歌之士，出处去就之义，固宜素讲，而迷谬濡滞如此，北溟之鹏縻于尺寸之丝，窃为足下痛之。嗟夫，娖娖者既不足与言，瑰玮奇杰之人，又如醉如痴，如昏如迷，信乎大厦将倾，非人力之所能及也。辱在同门，情激语切，不避烦渎，故又以逆耳之言进，幸裁省览，手请筹安，为国猛省。①

31日

▲袁世凯颁令给予蔡锷、宝熙、马良、张凤翙、蒋尊簋、徐树铮等6人“二等嘉禾章”。②

6月

1日

▲黄远庸为文调侃“前此北京之忙人，今已十有八九为闲人矣”。说：

---

① 以上二文见《梁启超年谱长编》，第690—692页。

② 《命令》，《政府公报》第743号，1914年6月1日。

"自徐（世昌）国务卿出，譬风雨初过，万籁岑寂。政治会、约法会，乃至参政院，固无所谓喧扰，党会与报纸，寂静者愈益寂静，安戢者愈益安戢，即所谓某系某系者，亦复消弭无形（固决非真正消弭者），除政治公报中所记大事以外，几令吾曹之以造言生事为职业者无复有记注之余地。以云承平无事，诚为承平无事矣。因此，吾人惟有谈天，故北京近日一般现象，除闲谈，或为其他娱乐外，更无余事。人人相对，辄称无聊。以视去年今日人人从事于政治活动者，不啻有古今之感。盖前此北京之忙人，今已十有八九为闲人矣。"①

5 日

▲报载政治会议闭会，袁世凯在总统府接见并宴请各议员。蔡锷因"肠病疗割新愈"，未出席。说：袁世凯以"该会议自成立之后勋劳卓著，现届闭会之期，特在府中接见并设筵款待，以示优异。昨日上午十时各议员齐集新华门典谒室，由司阍者导入新华门，循路至丰泽园，齐赴颐年堂静候大总统接见。大总统出见之时，议长偕各议员齐向大总统行三鞠躬礼。礼毕，大总统留议长及各议员在怀仁堂午餐。用膳后赴北海游玩，至四时齐赴团城政治会议议场举行闭幕式"。又说袁世凯"接见之后，以极单简之词向各议员演说，略谓政治会议自成立之后，其所议决之案皆关于国利民福，与民国建设前途，裨益良非浅鲜。从前所谓国利民福四字，不过为一种口头禅，不能见之于实行也。政治会议能本斯旨以议决一切国家根本大计，本大总统实深嘉慰。至于政治会议自成立至今虽仅数月，而声誉则闻于寰宇，不独中国人称道弗衰，即外国一方面之评论亦多相赞许，此固诸君数月勤劳之功，亦本大总统之最所欣幸者也"。至于怀仁堂设宴，则"分东西两排，每排七桌，系中国式之鱼翅席。议长在东排之首桌，阮斗瞻陪席，其余每桌六人，除内史数人外，议员共七十余人，惟饶汉祥、杨度未到。张国淦则在新丧，当然不到。孙毓筠请假未到。蔡锷肠病疗割新愈亦未到。一钟时席散，遂由全部平等导游北海"。②

---

① 《谈屑》（1914 年 6 月 1 日），《远生遗著》下册，卷四，第 48—49 页。

② 《政治会议之末日观》，上海《时报》1914 年 6 月 9 日。

按：此前便已有人窥破政治会议快寿终正寝了。说："政治会议为大总统谘询机关，自解决国家根本大计案、停止省会职务、取消自治机关种种重要问题先后解决外，该会议似已尽其权能。"①

15 日

▲黄远庸披露有"二客"言及当时官场情况。一客说："中央意志未曾透彻鲜明，奉行之官又多旧人，辄复矫枉过正。窃恐本意在重经验，而所保存者仅其习气；本意在注意制度，而所恢复者仅其流弊；本意在无扰，所减少者仅往日豪右恶少假借党会鱼肉狼藉之弊患，而地方之真正疾苦，新社会新人物之悲观怨郁，将酝酿而益深，至于不可收拾。且今日大患，在一般人物对于国家感情日淡日恶，其原因即在新人物之屏弃不用，新政之基础日益败坏。今即曰过渡时代不求发达，奈何屏其基础而去之也。他客更益以警语，谓过渡则可，掉船回头则不可。相国（按：指徐世昌）矍然而道，南方人来者，多如君辈所语。"②

20 日

▲报载参政院"已经报到领简任状之"参政员中，有包括"蔡锷（松波，湖南）"在内的 48 人。③

21 日

▲报载是日下午 4 点 35 分，蔡锷等人送李经羲出京。说李经羲"由东站搭火车赴津，对于各方面并未辞行。惟路政局特备头等车一辆，挂普通列车之后，仆从亦甚单简，眷属尚在青岛，抵津后即将归返青岛。其出京时，总统特派军队军乐在站欢送，并派夏午诒内史代表致送，朱总长桂莘亦到，并有赵惟熙、刘若曾、蔡锷、李庆芳、姚震、刘朝望、江绍杰、朱文劭、龙建章等二三十人到站致送"。④

---

① 《政治崭新中之各机关现状》，上海《时报》1914 年 5 月 21 日。
② 《谈屑》（1914 年 6 月 15 日），《远生遗著》下册，卷四，第 57—58 页。
③ 《参政院开院前之参政出处谈》，《申报》1914 年 6 月 20 日。
④ 《政治约法两会议之一夕话·政治会议议长之出京》，《申报》1914 年 6 月 26 日。

24 日

▲报载“政府近日密议关于西藏交涉问题，外间迭有传闻，确否虽未可知，惟闻于另派专员，再行赴藏宣抚一节，业经外交孙总长与英公使交涉允当。经大总统拟定，有特任汪大燮、蔡锷两参政为宣抚使之议”。①

30 日

▲袁世凯颁裁撤都督令。说：“都督之称，肇自汉经，武昌举事，仓猝定名。其时兵事初兴，人心未定，类晋齐之雄长，似楚汉之剖分。民国纪元，未遑变置。黎副总统首倡军民分治，所陈十害三无之弊，恻目悚心，海内贤达，咸表同情。方今大难削平，主权统一，各省都督皆深明大义，恪守准绳。若复因仍方镇之名制，无以移易军民之耳目，即欲实行省制，而窒碍殊多，应将各省都督一律裁撤，于京师建将军府，并设将军诸名号。其督理各省军政者，就所驻省分开府建牙，俾出则□□寄，入则总师屯，内外相重，呼吸一气，合全国之军，有如同体，畛域胥化，指臂相联，渐进欧美之强，而无叔季军民牵合之弊，从此分途程功不相侵越，司戎备者得专意夫军谟，治民事者益精求夫吏理，拊循其勖，文武交欢，永废割裂之端，同进升平之化。本大总统有厚望焉。此令。”

又特任陆军总长陆军上将段祺瑞为建威上将军兼管理将军府事务。特任陆军中将蔡锷为昭威将军。②

对袁世凯裁撤都督事，有报纸发表评论说：“‘都督’‘都督’，轰轰烈烈，震铄区夏者三年于兹矣，不意今乃奄然化为历史的名词也。三年以来，文武官职，变置倏忽，不可方物。回溯开国之初，其职名之留遗到今者有几？此‘都督’之得以后亡，倘亦其权力有以延其运命耶。以制度论，昔之都督，省设一缺，今之将军，其督理各省军政者，除奉天兼制吉、黑及福建未见任命外，余仍省设一将军，视前曾无少异，所异者名称耳。然则所以杜绝晋齐之雄长、楚汉之剖分者，倘亦在彼不在此乎。夫‘废都督’‘废都督’，腾于口说者，亦既有年，昔何以空言，今何以现实，吾终谓与认为制度问题，毋宁认为势力问题也。”③

① 《又议续派赴藏专员之确闻》，天津《大公报》1914 年 6 月 24 日。

② 《命令》，《申报》1914 年 7 月 3 日。蔡锷任命书为特第十九号，原件存云南省博物馆。

③ 袍：《时评·吊“都督”》，《申报》1914 年 7 月 3 日。

本月

▲有刊物为文介绍参政员蔡锷，于“民国成立后，任云南都督，力主拥护中央”。①

7月

2日

▲报载蔡锷佐段祺瑞将军府事。说：“政府近开陆军会议后，已实行废都督设将军之制，各将军分区行政，归北京之总将军府节制，以陆军总长段祺瑞主之，佐以蔡锷、蒋尊簋、张凤翙……嗣后军民将完全分治，军政有陆军部、陆军参谋部、元帅处、将军府四部分。”②

3日

▲报载蔡锷出席“是日午后二时”开始的参政院代行立法院第一次会。说：“据改正约法，参政院有二种特质：一大总统之最高谘询机关，一即立法院未成以前由参院行其职权是也。故第一次（即初三日）之议事日程题曰：参政院代行立法院议事日程，一违令惩罚法案；二诉讼法案；三诉愿法案；四纠弹法案。所以标明为参政院代行立法院者，以参政院为谘询机关之日则不得旁听，而代行立法院则得旁听也。”休息之时，“诸参政三三五五，笑悦而语”，“蒋尊簋则与蔡锷君所语为多，则军人派也”。③

又载“裁撤都督问题，宣传已久，今已实行，改任命为将军，组织将军府……兹闻政界人云，大总统对于此事，审慎已久，计划颇为精详，于任命各将军之中，寓以内外之分、高下之别。内则曰‘威’，外则曰‘武’。举凡将军至首冠以某‘威’字样者，即为京将军府之职员；而于将军之首冠以某‘武’字样者，即为省将军府之主任，以此作为区别，使人一望，即可明了也。至于上将军、将军、左右将军之区别，不能尽以上中底缺为定论，凡膺上将军之选者，皆多系躬亲荡平孙、黄叛逆之

① 《参政员之小史》，上海《夏星杂志·杂录部》第1册，1914年6月。

② 《特约路透电》，《申报》1914年7月2日。

③ 远生：《代行立法院之参政院》，《申报》1914年7月7日。

人。至于张锡銮、姜桂题两人，一因东三省取特别制度，张氏必须得上将军之权，以资统治。吉、黑左右两将军，一因热河地处边陲，既取特别制度，与内地不同。而姜氏又赞共和，捍卫国家之殊勋，且姜氏老于戎行。质言之，不得不为其留一特别面子，以膺上将军之选，其区别即以此为准云”。①

7 日

▲报载“建威将军段祺瑞总长，现已呈明大总统，择定铁狮子胡同陆军部特别招待处地址，暂设京府筹备处，定于八日开幕。现已分知各部院，并闻蔡锷、蒋尊簋、张凤翙、丁槐四将军，同于七日下午诣陆军部，与段将军预商筹备事项，及分由陆、海、参谋三部，先行调员，襄助办公各问题”。②

8 日，又载“总统府于八日召集段上将军及昭威将军蔡锷、扬威将军张凤翙、宣威将军蒋尊簋等开会议一次。闻是日所议者皆系关于将军府正式开幕一切事宜。缘蔡、张、蒋三将军刻已派入将军府会办府务，故此次会议得以一律列席”。③

8 日

▲报载“统率办事处前议订之京外将军府编制令，业经移交法制局审定。兹闻法制局长以是项草案，于陆、海军，参谋三部，划分军政权为唯一之主脑，其单行府制系属一部份之行政权，无对待之权责。应请将京师将军府之与内而三部、外而各省将军之军政权限，分别表明，庶颁布后，无施行之阻碍等情，呈明大总统，请饬该处再行详订移交云云。闻大总统即于八日午后一时，出席该处开临时会议，并特召蔡锷、蒋尊簋、张凤翙、丁槐等四将军会议讨论上项各问题”。④

10 日

▲报载福建都督早经裁撤，故将军暂付阙如。“兹悉统率处日昨会议仍

① 《将军府组织内幕》，北京《群强报》1914 年 7 月 3 日。
② 《京将军府设立筹备处》，天津《大公报》1914 年 7 月 9 日。
③ 《总统府之将军会议》，天津《大公报》1914 年 7 月 11 日。
④ 《统率处议府部之军权》，天津《大公报》1914 年 7 月 10 日。

拟呈请添设，议以海军总长刘冠雄兼代该省上将军，或以新特任之昭威将军蔡锷督理闽省军务。所闻如是，姑志之，以待发表。”①

又载“将军府组织法及一切权职等案均未脱稿，昨闻统率处十一日上午九点特开正式会议，除统率处各办事员与参议外，建威上将军段芝泉、宣武上将军冯华甫及昭威将军蔡松波、扬威将军张翔初、宣威将军蒋伯器均皆列议，直至十一点余始经闭议，会议极有进步，大约不久必当正式解决矣”。②

12日，又载袁世凯“已拟定”昭威将军蔡锷、宣威将军蒋尊簋、扬威将军张凤翙“均在中央将军府供职。日前大总统并交饬，以后统率处会议将军制时，该三将军得以参与，故日前统率处开议时，该将军等已得入参预矣”。③

又载“据最确消息，建威上将军现与昭威将军、宣威将军、扬威、奋威四将军拟定外省将军驻在地，不日呈由大元帅，以宣令公布之。爰将所闻者，志之于左：（一）泰武将军驻山东之泰安；（一）同武将军驻山西之大同；（一）昌武将军驻江西之南昌；（一）安武将军驻安徽之安庆；（一）成武将军驻四川之成都；（一）宁武将军驻广西之南宁。余未悉”。④

17日，又载袁世凯于日昨“午后出席统率处开临时会，并特召蔡、蒋、张、丁四将军会议”，讨论京师将军府军政权限，“所议内容尚未详悉。至官制经段军总长迭在海陆军大元帅统率办事处会同筹拟决定大纲已饬员着手起草，不久即可公布。据闻其大纲：（一）将军府直隶于陆海军大元帅统率办事处；（二）府设府长一员，管理二员，赞理将军无定员。府长例由陆军总长兼任；（三）府中设一厅三处，以分掌各项事务”。蔡锷还参加了段祺瑞召集的讨论将军服制问题的会议。⑤

又载总统府召集段祺瑞、蔡锷、张凤翙、蒋尊簋等“开会议一次，闻是日所议者系关于将军府正式开幕一切事宜，缘蔡、张、蒋三将军刻以［已］派入将军府会办府务。故此次会议得以一律列席”。⑥

---

① 《将军制进行之筹备·闽军务之督理》，《申报》1914年7月10日。

② 《将军府制之正式开幕》，天津《大公报》1914年7月15日。

③ 《三将军参与统率处密议》，天津《大公报》1914年7月12日。

④ 《外省将军驻在地》，北京《群强报》1914年7月12日。

⑤ 《将军制发表后之闻闻见见·统率处集议府部军权》，上海《时报》1914年7月17日。

⑥ 《将军制发表后之闻闻见见·总统府将军会议》，上海《时报》1914年7月17日。

13 日

▲报载蔡锷与陆军总长建威上将军兼管理将军府事务段祺瑞、宣武上将军督理江苏军务冯国璋、同武将军督理山西军务阎锡山、扬威将军张凤翙、宣威将军蒋尊簋、奋威将军丁槐等 7 人觐见大总统袁世凯。[①]

18 日

▲袁世凯颁行《将军府编制令》。说：

大总统申令：各将军特任督理军务，职位崇大，京外各衙署局所差缺，如有督理名目，着即一律更改，以正名称。此令。兹制定《将军府编制令》公布之。此令。

教令第一百号《将军府编制令》

第一条　将军府直隶于大总统，为军事上之最高顾问机关。

第二条　将军府置将军，由大总统于陆海军上将或中将中特任之。将军之称号，由大总统特定之。

第三条　将军承大总统之命会议军政，校阅陆海军。

第四条　将军府置参军，由大总统任命之。

第五条　将军府置参谋四人、副官四人。

第六条　将军府事务由大总统特任上将军一人管理之。

第七条　将军府置事务厅，掌府内一切事务。

第八条　将军府事务厅置厅长一人，承长官之命管理本厅事务。前项参谋及事务厅长由将军府荐任之。

第九条　将军府事务厅置事务员四人，承长官之命助理本厅事务。前项事务员由事务厅长详请长官委任之。

第十条　本令自公布日施行。[②]

19 日

▲报载蔡锷“列席”将军府特别会议。说：“除段、蔡、张、丁等将

① 北京《群强报》1914 年 7 月 15 日。

② 《大总统申令》，北京《群强报》1914 年 7 月 20 日。

军一律列席外，其阎、冯两将军亦参与会议。闻此次讨论系关于军区案内附带各件及京将军府组织各案云。”①

27日，又载段祺瑞“昨曾分致函于蔡松坡等各将军及前次该府借调陆、海军，参谋各部员司等，定于二十八日午后三时在府署召开茶话会。闻系讨论已规定之开府礼节及设立事务厅组织法，分设军务、军需、军法等科，议派厅长及各科主任等员各事宜”。②

21日

▲报载“昭威将军蔡锷前曾条陈保卫边疆，请分召各省土司领袖来京分锡重赏官爵等情，已交政事堂会议。兹悉国务卿现将此案分交内务部、蒙藏院，饬将分召内蒙、西宁、青海、阿拉善蒙边各盟长，暨粤西、川、滇、黔等省土司领袖等，分别来京入觐，及是否派员分往宣慰各办法，迅速议复。闻俟该部院议复后，即请大总统训令各该省将军、巡按使遵照实行云”。③

8月

2日

▲唐继尧电请蔡锷、熊希龄将云南金融危迫情形详达部署。说：“丰盛胡同蔡松坡先生并转熊秉三先生均［钧］鉴。院密。刻闻滇盐务稽核分所洋员，颇持征课尽收现银，不收本省纸币，并将课款支存蒙自东方汇理银行之议，当即电呈大总统暨财政部，请饬该分所照旧现银、纸币兼收，征获盐款，或寄司库，或交富滇银行存储代汇。嗣奉部电，该省盐款征存办法尚未变更，幸勿先事惊疑，果有改章办法，本部自应酌予维持等因。日前探实，该洋员已提课款纸币八万元，交汇理银行就近赴蒙自富滇银行取换现金，存储该行，当以事已实行，复电请财政部盐务署迅予维持，尚未奉复。滇自烟禁厉行，现银输入锐减，协饷停后，来源愈竭，金融现象，日形枯窘，国用商场所赖以为周转者，专恃富滇银行纸币行使通省，向无昂落壅滞之弊。且该行系云南政府组合负责，曾经中央立案，信用素著。

① 《将军府特别会议》，天津《大公报》1914年7月20日。

② 《将军府特开茶会之述略》，天津《大公报》1914年7月28日。

③ 《交部院议分召各土司》，天津《大公报》1914年7月21日。

海关邮政、滇越铁路公司以及旅滇外人，均一律通用，该稽核洋员无理由拒具，居心已不可问。至课款收入，当然应存国家银行。普抵任时，曾奉盐务署电，滇省距京较远，中国银行尚未设立分行，盐款应存何处，饬商分别报部等因。当以盐款可存富滇银行，就商分所设洋员，以该行非国家银行，不敢交托为词，并称课款系存外国银行，只允收二成纸币各等语。滇省收入，以盐款为大宗，现金既为其所吸取，若再悉数卷而纳之于外国银行，地方骤失此活动金融，势必恐慌，边瘠之区，何以堪此？弥月以来，与之反复辩论，口敝舌焦，该行洋员悍匈［汹］不顾，现意见诸事实若不设法挽回，滇省财政命脉不旋踵将屈伏于外人势力之下，后患无待蓍龟。查该洋员所借以为口实者，以滇无国家银行，故不信用富滇，转而储之。计惟有一面电部，从速规划设立云南中国分银行，并暂以富滇为代办，所有征获盐款，均交该行存储，随时听候汇拨。滇政府自应负责保存，不至稍有挪移。财政部盐务署亦须力为主持，必使此项存款不致外溢为要义。秉公关怀大局，松公爱滇最切，用特覼缕电陈，恳将此间危迫情形，详达部署，迅于筹议示复，并望于晋谒大总统时代为转恳维持，毋任迫切企祷之至。唐继尧、肖堃（按：时任云南盐运使）、袁家普（按：时任云南财政厅长）叩。印。”

10 日，熊希龄电复唐继尧、肖堃、袁家普说：“院密。电敬悉。贵省金融，自应维持现状，免令富滇银行稍有摇动。容即代陈极峰，并商财政部，以副雅嘱。特先复。希龄叩。蒸。印。”①

4 日

▲报载“法国因秋操请派蔡锷观礼”，袁世凯“以有关主权，另派姚鸿法、唐宝潮。惟奥、塞开衅，据某人云，伦敦来电，德、法亦宣战，德陆军已攻法。果而，秋操须中止”。②

7 日

▲报载“奥塞战局已成，德俄亦将决裂，政府连日会议，决定宣告中立，并拟特派专员，前往观战。兹闻大总统昨召陆、海军，参谋等部各总

---

① 以上二电见《熊希龄集》第 5 册，第 176—177 页。

② 上海《时报》1914 年 8 月 4 日。

长讨论是政时，已拟定由大总统用大元帅代表名义，特派侍从武官长荫昌、统率处参议程璧光、昭威将军蔡锷前往观战。其各军事机关分派之员，现尚未定”。[①]

11 日，又载袁世凯“拟派荫昌、蔡锷、张凤翙、姚玉来、程璧光、李和赴德、英、俄、法诸国观战”。[②]

14 日，又载“北京电。大总统拟派程璧光、蔡锷两员赴欧洲观战，曾由外交部先向交战国驻京各国公使询求同意。该公使等复以现交通断绝，难于前赴为辞”。[③]

10 日

▲袁世凯颁令说：“据开武将军督理云南军务兼署巡按使唐继尧电称，军民分治，国是攸关，恳请开去兼署巡按使一缺，另简贤员接替等语。现在军民分治，事须分实进行。该将军自请开去兼任巡按使，署缺推贤让能，实属深知大体。唐继尧应准开去云南巡按使兼任。此令。”

又令“任命任可澄为云南巡按使。此令”。[④]

18 日

▲报载“政府前为保全中立义务信用，及维持东亚和平起见，曾特派荫昌、蔡锷等高级军官赴山东省，会同靳将军、蔡巡按使查视青岛一节。嗣经靳、蔡电陈，保卫方法，已属完备，拟从缓派。今闻大总统因某项问题发生，昨复会商国务卿及外交孙总长，仍拟特派专员前往。闻有拟派荫午楼、萨鼎铭两员之议。并闻前外交孙总长往会驻京德国马尔参署公使，即为此事，余尚未详”。[⑤]

21 日

▲下午 2 时 50 分，蔡锷出席参政院会议，到会 40 人，讨论典当法、

---

① 《议派赴欧观战之大员》，天津《大公报》1914 年 8 月 7 日。
② 上海《时报》1914 年 8 月 11 日。
③ 《专电》，《申报》1914 年 8 月 14 日。
④ 《命令》，《申报》1914 年 8 月 13 日。
⑤ 《特派视查员仍须履行》，天津《大公报》1914 年 8 月 18 日。

狩猎法、商会法等三案。被会议主席、参政院副院长汪大燮指定为狩猎法审查员之一。其他四人为陈国祥、蒋尊簋、姚锡光、陈钰。①

又有报载：

二十一日下午，参政院开典当业法、狩猎法、商会法三案初读会。两点五十分振铃开会，政府委员出席者二人，参政到会者四十人，黎院长因事缺席，由副院长汪大燮代理议长报告已足法定人数，林秘书长请假后，请政府委员说明第一案理由。委员登台略谓，典当业乃救济贫民之金融机关，况近来河南、安徽等省水旱为灾，匪盗横行，典当更为民间不可少之事。但不加以限制，又恐奸商乘时射利害民尤甚，故提出此案。其第一条系规定意义。第二条系规定资本。第三至第六条系规定领帖缴帖之手续，及当帖让与贷用等事。第七至第十条系规定利率期限及保管之责任。第十一条系参酌地方之习惯。本法之内容如此，请诸君讨论。议长问有无质问，此时寂然无声者约两分钟之久，始由王印川起立谓，照第八条第二项之规定，若于第十一个月偿还利息后，是否展限十一个月？委员答以是此意思。秦望澜云，照第二条所定资本，未免限制太严。胡钧谓，就第三条看来，似专对于本法施行后营典当业者而言，于从前已经开设者无规定，又未定施行法，本席以为应添一条，或另定施行法。委员答谓，可适用惯例。黎渊谓，典当必有商店，将来是否适用商行为？法委员答曰，适用。李开侁谓，第七条规定之利率未免过重，北方虽系三分，南方未有过二分者，若定为至多不得逾三分，则取三分利仍不犯法，将来南方亦必加至三分，且与民律之年利五分似有冲突。委员答谓，此系特别法，并不嫌冲突。王揖唐谓，典当有当店与小押店之二种，本法小押店是否包在其内？委员答云，若包在内，是必标明。议长问尚有讨论否。王揖唐等请付审查，遂指定胡钧、王印川、秦望澜、李开侁、李湛阳等七人为审查员。议长旋请政府委员说明第二案理由，略谓狩猎乃冬季最有益之事，我国虽有此说，尚无专法，若不加以限制，恐盗贼假此以为民害，故政府规定本法为限制残忍方法、狩猎时期与区域等各点，均有保护公

---

① 北京通信员寄《参政院常会纪事》，上海《时报》1914 年 8 月 25 日。

安起见。请诸君讨论云云。秦望澜谓，大体不差，请付审查，遂指定陈国祥、蒋尊簋、姚锡光、蔡锷、陈钰等五人为审查员。议长宣告开议第三案。委员登台说明云，依约法之规定，人民于法律内有集会之自由，商务总、分会系前清光绪三十二年经农工商部奏准设立，然数年以来成效甚少，政府久欲改良，故特定商会法。其第一章规定总则，第二章规定商会设立地点、手续、职务、选举等项，第三章规定商会联合会之组织职务等项，其附则第六十条则规定以前设立之商务总、分会亦可照本法改组云云。议长问有无质问。胡钧起立谓，第三条之规定似有未妥，设立商会应为限度。若依省城商埠或商务繁盛之县得设商会，恐将来流弊滋多，或有不应设而设及应设不设者。本席以为须以人口、行号、出入口之货物三者之多寡为标准，此为本法要点。又第三条第二项亦有讨论之价值，如武昌、汉口相隔咫尺，亦可共设一处云云。王印川请付审查，遂指定王家襄、汪有龄、邓镕、陈汉第、李士伟、程树德、朱文劭等九人为审查员。三案已毕，议长请定审查日期后，遂宣告散会。时□点四十五分云。[①]

27日

▲蔡锷呈报袁世凯山东、湖北、广东三省出缺约法会议议员补选完成，已给予议员证书。说："为报明继续审定约法会议议员资格事。准筹备约法会议事务处咨开，查约法会议议员王丕煦、刘心源、张国溶、龙建章等先后出缺，应行改选，均经本处分别行知各该选举会选举监督依法办理在案。旋准先后复称，业经依照法定程序办理完竣，并各将改选之当选人姓名、年龄、籍贯、资格及所得票数报告前来，相应查照《约法会议组织条例》第十三条及《约法会议议员资格审定会组织令》第三条之规定，造具当选人名册一本，咨送贵会审定。如有疑义，仍希随时向本处调取卷宗查核可也等因，并名册一本前来。当经本会于八月二十二日继续开会审查所有册开，山东省选举会改选当选人景耀月，湖北省选举会改选当选人陈仪、胡璧城，广东省选举会改选当选人凌福彭，均经决定合格，应行给予议员证书。除咨复查照办理并将各该议员证书交由该处分别转发外，理合具呈报

① 《参政院廿一日纪事》，天津《大公报》1914年8月23日。

明。谨乞大总统钧鉴。谨呈。”批令：据呈已悉。此批。大总统印。中华民国三年八月二十七日。国务卿徐世昌。[①]

又与蒋尊簋呈明袁世凯，自9月起捐出总统府“顾问暨参政院参政两项兼薪”，以效“涓埃之报”。说：“为呈明事。窃维我大总统自减俸入，以廉俭为举国倡，薄海人民，罔不感颂。迩者欧陆战事发生，金融停滞，影响于吾国财政者极巨。大总统宵旰忧勤，亟亟图维，虑来日之方长，觉支撑之匪易。锷、尊簋夙荷恩遇，惭无报称，徒深纾难之愿，恨无可毁之家，现仰叨荣施，备员军府，每月应支俸给，足为俯仰事蓄之需。所有钧府顾问暨参政院参政两项兼薪，拟请自九月起一律停支，用效涓埃之报。区区愚忱，理合会呈陈明。伏乞大总统钧鉴。谨呈。”批令：该将军等概念时艰，力辞兼薪，殊堪嘉尚。应即照准，以彰廉让。此批。大总统印。中华民国三年八月二十七日。国务卿徐世昌。[②]

9月

3日

▲内右二区警察署长查裕函报京师警察厅总监吴炳湘，丰盛胡同41号蔡锷宅发生盗窃案。说：上午5时，“丰盛胡同门牌四十一号住户蔡锷宅内瞿惟臧电称，被仆人王松发窃去银洋票一千六百三十五元等语。当经署长前往查看，据该宅主人蔡锷声称，伊仆人王松发夜内回宅，行止不定。至天明，伊账房查看屋内失去皮箱一支，洋元票一千六百三十五元。寻找王松发，已不知去向等语。查看西院厕所犄角，将皮箱抛弃此处，银洋票已失去。除饬该宅开具王松发年貌、籍贯，并可疑节略一纸，先分咨侦缉队内外各区署通缉，复派巡长等带同该宅人分头在东西车站及各娼嫽查缉外，理合将原函二纸、嫌疑情形及年貌单二纸、银洋数目一纸，一并谨详警察厅总监”。[③]

下午1时，蔡锷亲笔函复说：

---

① 《呈》，《政府公报》第833号，1914年8月30日。

② 《呈》，《政府公报》第833号，1914年8月30日。

③ 《内右二区警察署长查裕详吴炳湘文》（1914年9月3日）。

富华仁兄大人执事：敝宅窃案承亲临勘验，并饬分头严缉，感谢无似。该嫌疑犯王松发迄今觅无消息，当系藏匿于城内外小客店，抑或乘车南下，亦未可知。可否饬探在各客栈探缉。一面请由贵厅电达汉口、浦口两处截缉，俾免兔脱。顷间所闻关于该犯之事实，足以为探缉之资料者有二。

一、该犯系着已旧白长衫。衫系白纺绸，背后近肩处有一小补疤。

二、该犯常至王广福斜街高升二等茶室王金凤处，并常住夜。闻王妓于两日前迁至他处。询之该茶室，皆云不知去向。

以上各节，以其与此极有关系，用特缄达台端，乞加察为幸。手此，即请台安。弟名另柬。三号下午一时。①

嫌疑盗王松发：

王系湖南宝庆（即邵阳）人，身略矮，面黄白而多痣，留西式头发，分披于额。平常着白服，穿黑色皮鞋，带四川口音。其可疑之点如左（嫌疑犯王松发）：

一、王于数日内有精神恍忽之状，起坐不宁。

一、月来常夜深外出，闻有住宿娼寮之事。

一、本晨拂晓时，尚至门房，欲攫取门役长衫。经门役刘毅察觉，即退出（向着短衣，曾向刘借长衣二三次）。

一、知箱内藏有银票者只王一人。②

附钤有王松发手印的供词一份：

王松发，即李玉生。供：我系湖南宝庆府寿远县人，年二十四岁。随蔡都督在广西、云南营内当马弁。去年蔡都督来京，我遂在蔡都督公馆内当差。蔡都督命我伺候瞿副官及修秘书，所有瞿副官屋内箱支钥匙均归我手存放。于今年阳历九月初三日早黎明时，我乘瞿副官未在家，遂起意用钥匙将他竹箱子开启，偷出交通银行洋元票一千二百元，携洋逃走，遂改名李玉生。是日就住在西河沿金台旅馆，住了两日，花去洋五元。至初五日乘火车赴汉口，花去车费洋十四元五角。

① 警署上报吴炳湘，特将蔡此亲笔函用较易辨认的字体重抄了一份，并注明“原函一件”。此举大概是让上级领导读起来更方便，不至认错原件中的字。

② 以上为蔡手书。

就住在汉口义源公栈，住了十二天，连房饭食钱并我在各娼窑住宿，连我置买衣服等物共花去洋二百余元。下剩洋九百余元，均带在我身上。后我在三分里娼窑，不料被汉口总稽查处侦探见我形迹可疑，将我当作乱党机关人，遂即拿获，将我转解案下。今蒙讯问，所供是实。民国三年十月廿日王松发即李玉生。十（画押符号）。

另有湖北汉口商埠警察厅所呈《供词一纸》（盖有“湖北汉口商埠警察厅关防”印章）。

李玉生供：

湖南人，年二十四岁，原名王松发，在北京蔡都督公馆内当差。九月二号，瞿副官元柱交给我一千二百块钱，命我到参政院买公债票，当时见钱变心，遂私逃。在西河沿金台馆住了三日，五号搭车到汉。所有洋钱，在北京付大院胡同万盛米店洋二百五十元，又付前门外煤市街太丰楼洋一百四十元，又付大栅栏瑞福祥洋货店洋二百元，付金台宾馆房饭洋十五元。所剩五百余元到汉口。住义源公栈，经伙夫引到紫竹巷窑子住了一夜，第二天又与同住余海彦、刘姓陈师爷们在武圣宫窑子住了两夜，第四天又同他们到三分里窑子接连玩了五六天。洋钱已所剩无几，即被拿获，所供是实。

衣物单：

白官纱长一件、青爱国一丈三尺、青泰西缎一丈四尺、白夕德纱二丈一尺、白洋布一匹、蓝竹布一匹、毛巾拾二条、破洋袜二双、汗衫一件、白竹布裤褂一套、宁绸夹马褂一件、洋汗褂一件、绉纱包头二丈、夕法布裤褂一套、青摹本八尺、灰色爱国布二丈四尺、相片二张，又相片二张、仿绸短夹袄一件、绵纺单裤一条、皮夹一个、眼镜盒一个、洋袜七双、白布包袱一个、洋裤带一根、洋领一条。

29 日，京师警察厅函请蔡锷派人协同长警前往汉口提李玉生来京究办。说：“径启者。查贵宅于本月二日被仆人王松发窃去银洋票一千六百三十五元潜逃一案，当由本厅通饬各区队严缉务获，并分电汉口、南京等处警察厅请为一体协缉去后，兹准汉口警察厅函称，本月七号晚接奉贵厅密电，以前云南都督蔡宅仆人杨璀（电码不明）窃取洋钱一千六百三十五元云云，至请即示知，以便照办等因到厅。查来函所称李玉生一名，是否即王松发其人，本厅无从悬揣。既已自认为贵处仆人，并有盗窃情事，拟请贵处派人，会同本厅警察，持函前往认明。如果属实，即便协提到京，以凭讯究，相应函达。即希见复，此颂日祺。京师警察厅启。”①

10月2日晨，蔡锷函复京师警察厅说：“径启者。昨接公函，敬悉。敝宅被窃一案，业经破获。固天网之恢恢，致冥冥鸿飞，竟罹缯缴，抑由于贵厅办事之明敏缜密所致，曷胜感纫。承示由敝处派人会同前往认明提解一节，自当遵办。惟查汉口警厅来电，李玉生其人，必系王松发，毫无疑义。盖供认系敝宅仆人，而盗取千二百元，年貌籍贯均属相符，决其必非另有李玉生，似无认明之必要。如贵厅为慎重起见，欲敝处加派一人前往认明协提，亦无不（可），惯命照办。贵厅何日派警赴汉，请即由电话通知（南局一千五百二十二），以便择定妥人随同前往可耳。仍候卓裁。特此敬复，并鸣谢悃。顺颂台安。蔡锷敬复。十月二号晨。”

9日，吴炳湘函复“汉口警察厅将蔡宅逃仆李玉生一名提京讯办由”。说：“径复者。准贵厅函称，准武汉总稽查处解送挥金冶游情形可疑犯李玉生一名过厅，经预审供认系蔡都督之仆人，年貌籍贯均与来电相同，惟窃取洋钱只供一千二百元，业已化散殆尽。刻下正在追究，应如何办理见复等因前来。查蔡宅逃仆原名王松发，前电误为杨璀，想系电码错乱。该犯业蒙缉获并代追窃款。贵厅办事缜密，不分畛域，曷胜钦佩。除先行电复外，兹特派巡官车玉祥等带同蔡宅仆人往提，相应函达查照。即希将该犯李玉生一名提交来弁解京讯办。实纫公谊。此致汉口警察厅长。总监吴炳湘。十月九日。”

24日，蔡锷函复京师警察厅，对其“煞费锦心”，办理案件，“特函声谢”。说：“来函祇悉。王松发业承贵局饬警由汉口提解到京讯审数次，并承将全案移送地方检察厅办理，煞费锦心，至为感纫。特函声谢。此叩公安。蔡锷顿首。廿四号。”（按：此函非蔡手书，系他人代笔）②

① 《函致蔡都督锷请派人协同长警前往汉口提李玉生来京究办由》（1914年9月29日），北京市档案馆藏档案，档案号：J181，全宗19，目录3681。

② 以上文件见北京市档案馆藏档案，档案号：J181，全宗19，目录3681。

13 日

▲袁世凯颁令允准蔡锷等人所请特赦赵恒惕等三人。说："领参谋总长事黎元洪呈，据昭威将军蔡锷等禀称，湘省二次独立之前，第十六旅旅长赵恒惕、前湖南三区守备队司令官陈复初、前湖南都督府参谋长江隽均以迹近附乱，经部呈请褫革官职，并判决各处三等有期徒刑在案。该省自上年暴徒窃发，茹苦至今，该革员等以嫌疑之身，置危难之会，虽未能抗拒乱党，然卒能潜移默运，取消独立，尚属效力自赎。且查本年五月三日奉令赣宁皖粤谋乱案内所有附乱人等，或因事迫胁，或无识盲从，自应从宽赦免，予以自新等因。此次该革员等附乱情节，实以所处时地，迫于势力所致，其情不无可原，拟请转呈恳予特赦等语。湘垣事起，该革员等官守所在，均应持以镇定，力遏乱萌，乃竟不避嫌疑，随同附和，实属咎有应得。惟既据称其遵令遣散军队，维持秩序，劳怨不辞，略迹原心，犹可共谅。本大总统依约法第二十八条特赦赵恒惕、陈复初、江隽免其执行，交陆军、司法两部查照。此令。九月十三日。"①

22 日

▲报载蔡锷出席参政院会议，讨论"政府提出请求追认吗啡治罪及惩治盗匪两条例"，以及刑事补充条例与山林法，"均付审查"。蔡锷与徐绍桢等人被指定为惩治盗匪条例审查员。②

23 日

▲报载"京师将军府定于十月一日正式举行开府礼，段祺瑞总长于二十三日午后三时，在府署与昭威将军蔡锷等及参军陆锦等员特开府制讨论会。据闻是日除讨论开府前应行筹备分任事项，及大总统提交谘询军政之规则外，段上将军提出拟呈请大元帅将该府参军一职改为定额，大致除京府额设八员或六员外，请准分由各省将军荐保军员在京充任是职，由府请简，以便代表该省用备谘询云云。拟定日内先行商明统率办事处，另日呈请大总统请示裁夺云"。③

---

① 《大总统令》，天津《大公报》1914 年 9 月 15 日。

② 《国内要电》，上海《时报》1914 年 9 月 24 日。

③ 《将军府会议分荐参军》，天津《大公报》1914 年 9 月 25 日。

本月

▲梁启超函告汤觉顿，“乞假”得请之法。说：“闻所苦尚未霍然，驰企何极。公体夙健，外袭之病，何至沉滞乃尔？岂缘愤世，忧郁积中耶？此则在达人有以自广矣。下走比来日淫于书，所草亦日得数千言，味醰醰乃无极，非久要当与公共之。乞假先以短期，徐图赓续，当必得请，亦自以得请为度也。东邻殆必有所要索，特今尚未发，不审其盘马弯弓，果何所待？此间瞋目扼腕，言战者（陆海财三相）不乏人。孔子曰：死不如速朽之愈。此亦可浮一大白，公谓何如？荷公足下。启超。季常并候。乞并以此书出示之。闻其病增剧，然耶？忧灼何极，死不如速朽，则此又不足置念矣。”①

按：有趣的是，次年10月蔡锷就是循梁启超所说程序，向袁“乞假”的。

10月

2日

▲蔡锷与梁启超等参政员就“外交失宜，日军侵及中立地点，并破坏中立举动诸端”，咨请袁世凯答复“政府何以对付”？文曰：

窃自欧洲战祸发生，我国遵国际通义，宣告严正中立，不幸而有青岛之事，遂成局部中立之状态。又未几而战线展开，交战区域不能不更为迁就，致有外交部划定区域之通告。当时我国民忧愤惊疑，舆论几逸出常规。嗣经大总统传集本院同人，谕以时局之艰，使普劝国民忍辱负重，而以折冲之任责诸政府。本院同人以为政府之外交当局者，必能仰体大总统外顾邦交，内全国体之盛意，与各交战国妥慎交涉，无或陨越。乃据近旬日来山东方面之情报，有令同人等不得不深滋疑讶者。

其一，闻日本军队已占据潍县车站，且（西）向进行。查外交部

① 中华书局藏抄件。又见《梁启超年谱长编》，第696页。

通告，战区仅限于龙口、莱州，及接连胶州湾附近各地方，确实为各交战国军队必须行用至少之地点等因。潍县距胶州四百余重［里］，非军队必须行用之地点，其为完全中立之地甚明。今日军忽有此举，究竟我国前此通告，闻已经日本公使回文承认，此次占潍县以后，我政府曾否向日政府提出抗议？日政府作何答复？若彼不答复，或答复而不能使我国民满意，或答复后而不实行，我政府作何筹划对待？应请说明，以释民惑。

其二，据某日《顺天时报》所载济南特电，言该地日本侨民因第八联队将至，预备欢迎。又前日英文《北京日报》有日使已向我外交部表示欲占领胶济铁路之意。此等事是否属实？交战目的地在青岛，何故日兵纷纷西向羼入济、青一带？我政府究竟有无闻见？曾否向彼诘责？胶济铁路，我国商股甚多，安能视为战利品。就令完全认为德国国家产业，试问日本能否占据中国领土内之德国所有租界，及已卸武装之军舰、已经扣留之军用品乎？如其能之，则英、俄、法、德、奥、比各国何一一不可在中国领土内自由行动？此等举措，究为尊重中立，抑为破坏中立？我政府曾否问日政府得有确实保证，保此后决无此等行动？若其有之，政府何以待之？

其三，英国此次与德宣战，声明为扶助比利时中立起见，故不惜牺牲全国金钱性命以赴之。今青岛之役，明明为英日联军与德交战，日本当局亦向会议宣明，曾经与英国协商，始行宣战。则一切举动，英国自不负连带责任甚明，何以在欧洲则极力尊重公法，在中国则与日本同为此破坏中立之举？我政府曾否持此义与英政府抗议？其经过交涉若何？

其四，日军所至，往往有残杀良民、奸淫妇女之事。本院同人夙仰日本为文明国，原不肯轻信讹言。乃据各该人民公禀，则被害人之姓名、年岁、籍贯，及被害事由，皆详载凿凿。我政府曾否调查实情？曾否执言伸理？若谓军队偶尔不慎，无庸苛责，则吾侪犹记去年我国南京平乱时，日本商民阑入战线，误被伤戕者，日人尝责我履行极难堪之义务。今我为顾全大局计，万分迁就，许以假道，可谓仁至义尽。日军果有此等举动，我政府曾否与之严正交涉，惩前毖后，使我军民之气，稍得平息？

其五，闻日军所至，发行多数军用钞票，日本究据何权利在我国境内强制行使此种无定值之货币？若云有现可兑，究竟现银在何处？兑换在何时？犹记当日俄战，彼时日人在奉天发行此项钞票，后此以正金银行兑换券易之，然至今正金券在东省者数千万，何尝有一文直接兑现？实则布不换纸币于我境，使我物价腾涌，生计恐惶，创巨痛深，于今为烈。此次山东复行此举，此事前曾否通告我政府？发出之后我政府曾否过问？本院同人之意，谓宜与之严重交涉，令军队采买物品，皆用现银。若彼借口于运送不便，则其所发军用票亦须指定数目，先将同额之现金，交与我政府，以为将来兑现之保证，乃得发行。

以上诸端，皆全国人民所共为惊疑，日来各地军民因痛外交之失宜，惧国亡之无日，或设救亡敢死之团，或倡排货修怨之议，有识之士日思所以节制之，瘏口哓音，始获少安。若外交当局不能以国权切实之保障明示吾民，则疑愤所集，万一激成度外之举动，将何术以善其后？本院代行立法院为代表民意机关，对于政局，势难缄默，凡此各种疑义，谨据约法第三十一条第八项，及参政院议事规则第三十九条，要求大总统答复。此咨大总统。①

是日，参政院举行第十五次常会。

下午二时五十分，黎（元洪）议长主席谓：“现已足法定人数，开议。今日议事日程，吗啡治罪条例请求追认案审查报告，请审查员说明理由。”

十五号梁启超谓：“本席根据《约法》第三十一条立法院之职权第八项，提出关于政治上之疑义，要求大总统答复云云。本院现在既代行立法院之职权，当然可以提出政治上之疑义，要求大总统答复。现在外交上日本、英国在山东种种行为关系重大，故本席对于此事拟提出质问书，要求政府答复。拟请议长变更议事日程，先议此事。”

附议者在五人以上。

① 曾业英编《蔡锷集》（二），第1113—1115页。

议长谓："梁参政提议变更议事日程，赞成者请举手。"众举手。

十七号王家襄谓："应请梁参政发表意见。"

十五号梁启超谓："自欧洲战争发生，我国外交上经过情形，大总统曾召集本院同人到府报告一次。当时对于大总统所报告，固尚有不甚满意之处，而以中国现在之地位之时局，政府措施若此已觉不易，故同人对于大总统所报告亦认为相对的同意。日来据各方面经过情形与前大异，觉从前所报告皆无确实之保证。来日方长，距前二十日情事已一变若此，则未来者尚复何堪设想。至政府外交方面，固有种种秘密不能全分［部］宣布。而本院既代行立法院即为代表国民，现在全国人民对于此次事变既已非常愤激，本院即不能不代表国民将所怀疑之点，及希望政府进行情形，提出疑义于政府，请求大总统答复。据本席观之，应质问之点甚多，兹择其最要者略说明之。从前外交部最初通告将战争区域划定。外交部通告有三次，最初宣布完全中立，及日、德宣战，不能不宣告局部中立。已而，日兵登陆，不得已而展长战线，指定龙口、莱州。当时外交部通告各交战国人文书，不能不稍为含混其范围，但究竟有无凭据，想外交部于划定区域之后，决不能无文书或口头之通告于交战国也。现日兵在山东种种溢出范围举动，前数日日兵已将潍县车站占据。征之中外文字之记载，如《顺天时报》济南特电，日本在济南侨民，因第八联队将占胶济铁路，预备欢迎。又北京英文日报所载，日使以私人资格告我外交部，表示其将占领胶济铁路。此等虽为新闻之言，而《顺天时报》是何处之机关报恐尽人皆知。北京英文报亦是外人所办，所载料非全属子虚。再据各方面报告，日兵向西行不止，试问潍县以西无一德兵，日本不向目的地之胶州进行，乃向潍县以西，究系何理？以地理上观之，自莱州、龙口登岸，越平度而至胶州，地势甚顺，并无德兵防阻，日兵何不出此？先时外交之通告，只准日兵在莱州、龙口行动，实不得已之办法。现日兵溢出范围之举动，我外交部亦曾闻见否耶。日兵若斯举动，其注意决非只胶州一地，盖将以山东全省为其军队根据地，为第二之东三省也，此等心理洵属路人共见。政府已通告于先，日本竟有此等行动，亦曾与之交涉否耶。再，此次山东方面，日本兵队固居多数，然日本与英为同盟国，故日本对于胶州举动，事前与英国商酌而后进行，则日本现在在山东种种之行动，英国当然不能不分担责任，因其有连带之关系也。况英国对于欧洲战事，所以加入战团者，实系为尊重比利时之中立地（位）。且据英国首相在议会演说，该国此次加入战团并无他意，实系为尊重公法、尊重人道、尊重世界文明起见。我辈向来对于英人此种主义即甚崇拜，此次尤加钦佩，乃不意该国在欧洲则行此主义，在东方则以联军在我山东作种种破坏我中立举动，与其在欧洲行为适相反对，究竟系何道理？我政府办理交涉，除对日本抗议外，对于英国一面，是否亦曾一问讯耶。现在日本在山东地方种种不法行为，虽据该省一方面人民具有公呈，惟因日本向来以文明国自命，我辈对其此种情形固不敢遽信，然现在具公呈人民之籍贯、姓名及被害地方情形，言之凿凿，我政府究竟已有所闻否耶，此种哀哀之呈诉，政府已曾见之否耶。虽云在战争地面之人民，稍受损失固属小事，但不可不注意者为此种举动，实为不认我为国家。如果以平等国相待，断不出此，而日、英联军竟有此种举动，究竟是何居心耶。犹忆去岁南京，我国因平定内乱用兵之时，有日人阑入战线，被我军误伤，日本遂要求将该管军统免职，并使我素有名誉之军队向彼谢罪。此并非重提旧怨，诚以日本果稍有尊重中国国家之心，即不应有如此举动。我政府果知有保护人民之责，对于此种举动即不能坐视。故必须质问政府，究竟曾知此事与否？曾想有办法与否？又闻日本在山东曾发许多军用票，按各国在交战时代，对于其暂时占领之地，可将本国种种强制力施行用临时货币。今我对日本在山东不过因情势不得已暂时假道与彼，究竟彼有何权利将此种纸币强制发行？究竟此种纸币将来有无兑现之时？回想从前日俄战争时，日本在奉天发行军用钞票五千余万后，虽换成正金银行兑换券，实则一文不能兑换。日本此种举动实不费一钱，使我中国物价腾贵，生计恐慌，问我国民尚有知觉，能否承认？政府又能否袖手旁观？本席对于此种种，非常怀疑，且此种怀疑，恐不只本席个人，想国民全体亦当同此怀疑，同此愤激。若谓任人蹂躏，无法抵抗，在他人可作此言，在政府当局诸人绝不能作此言以卸责。本席意见，一面质问政府，请其将怀疑之点，明白答复，一面由本院斟酌建议催促政府进行。且此次事情与日本交涉固为重要，而对于英国之举动怀疑尤甚。该国何以对于比利时之中立如彼，对于中国中立如此，政府对于日本实有抗议，何以对于英国无之？故一面质问政府，一面将本院之主张，请政府从速进行，以表示中国国家机关对于此事非常愿负责任。此次但得政府肯负责任，本院代表民意机关，无论如何必与政府一致。倘政府办事冷淡，则专靠代表民意机关，恐断不能做事。本席意见如此，倘本院同人皆以为然，则应如何质问，如何建议之处，尚望大家讨论（众鼓掌）。”

议长谓：“诸君对于梁参政提议，有无讨论？”

二十四号邓镕谓：“本席对于梁参政之动议，极表赞成。惟质问范围，适间梁参政之主张，甚为正当。惟本席尚有意见，即以胶济铁路原系中德两国商办，非德国国家铁路可比，且并不妨害战事，日本即无占领之理由，此亦可以向政府声明。至梁参政之提议，照本院组织法，有十人以上之连署即可提出。但若以全院名义行之更为郑重，应请议长指定起草员起草表决，再行咨送政府，较普通质问，尤觉郑重也。”

二十二号黎渊谓：“本席赞成邓参政之说。”

二十六号朱文邵谓：“适间梁参政所提议，不特本院同人均表同情，即全国人民当亦同意，似无何等讨论，应请议长即指定起草员起草表决，以便从速咨送政府。”

附议者在五人以上。

议长谓：“朱参政提议，赞成者请举手。”众举手。

议长谓：“现由本席指定梁启超君、陈国祥君、熊希龄君、王家襄君、宝熙君五人为起草员。”

议长谓：“现在休息三十分钟。”时下午三点二十五分也。

下午四时十五分，继续开会。议长谓：“现将起草员报告。”十五号梁启超君请陈国祥君代为报告。

二十四号（按：前述邓镕是“二十四号”，此处或有误）陈国祥谓：“现谘询书业经起草，朗读一遍。”陈参政国祥朗读谘询书毕，议长谓：“诸君对于谘询书有无讨论？”

三十一号蔡锷谓……（按：即以下所录“蔡锷出席参政院第 15 次常会并发表演说”）

二十三号徐绍桢谓："本席对于蔡参政之说极为赞成，但此次本院所提之质问书内容种种，想政府必早有一定之见解。本院如有所知，亦当辅助政府，共救危亡，第二次自无不可以提出也。"

四十二号赵惟熙谓："此种质问书，本席赞成。不过，外交以兵力、民气为后盾，以现在中国兵力而论，诚不敢自诩，然所恃者即是民气。从前中国与外国交战每多失败，全因无爱国心。现在中国人爱国心日形发达。何以征之，即征之于此次公债票。当政府初发表公债政策之时，在一般不达事情者，皆以为此次公债必不能推行。本席当时曾说过，此次公债票必可推行无阻，果然不出一月即募集逾额，此就中国方面言之也。再就日本方面言之，日本一小国耳，区区三岛，二十年中用兵三次，中国古语有云：兵犹火也，不戢将自焚。夫以法国拿破仑，雄才大略，屡战屡胜。然穷兵黩武，终败于滑铁卢一役。可见兵若常用，终不可靠。日本于甲午一役，尚有中国之赔款以为辅助，日俄一役元气大伤，其势已成强弩之末，且其兵气甚骄，骄则必败。中国人现在既有如此爱国心，若与日本相较，安见无有把握？适间蔡参政谓中国要贵自立，本席甚赞成。不过，自立要有自立之法，本席一介书生，未习兵事，然于兵事亦稍知一二，自立之法即不敢惜命是也。政府若万一外交决裂，本席不才，愿牺牲一身，想吾等爱国心盛，决无爱惜生命者。此次谘询书咨送后，大家可以详细讨论进行办法，庶中国有振兴之一日。中国人民十倍于日本，但使人民有爱国心，不愿为奴隶犬马，焉见堂堂大国不足以自力［立］？如其甘受辱于日本，诚生不如死矣。"（众鼓掌）

三十四号王揖唐谓："蔡参政意思甚善。本院所质问者，在外交以军事为后盾，应当一次质问或两次质问，皆应详细讨论。据赵参政之言，慷慨激昂，令人惊心动魄。本席以为先将此次谘询书咨送政府，不必将他话加入，俟政府答复后再讨论进行办法。"

二十七号王印川谓："梁参政所提出之质问案，固极重要，但蔡参政所提议者关系更属重大。盖以军事、财政为外交之后盾，如军事上、财政上不为准备，则对外交涉仍然不免失败，失败后前途实不堪设想。现在日本已占领胶济铁路，该铁路纯系属中立范围之内，乃日本竟自认为战利品，试问在中立范围内者何一不可认为战利品？凡国家立于地球上，必须从根本上计划，在今日我国家根本计划及永久计划，皆缓不济急。就目前而论，救急办法万不能不早为之备。蔡参政所提议者，第一是军事问题，第二是财政问题，均属赶要事件，亟须研究准备方法。我国之兵力虽云不及外国，然而强邻逼处，与其坐以待毙，不如背城借一，战亦亡，不战亦亡，战而后亡，亦有名誉存在世间。但是，必先有此预备而后可言背城借一。宁为玉碎，不为瓦全，势必先有玉之资格，而后可言玉碎。对于军事上为最要之预备，而预备军事，非财政不可，所以军事、财政二者非大加筹划不可。而最大之困难，须人人要有责任心，国势始能维持。现当危急之时，非利用人民爱国心，不可据。适间蔡参政提议军事上、财政上之计划，应从速向政府质问，本席极表赞成。但我国国家当此危急存亡之秋，非上下一心，努力维持，万不足以救此危亡耳。"

二十号汪有龄谓："本席意思，可先将此咨文付表决。至政府于军事、财政如何计划，俟明日开一大会，详细讨论再行质问。"众呼赞成。

议长谓："谘询书已由起草员朗读，赞成者请举手。"众举手。议长因报告全体。

又议本日议事日程吗啡治罪条例请求追认案尚须报告否。二十三号（按：前述徐绍桢是"二十三号"，此处或有误）陈国祥谓："本日提议之案至为重要，故得变更议事日程。至于此案应请缓议。"议长谓："现在是否即开秘密会议？"众请付表决。议长谓："赞成即开秘密会议者，请举手。"众举手。议长谓："全体现在即开秘密会议，请旁听人退席。"时下午四时五十分也。①

3 日，梁启超函告蹇季常说："昨日，忽往参政院捣乱，明知为无聊之举，聊以浇块垒，公谓何如？"②

▲蔡锷出席参政院第 15 次常会并发表演说，认为"当此国家存亡危急之秋，非合全国之力以谋之不可，必须上下一心"。其演说词说：

---

① 《参政院第十五次常会纪事》，上海《时事新报》1914 年 10 月 6 日。

② 中华书局藏抄件。

质问书简直系全体对于政府外交上之质问。要知国家外交，纯以军实为后盾，若无军实，则外交手段无论如何均归无效，此人人所知。但此次青岛之役，日本所持之态度，亦尽人所知，其无非欲施行其近二十年之大陆政策。盖日本原为岛国，非在大陆上活动，实难以展其野心。所谓其大陆政策，非在大陆上活动不可。质而言之，即吞并我中国之政策也。故第一次甲午之役，即占我台湾。至于辽东半岛虽已退出，其实系俄、法、德合力从其口中取出，忍气吞声至于今日。第二次则侵略南满。现南满虽仍为中国所有，实与日本之领土无异。现则为其施行大陆政策第三次之机会。其因在东三省不能大为活动，故趁此时机，借青岛问题与德开衅，占领胶济铁路，其目的所在，无非思于媾和条件中，提出取得津浦北段铁路之权。其目前虽视其兵力所到之区为中国本土，将来施行大陆政策之结果，恐以山东为第二之南满。此第一层可虑者。第二层，欧洲战事非一二年所能了结，德如破法，必转戈以相向。所以，日本赶于一年内，竭其全力从事于东方而为所欲为，以施行其二三十年来所抱定之大陆政策。苟日本有此两种情事，对于中国，试问我政府将何以自处？我中国向来立国方针，以及外交当局所持以为交邻之手段，莫非苟延残喘，或联甲国以制乙国，或联乙国以制甲国，使其互相牵掣。及今欧洲战事发生，均势之局已破，全不能致力于东方，致东方舞台为日人所独占。现稍有余力者，惟美国一国而已。美国海军虽素称精强，较胜于日，然当日美战争时，曾有某军官列表比较谓，美之海军实倍于日，美军百余万吨，日军不过五十余万吨。但美国虽有如此之海军，必须以若干数驻于墨西哥，以若干数留备本国之保护，即将来能到东方者，约七八十余万。且须于东方取得有军港，否则，即不易于从事。但美国在东方本有菲律宾领地可以集合，其实该处亦无甚良好之军港。日本若乘其势力未达东方之前，以三十万兵来集中国，亦已足矣。即令将来美之军力达到东方，而主客异形，劳师袭远，不战而疲。且美国为合众国，不若日本之统一，其人种杂糅，有所谓拉丁人种及红色人种等，故其爱国心亦不若日本之强，海军究能胜于日本，未敢操券。中国今日所希望者惟美一国，而美国在现时实不能为我中国外交上之援助。况罗斯福既退职，而威尔逊继任，从前政策一概更变，专讲保守主义，绝不敢轻举而来。中国处此时代，较庚子、甲午及光复之际，尤加十倍危险。如处今日之中国，欲谋国家之保存，外交既不可恃，惟有全仗己国。现所提之质问书，自是毫无疑义。至于军事、财政究竟如何筹备，万一日本以山东为第二之南满，施行其大陆政策，政府究竟如何对付？当此国家存亡危急之秋，非合全国之力以谋之不可，必须上下一心。或者政府对于现所质问之处，已有办法，实亦本院现所乐闻。至本席所提各意见，能否合并质问，尚请诸君讨论。①。

按：梁启超回忆说，他和蔡锷此时极力主张“收回胶州湾”，但袁世凯“始终不肯采用”。说：“欧洲大战发生，他最初主张同德国说明，要把胶州湾交还中国，由中国派兵守去。这种主张，他当时很坚持，同袁世凯讲，袁世凯最初说英国不会参战，就是英国参战战胜，德国亦可以自守，犯不着开罪德国。关于中国要收回胶州湾的问题，我同松坡前后见过老袁几次，他始终不肯采用我们的主张。后来日本送出最后通牒给德国的时候，松坡还想作万一的补救，主张中国派遣军队，加入青岛作战。袁世凯还是不听，松坡很愤慨。最后日本向我国提出‘二十一条’，那时松坡是参政院的参政；他在参政院中，有一篇一点多钟的长演说，对于拒绝日本的提议，主张要有最后作战的决心；一面即又把作战的计划，秘密地向袁世凯陈述。袁世凯别有怀抱，对于这种计划，当然不能采用，同时看见他这种锋芒，对于他猜忌得更利［厉］害。”②

3 日

▲任可澄函告陈国祥，云南人排斥黔人情况及其“决计取严重干涉主意”。说：

敬民我兄鉴。奉赐书，具悉种切，应复各件如下。一、滇反正后，机关林立，人员冗滥已极，蓂赓兼长民政时，因桑梓关系，亦不免有所迁就。及弟受任后，因本省财政困难，年中收支不敷至二百六十余万，不能不厉行减政主义。于是凡被裁之机关、被淘汰之人员，莫不

① 曾业英编《蔡锷集》（二），第 1116—1117 页。

② 梁启超：《蔡松坡遗事》，北京《晨报·蔡公松坡十年周忌纪念特刊》，1926 年 11 月 8 日。

以感受痛苦，故而生怨毒，此群谤所由起也。然此邦人士，其于弟不过腹诽而已，表面上固犹时时以道德文章云云，深相推重，其视为仇雠必欲去之而后快者，则为希陶（按：刘显治，字希陶）。希陶在滇，力任劳怨，弟实深佩，顾其所以致怨于滇人者，约有数端。一、希语言时，或真检滇人所疾口痛心者，则以希曾有滇无人才之说。百口一致，固结莫解。一、滇人谓希目空一切，崖崖过高。一、从前蓂兼长民政，一切谒见，属吏诸事，多以希代行，于是群谓其揽权自专。以此数因，故排希之声日甚。弟始到滇时，以为此不过一班无意识者所为，不以为意。现乃知蓂赓于希亦有种种不以为然之处，此中情节，殊堪怪诧。弟于是事，直已无处理之法，尚未知如何解决也。（希意幼[①]到后，即行辞职，并闻）蓂赓与弟，一切如前，绝无纤芥意见，故实际上办事，如整理锡务公司（锡公司去年已陷于万分危险，弟到后与蓂赓切实商议，现已定计进行，将来极有把握，亦幸事也）、整理富滇银行（富滇银行信用极好，惟办理太不得法，前弟意经理一席须亮[②]或幼任之，即亮、幼久不来，不得已改委人办理，一切计划均可实行）等等，均向日滇人深闭固拒，悉力把持，几无他日［人］容喙之地者，幸已渐次就理。又如用人一事，虽军界人物干与要求尚所不免，然不过不关重要者，少与周于实际上绝不过事迁就，蓂亦别无意见。所最难者财政厅长陈性甫老悖昏庸，新知识既所不有，而巧滑不任事又为其长技，一切要政绝无进行之望，事事为之代谋，彼仍不解，所谓非设法易人，滇事实无可为。而其他种种，一些枝叶问题也，前曾电商，未知能办到否？滇人此时反对黔人，有“贵人当道”之语，实际上亦不甚远于人情，而其中犹有一大原因在焉。盖蓂前在滇，本与前民政长李鸿祥、前护督谢汝翼为极端反对之人，故蓂初由黔回滇时，李、谢尝结党反抗之。已而，谢死李调，表面上似已平定，而谢、李之党极多，莫不思得当以报。其中最有力者，前民政长罗佩金（现在省）、前西藏宣慰使李曰垓（现任垦殖局经办）、前警察厅长黄子实等，其怨蓂亦转甚。顾以现蓂握兵权，群处其势力之下，莫可如何。

① 幼，指陈廷策。

② 亮，指籍忠寅。

而一般黔人则皆与蓂为□者，直接排斥黔人，即间接排斥蓂赓。又参以省界问题，尤易鼓动一般无意识、脑筋简单之人，其势至顺，故遂出于此。而此一派人中，如黄子实等于军界颇有势力，加以省界问题煽动之，故军界中亦不免有与之附和者。蓂性过仁厚，又以不慊于希之故，不免漠置，致此辈遂愈无顾忌。弟前以此辈不足深较，又以军界关系之故，思少□忍，以缓其势，此后决计取严重干涉主意，为地方计，亦自不得不出于此，无可避也。前数日上海各报载弟上条陈，请废实业学校者，即系彼辈所为，弟虽无似，何至是耶。谨检原件陈阅，以博一笑。于杂草此，即颂道安。弟澄再拜。三日。①

6 日

▲报载袁世凯“在澄怀堂传见梁启超、邓镕、徐绍桢、蔡锷、赵惟熙五参政，所谈时刻颇久，大约亦系关于质问书（按：指《参政院山东事件质问书》）一切接洽事宜”。②

12 日

▲梁启超函告周大烈，“环顾世变，至使人无复乐生之思”。说：“分携后似未报兄一书，虽由疏懒，抑神志之萧索，致可哀耳。觉顿引退，季常久病，弟则如古诗所云‘习习笼中鸟，举翮触四隅’。力求解脱，至今未得，而环顾世变，至使人无复乐生之思，何可言耶！兄比来意兴复何似，进退又何似者？有曾君广轼在湘炼矿，灼［卓］著成效，顷来都相见数次，觉甚可敬。谨介绍奉谒，如有可以助力之处，希常留意。相思如痗，不尽欲言。”③

13 日

▲报载“大总统于日前阅兵退后，曾特召建威上将军段芝泉入内密谈要务。闻系拟将派宣威将军蒋尊簋赴浙、昭威将军蔡锷赴粤、靖威将军赴

① 《刘显世等致陈国祥函札（民初滇黔史料）》，中国社会科学院近代史研究所藏档案，档案号：甲 29。原件未署月份，依任可澄 8 月 10 日任云南巡按使时间推测为 10 月 3 日。

② 《山东事件质问书之答复准备》，上海《时事新报》1914 年 10 月 10 日。

③ 中华书局藏抄件。又见《梁启超年谱长编》，第 698 页。

宁，有秘密指示之军政防务等要政，非电报所能传达者。约于一二日内即行出京云”。①

16日

▲梁启超在参政院第十七次会议上发言，强调良好的立法院，是“一面与政府不捣乱，一面期自己不腐败，若只一味盲从，更何能作良好之模范耶。本席以为本院不惟对于大总统交议之法案须尽议决之责，即本院职权应为之事亦不可抛弃”。对“政府交议之案”，不能“只顾附和”，“即有不以为然者，亦不肯有所建议”，“噤莫敢言”。立法院有议决“（一）法律，（一）预算的职权”，制定出的法律，就必须执行，不能只是装饰品。他要求政府执行约法规定，提出预算案，“政府无论有何设施，有何计划，莫不表见于预算中也”，否则，“政治即无所附丽”。他对把参政院当作“养老尊贤”机关甚为不满，表示对“政府举动有不是之处”，要“立即纠正，亦不可为矫情之举，不过代表民意为所当为耳。不然纯粹作政府一留声机器，于国计民生有何裨益耶”。②

17日

▲戴戡函询陈国祥对付日本吞并我北部领土办法。说：“黔局总算已定，日内所难过者，第一，日本已踞胶济铁路，是山东已成第二南满；第二，欧洲事，法既迁都，是战祸必延长无疑，日本如于此机会中硬将北支那先行并吞，实行彼所谓之大陆主义，将如之何；第三，中央于此种事，究应如何对付，茫无所知；第四，吾辈应如何行动，此间祈公有以教我。”③

20日

▲戴戡函告陈国祥，龙建章“愿就黔职，必有大欲”，贵州“内外各事，均于无形中收束，以免临时交替忙乱”，并询蔡锷在京“信用、资望何

① 《议派各将军出京》，天津《大公报》1914年10月13日。

② 《参政院代行立法院会议纪录》第17册，第13—21页。

③ 《刘显世等致陈国祥函札（民初滇黔史料）》，中国社会科学院近代史研究所藏档案，档案号：甲29。

如”。说：“敬公大鉴。昨上一书，谅先此到。黔中道尹龙建章已于本月十九号由昆明起身，约计下月初十左右即可抵筑。龙乃中央有力者所亲信，此次愿就黔职，必有大欲存焉。前见命令，曾电公与志清探示，此间同人早亦料及，故内外各事，均于无形中收束，以免临时交替忙乱。顷得希陶密电，谓得京缄，龙到黔后即有后命。据此情形，似不出两月，弟必可以解职。同人对于此事，主张两说：（甲）俟各道尹组织就绪，及清乡事了结，弟即正式辞职；（乙）仍俟各事完结，由弟将历年黔事分别呈报（弟接事至今，关于财政一项消积的已弥补百万元，近实只亏三百万余也），并详述黔情，不必说出辞职，纯谓视中央自动。弟于此两说，均无可无不可，惟心中最急者，（一）清乡事费尽无限心力，若不乘弟在时将此一段事实详报中央，且请分别奖赏，实无以鼓励实心任事之人；（二）黔反正以来，对于本省、国家著有勤劳者从未请奖，前八月弟汇请中央，竟不允准①，殊为骇怪。此事拟再电陈，但非于弟在时弄个水落石出，何以服人？此外心所欲做而不能者，如黔生计问题、筹练乡兵问题等件，本为黔民生死安危所关，然既不能举办，只好留待贤者，或吾辈将来又从社会方面尽力可也。公前来书及经手在京用款原册谓尚余数千余，此数已有特别处置之法，望公速开一账与弟，是否再补还公，以便早结。至前公与志清在士行（唐士行也）处所拨之二千元作京津学生费，亦望速开一账寄弟，俾得一面将学费事分别划清，一面筹款还士行，以了此案。至公来信，面请如下书（贵阳戴巡按使公馆戴循若亲展），或交铁崖转交亦可。季常病究如何？松坡常晤面否？渠在京近来信用、资望何如？此请台安。小弟戴拜启。十月廿号。”②

21 日

▲报载“统率办事处、陆军部前奉大元帅特令，组京师模范军团一事。兹已组织完备，现段总长会同统率处议定，先行随同编制法，呈请

① 戴戡呈文一为《贵州巡按使戴戡呈请将黔省反正以来出力人员分别给奖文》，二为《贵州巡按使戴戡附呈黔省反正以来国民军统领刘显潜和继圣勋绩卓著请补授陆军将校文，附呈已故刘春霖、陈钟岳二员拟恳奖给匾额并准勒石纪实文》，上海《时报》1914 年 8 月 11 日、15 日。

② 《刘显世等致陈国祥函札（民初滇黔史料）》，中国社会科学院近代史研究所藏档案，档案号：甲 29。

大元帅任命该军团长等高级军官。闻昨十九日业已呈请第一团长为卫侍武官长荫昌，副团长为程［陈］光远；第二团长拟以昭威将军蔡锷，副团长闻系统率处军事参议官张一爵，或靖威将军蒋雁行两员，择一任命，不日当见发表”。①

22日

▲严复、蔡锷等21人在参政院提出以“忠孝节义”为“导扬民国立国精神建议案”。说：

闻之孔子有言：自古皆有死，民无信不立。管子曰：礼义廉耻，国之四维。四维不张，国乃灭亡。是知国于天地，其长存不倾，日跻强盛者，必以其民俗国性、世道人心为之要素，此所来归矣。且不独吾国之圣经贤传所言为然，乃至观诸外国，其中国亡种灭，或为异族所奴隶，亦以道德扫地，人心窳涣为之先，从未有好义首公、忠信相扶之民，而不转弱为强，由衰而盛者。著诸历史，其故可深长思也。盖国之通，患存夫贫弱，顾有土者有财，则贫者可徐转而为富，生聚教训，则弱者可振刷以为强。即令民智闭塞，学术空疏，无乘时竞进之能力，此其患若较前二者为甚矣。然得先智先觉之俦，为振兴其教育，专门普通，分程并进，则拙者可巧，蠢者可灵，其转移尚非无术也。独至国性丧亡，民习险诈，则虽有百千亿兆之团众，亦长为相攻、相惑、不相得之群，乃必鱼烂土崩而不可救耳。故近世之言群治者曰：无机之物，则有原子；有机之物，则有细胞。原子细胞，皆为么匿，一一皆有相吸相拒之二力者含于其中，此天之所赋也。相吸力胜者，其么匿聚而成体；相拒力胜者，其么匿散而消亡。国者有机之体也，民者国之么匿也，道德者其相吸力之大用也。故必凝道德为国性，乃有以系国基于苞桑，即使时运危险，风雨飘摇，亦将自拔于艰难困苦之中，蔚今为强国。

夫五洲民族，部处州居，号为国者以百计，其中强盛仅七八焉。吾人觇其国性，与其所以保邦制治之精神，虽相分殊，固皆可指。如

① 《任命模范军长之预闻》，天津《大公报》1914年10月21日。

德意志民族，起于垂亡，联为帝国，勇果坚鸷，凡学问营业政策，皆以胜人必达，为期不及百年，遂执牛耳。英美之民，最长自治，贵信义，重责任，明于自由之权界，故能立宪为法治国楷模，日进富强，迄今未艾。法民革命，经历最危，内讧外仇，几于不振，独以爱国之殷，终能有立。忧深虑远，家有盖藏，故于世界金融，有左右之能力。俄罗斯政教合一，其君称天而治，国主教主，一身兼之，为全属国民所信仰。斯拉夫民种生齿繁盛，而感情棣通，与条顿民族几有代兴之势，故能雄视北徼，跨有三洲。若夫日本肇兴，不过三十余年，推翻幕府，建二千余年一始不绝之皇室，为一切政令宗教之中枢。民之视听，入维新而有所统集，感于孤危，忠勤尚武，故能再战再胜，遂跻列强。之数国者，其立国垂统，虽各有特别之精神，至其教民，以先公后私，戒偷去懦，以殉国为无上光荣者，则一而已矣。

然则我中华民国处此五洲，相见竞争剧烈之秋，必遵何道始足图存，大可见矣。今夫建邦东亚，号一统者四千余年，聚四百兆之民人，有二十余省诸藩之土地，绵绵延延，至今未陈。吾国民祈天永命，尚冀有一日之富强者，非忠孝节义之风为之要素欤。稽我先民，坚苦卓绝，蹈义凛然之事，史不绝书。其遗芳流韵，感人至深，后世或形诸歌咢，西人笃于功利，或言纪述之浮夸，则不知此实为吾民之特性，而后此所恃以为立国精神者将亦在此。盖忠孝之为说，所包甚广，自人类之有交际，上下左右皆所必施，而于事国之天职为尤重，不像帝制之广其心德遂以沦也。孝者隆于报本，得此而后，家庭蒙养，乃有所施，国民道德，发端于此，且为爱国之义所由导源（西字爱国曰“巴特里鄂狄”，本于拉丁语之所谓父）。人未有不重其亲，而能爱其祖国者。节者主于不挠，主于有制，故民必有此而后不滥用自由，而后可与结合团体。耻诡随，尚廉耻，不葸不竦，而有以奋发于艰难。至于义，则百行之宜。所以为人标准，而国民程度之高下视之，但使义之所在，则性命财产皆其所轻。故蹈义之民视死犹归，百折不回，前仆后继，而又澹定从容，审处熟思，绝非感情之用事。今者幸此四端，久为吾国先民所倡导，流传久远，而为普通夫妇所与知。

某等以为吾国处今以建立民彝为最亟，诚宜视忠孝节义四者为中华民族之特性，而以此为立国之精神，导扬渐渍，务使深入人心，常成习惯。文言曰：桢者事之干也，必以此四者为桢干，夫而后保邦制治之事，得所附以为施。以言其标则理财而诘戎，以言其本则立法而厉学。凡兹形式之事，得其君形者存，庶几百折不回，而有以达最后之祈向。准斯而行，实于民国大有裨益。谨依约法第三十一条及六十七条各规定，提议并拟办法若干条如下，寅候公决。

一、标举群经圣哲垂训，采取史书传记所纪忠孝节义之事，择译外国名人言行，足以感发兴起合群爱国观念者，编入师范生及小学堂课本中，以为讲诵传习之具。

一、历史忠孝节义事实，择其中正逼真者，制为通俗歌曲，或编成戏剧，制为图画，俾令人民演唱观览。

一、各地方之忠孝节义祠堂、坊表，一律修理整齐，以为公众游观之所，每年由地方公议定一二日，醵资在祠举行祭典及开庙会。

一、人民男妇，不论贵贱、贫富、已卒、生存，其有奇节卓行，为地方机关所公认，代为呈请表彰者，查明属实，由大总统酌予荣典褒彰。

一、治制虽殊，而砥节首功之义不废，故忠于代表国家之元首，无异忠于国家。此义关于民国之治乱存亡甚巨，亟宜广集经说，诠译精义，勒为专书，布在学校，传诸民间，以祛天下之惑。

一、旧有传记说部，或今人所编西籍撰著，其有关于忠孝节义事实者，宜加编译刊布，以广流传。

提出者：严复、梁士诒、王世澄、王家襄、汪有龄、施愚、陈国祥、黎渊、宝熙、程树德、邓镕、王印川、荫昌、蔡锷、王树枏、马其昶、刘若曾、李盛铎、王揖唐、徐绍桢、熊希龄。①

11月1日，报载：

参政院二十八日又代行立法院开第十八次会议，黎院长主席，到会议员三十五人，政府特派员一人。下午四时四十分开议。

（一）出版法案。大总统提出初读，由特派员钟赓言登台说明，略谓政府为迪启文明起见，所以提出此案。第一条规定出版之范围。第

① 曾业英编《蔡锷集》（二），第1118—1121页。

二条规定出版关系人。第三条为著作发行及印刷所姓名、住址、名称之规定。第四条为禀请备案之规定。第五、第六两条为禀报备案手续之规定。第七条为依著作权律出版之规定。第八条禀报再版、增删、修改之规定。第九条为函件等类出版之规定。第十条、第十一条为禁止出版、出售之规定。第十二条至第十九条为违反本法出版处罚之规定。第二十条则规定公诉期间。第二十一条为规定县知事代理属于警查官署权限。第二十二条规定公布日施行。特派员逐条说明后，议长谘询众议有无讨论，施愚、王揖唐请付审查。议长遂表决付审查，指定刘若曾等七人为审查员。

（二）"导扬中华民国立国精神建议案"。参政严复等提出，当由议长请严复登台说明。略谓一国有一国立国之精神，欧西有罗马等帝国，发源非必不早，立国非必不久，均未有如中国帝治，相传至于四千余年。中国立国精神在忠孝节义，并历引英、法、德、俄、日等立国之精神。征之现时战事，谓德之战胜联军，实原于其国民之爱国心，是爱国心即其立国之精神。又称德国民之爱国心，用之未免太过，以为中国今日尤当以忠孝节义四字为立国精神。并解释忠非忠君之忠，于孝、节、义亦加以详明之理论与解释。其提出之案，计其办法五条，而于第四条忠于代表一节，解释立论更极其详明。说明毕，胡钧谓办法恐挂一漏万，意在宜加以斟酌，发言亦有见地。梁士诒请先表决此案成立与否，再行讨论。议长表决，多数赞成。施愚请不付审查，即日咨送政府。议长表决，亦得多数赞成。梁士诒谓应由秘书厅将咨文办好油印分配，经过修正后再行咨送。众无异议。议长遂宣告散会，时五时三十五分。①

3 日，袁世凯颁令以"忠孝节义四者为中华民族之特性，为立国之精神"。说：

准参政院代行立法院咨称，国于天地必以其民俗、国性、世道、人心为之要素，不独吾国圣经贤传所言为然，乃至观诸各国从未有好义首公、忠信相扶之民，而不转弱为强，由衰而盛，故必凝道德为国

① 《参政院二十八日会议纪事》，上海《时报》1914 年 11 月 1 日。

性，乃有以系国基于苞桑。列强垂统，虽各有特别之精神，至其教民以先公后私，戒偷去懦，以殉国为无上光荣者则一。吾国民祈天永命，尚冀有一日之富强者，实以忠孝节义之风为之要素。忠之所包甚广，施于事国为尤重，不与帝制以俱沦。孝者隆于根本，为爱国之义所导源。节者主于不挠，主于有制。民必有此而后耻诡随，尚廉耻，有以宏济于艰难。义则百行之宜，所以为人格标准。义之所在，则性命、财产，皆其所轻，而又澹定从容，绝非感情之用事，宜以忠孝节义四者为中华民族之特性，为立国之精神，庶几百折不回，而有以达最后之祈向，谨依约法提出建议案，并拟办法六条等语。

本大总统深维立国精神，莫不秉诸先民蔚为特性，自唐虞敷教，迄今四千余年，其间治乱乘除，胥以民德纯漓为比例。观夫六朝之可易而为唐，五季之可易而为宋，知天下无不可移之风气，即无不可挽之人心。况今环球大通，互相砥砺，将欲合群救国，惟有保存固有之国粹以发挥天赋之本能，盖自科举末流，习为浮薄，而考据词章之士，又以义理之学为不足观，道德沦亡，小人道长，一二桀黠之徒，利用国民弱点，遂倡为无秩序之平等、无界说之自由，谬种流传，人禽莫辨，举吾国数千年之教泽扫地无余。求如前史所载忠孝节义诸大端，几几乎如凤毛麟角之不可多得。

本大总统身受国民付托，知非改良社会，不足以巩固国基，大惧先民立国之精神，浸焉斯灭，深用慨然。该院原咨，谓有土有财，则贫者可徐转而为富；生聚教训，则弱者可振刷而为强。独至国性丧亡，民习险诈，虽有百千亿兆之众，亦长为相攻、相惑、不相得之群，乃必鱼烂土崩而不可救。痛哉斯言。愿我国民将忠孝节义之嘉言懿行、可泣可歌者，父诏其子，兄勉其弟，涵濡渐清，以养成坚苦卓绝之美风，庶几懦立顽廉，自拔于艰难险阻之中，而以任恤睦姻为天职。着内务部、教育部按照六条办法分别施行，并通咨各省将此项建议案饬属晓谕人民，一面悬挂各校讲堂，刊登各该校简端，以资警惕，务期家喻户晓，俾人人激发其天良。须知积人成家，积家成国，由其道而行之，即古所谓忠臣、孝子、节义之士，反其道而行之，即古所谓乱臣、贼子、狂悖之徒。邪正之分，皆由自取，聪听古先之彝训，痛革末俗之浇漓。孔子云：其所厚者薄，而其所薄者厚，未之有也。孟子云：人人亲其亲，长其长，而天下平。大同之体，实基于此。凡百君子，敬而听之。此令。中华民国三年十一月三日。大总统印。国务卿徐世昌。①

本月

▲蔡锷序《古兵家学说辑要》。说："余童年读孙、吴、穰苴（按：指孙膑、吴起、司马穰苴）诸书，习焉未察，仅玩其辞古义奥，供文字之摹仿而已。壮岁习武日本，返国后于役兵间者十年。积以耳目之所见闻，与夫一身之所经历，于兵学源流稍稍识途径焉，而后知吾国二千年前之先哲，论兵讲武，其伟大精深，以与近世相衡，实有过之无不及者。第物质上之进步，今优于古已耳。拿破仑有言：一百年后，东方将有兵略家出，承其古昔教训之原则，为欧人之大敌。今已届百年矣，返观吾族，不问精神与物质上之文明堕落晦蚀已达极点，兵学一端亦随兹堕落晦蚀之潮流以遂去。念我先民，抚今感昔，能无悲痛！虽然，剥极必复，天道之常，吾黄族之子孙，其能发扬踔厉，以副拿翁之谶语否？是吾徒之责也。民国三年孟冬，蔡锷序于京邸。"②

11 月

9 日

▲午前 10 时，因一自称名为陈成城、与蔡锷有"师生之谊"者，屡在棉花胡同蔡锷公馆门前向蔡"强行借贷"，甚至表示"将借手枪，乘蔡将军出时拦车拼命"，蔡公馆"当差"函请警察署"严予取缔防范，免滋他虞"。说：

敬启者。有陈成城其人者，自称为安徽人，曾入江西材官学堂肄业，与蔡将军有师生之谊（其实，十年前蔡将军曾充该堂总教习，仅任职十余日即辞而之他，究竟陈为何许人，其年貌性质若何，事久年远，苦难记忆）。蔡将军在滇督时，陈曾造次函求电调，并述其在武汉

---

① 《命令》，上海《时报》1914 年 11 月 6 日。据《袁世凯全集》第 29 卷，第 264—265 页校。

② 曾业英编《蔡锷集》（二），第 1121 页。

革命，著有殊功，其语气颇不纯正，当经蔡将军复函拒绝。嗣到京，陈由上海迭次函借巨款，语尤其支离。月前陈竟来京求见数次，蔡将军未予接见，并迭次函求荐事，蔡将军以其来历不明，函中所言复多谬妄，皆拒绝不理。日来复来宅中滋闹，声称如不予以安插，当服毒门首。今日复来泼闹，谓将借手枪，乘蔡将军出时拦车拼命。似此刁横无赖，殊出情理之外。顷经知会岗警将陈带署，敬请贵署严予取缔防范，免滋他虞。再该陈成城在宅自述来历，语颇奇诡，特另附开节略呈阅，用资参校。敬请勋安。名正肃。

据陈成城自称：安徽池州人。前曾肄业江西材官学堂月余，该堂旋即停罢。后复入警察学堂，毕业后在九江充过巡警及巡长之类。反正前与孙武、张振武等在汉口、武昌等处谋起事。反正后在武昌，仍无职业。后在上海某报馆办事，嗣该报馆以款尽停办。至去年乃至青岛，为某报馆采访员及派报员。本年日本攻青岛事起，该报馆解散，至烟台住月余来京云云。又据称前在江西材官学堂肄业时，某曾上过该堂讲堂，与有师生之谊。反正后曾在汉口作书与某，其意原欲到云南谋事。旋得某复书，嘱其无［勿］往，其书现在云云。

并附陈成城如下《哭告我同胞》一文：

陈成城，号斯人，别署野鹤，皖人也。窃自辛亥八月十九，成城在鄂与诸同志倡首起义，牺牲同胞几许性命、几许财产，乃构成今日共和民国。惟思革命后最痛恨者，擢发难数也。成城特此宣布一二，以表愚忱。一般实行革命者，功成身退，高节风清者亦多，升官发财者亦复不少。一般附和革命者与一般坐观成败之徒，所攘成不痛不痒之共和国也。何以故？而南北议和后，民国告成，官僚与败类，接踵而至，施种种卑鄙龌龊之手段。有一官僚与败类，运动一差一缺，把持机关，败坏政治，花天酒地，无所不为，任用私人，操戈同室，从心所欲，流弊丛生，亲党认乡，不顾大局，赏勋赏将，运动有人，不独有违革命之苦心，亦且愧对流血之诸志士。成城在鄂时，上禀求之，批不曰碍难照准，即曰另谋生计，或先准而后驳，或拒而不收，或收而不转呈，或呈上而不批，其黑暗较满清尤有甚焉。

成城今虽江海飘流，只得以笔耕糊口，卖文度日，形同乞丐，寒儒末路，壮士无颜，步伍员之后尘，亦成城痛快之事。惟抚心自问，光复时并未私用公家一文苟且之钱，问良心上可以对上帝，下可以对同胞。而今日任事人员，应如何尽心竭力，黾勉趋事，赋闲诸君，应如何保全名誉，共维大局，以救时艰，此成城所馨香祈祷者也。成城自去秋承友人介绍往青岛，《日日新闻》报社司发行兼收广告等事，前因日德失和，彼此开战。是时华人，如伯劳飞燕，各伴东西，成城逃出虎口，尚幸余生，即往烟台，在友处盘桓月余。成城想托友代觅枝栖，目睹青岛战事，烟台亦大受影响，商业凋零，人多事少，成城当向友商借洋十元，以作旅费，即由烟台赴津。除买船票及车票外，十月六号抵京，余洋五元六毛。成城本拟南旋，伏思男儿志在四方，岂能终老牖下？因为现在参政院参政，辛亥光复，为云南都督蔡锷，名松坡，湘人也。乃成城老师。前清时代，成城肄业于江西材官学堂，蔡君充当教员。成城三思而行，想蔡君在京，局面阔绰，又承大总统倚重，成城因此想乞蔡君代觅一啖饭之地，以避风雨。次日即往湖南会馆，探听蔡君寓处，即往投刺进谒。号房云，将军出门拜客未回。连往三日，号房总以未回二字回答。复又通函四次，并不复只字。成城抚心自问，奇哉怪也。成城亦知蔡君有意不见也。噫！炎凉世态，秋水人情，假使成城此次抱金钱拜见老师，为升官运动而来，驷马高车，投刺拜谒，想蔡君必欢迎无量。呜呼，事已如此，夫复何言。成城又往安徽会馆探听，会长乃刘朝望君。成城先通一函，即将来京蔡君不见之苦情一一通告。候至两天，不接刘君半纸片言，成城又亲往寓处，号房云大人出门，陈先生来信，大人早已收到，同乡困难甚多，不能个个维持，请设别法。成城闻此一番语言，即告号房云，同乡不维持，同乡会馆又何必设？回思，又与蔡君相同也。这等人可谓铜心铁肠，刺之不痛不痒也。成城困难客店，已近一月，穷途落魄，赤手空拳，旅邸囊空，进退维谷，诸艰历尽，孤掌难鸣，值此（秋风处处催刀尺，身上寒衣未剪裁）欲拟南归，而又行又止者，旅费无着，思维再四，设法无门，又兼欠客店之帐款已有五十余元，时刻催讨。成城总以婉言商之，云不久有事。该店见成城屡次失信，于日昨其势汹汹，呼么喝六，定要将成城衣箱行李等件搬押帐房，教成城出外去住别店。金钱魔力，制人死命，只得忍气吞声，挥泪出店。回思夜间，何处安宿？不得已，没法可想，即报告派出所巡长。承巡长垂怜，留成城在榻上下宿一夕。今出于万不得已之苦衷，泣血哀求，伏乞我同胞，大发慈悲，维持残局，热心博爱，青眼垂怜，救成城出水火之中，早登彼岸。否则，无衣无食，冻饿京华，并求我同胞，慷慨乐助，一文不少，百文不多，集腋成裘，聚沙成塔，是所望于我同胞。区区苦衷，伏维公鉴。陈成城三跪九叩首以待命。

北京内右三区警察署随即表送警察厅说：

为表解事。本月九日午前十时，据本署第五派出所巡长周元度报称，界内棉花胡同居住之蔡将军锷遣人喊控，在伊公馆门前强行借贷，并口出恶言之陈成城请为安置，当将陈成城带署前来。本署复派巡长周元度转知蔡将军锷具函并须遣人来署质证去后，旋遣差弁赵伯卿持函到署。讯据赵伯卿供称，日前有陈成城到公馆门前声称与蔡将军有师生之谊，求见告贷。当未允许，随后又来几次，始经本公馆何差官出资二元，令我转交陈成城手，他即走去。今复来求借洋元三十五元，因未应允，他口称如不帮救，即在公馆门前服毒寻死，并称或借手枪乘将军出门时拦车拼命，是以喊同巡警将其带署等情。质讯陈成城供称，曾在江西材官学堂肄业，时与蔡将军有师生之谊，今来京屡次求见，蔡将军并未接待，复又屡以函恳川资，亦未答复，仅于阴历八月二十九日到蔡公馆，经差官何姓给洋二元。今因困苦已极，告贷无门，故又特来向蔡将军求借川资未遂，一时情急，我称在此服毒寻死，或借手枪，待蔡将军出门时挡车拼命等情不讳。查陈成城强索川资，迹近无赖，且用语言恫吓，若不设法安置，诚恐难免意外之虞。除赵伯卿据称宅内需人，不克往质，饬其候传，并蔡将军函暨陈成城之哭告信件等项已由署长面交司法处外，理合录取供词，将陈成城一名表送宪厅讯办。民国三年十一月九日到。

附抄供二纸

赵伯卿供：我系湖南宝兴府少阳县人，年四十二岁，在棉花胡同蔡将军公馆当差。前十数日有这陈成城到我们公馆声称与蔡将军有师生之谊，欲行求见。当未接见，嗣经本公馆何先生出资洋银二元，令我转交陈成城手，他即走去。本月九日午前九时余，陈成城复来乞求川资三十五元，未允。他口称在门前服毒，如不予以安插，要借手枪，乘蔡将军出门时拦车拼命。是以经蔡将军将陈成城喊交巡长送署，恳为安置。今蒙讯问，所供是实。

陈成城供：我系安徽池州人，年三十五岁。现在前门外西河沿恩成店居住。我曾在江西材官学堂肄业。彼时蔡将军在该堂充当教习，与我有师生之谊，嗣该学堂停罢，复与主持革命人等在汉口、武昌等处图谋起事。光复后即在上海等处各报馆办事。嗣又往湖北谋差未成。因闻得蔡锷升任云南都督，我曾寄函求委差使未允。随又风闻蔡将军现已在京充任参政员，我因赋闲无事，故于十月六日始行来京，于七、八、九等日到蔡将军公馆邀求面晤，并未接见，随又寄信五封求借川资，亦未回函。于阴历八月二十九日，我因在客店旅费用尽，告贷无门，故往蔡将军公馆仍乞川资。经该公馆差官何先生给我银洋二元，我即携回开付店费。今日我又到蔡将军公馆乞求川资未遂。我想难期生活，一时情急，遂言在他门前服毒，若不将我安置，欲借手枪，待蔡将军出门时拦车拼命。这话实是我说的。今蒙讯问，所供是实。①

13 日

▲袁世凯令贵州巡按使戴戡来京觐见。又任命龙建章署贵州巡按使。②

4 月 10 日，又有报载：“贵州巡按使戴戡前奉大总统策令，召其来京入觐，并特任龙建章署其遗席。该巡按奉令后迄未来京，兹闻政事堂于八日午前接到该巡按来电，请代陈明准月之中旬来京入觐云。”③

按：可见，戴戡、王伯群赴京，非如梁启超回忆所说，是他们为商讨反帝制而特地“叫出来”的。

---

① 以上各文件均藏北京市档案馆，档案号：J181，全宗 19，目录 5654。

② 《命令》，上海《时报》1914 年 11 月 15 日。

③ 《黔省前巡按使电陈来京期》，天津《大公报》1915 年 4 月 10 日。

20 日

▲报载“参政院代行立法院十一月二十日下午二时一刻开会，参政列席计三十八人，政府特派委员二人，黎院长主席，宣告开议。孙毓筠起谓，本席临时提议建议书，请变更议事日程，附议者在五人以上，主席付表决，多数通过，遂由孙毓筠登台说明建议之理由。略记于下。复辟谬说，淆乱国体，咨请查办建议书之提出，系因为现在外面盛传一种可怖流言清帝复位，详查此种邪说系因遗老数人为之倡。而前年刘廷琛亦曾上书大总统，经大总统拒驳之，现又有人如此立论。渠辈固执不明，不知国家学之原理，以为没有皇帝便不成国家外，不知皇帝是皇帝，国家是国家，不能是联结的。且当初倡言革命者，既利用革命之说以覆旧政府，今幸告成共和，又复利用此复辟邪说，欲再扰乱治安，倾复民国。此等之说原非有何等大关键，不过当此时局艰危，总以不使发生为好。所以本席提出此案，凡所以维持治安，保护清室云云。梁士诒谓此等言论，外边所说甚多，若不救止，遗害匪浅。增蕴谓建议案为维持治安，保护清室，用意至美，但文字上尚应修正。程树德谓宜先表决此案能成立否，再讨论。主席付表决，多数赞成成立，遂以增蕴所修正之各节，逐节付表决，俱通过。朱文劭、熊希龄亦有修正附议，在五人以上，主席付表决，俱通过。增蕴复谓文中有‘谬说’等字，莫如改为‘异说’。宝熙则谓‘散布邪说’之‘邪’字何不根据上文亦改为‘谬’字或‘异’字。孙毓筠主张修正为‘散布流言’。汪有龄谓此事既属不应该，则防之宜严，措词字面上不能过为讲究，避重就轻。主席以谬说皆改异说付表决，少数否决；邪说改流言表决，通过。全案付表决，多数通过，交秘书厅办文咨送政府云。”①

孙毓筠、蔡锷等 35 人咨请袁世凯“照刑律内乱罪，从重惩治”主复辟说者。说：

> 参政院代行立法院咨。为建议事。窃维今日外患日亟，国势艰危，虽聚五族人民戮力而谋之，尚虞不足，乃竟闻有人倡为清主复辟之说。讹言萌动，莫知自来，道路流传，骇人观听。溯自改革以还，暴民专恣，衣冠扫地，士族凌夷，颠沛流离，困苦万状。我大总统怀亡国之

① 《复辟谬论声中之闻闻见见·参政院建议时之态度》，上海《时报》1914 年 11 月 24 日。

痛，忍辱负重，以次削平大难，回复秩序，然后国中可得一朝居。乃干戈甫息，诸务未皇，即先优礼耆儒，宏开史馆，凡所以对内对外，不敢稍避险阻者，无非欲保全国家统一，不令分裂，以贻国民之大辱。

世人不察，去年遂有主张总统称帝之说，为大总统所痛斥，着交地方官查办，以为淆乱国体者戒。方今外侮未已，又有清主复辟之说，其为识见迂拘，岂有伦比！此等知有个人、不知有国家之论，本无辩斥之价值，然其淆乱国体，而政府不之罪，散布流言，而内务当局不之禁，与彼之请总统称帝者，同罪而异罚，国家法律何在？在此宜注意者一也。改革之初，朝野上下，互相排击。自共和宣布后，同懔沦亡之惧，深维手足之谊。海内外种族之著述，悉数禁绝，五族一家，无分畛域，有此良现象而不思保守，必欲抉其藩而破其篱，以为离间五族之计，诚不知其是何居心？此真全国国民之公敌，此宜注意者二也。彼为此说者，自称为忠于清室，殊不知清廷媲美尧舜，化家天下为公天下之心，中外同钦。今乃欲为之回一家之政权，复一姓之帝制，而转以陷之于嫌疑之地，恐亦非清廷公天下之初心，此宜注意者三也。自清室宣布共和以来，为临时政府者几一年，国交迄未巩固，正式政府成立，友邦始先后承认，信赖我政府能整顿内治，保护各国侨民生命财产。今乃以无聊之故，倡为异论，不顾邦家之多难、国本之动摇，于此而不加以防遏，设一旦强邻责言，惹起外患，谁尸其咎？此宜注意者四也。夫前朝遗逸，何代蔑有？兴朝之举动，对于恬静者则礼，以旌其节，对于抗阻者则诛，以全其名，此历史上之惯例也。今我国并非易姓，天下为公，本无携贰之嫌，兼有匹夫之责，当事者不过尽义务，放弃者岂得谓清流。乃彼欲争权利之徒，每相与造作谰言，隐为号召，标榜同类，煽惑士流，借遗逸之高名，引耆宿为傀儡，务令民国人心解体而后快。万一乱党乘机而入，恐意外之祸，即在目前，此宜注意者五也。

凡此淆乱国体，离间五族，危害清室，惹起外患，酿成内乱，诸大端有一于此，足以亡国。况自清皇室宣布共和以来，业已三年，民国之待清室者，履行优待条件，有加无已。清皇室待民国者，往来聘□，无不致敬尽礼，推诚布公，此诚一国之幸福，四万万人同深感激者也。乃无知之徒，又复造此谣言，以危国本，不谓不请政府力为注意，如有意存叵测，假此谬说，希图扰乱治安者，即照刑律内乱罪从重惩治，以期消弭祸患于无形。

本院代行立法院代表民意，势难缄默，谨依据约法第三十一条第七项提出建议案，咨请大总统查照施行。此咨大总统。

提出者孙毓筠、梁士诒、增韫、赵维熙、刘若曾、宝熙、宋小濂、荫昌、联芳、胡钧、孙多森、李盛铎、严复、黎渊、秦望澜、李湛阳、王揖唐、马良、徐绍桢、赵尔巽、杨守敬、钱恂、那彦图、柯劭忞、塔旺□理甲拉、萨镇冰、姚锡光、蔡锷、郭曾炘、阿穆尔灵圭、蒋尊簋、马其昶、王树枏、王闿运、梁启超。[①]

下旬

▲梁启超函请张一麐在袁世凯面前“善为说辞”，使其免职心愿，能“期于得请”。说：“月来避嚣西郊，专事著述，久阙趋候，怀想岂任，今日复有呈吁请免职，公当已见。以主峰礼意之殷，本不敢更为哓渎，惟自审菲材，舍文章外，实末由报国，而城市决非读书之地，顷已在西山赁屋数椽，冀得稍理故业。而以有官守之人，休沐无节，谓官方何，且币制局今已成冗职，无可讳言，恋栈素餐，神明内疚，主峰爱人以德，亦当矜而许之，或疑新官等既颁，羞于道尹、关督等职为伍，则下走虽极不自立，尚不至以此为轻重，苟有事可办，而又为才力所克堪，则签主佐贰，与部长、巡使何择者。今惟觍然尸高位而无所事事，斯所以踧踖不能自安耳。望公于从容燕侍之余，代陈愚忱，哀求俯准，不胜大幸。若终不见许，则惟有自劾，以申国宪。盖前月申令既严旷职之罚，而下走郊居匝月，未尝一度趋公，台谏不予纠弹，藐躬敢忘检举，非特自处当如是，即为国家法纪计，似亦当如是也。务乞公善为说辞，期于得请，倘主座以葑菲不遗，使备顾问，或他日有尺寸可用，更效驰驱，皆所愿望，岂敢有辞。”[②]

12 月 26 日，梁启超电告江庸说：“辞职居然得请，释此重负，公当为我庆也。”[③]

次日，袁世凯颁令免去梁启超职。说：“币制局总裁梁启超迭请辞职，

① 曾业英编《蔡锷集》（二），第 1122—1124 页。

② 北京中华书局藏抄件。又见《梁启超年谱长编》，第 697 页。

③ 北京中华书局藏抄件。

情辞恳切，出于至诚，梁启超准免本职。此令。”①

报载梁启超辞币制局原呈，“系任公自作，特录如下。窃启超奉职本局，行将经年，虚糜重禄，未举一绩。前曾再四乞退，而温语慰留，勉以济艰，期以后效。启超上承吐握下士之殊知，下循尽瘁事国之大义，岂敢自求暇逸，更有渎陈。惟是自欧战发生以来，百事竭蹶，财政挹注，先其所急。币制规划，断难骤言，治本治标，两穷于术。猥以菲材，滥竽其间，神明内疚，清议外渐。盖闻士夫之报国原不限于一途，而国家之育材莫若各因其器。启超本以书生，日亲柔翰，既无远略，尤非吏材。去岁当国基未奠之时，政府虚悬，浮言胥动。我大总统恢宏金台市骏之盛意，采虚誉以礼罗，启超亦怀抱孟津捧土之微诚，策驽蹇而思驾。然而绠短汲深，情见势绌，几致陨越为天下羞。幸我大总统曲予矜全，许避贤路，犹复谬录寸长，责以今职，而事势变迁，遂至束手。夫簿书、期会，既为迂性所不堪，而坐啸素餐，又岂明时所宜有。启超自惟夙耽丹铅，粗解文史，若委身于庠序之讲诵，遂志于典册之述作，犹或可以勉效庸愚，稍裨世用。况国家正当学绝道丧之会，社会亦宜有采辅徇铎之人，故颇思竭不才之才，作无用之用。曾以斯意面渎聪听，过蒙鸿慈，宽其礼数，谕以从公之余，且可旁事述著，比亦仰承训诲，稍致研求。然作辍相错，既非学业之所宜，若休沐无期，又置官方于何地？为此披沥下忱，乞解今职，若夫芹曝之献，虽江湖岂易其诚。倘值刍荛之词，即夙夜不忘自效。伏乞大总统俯鉴私情，俾遂初服，则镜湖乞取，未敢耽皮酒之古欢；书局自随，或可续艺林之嘉话。所有吁请辞职情由，理合具呈，谨乞大总统钧鉴训示祇遵。谨呈。”②

12 月

11 日

▲袁世凯申令内务部、财政部会同酌定经界办法。说：“经曰：仁政必自经界始。经界不正，井地不均，谷禄不平，是故暴君污吏必慢其经界。经界既正，分田制禄，可坐而定也。《尚书·周官》《左传》所载经国之

① 《申报》1914 年 12 月 29 日。

② 《梁任公辞职原呈》，《申报》1915 年 1 月 9 日。

典，亦皆注重于制田产、正经界。汉光武则实行度田，晋则用庚戌土断，唐贞观中授田之法，明洪武中之鱼鳞册，皆清理田亩之善政。即东西各邦于制田之政亦至为纤悉，此实仁政之始基也。惟自明季以来，各处田亩未清理者为时已久，上中下九则之地质多有混淆，缩弓宽弓之丈尺亦不划一，于是豪强隐占，贫弱受亏，飞洒倒累，流弊日滋。前清时胡林翼之抚湖北，张之洞之抚山西，皆以清理田亩为行政要务，良有以也。近畿旗地、庄田、街所、马厂，以及各色地亩名目尤多，往往私相贩卖，册在地无，令甲虚悬，名禁实垦。加以河道之变迁，边垣之开拓，有昔为膏腴而今成水冲沙压者，有旧本泽薮山场而今蓺稻粱者，更有契典隐诡，过割不清，或种无粮之地，或纳无地之粮，不为清理，必致病民病国，应先由京兆区域筹办清丈，以次推行。着内务部、财政部会同酌定办法，呈候特派大员，设局编制，先就各色地亩最为混淆之处妥为办理，总期田制清审，民累蠲除，用符经训，厘定经界，实行仁政之意。此令。"①

14 日，有报载经界局设立之缘起，为山东巡按使蔡儒楷的"整理田赋之议"。说："整理田赋之议发诸山东巡按使蔡儒楷氏，但蔡只说得加赋二字及多取之而不为虐一句，并无动人听闻之法。财政部知简单着笔易起反对，遂有清丈之议，其初预定时期十年，当局大为退沮。后有分整理之事为三期，以二年六个月完成清丈之说，究竟如何定议，尚未可知。惟财政部于整理赋税所中兼设田赋委员会之外，确已筹设清丈全国田地局，业已呈明总统，且闻清丈局三字经总统亲笔改为经界局，自较雅驯。至此局督办一席，当以财政总长兼任。闻周总长曾保王揖唐参政，总统嫌其为人和易，恐未免过顺人情，不以为然。周又举前黑龙江都督宋小濂君，亦未当总统意，故最后令周自行督办云。"②

15 日，又载"清丈田亩将设经界局，直隶总统，与内务、财政两部并峙。总裁袁总统颇属意李经羲，但梁士诒亦有望"。③

19 日，又载外间对于此局督理一席，早传有派周总长兼任之说，并谓周曾保荐王揖唐及宋小濂。"此说虽亦确凿，然不过为将来登场人物之陪笔，在保人者固欲借以试探总统意旨，而总统则以派人尚早，故以令周兼任一语暂行

① 《命令》，上海《时报》1914 年 12 月 13 日。

② 《经界局设立之蝉蜕谈》，上海《时报》1914 年 12 月 14 日。

③ 《专电》，上海《时报》1914 年 12 月 15 日。

宕开也。据闻将来有希望者仅仅周学熙、张镇芳、梁士诒及周自齐等寥寥数人，命令中所谓大员显有资格之限制矣”。[1]

本月

▲报载蔡锷与张凤翙奉袁世凯密令，出巡苏、浙、粤等处。说：“江苏、浙江、广东三省地方尤关重要，现当中立期内，亟宜筹划完全，始可有备无患。刻闻蔡松坡将军、张翔初将军同奉大总统密令，出巡于苏、浙、粤等处，系为考察严防内乱之布置，并与冯、朱、龙三将军秘密接洽军事要务云”。[2]

1915 年

（中华民国 4 年）

1 月

6 日

▲报载袁世凯“上午谕交将军府令，召昭威将军蔡松坡中将锷于次日上午五日［时］觐见。闻系拟特派该将军赴川、滇毗连各边境，会同川、滇两省将军、巡按使暨镇守使张毅等实地视察，筹备边防、设治各要政。有月内令其出京之议”。[3]

15 日，又载“政事堂于十三日，曾片交由内务部朱总长及蒙藏院贡总裁。闻为徐国务卿奉谕片交该部院会订招抚土司及改土归流，并奖励各土司之条例各草案，以备分交川、滇、新、桂等省议复实行。并闻前议特派昭威将军蔡锷查视川、滇边防、设治，尚未起行，亦候此项条例规定后，方能前往云”。[4]

---

① 冰若：《清丈说·〈国民公报〉云》，上海《时报》1914 年 12 月 19 日。

② 《两将军有出巡消息》，《兵事杂志》第 9 期，1914 年 12 月。

③ 《议派蔡将军察视川边》，天津《大公报》1915 年 1 月 8 日。

④ 《交订招抚土司之条例》，天津《大公报》1915 年 1 月 15 日。

10 日

▲报载“建威上将军段芝泉总长逾年后，连在陆军部召集昭威将军蔡锷、宣威将军蒋尊簋、扬威将军张凤翙、绥威将军那彦图、靖威将军蒋雁行，及陆锦、张伯英、陈廷训、黄培松各参军，特开密议，讨论开府（按：指将军府）会议各办法。闻已经规定一切，拟于星期一（即十一日）开第一次会议，其议案为四大军秘，大致系为国防案、征兵案、军区案、模范军团案等项云”。①

13 日，又载段祺瑞是日“接奉大元帅交令，略谓将军府业已正式开府，谘询军政，该府与有专责。自交令日起，除该上将军逐日照赴统率办事处参与会议外，着该府于每日轮派将军一员，赴该处入值，用备召询军政等语。闻段上将军已定自次日起遵令照办矣”。②

中旬

▲12 日，上海报载：“总统以我国军学书籍尚少成编，殊不足供将校之研求，近特决定设一规模极大之编译局，专译东西洋军学专门书籍。此局之组织定设正、副总裁各一人，直隶于大元帅。闻正总裁一席即以陆军段总长担任，其副总裁一席则已定界之蔡将军松坡。其下编译各员则在军学司中挑取外，并须另调专门人才，定额闻在四十员上下，一切组织业已就绪，不日即将发表。说者谓蔡松坡将军勋业既为当世所重，而文章学问亦冠绝流辈，今与段总长担任斯事，将来成效必有可观云。”③

13 日，天津报纸也载：“大总统以现在军书甚为缺少，拟在北京设立一军书编辑局，以陆军段总长为局长，副局长一职，大总统物色良久，始定请总统府军事顾问蔡锷充任。因蔡君精熟军政，且于文学亦极有根底，大约日内即正式发表云”。④

15 日，又载“编辑陆军书籍，本归陆军部军学司编辑科办理。日前，该部忽奉大总统令，改科为局，并变更其组织。兹探其组织法如下：（一）定名为陆军编辑局；（一）直隶于陆海军大元帅之下；（一）设总裁、副总

① 《中央将军府之四大要案》，天津《大公报》1915 年 1 月 10 日。

② 《特派将军入值统率处》，天津《大公报》1915 年 1 月 15 日。

③ 《编译军学书籍之大计划》，上海《时报》1915 年 1 月 12 日。

④ 《蔡锷将为军书编辑局副长》，天津《大公报》1915 年 1 月 13 日。

裁各一人；（一）于局长下设三处，曰编修，曰翻译，曰印刷；（一）编修、翻译两处各设处长一人，印刷处设总经理一人；（一）编修处之编修设十六人，翻译处之翻译设十四人，印刷处之监印设十人，并闻段祺瑞上将军、蔡锷将军有总裁、副总裁之望。至局长一席，有以军学司司长兼充之说”。①

16 日，又载“政府本拟办军事编译局，以段总长为总裁，蔡锷副之，草章所拟规模极大。现又拟以蔡锷为经界局总裁，昨朱总长往劝驾，蔡未允。现又有人以今年预算不足，倡议每亩加税四枚至五枚者，平均四枚年可增四千余万，若加七枚可增六千万，尚难实行”。②

23 日，又载“编译独立，刻已议有头绪。该局总裁即段祺瑞，副总裁系蔡锷。局内分设三处：（一）编纂处；（二）译述处；（三）印刷处。处长下各设处员若干人。该局成立后，陆军部编译科即行裁撤，参谋本部翻译委员会亦将归入云”。③

2 月 5 日，才有报纸刊文改口说：“陆军编译局自蔡松坡将军任以经界局督办，其职务已较编译军学书籍为繁，其编译局副总裁一席自难兼任，前曾与段上将军面商另为择人补替。当经段上将军亦以编译军学书，为供将校之研究，关系极要，且宜积极进行组织，已请大总统改任蒋尊簋将军补充斯任。刻正与魏宗瀚局长磋商进行办法。闻各员薪金每年已拟为八万元，杂支每年三万，开办费则定为五千元云。”④

按：纵观蒋尊簋的任命过程，所谓蔡锷任军学编译局副总裁的传闻，似不能排除是有人故意向外放的风，目的在告诉世人，袁世凯其实是拟蔡锷兼任军学编译局副总裁的，只因蔡锷“自难兼任”，与段祺瑞“面商另为择人补替”，才改任了蒋尊簋。

19 日

▲1914 年 12 月 18 日，有报载李经羲晚车到京，“晤李君者，谓其对于

---

① 《陆军编辑局之组织法》，天津《大公报》1915 年 1 月 15 日。

② 《专电・北京电》，《申报》1915 年 1 月 16 日。

③ 《专电・北京电》，《申报》1915 年 1 月 23 日。

④ 《军学编译局之近况》，天津《大公报》1915 年 2 月 5 日。

经界问题，主张慎重办理。至局长一席，决不肯就”。①

21日，又有报载：“政府最近拟设经界局，从事清丈田赋……昨叩之政界重要人物，谈及此事，据云政府此种计划，诚以田赋一项，承前清二百余年之成例，流弊不可胜言。狡狯者流往往田多而税少，愚弱之辈甚至地少而税多，此次清丈之宗旨，专为平均赋税起见，绝无丝毫他意云。”②

22日，又载“目下”对于清理田赋，“议论约分三派：（甲）赞成派。自山东巡按蔡儒楷首行倡议加赋，京中赞成此事，亦如云而起，财政界重要人物均在其列。（乙）反对派。巡按使中以浙江省屈巡按使，首行呈称增加田赋之难行。京中亦多有持此论者。（丙）折中派。此派之言，以为田赋非不能增加，必办理手续悉臻完善，乃能收其利而不能蒙其弊。据记者所闻，以上三派之主张与当局举行经界之意均未符合。盖现在当局之用意，只在平均田赋，有田无赋者，不能任其独占意外之便宜；有赋无田者，不能使其遍任特别之担负，是为此次举办经界之用意，亦即整理田赋之要图，与加赋问题固不相涉。至将来任经界局之职任者，亦不如外间之所传，大约将由财政部周总长或内务部朱总长兼任其事云”。③

1915年1月6日，又载“清理田亩一项，自李经羲氏不愿担任督办之后，外间几疑此件行将打消，或疑政界各要人主张积极、消极者不能一致，以是成立之殊难有望。不知李氏之不愿担任督办，确因年老多病，且斯席不免为天下之怨府，因是固辞，与绝对的不赞成者有别。至于清丈问题，刻已入手，亦系先清漏税及变迁地基脱租等事为进行之标准，与政府所定之平均田赋判为两事。刻下惟闻有一最掣肘之事，即清丈全国地亩之经费为五千万一节，虽经大总统饬由财政部筹备，然闻此刻是项尚鲜端倪云”。④

12日，又载“经界局一事，前为人的问题，哄乱一场，遂如石沉大海。目前闻李经羲决绝之后，政府曾一度欲属诸蔡松坡君，蔡以对于此事素少研究，向总统力辞。今此说亦已消灭，但确闻政府有亟亟派人之意。

① 北京《群强报》1914年12月21日。

② 《经界局问题之别报》，北京《群强报》1914年12月21日。

③ 《关于经界事宜之所闻》，北京《群强报》1914年12月22日。

④ 《清理田亩之真因》，北京《群强报》1915年1月6日。

将来如何局面，须俟督办派定，方有办法云”。[①]

15 日，又载“经界局关系全国田亩，决计设立，其总裁一席，李经羲、蔡锷等以素与经界事宜无实在经验，均不愿就。兹闻姚锡光参政前办垦务事宜，于田亩上颇得门径，而又提出设立经界局建议案，其对于经界一事有非常之抱负。昨闻总裁一席将属之姚参政，并闻张绍曾将军有副总裁之希望云”。[②]

16 日，又载“政府本拟办军书编译局，以段总长为总裁，蔡锷副之，草章所拟规模极大。现又拟以蔡为经界局总裁。昨朱总长往劝驾，蔡未允”。[③]

同日，袁世凯颁令说：“特任蔡锷督办经界局事务。此令。一月十六日。”（按：蔡锷此时尚在天津，17 日晚才返京）[④]

19 日，又载蔡锷呈报袁世凯，“经界不必设专局”。说：“财政部计划书虽在讨议中，而每亩酌加一枚至三枚之呈，已通咨各省将办法报部，并呈请总统备案施行。蔡锷曾呈袁总统，谓经界不必设专局，只须于财政部设委员会，而特任令即于是日下。蔡适省母赴保定，昨晚归，仍拟力辞，但袁总统决不允。《国民公报》论经界用意在均赋，以不能坐待，遂直接加赋，两者实不相关。当局或以加赋既苦民，遂设经界予以均赋希望，然经界收效甚远，前途或将如盐政、币制之空言改革，彼时加则已定，均则无期矣。”[⑤]

20 日，又有报载蔡锷“自被任命后，前日曾与财政、内务两总长会晤一次，旋即晋谒大总统，其意仍欲坚辞。无如总统固再三审择而后出此，断难收回成命。蔡氏今日惟有博考周谘，规划至当，以期肩此巨任，故日来正在搜集各种书类也”。[⑥]

27 日，有人对袁世凯设立经界局的目的是通过清丈田亩而加赋，发表评论说：“清丈与加赋，截然为两事也。读近日关于此事之文告，及命名经界局之取义，固完全为清丈问题，而与加赋绝无牵述者也。下察人民，多窃窃焉疑及于加赋。上窥政府，亦辄惴惴焉虑民之误会为加赋，岂人民怵

① 《经界局有派人消息》，北京《群强报》1915 年 1 月 12 日。

② 《姚锡光将任经界局总裁》，天津《大公报》1915 年 1 月 15 日。

③ 《专电》，《申报》1915 年 1 月 16 日。

④ 《大总统令》，天津《大公报》1915 年 1 月 18 日。

⑤ 《专电・北京电》，《申报》1915 年 1 月 19 日。

⑥ 《经界局人手之筹拟》，北京《群强报》1915 年 1 月 20 日。

于政府之穷搜狂括？故逆料清丈之后，必继之以加赋政策乎。政府自知其取民已多，清丈一事，难免人民谈虎色变之态乎。窃谓政府而果无意于加赋也，是宜开诚布公，声明决不加赋之意，并责令地方官及办理清丈人员，除将此意遍张告示外，每至一乡，必先邀集该乡之父老，宣讲清丈与加赋绝不相关之理，庶几清丈可推行尽利，而人民亦不至横生疑惧欤。”①

对于蔡锷得任经界局督办的原因，有报载说袁世凯“原拟令李仲轩担任，后以李氏固辞，乃有任命周学熙之说，而周氏又不肯就。总之，此事肩巨责重，人多趋避。其后大总统拟任蔡氏，特令财政总长与蔡氏接洽，蔡氏虽彼时未十分承诺，乃为国勤劳，义有难却，故始有昨日之命令云”。②

还有报载说：“蔡氏此次得任督办之原因，系总统对于此席，初属意于李经羲，嗣因李氏力辞不就，乃商之蔡，以蔡之学识经验在政界中颇负盛名，且在滇省政绩卓著，亦民国大员中不可多得之人才。又以经界局事属创肇，造端宏大，非得精明稳练之大员督理其事，不易胜任愉快，且政局诸公对于此席以创始实难，多不肯担任，而总统整理田赋之命令，期在必行，物色相当人材亦匪伊朝夕，故直至近日始有特任之明文也。”③

按：纵观媒体报道蔡锷任命为经界局督办的过程，似乎也存在有人有意放话的情况，因为这些报道着重强调了三点，一是设立经界局是为了平均田赋负担，与加赋不相干；二是对经界局督办人选问题，袁世凯起初本无意于蔡锷，还一度举棋不定；三是最后确定任命蔡锷，除了整理田赋之事“期在必行”外，还出于袁世凯对蔡锷的高度信任。

▲报载上午8时，袁世凯“特召将军府各军员自建威段上将军及各将军暨参军等，同于十时赴统率办事处预备会议，届时大总统亦率文武侍从官等出席莅议。据闻为讨论统率处与该府之军政权限，并将军府军政谘询章制等问题，有议定后另以明令公布之议”。④

---

① 无妄：《闲评一》，天津《大公报》1915年1月27日。

② 《经界局督办由来》，北京《爱国白话报》1915年1月18日。

③ 《蔡松坡得任经界局督办之由来》，上海《时事新报》1915年1月21日。

④ 《特召各将军集议统率处》，天津《大公报》1915年1月18日。

18 日

▲日本驻华公使日置益向袁世凯政府提出“二十一条”要求。该要求共分五号，主要内容是：要求袁政府承认日本继承德国在山东的一切特权并加以扩大；要求承认日本在东三省南部和内蒙古东部的各项特权；旅顺、大连的租借期和南满、安奉两铁路期限延至99年；要求中日合办汉冶萍公司；要求中国沿海的港湾、岛屿不得租借或割让给别国；特别是第五号，要求中国政府聘用日人为政治、财政、军事顾问，中日合办警察和兵工厂，并承认日本在武昌、九江、南昌、杭州、潮州间的铁路建筑权。据美国公使芮恩施称，日置益向袁世凯面递“二十一条”要求时，表示中国革命党人与“政府外之有力日人有密切之关系，除非中国政府给予友谊证明，日本政府直不能阻止此辈之扰乱中国”。自2月2日起，两国代表就此进行了三个多月的交涉。①

5月9日，袁世凯屈辱地接受了日本政府的最后通牒。说：“本月七日下午三点钟，中国政府准日本公使面递日本政府最后通牒一件，附交解释七条。该通牒末称，期望中国政府至五月九日午后六时为满足之答复，如到期不收到满足之答复，则日本政府将执认为必要之手段，合并声明等语。中国政府为维持东亚和平起见，对日本国政府四月二十六日提出之修正案，除第五号中五项容日后协商外，其第一号、第二号、第三号、第四号之各项，及第五号中关于福建问题以公文互换之件，照四月二十六日提出之修正案所记载者，并照日本政府所交最后通牒附加七件之解释，即行应诺。以冀中日所有悬案，就此解决，俾两国亲善益加巩固。即请日本公使定期惠临外交部，修正文字，从速签字为荷。”②

1916年1月29日，报载“中日交涉之时，纷传袁世凯将以承认帝制问题，为日本提出五款之交换条件，识者惄焉忧之。迄袁氏见舆论沸腾，薄海骚然，内有所惮，乃中止其阴谋，仅承认日本提出之首四款，将第五款作为悬案，以为将来旧案重提之计。金邦平之赴日，即为此段公案之撮合人，谅为留心时事者所能记忆者也。其时梁任公、汪伯唐、蔡松坡、庄思缄、汤济武及其他名流在京迭次计议，以为袁氏之帝制，终有一日现诸事

① 陈锡祺主编《孙中山年谱长编》下册，第928页。

② 王芸生编著《六十年来中国与日本》第6卷，生活·读书·新知三联书店，1980，第243页。

实。揣其结果，袁氏必以重要利权，许送某国，师张邦昌、石敬瑭之故智，挟外人以自重。迨至欧战结局，各国援例以相要求，则国家主权必致衰丧失罄尽，或致闹成瓜分之局，同时内乱蜂起，袁氏无力镇压，必至群雄并起，陷于糜烂之境，是中国之存亡安危，决于袁氏之帝制问题。其时蔡主张于事前极力设法消患于未然，冀帝制问题不遽发生。如袁氏悍然不顾，则洁身引退，或相机进止”。①

▲1914 年 12 月，袁世凯提拟设经界局，调查、测丈和登记全国土地，以整理田赋。据内务、财政两部呈袁世凯文中说，它们“于三年十二月十一日奉大总统申令”，

> 会同酌定办法，呈候特派大员设局编制，先就各色地亩最为混淆之处，妥为办理，总期田制精审，民累蠲除，用符经训，厘定经界，实行仁政之意。此令。等因。奉此，伏查田赋为岁入之大宗，经界乃行政之要务，从来言理财者，莫不视为急图。然全国土地终无确实之统计，虽偶有倡议举办者，非敷衍以将事，即卤莽以图功，甚或办理操切，以致病国殃民，致使良法美意，反为世所诟病。推原其故，固由于用人未当，立法未周，亦因当时测绘、丈量，尚无精密之技术。弓尺殊为简陋，推算亦极粗疏，田户时有脱籍之虞，吏役不无匿报之弊，枝节为之，遂无效果之可言。东西各国于调查土地、制备台帐，罔不首事经营，力求完备，而详考其施行次序，从未有不测绘而即行丈量者，更未有不丈量而即行登记者。盖测绘以知地形，丈量以清亩数，登记以明地籍，而后全国面积，除山川、丘陵不能种植外，各色地亩，了如指掌。以其条理精密，端绪繁重，故法国台帐以五十年而成，日本台帐以九年而竣，其他各国亦大都经过十数年或数十年，始克告厥成功。惟测丈地亩，事属创举，当兹着手之初，首须声明主旨。此次之所以厘定经界，在使国家周知其方，与人民确定其权利，庶田制有精审之一日。至于清理手续，固应参诸各国成例，以测量、清丈、登记三者为主要。而测量为清丈之根据，尤须选择新法，折衷至当。行三角测量以立定点，行地形测量以知面积，而后按地清丈，清其亩

① 护国军从军记者无伪 1916 年 1 月 9 日发《云南倡义纪闻》，上海《中华新报》1916 年 1 月 29 日。

数，登记清赋，次第举行，方无隐遁。夫我国幅员既如是之广，测丈手续又如是之繁，固匪一朝一夕之功，亦非一手一足之烈，自应采取渐进主义，以期推行无阻。恭读申令中，先从京兆区域筹办清丈，以次推行等因，仰见大总统慎重经界之微意。惟京兆地方，共辖二十县，约计有七万二千余方里，一般人民之田亩，固应分别清厘，而向之所称最为混淆者，如旗田、庄田、卫所、马厂等项，尤须慎加注意。若同时举行经界，微特经费浩繁，人才亦虞缺乏，与其分途并进，成效难期，何如择地先施，程功较易。启钤等再三讨论，以为就京兆区域，仍宜先从试办入手，择定一二县，招集熟于测丈人员，克日从事，缩短期限，约以一二年告竣，办毕再推之他县，既模范之足式，亦经练之有资，庶于经界进行，不无裨补。至关于经界机关之组织，为将来办事根据，亦应先行筹划。拟即遵照命令，于中央设立全国经界局，请由大总统特派督办大员，主持局务，分测丈、造册、清赋、总务诸科，并附测丈学校，为造就人才、推广应用之准备。次于京兆地方设经界行局，置坐办等员，以期承上启下，易于接洽，且可就地方情形，遇事开导指示，以免扞格。该行局应视监察测丈事宜之便利，择适中地点，随时移置。再次，于实行测丈县内，设经界事务所并测丈队，执行区域内测丈事务。队分三角、地形、清丈诸班，以测量学员分任队长、班长、班员。再参用本地士绅，随同组合，其全队人数，量面积之广狭，临时酌定。总之，筹办人员务求其简，方可统一事权；执行人员不厌其多，始克速收成效。其办理之程序，应以测量为始基，清丈为中权，登记为结果。使一经举办，地方共计田亩若干、公产若干、私产若干，以及地质之优劣、价值之高下，条分缕析，纤悉靡遗。各项在事人员，亦须慎为选择，或学有专长，利于作业，或富有经历，易于集事。更次，励以廉洁、勤慎、奉公，俾人法相维，指臂相应，以促进行，而期敏速。惟我国地亩，久未整理，遽行测丈，纠葛自所不免，非有评判机关，不足以平争议。似宜设立特别经界评判会，及普通经界评判会，专司判定经界争议案件。其组织暨权限，应俟经界局成立后，再行拟定，呈请核夺。至京兆尹沈金鉴于京兆测丈事宜，节经筹拟办法，详部查核，虽组织微有差异，而主张渐进用意，正复相同。其请设之京兆清查总局，系以人民自行陈报为主，派员择地抽查为辅，逾限不报，或抽查不符者，再以清丈为解决办法。若以之为经界之先导，实有互相辅助之益。盖实行测丈，本应有调查手续，现既设有此项机关，是官民已先为接洽，田亩亦略知梗概，继以测丈愈形便利。且调查在测丈之前，如甲县调查已毕方行测丈，而乙县即可于此际调查，次第攸分，不虞抵触。即将所拟办法，酌量改并，附于京兆经界行局之内，毋庸再设清查局，转致纷歧。至各省地方，近来亦有请设土地调查处者，应由各该省先行试办，俟其办有规模，再行设立经界行局。其应设经界行局地方，如京兆即以京兆尹为会办，各省即以巡按使为会办，以资联络，而谋统一。抑更有进者，经界事宜，千头万绪，既为今日必不可缓之要政，亦复我国久未举办之宏规，在执事人员对于人民，允宜格外和平，悉心劝导，务使晓然于国家之清理地亩，实为国家厘定正供，人民保障权利，而非有增加负担之意。一经清理，既无无粮之地，亦无无地之粮，纳税公平，旧弊悉革，但非常之原。黎民所惧，开办伊始，诚恐山泽编氓，于经国要图，或未能尽悉，因疑生虑，观望转多。且清理之后，上有益于国计，下有利于民生，所不利者，只少数之劣绅土豪，不能遂其侵占把持之私，或不免借端煽惑，致生抗阻。端赖主其事者，矢以真诚，持以毅力，自始及终，期以达到清厘目的而后已。以上各节，如蒙俯允，拟请特派督办大员，再行设局编制，借资董率，而谋进行。所有遵令筹拟经界办法缘由，理合会同呈请，是否有当，谨乞大总统训示施行。谨呈。

1915年1月18日，袁世凯批准内务、财政两部呈。说："据呈已悉，已另有令特派蔡锷督办矣。余如所拟办理，即由各该部转行知照。此批。"①

20日

▲报载"经界局官制尚未发表，兹正在会议之际，因当局意见颇为不一，有主持积极的，有主持消极者。闻最近议决已决议为折中办法，设立参议若干人，参事两人，佥事四人，主事十六人，分总务、稽核、测量、

① 《内务财政部呈遵令筹拟经界办法拟请特派督办大员设局编制文并批令》，天津《大公报》1915年1月23日、24日。

文书、庶务、会计六科，以参事、佥事兼任科长，主事兼任科员，并得酌用雇员。此系目下之拟议，是否仍有所变更，尚未得悉云。又闻经界局蔡督办拟开局后，以征求人才为第一要义。昨闻日人常吉德寿于田亩颇有经验，拟聘为顾问云。又闻大总统于星期日下午，特召蔡督办至府，询问其对于经界政策入手之各计划。当由蔡君陈述良久，不外于审慎、认真、防弊等端，颇为大总统嘉许，并又指要诀数端，始行退出云”。①

21 日

▲报载“经界局督办已特任蔡松波，外间传闻大总统尚拟依照叙官例授以少卿。查蔡既系特任，当然叙以卿位。惟其中尚有两项问题，一则经界局拟仿照煤油局办理，熊督办既未叙官，蔡督办自无叙官之必要；一则一经叙官，其现任之陆军中将及昭威将军均须撤消，故尚须详细后议云”。②

又载“经界局章程官制正在修订之际，约月内外即当正式发表。昨闻目下正在商榷权限。其最要者，一为对内关系，是否应附属于政事堂，或内务、财政等部，抑为独立机关。一为对外关系，为与各省巡按使及京兆尹之权限等差，大致系将仿照督办全国煤油矿事务之例办理云”。③

22 日

▲报载“政府自特任蔡锷经界局督办后，清丈问题，其见决心。查各经界一事，开办伊始，在今日为吾国整理财政最要之一事，若办理稍有不当，不惟遗小民无穷之害，抑且为国家盛德之累，再有骚扰之举，更非国家整理田赋之初意。政府此种筹划，已两月之久，日前大总统曾与徐国务卿讨论再四，惟求无害于民，有益于国，凡有窒碍难行之处，皆筹议妥善。后又饬交财政、内务两部筹议详细办法，曾经该两部会同派员在财政部内设一筹备处，以期精细研求，必于民无繁难之举，于国可收实在之利。大致办法，约分六项：（一）进行之程序；（一）进行之办法；（一）组织问题；（一）年限问题；（一）人才问题；（一）经费问题。其进行之程序，

① 《关于经界局种种近闻》，天津《大公报》1915 年 1 月 20 日。
② 《蔡督办有暂不叙官之耗》，天津《大公报》1915 年 1 月 21 日。
③ 《经界局权限之商榷》，天津《大公报》1915 年 1 月 21 日。

则先从京兆、直隶入手，而后再推至各省。闻外省中，以江苏为水陆通区，进行便利，必须提前办理。至京兆一区，正在筹划进行，不久即可举办。惟京兆一区，田地极其杂乱，盖旗地民地，互相夹杂，故京兆之办法，较他处为尤难。据某当局者云，此次京兆举办经界，筹划极其周密，缘京兆既为试办区，尚须作为表率。至其他进行办法、组织问题，亦有极详细之规定。惟发表以前，无从侦悉。年限问题，以京兆试办区为最短，直隶闻定为二十年，江苏十八年，各省三十年。此种年限，皆由省局传述之言，是否事实，尚不敢必。然各省举办经界之时，皆须至限定年限，一律测量告竣，不得稍有耽延，以贻误国家，并以此觇官吏之贤率如何。人才问题，尚未悉如何办法。闻需育才费，为数甚巨，大约提前育养此种人才，以为从事经界之用。至经费一节，京兆特别区，已另有预计外，闻直隶、江苏两省之清丈费，亦正在计划之中，其他各省当次第拟定。惟此次经界，既为数百年来之创举，则费用之规定，不能不稍为从宽。刻下此种经界办法，已由内务、财政两部筹拟完妥，呈奉大总统鉴核。惟该两部所拟办法，是否与记者所闻相合，尚难知悉。仅援有闻必录之例，先记述如此，志之报端，以俟将来云”。①

按：此信息当系袁世凯当局有意发布。

23 日

▲报载“日昨国务卿特邀蔡松波督办至政事堂公所会晤，讨论经界上之进行政策。当由蔡君提出两项政见：一为权限问题，一为经费问题。因经界政策至为繁赜，倘权限或有阻碍，则断难胜任等情。闻国务卿已允代为竭力设法，决不至有所掣肘云”。②

但是，或许因蔡锷或相关之人对此报道持有异议，25 日该报随即又做了更正报道，说：“蔡松波现已特任督办经界局事务，日来正筹议官制、经费及权限等项之各进行办法。因事关紧要，必须筹划审慎，始能解决。近日蔡督办之连赴政事堂者即系为此，有谓该督办曾提出要求案及拟请辞职

---

① 《经界局最近进行之状况》，上海《时报》1915 年 1 月 22 日。

② 《国务卿与蔡督办之会晤》，天津《大公报》1915 年 1 月 23 日。

者，均属不确。”①

按：所谓蔡锷“拟请辞职”“不确”之说，显系当局有意放的风，因为蔡锷确曾请求辞职。

又载“经界政策之筹办，除设立督办经界局外，尚另有特别、普通两项经界评判会之规定。政界传闻其组织者不一，昨据可靠调查，尚须从缓，因内务、财政两部原呈内虽有此呈请，已声明在设局以后，且系专为评判经界争议起见，目下尚非其时，大约恐须在五、六月之间乃能开会。有谓业由法制局拟订组织条例者，实属不确云。又闻督办全国经界局官制现正在修订之际，月内即当发表。闻已确定之组织系测丈、造册、清赋、总务四科，各设科长一人，总务设科员四人，余均三人，共计十三人。其缮写文件，办理庶务等项，得酌用雇员，所未定者系应否任用秘书及顾问等员云。又闻经界局制现正在草创之际，外间传闻蔡督办尚拟聘用客籍为顾问，昨据调查此议实为未确。盖不惟顾问之制尚未规定，且事关田赋，决无参入外人之理。现之取法必要者，惟在调查日本、美、法等国之台账制度而已”。②

24 日

▲蔡锷特发通告，表示已于 1 月 22 日就职督办经界局事务。说：“为通告事。中华民国四年一月十六日，奉大总统策令：特任蔡锷督办经界局事务。此令。等因。锷遵于是月二十二日任事，筹办处暂设前门内兵部街。除呈报外，特此通告。”③

同时又呈报袁世凯说：“为呈报任事日期，仰祈钧鉴事。窃于四年一月十六日奉大总统策令：特任蔡锷督办经界局事务。此令。等因。锷遵于一月二十二日任事。除通告外，理合具文呈报，谨乞大总统鉴核。再经界局印信尚未铸就，故未盖印，合并呈明。谨呈。”批令：据呈已悉。此批。大总统印。中华民国四年一月二十四日。国务卿徐世昌。④

① 《蔡督办并未提出要求案》，天津《大公报》1915 年 1 月 25 日。

② 《关于经界之各项近闻》，天津《大公报》1915 年 1 月 23 日。

③ 《政府公报》第 974 号，1915 年 1 月 24 日。

④ 《政府公报》第 977 号，1915 年 1 月 27 日。

▲报载经界局会办为督办“臂助，其任命虽出之于大总统，而必须得督办之同意。今会办一席，虽未发表，而外间传说，谓参政姚锡光颇有希望，至张绍曾会办经界，亦为众口喧传之说。将来任命，究为谁何，政府一时尚未决定”。又说：“闻蔡氏为经界进行之计划，拟俟京外区经界开始时，亲往各县视察一切，拟向京兆尹署调阅近来清丈案卷，以资参考。”[①]

又载“经界局暂假财政部内币制局旧址开办，并拟拨用十万元为开办经费”。[②]

又载“经界局经费，为数浩繁，现正在先期策划。探得各方面之主张如下：（一）经界分年筹备，其款项由国库拨任，将来田亩清理后，盈余之数，统入国库；（一）举办经界税，所入税款，专办经界事宜，此税以经界终了时为止；（一）将全款分作两股，以征税为一股，以国款为一股；（一）加征田亩附加税及经界手数料，以充经费”。[③]

25日

▲蔡锷呈报筹设经界局情形及请饬刊发督办经界局事务关防。说：“为筹设经界局情形仰祈钧鉴事。窃锷遵于一月二十二日就职，业经呈报在案。旋准内务、财政两部咨称，筹拟经界办法一案，业于一月十八日呈奉批令，据呈已悉。已另有令特派蔡锷督办矣。余如所拟办理，即由各该部转行知照。此批。等因。奉此，相应咨请遵照办理等因。并钞交原呈前来。伏查经界事宜，为现时之要政，国计民生，胥关重要。既经内、财两部筹有大端办法，锷谨遵照批令切实办理，依次进行。惟刻值设局之始，百端待理，而兹事体大，非讨论精详，不足以期完备而昭慎重。现拟就前币制局暂设筹办处，先行组织一经界评议委员会，由锷征集富于经验、精于技术暨各机关主管人员为本会会员，按照部呈原拟办法，逐节筹议。所有关于三角测量、地形测量应如何布置，清查、清丈、登记各事应如何设施，以及测丈队班之编定、测丈人才之养成各项计划，均须详加研求，俾臻妥协。至于局内日行事务，拟设一总务处，分司会计、文牍、庶务，遴员充任，以专职守，一面由锷会商参谋、内务、财政各部陆续将经界局编制及经界行

① 《经界局之进行谈》，上海《时报》1915年1月24日。

② 上海《时报》1915年1月24日。

③ 《经界经费各方面之主张》，天津《大公报》1915年1月24日。

局编制详慎拟订，另案呈请鉴核，借规久远。至开办伊始，往来文牍甚繁，拟请饬下政事堂印铸局刊发督办经界局事务关防一颗，俾昭信守。所有筹设经界局各缘由，理合具文呈请。是否有当，谨乞大总统训示施行。谨呈。”批令：如呈备案。交政事堂饬印铸局刊给关防，俾资信守。此批。大总统印。中华民国四年一月二十七日。国务卿徐世昌。①

▲报载“经界局督办蔡松坡将军，于二十五日上午曾递政事堂封呈一件，请国务卿代递大总统。据闻系请任命京兆尹沈金鉴为该局会办，并开呈财政部赋税司长周宏业等三员，请择一员任命为该局局长，以责佐理等情”。②

▲报载“日昨国务卿曾又特召集蔡督办及周子沂、朱桂莘两总长，在政事堂会议经界政策。因两部原呈虽有普通、特别两项经界评判会之组织，专为评判经界之争议起见，兹已拟定办法，将来系于中央组织特别会，京兆各省组织普通会，如普通会不能解决之件，或评判不公者，始能由特别会评判之，并以特别会之评判为最终之评判云”。③

26 日

▲报载“经界局督办蔡松坡近曾力请于徐上卿。以经界事务繁赜，非一人精力所能筹划完全，拟请再添设大员以资襄赞。惟目下系有三项名称，一为会办，一为坐办，一为副局长，昨徐上卿已缮具三项名称之理由，呈请大总统批示。而该局一切筹划手续，现拟须调查日本、美、法三国台帐之定式，以资参考，并拟即由陆闰生、胡馨吾、夏棣三三公使兼任调查，复报不另派专员，以资简易云”。④

又载“政事堂二十六日午前有通电一件，分致各省巡按使，闻系国务卿奉大总统特交。据督办经界局事务蔡锷呈请分饬各省巡按使，于清丈实行前，在各该行政公署内，附设土地调查筹办处，以辅进行。奉令通饬各省照办，限二月内一律成立具报。其余未详”。⑤

---

① 曾业英编《蔡锷集》（二），第 1124—1125 页。原载《政府公报》第 980 号，1915 年 1 月 30 日。

② 《经界局请任命佐治员》，天津《大公报》1915 年 1 月 27 日。

③ 《将来经界评判会之分组》，天津《大公报》1915 年 1 月 25 日。

④ 《经界局筹备之近状》，天津《大公报》1915 年 1 月 26 日。

⑤ 《令设土地调查筹办处》，天津《大公报》1915 年 1 月 28 日。

27 日

▲报载蔡锷“连日与财政当局接洽开局事宜”。说：“昨已函请将财政部后面前币制局房屋拨作经界局之用，一面将筹备此事之办法，呈请大总统鉴核。闻已由总统批准，并嘱该督办以后关于经界局事务，可与国务卿，内务、财政两总长随时斟酌办理。至蔡督办之呈文，大致如下。（一）经界局之组织既分四科，所办测丈学校应即附设于清丈科内。此项教员已咨请交通部代为物色。（二）经界局之权限以清丈田地为务，与内务、财政两部最有种种关系，须与该两部通力合作，方可着手进行。但该局办事之权限必先与内务、财政两部商订明白，庶免彼此妨碍。（三）经界局办事之迅速与否，全视财力为转移。今财政窘迫，不能过于急速，则程功须宽假时日。现但就京兆区域清丈预期，以二年蒇事。（四）经界局之经费及用人等事，现拟请款十万元为开办经费。其常年经费应准列入四年度预算。现在开局之始，所有人员应准在内务、财政两部调用云。”①

又载“经界局蔡松坡督办昨面谒大总统，陈述该局开办伊始，所有一切要件种种紧要情形，请将将军府兼差准予开除，以便专心经理局务等语。大总统已饬其暂行兼任，毋庸遽辞”。②

28 日，又载蔡锷“自任命经界督办以来，博访问谘，急策进行。关于设局之组织、进行之程序，连日与政府要人接洽，大致办法已筹有端倪。如经界局之官制，业由蔡氏与政府会商妥协，现正从事修订。其组织之大要，经界总局分测丈、造册、清赋、总务四科，各科设科长一人，总务科设科员四人，余均三人，共计十三人。其缮写文件，办理庶务等项，则酌用雇员。该局应设之测丈学校即附于清丈科内，应用教员已请交通部代为物色。更于测丈地点设经界行局，此种经界行局已由内务、财政两部会拟办法，呈文中略为叙述置坐办一人，专司一地方之经界事宜，期其承上启下，便于通行。于测丈地方编制测丈队，执行区域内测丈事务，并于各地方官实行测丈时，由地方上绅耆组织经界评判会。此项评判会，专司争议事件。至该局将来所设地点，闻已函请财政部将前币制局房屋先行拨用，以便早日开局。又闻蔡氏连日与当局者接洽开局事宜，并将筹备情形，呈

① 《经界局最近之规划》，上海《时报》1915 年 1 月 27 日。
② 《蔡督办请辞兼差》，天津《大公报》1915 年 1 月 27 日。

请大总统鉴核。大总统特谕令蔡氏，以该局清丈田地为务，与内务、财政两部权限上有种种关系，必须通力合作，方可期其进行。凡局中一切事务，可与国务卿，内务、财政两总长随时商酌，权限划分明白，庶免彼此妨碍。至经界局于开办时，先由财政部拨付十万元，以为开办经费，嗣后经常费应准列入每年预算。本年度该局之一切费用，亦准追加本年预算案中。惟兹事用度浩繁，当今财政窘迫，经界事务若过于求速，势必为国家财力所不逮，故特分出年限，按期办理。虽则程功稍费时日，而国家财力或借可稍舒。该局开办伊始，所有应用人员，准由财政部调用。惟此次经界实为近数百年来之创举，稍一不慎，弊窦堪虞，不惟筹策时应周密无疵，进行时尤当慎重将事。所以大总统对于此事极为注意，已决定将关于测丈事宜，再详细公布，并拟誊印分颁各县，广为粘贴，俾一般人民咸晓然于国家测丈田亩，为厘订全国田亩之张本，以平均人民之负担。更闻内务部以内地省分既将厘定经界，而边荒各地虽一时不能清丈，岂可任其长此荒芜，故拟先定放荒条例，分令边省将军、巡按使、都统等遵照办理，俾为将来边地实行清丈之预备云”。①

又有报载袁世凯传见蔡锷。说：“大总统昨特传见经界局督办，垂询该局一切事项。兹闻所询者，一为关于综核各省清丈事宜办法，一为关于划分局、部权限办法，一为关于录用经界人员办法。”②

29 日，又载“自蔡锷任命为经界局督办以来，连日与政府接洽筹备设局事务，兹已将该局事宜筹划完妥，于日前特出通告云，大总统策令特任蔡锷督办经界事务。此令。等因。锷即遵于是月二十二日任事，筹办处暂设前门内兵部街。除呈报外，特此通告。惟该局为新成立机关，诸事方在创始，所有组织事宜，拟照政事堂所议办法办理，以便有所遵循，庶免纷歧之弊。至局中应用职员，现由蔡氏物色，如各报所载籍忠寅、周宏业、陈敬第、范治焕、毕厚等均在罗致之列。蔡氏之意，总以节用人员，裁减冗费为主旨。拟亟设一测丈传习所，以广造就，并设立经界讲习堂，以广造就。未毕业之前，先拟借调陆军部所属之测量局员，并交通部所属之测量队暂行充用。开办经费则由财政部先拨十万元，筹备一切。并闻业经草

① 《经界局之进行谭》，上海《时报》1915 年 1 月 28 日。

② 《大总统询问经界事项》，天津《大公报》1915 年 1 月 28 日。

定章程，其内容如下：（一）设立经界讲习堂于京师，于外省设经界传习所；（二）讲习堂经费由财政部筹拨，传习所则由外省就地筹定；（三）学员以曾在测绘、警察、工业各校毕业及与上列各校毕业有相当程度者；（四）讲习堂学员名额定为二百四十名，传习所学员名额定为六十名；（五）学员以年半卒业，卒业后即分别等级，俾以相当位置云”。①

又载“关于经界问题，大总统倍深关切。兹特交谕该局每星期当将所办事项，揭其大略，呈明总统府。办理手续亦应详细声明，以备核办。又闻经界督办蔡松坡昨曾呈请国务卿，以目下清丈政策正在进行之际，惟事属繁要，必须旁询博采，始有头绪，拟请通电各省巡按使饬即查照地方情形，条陈清丈政见，以凭采择而资参考。已由徐核准矣”。②

28 日

▲报载梁启超收到“陷害”匿名信。说“梁任公近得一奇绝之信。信自桑［香］港某处寄来者，上书寄信人之名皆系在彼处，为药材商者。函内略云：奉到尊信，嘱寄飞行机四架、枪弹若干，即遵谕寄送。枪弹为龙济光扣去，飞行机知已接到，届时当为内应等语，盖假借此药材商所寄，以为两方陷害之计也。任公得信，即封交某君（按：指张一麐）转达总统。大约此类无头之信，凡有名之人，皆须预备接收也。”③

按：此事说明当局对梁不放心，有人开始假借名义构陷梁启超了。

月底

▲27 日，报载“经界局员将于内务、财政、参谋三部遴选兼任，荐人者蔡（锷）均婉辞”。④

31 日，又载“蔡锷被任为督办后，各处纷纷荐人，当此人浮于事之秋，固不足为怪。所怪者，荐人之人，竟有列表者，一单至数十人之多，除列姓名、官职外，并加具考语，有漂亮诚实、尚有作为等字样，且明言

---

① 《督办经界局之进行》，上海《时报》1915 年 1 月 29 日。

② 《大总统对于经界问题之关切》，天津《大公报》1915 年 1 月 29 日。

③ 《梁任公接匿名信》，北京《群强报》1915 年 1 月 28 日。

④ 上海《时报》1915 年 1 月 27 日。

此系第一次。随后尚有一票人，人多如鲫，生活之艰，于此可见。然蔡督办以所有局员，将于内务、财政、参谋三部中遴员兼任，以节经费，凡所荐之人，皆无法位置，已一律婉辞。内外省来电推荐，几更日不暇给，蔡知其必为荐人，多已置之高阁，并不翻译”。①

30 日

▲报载“经界局官制业已修订多日，迄未发表，兹闻其原因系专为权限问题。如对于政府及各部与各省之分配权限等办法，日前国务卿曾拟定两项办法呈请大总统，一为直接于大总统之优等权，一为附属于政事堂之中等权。当奉批饬以经界政策至为繁要，且局长既为特任官，当然采用优等权等语，其未来之官制即依照优等权定拟矣。又闻蔡督办日前呈请大总统任命京兆尹充该局会办，迄未发表，兹悉其原因系政事堂以现编订之清丈条例中，已规定以京兆尹及各地巡按使充任会办，是以此项呈请已陈明大总统不另任命云”。②

又载“整理田赋及提倡土货两项问题，为政府日来急于筹办之要件，昨日大总统交谕蔡松坡、张季直两君，迅即物色谙悉经界及精晓制造之员，开具姓名履历，呈候酌用”。③

31 日

▲报载蔡锷“近为清丈经费一项，叠会内务、财政等部，政事堂主计局，讨论一切。近闻预议办法，约分三项：（一）拟随清丈举行亩捐；（二）另订一种田亩方单税；（三）由实行平赋项下酌提余款。其再不足，着由国库补助。惟预算之制定，颇难入手，现正详加讨论云”。④

又载“经界督办蔡松波昨曾呈请国务卿，略称奉天、福建两省已均设立土地调查局，以为清丈经界之预备，此事关系至为重要，各省当然照办。惟局章必须划一，未便由各省自为风气，拟请由中央厘订局章官制，通饬

① 冰若：《纪经界局》，上海《时报》1915 年 1 月 31 日。

② 《关于经界局种种近闻》，天津《大公报》1915 年 1 月 30 日。

③ 北京《群强报》1915 年 1 月 30 日。

④ 《预筹清丈经费之先闻》，天津《大公报》1915 年 1 月 31 日。

各省施行，业经徐核准，批交法制局从速订拟矣”。[①]

又载：

政府近日之规划，颇有研究之价值者，莫过于设立经界局，任命督办以期清丈全国土地之一事。然世人对于此事，虽赞成者多，而怀疑者亦正不少。财政部所聘税务调查员日人常吉德寿有鉴于此，因撰一论文，题曰《土地清丈之目的》，以期破世人之疑惑。兹节录其大旨如下。

实行清丈者，须订正省县城镇乡村之界址。而于乡村之下，更分别字号，缀以一定之地域名称，明定其范围，然后画正字。号内各丘之四至，按照顺序，编订号数，定为地籍。调查其土地之种类、面积及收益之多寡、所有者之姓名等，编成土地台帐与地籍图，使土地之情况，得以一目了然；一面对于土地所有者，每丘给一方单，使得确实证明其所有权。同时制成田赋户册，为征税之根据，自此而后，脱漏重复之弊，既可杜绝，复得相机改革税率，以谋负担之公平，非徒出于财政经济之目的。然察今日之实况，虽有一种契券，以证明所有者之权利，而其沿革，极为辽漠，或则遗失其固有之契券，或则私垦官有地，其所有权向不完全，即有契券者，亦不能确知其实际之地籍及种类。况政府无土地台帐，凡呈请证明者，不过与以一种文书之查证，重复误谬，在所不免。是为人民有土地者，常怀一种不安之念，甚至无确实之所有权，只为事实上之占有，其买卖让渡，亦仅凭一证人以为之证。似此状况，故一逢灾歉，则相率为遁税之计，或且放弃其所有权，而致成为无主之荒地者往往有之，此岂国家人民之福？实行清丈，即以订正土地之所有权与地籍境界，并一面设立乡村银行，使土地所有者，得以地券为抵当，贷借资本，则银行之信用，因之而厚，一般人民之储蓄心可以借此发展，而零碎之资金亦易醵集，俾得流通于经济。社会如此，则不特土地价格因之腾贵，而人民爱土地之心，且从而增加，由此对于土地之开发、地力之养成，无不乐于从事矣。政府乘势利导，用适宜之方法，开放公有地，奖励排水填地诸事业，以促进之。其结果举凡荒地与夫私垦地之未升科

① 《请厘订土地调查局章程》，天津《大公报》1915年1月31日。

者，可以使之升科，国家岁入增加，固不待言，惟普通人民之心理，对于清丈一端，往往犹疑为出于加税之目的。论者动谓清丈其目的，不在加税，而在均赋，断不能与往日成例，相提并论。中国各省，自遭洪杨之乱，完全鱼鳞图册，殆已十九荡然，地籍混淆，不可名状。有甲乡之人，兼并乙乡之土地，遂以为甲乡之土地者。因之乙乡之内，往往有发生甲乡离地之结果，行政区域之紊乱，莫此为甚。现如某县，以署中无粮册可稽，每年造串，不得不假手庄书，而与以巨额之经费。然其所造之串，是否正确，官厅无从稽核。且当土地买卖让与之时，推收过户亦不免凭借庄书私册，而纳税遂不免有不均之弊病，人民不得而知也。夫整理行政之区域，伸张人民之权利，为改良制度、发展民力必要之条件。求其正当之程序，在于一定之区域内，使有一定恒产之人为中坚。否则伸张民权，适足流为无赖暴民之专制。不幸彼等而为社会阶级之中坚，则国家健全分子之地主，势必为之戕贼。是不啻举全国陷于扰乱之域也，可危孰甚。至举办清丈，自不可无巨款，而其财源似以取之于国库为正当。然以中国现在财政情形，国库尚不充裕，取之于国，势固未能。若待其充裕而后行之，时又不及。无已，惟有取之于民耳。盖举办清丈，直接裨益之人，不外土地所有者。若以一般人民所完纳之，国库岁入使用于仅裨益土地所有者之事业，对于全国人民反失公平。况土地所有者，因是所得之利益，决非其临时所纳少数之负担所可比。是故吾人以为清丈费用，不妨征收附加税及手数料，使土地所有者各出少额之负担亦不为过也。①

按：此文旨在强调设置经界局的必要性。

2 月

1 日

▲蔡锷呈报已启用督办经界局事务关防。说："为呈报事。民国四年一月三十一日准政事堂机要局函送本局关防一颗，文曰：督办经界局事务之

① 冰若：《纪经界局》，上海《时报》1915 年 1 月 31 日。

关防。遵于二月一日敬谨启用，以昭信守。理合呈报大总统鉴核。谨呈。”批令：呈悉。此批。大总统印。中华民国四年二月四日。国务卿徐世昌。[①]

▲报载蔡锷以调查作为经界局入手的第一步。说：“经界局已由蔡督办组织就绪，次第进行，先测绘，次丈量，次造册与清赋，而尤以调查为入手之第一步。盖非先经调查，测绘既无从着手，丈量更无由实施也。闻蔡督办为图此事之顺序进行，已商同内务、财政朱、周两总长，除奉天、福建两省已设有土地调查局，业经咨报备案外，拟令各省悉仿照奉天、福建办法，设立土地调查局，即日将此办法会同呈请总统核准，以便转行遵照。”[②]

又载蔡锷“现已特任为高等文官，惟迄尚未分叙官等。闻其原因盖为蔡兼有陆军中将及昭威将军之军衔。如叙以文官，其军衔必须开去，国务卿未敢擅专。昨已呈请大总统，尚未识如何批示。大约须俟经界官制颁布时始能发表云”。[③]

3日

▲报载“经界局督办蔡锷氏自设处筹办以来，甚欲定一条理井然、全国一致之计划。惟两部中人颇有主张因陋就简、草草了事者，一时尚未决定办法。该局开办费不过咨请二万元，财政部先拨一万元应用。至各省经界行局之经费，拟归各省自行筹措矣。该局决定设一评议会，其会员大致由内务、财政、参谋三部人员兼任，农商部或者亦须有人，惟该会员数必不甚多。现在第一步办法，拟派人分赴朝鲜、安南调查，因日、法两国正在该处办理清丈也。又闻盐务顾问英人丁恩，前在印度管理土地台帐，具有经验，俟其由滇回京，亦将与之谐商一切云”。[④]

又载“经界局督办蔡松坡现已呈准大总统设局筹备一切进行手续，除地址已暂定为币制局外，其开办经费预计须八万元，业由财政部允认分两次拨给。至所设总务处分司会计、文牍、庶务等员，系暂分三级，为一等

① 曾业英编《蔡锷集》（二），第1126页。

② 《经界政策之近情·设立土地调查局》，《申报》1915年2月1日。

③ 《蔡督办叙官之与军衔》，天津《大公报》1915年2月1日。

④ 《整理声中之田赋谈·经界局组织之近状》，上海《时报》1915年2月3日。

事务员、二等事务员、三等事务员，分科任事云”。①

4 日

▲报载“参政院中如梁启超、王揖唐、熊希龄、赵惟熙等主张即日开院，要求政府宣布日本要求条件之内容，并请前总长孙宝琦及次长曹汝霖出席宣告中日交涉经过之历史，预备讨论，为政府之后盾”。②

又载“参政院之设，本为高等谘询机关，其中各参政分军事、外交、法律、文学、官僚、名士六派。兹闻自中日交涉发生后，参政院外交、军事两派参政，奉大总统谕，每日到府商议要政。故近日如联芳、李盛铎、李兆珍、荫昌、蔡锷、蒋尊簋、王揖唐、徐绍桢、姚锡光等参政，每日上午皆进府，敬候传见，以备谘询。参政院虽然闭会，其为国奔忙，实较从前为累也”。③

9 日，又载“梁启超在英文《北京日报》著论，请日本明白宣言，究竟若何居心，欲使地图上削去中国之国名欤？抑欲借此要求以开战欤？抑欲使中国人蜷伏于其权力之下，凡听命于日本欤？其结语云：日本岂自信以无畏舰、机关炮之洞吓，遂足使华人慑服乎云云”。④

同日，又载“日前外间相传参政院质问一事，兹据最确消息，此次质问业已打消，因参政院完全为总统谘询机关，无质问外交之权。前次山东日兵骚扰，参政院之所以得提出质问书者，以代行立法院故。现在代行立法院业已闭幕，当然无质问外交之权。闻梁、王诸参政皆极懊丧”。⑤

▲1 月 20 日，有报载经界局的进行办法。说：“近日传于人口者，有公家所筹拟，有私人之条陈，约略举之，则第一为内务、财政两部遵令合拟之办法呈文，拟于京兆区域内择一二县设经界行局，局设坐办一人、事务员若干人，分测丈、造册、清赋、总务诸科，丈至何处，局即移至何处。并办一测丈学校，研究三角、地形，以陆续毕业之学生，出外组织测量队，由一县推至全省，由一省推至全国，规划略具雏形。第二为参政院参政姚

① 《经界局筹备之现状》，天津《大公报》1915 年 2 月 3 日。

② 《京报中之中日交涉近情》，《申报》1915 年 2 月 4 日。

③ 《参政每日到府特谘询》，天津《大公报》1915 年 2 月 4 日。

④ 《译电》，上海《时报》1915 年 2 月 9 日。

⑤ 《中日交涉之面面观 · 参政之讨论》，《申报》1915 年 2 月 9 日。

锡光、胡钧提出之建议案，内容亦主张从造就测量人才入手，并以此事除内务、财政两部外，与交通、农商亦有关系，应令四部开联合会议筹拟一切。此案提出，已经多日，姚、胡二君初意欲不开大会，就此咨送政府。林秘书长谓与法定程叙不合，主张开会议决。今该案连署者尚缺两人，大约俟补齐十人后，于本星期内，必将通告开会矣。第三为财政部参事贾士毅之清丈议，共分十条，自设局以至给单，脉络相通，始末略具，而尤兢兢于恤民均赋之旨、强毅久远之图，处处从便民着想。闻日前已递请周总长转呈大总统俯予采择矣。”①

又载姚锡光、胡钧以及贾士毅所条陈经界局办法。说：

姚、胡等“条陈意见，其书中大旨，以为总统命令，着内务、财政两部会同办理为此事之主干，尤宜令农商、交通、司法、教育、陆海军各部通力合作，各尽其能，汇成一种专门图表册籍，以为行政上应用之需要。盖人才问题，取材测绘，测绘人才，以军部为多，其他铁路、矿业等项均在清丈之列，则交通、农商各部亦有应负之责任。经费问题，由各部通力合作，部员皆有原俸，旅费亦自可给，津贴亦必较轻，各省仿此意为之，中央之受累必少。时期问题，由各部制定应需图表目录，随地随时由测绘、清丈人员调查填写，事易集而为日少。至其办理手续，分为两次。第一次但求每县面积实数若干，成熟之田若干，宅地若干，公地若干，无用之地若干，与其纳税等则之宏纲巨目。第二次实行逐户清丈，某人有地若干，著为细册。前次由政府派员，会同绅耆办理，二次则由自治员会同绅耆办理，而政府所派之员，但督其成。其所拟办法，分四大纲：（一）开办及人才之养成；（二）经界局经费之预算；（三）办理经界之程序；（四）清丈后之成绩、人才养成之办法。中央于局中设经界讲习堂，六个月第一班毕业，先于直隶、山东、河南、山西、江苏、安徽、湖北、江西、浙江、福建、湖南、广东等十二省开设经界事务所。附设传习所，亦令六个月讲竣，一年以后于直隶等十二省开办第一次事务。讲习堂第二班毕业，于奉天、吉林、黑龙江、四川、陕西、甘肃、广西、云南、贵州、新疆及特别行政区域各设经界事务所。附设传习所，再六个月届满，则于奉天等十省及各特别行政区域开办第一次事务。一次事务办完，即办第二次事务。经费预算之大略，此次经界局竣事，以七年为满期，

① 《经界局入手之筹拟》，北京《群强报》1915 年 1 月 20 日。

经费全数不过三千五百万元，二十二行省分之，省不过一百五十万元，七年分担，每年每省不过二十余万元，亦不难于筹措。即不能负担，而令中央负担其三分之二，地方负担其三分之一，虽瘠省亦不难于筹办。至办理经界之程序，纲目凡八。（一）七年办竣。自民国四年七月起在京兆开办，十一年七月止奉天等十省办竣。（二）不扰民。七年之间，就各地方分言之，不过两次，事务不逾一年。（三）以京兆为模范。（四）各省分五期竣事。（五）五期之中，先少后多，以历练多，而手续熟也。（六）每县分期，先其易，而后其难。（七）特别区域，属县少，则不必拘定五期。（八）三藩另定特别办法。至清丈后之成绩分两类：（一）财政上之成绩；（二）行政上之成绩，则各部悉有公便。闻此种意见书提出时，参政院正在代行立法闭会，时各参政分居各寓，致令连署人不满法定人数（法定数十人），只有八人连署。现闻该提议人又补署之人，已满法定之数矣”。

财政部参事贾士毅所拟清丈办法，递请周自齐代呈袁世凯采择，其“大要如左。一、中央设经界局，各省以次推设经界行局。一、办理清丈，采官督绅办主义。一、各省清丈分年举办。先办京、直、江、浙，丈竣后续办全国。一、清丈经费，以带征亩捐暨方单费充之，瘠省由国库补助。一、测绘舆图与清丈田亩同时举办。一、丈器以部颁弓矢，以营造尺五尺为一步，二百四十步为亩。一、仿前代黄册遗意，编订归户册。一、清丈竣后，按号改给新田单。嗣后民间买卖，悉以为凭。一、地方经管各官，如有滥派滋扰者，照官吏犯赃条例治罪。一、清丈期内，田赋科则，悉仍其旧。俟一省办竣后，再行改定。至改正方法，赋课等级，采三等九则之制。税率标准，用土地纯益之法，旁参清赋册，以求其平。一、清丈竣后，县知事署内派专员，并聘绅士专司整理”。[1]

2 月 4 日，又载经界局四方面的进行情况。说：

> 京兆尹之谨慎：京兆尹沈金鉴以京兆区系为全国行政区域首领清丈一事，大总统明令指明京兆区办起，则不得不详慎办理，用资模范。日昨函致所属二十县知事，请选本县有名公正绅董数人到京兆尹公署，告以政府清丈真意，以便传告各县人民。再张贴白话告示，解释清丈

① 以上二则见《经界局之进行谈》，上海《时报》1915 年 1 月 25 日。

原意，对于加赋并无丝毫关系。此两种手续经过后，再行定期测绘云。

会办之人物：经界督办蔡松波以经界事，本属不易办，在中央仅设一办事机关，亦不过徒托空言而已，端赖各省长官会同办理，群策群力，才能有济。拟请将各省巡按使一律加‘会办经界事宜’兼衔。至京兆、热河、绥远三处系属特别行政区域，京兆尹及热河、绥远两都统亦加以会办经界头衔。正式呈文递上，即可发表云。

讨论会条例之拟定：蔡松坡督办拟设立经界讨论会，已志前报。兹闻蔡以此会关系经界擘划事宜，最为重要，决意提前成立，由法制局妥将组织条例先为拟定。探得条例内容如下。（一）讨论会附设于经界总局。（二）会员定为七人，内设会长一人。（三）会员须熟悉各地方情形、于财赋富有经验者，呈经大总统任命。（四）凡关于经界争议事件，由经界总局咨交磋议。（五）磋议事件以多数主要为标准，主张人数相同时，则取决于会长。（六）磋议判定后，咨还经界总局办理。如经界总局认为办理有窒碍时，得再行磋议，以求尽善。以上各端，皆该条例列举之大略。此外尚有详尽之处，均已定草，不日即可发表云云。

中央设局之情形：中央之经界局，已由蔡督办组织就绪，日昨将该局筹设之情形，特呈大总统。其呈文略云：现拟就前币制局暂设筹备处，先行组织一经界评议委员会，由锷征集富有经验、精于技术暨各机关主管人员为本会会员，按照部呈原拟办法，逐节筹议。所有关于三角测量、地形测量应如何布置清查，清丈登记各事应如何设施，以及测丈队班之编定、测丈人才之养成各款计划，均须详加研求，俾臻妥协。至于局内日行事务，拟设一总务处，分司会计、文牍、庶务，遴员充任，以专职守。一面由锷会商参谋、内务、财政各部，陆续将经界局编制及经界行局编制详慎拟订，另案呈请鉴核，借规久远。至开办伊始，往来文牍其［甚］繁，拟请饬下政事堂印铸局刊发督办经界局事务关防一颗，俾昭信守云。并闻蔡氏之意，以该局官制未发以前，凡在局人员统为办事员，月俸分四级支取，一级者每月百元，余以次递减。若由他部调用者，则支原薪，以节糜费云云。[①]

① 《经界局之进行观》，上海《时报》1915年2月4日。

同日下午，蔡锷出席参政院第二届第一次大会，并发表意见。大会首先讨论姚锡光、胡钧等提出的经界局办法建议案。对于政府应采何种方针，蔡锷应汪有龄之请，登台谓："本院一面为谘询机关，一面代行立法，代表民意，若由本院提议，必能震动人民之耳目，事更易办，自是很好。惟原案所主张，多与现时情形不同：（一）人员由各部派员兼任，此层不易办到；（二）经费原列之数，万不敷用，即仪器一项，已需六十余万元；（三）清丈完竣，决非三数年所能竣事。"蔡锷说明完以后，"王家襄请照院章付审查，表决少数，后有请表决此案成立与不成立者，又有主张原案与现在情形不同，或由本院另行起草，并请蔡督办到会者，众论纷纭，卒从多数主张打消。旋有人提议日本提出要求条件，关系我国存亡，将来虽死亦须知道病源，主张提出质问案。旋某参政以上年外交总、次长赴该院答复质问时，曾说过以后如有事情可派人到部接洽，不如即派代表赴外交部问问情形，众赞成，当已推定二人为联元、汪大燮云。闻是日开会，一律禁止旁听。宣武门象房桥一带街衢，军队悉行布满，计宪兵一队、骑兵一排，武装荷枪，警备异常严猛"。①

6 日

▲报载袁世凯"日来迭经传见段芝泉总长及昭威、扬威、靖威、宣威等将军，闻所询者皆系关于速筹军备一切问题。缘日来外交困难，诚恐逆党从中煽惑，扰害治安，故赶即布置一切云"。②

又载"大总统于六日召集特别茶话，段总长及张凤翙、蒋雁行、蔡锷等，并徐国务卿、陆总长一律列席，讨论关于整饬军旅及对外交一切办法，并决定将整军要案提前筹办，俾作外交之后盾云"。③

7 日，又载"经界局昨特通电各省，饬将各该省所拟清丈章程，迅即钞录原案，呈报来京，以资核办。闻蔡督办已规定划一办法，俟各省报告后，即行斟酌情形，确定条例矣"。④

① 《参政院二届开幕纪》，上海《时报》1915 年 2 月 9 日。
② 《大总统传见各将军》，天津《大公报》1915 年 2 月 6 日。
③ 《大总统召集特别茶话》，天津《大公报》1915 年 2 月 9 日。
④ 《经界局通查清丈章程》，天津《大公报》1915 年 2 月 7 日。

8日

▲蔡锷呈请袁世凯饬发经界局开办经费。说：

为请饬发经界局开办经费，缮具概算清折，仰祈钧鉴事。窃锷就职以来，拟先设立筹办处筹备一切，业于一月二十五日呈报在案。现在本局总务处及经界评议委员会均已先后组织成立，循序进行，一面派员分赴本国及外国曾办经界事务各地方调查一切；一面遴员择有关于经界各种书籍，从事编译，借资应用。惟开办伊始，需用甚繁，拟请饬下财政部先发洋银三万九千元，作为开办经费。凡筹办期内一切费用，在此项下开支，一俟本局编制确定，再行造具预算，呈请鉴核。至开办经费开支后，如有赢余，即移作核定预算内应领之数，以清界限。所有请发开办经费缘由，理合具呈，连同概算清折，谨乞大总统钧鉴训示施行。谨呈。

谨将开办经费概算缮具清折，恭呈钧鉴：

一、设备及购置局用器物经费约一万元。购置木器费约六千五百元，安设电灯约一千元，安设火炉约五百元，购置杂品约二千元。

一、总务处经费，以两月计，约八千元。办公费及邮电费每月约八百元，俸薪及工饷每月约三千二百元。

一、派赴国内及国外调查经费约一万元。已派定赴朝鲜及东三省一人，赴安南及广东、广西一人，赴印度及缅甸一人，赴日本及台湾一人。

一、编译所经费，以两月计，约四千元。暂定十人，每月俸薪约二千元。

一、评议委员会经费，以两月计，约五千元。暂定三十人，专任五人，每月俸薪约一千元，兼任二十五人，每月津贴约一千五百元。

一、购置图书经费约二千元。

批令：交财政部查照筹拨。清折并发。此批。大总统印。中华民国四年二月十日。国务卿徐世昌。[1]

3月5日，报载“经界局自任蔡锷为督办后，蔡即设筹备处，预定两

① 曾业英编《蔡锷集》（二），第1127—1128页。

月后该局即可组织成立。其开办经费，前经预算开单详呈大总统，共需三万七千元。经大总统核准，批令财政部照拨。蔡督迭次向财政部具领。闻昨日始由部拨交两万五千元，下余一万二千元须俟至下月底方克拨清云”。又载“经界人员，由内务、财政两部调派兼充，只给车马费，不支薪水。惟丈量调查、测绘、文牍、稽核、庶务六科，所有书记则为雇用，皆各为五等，计甲等五十四元，乙等四十八元，丙等四十二元，丁等三十六元，戊等则为三十元云”。①

▲蔡锷呈拟派殷承瓛等人分赴朝鲜等处调查经界事宜。说：“为呈报事。窃维整理经界，事属创举，必采取各国经过之成规，庶借镜有自，亦必周知内地服畴之习惯，斯措施有方，亟应分途派遣专员，调查一切，以策进行。兹查有总统府军事谘议陆军中将殷承瓛，堪以派充赴朝鲜及东三省调查员；参谋部顾问陆军少将唐豸，堪以派充赴安南及广东、广西调查员；前吉林都督府参谋长陆军少将谭学夔，堪以派充赴印度、缅甸调查员；前代理财政部次长周宏业，堪以派充赴日本及台湾调查员，除分别咨饬外，理合具文呈报。伏乞大总统鉴核备案。谨呈。”批令：交外交、内务、财政三部查照。此批。大总统印。中华民国四年二月十日。国务卿徐世昌。

又呈报奉准组织经界评议委员会。说：

为奉准组织经界评议委员会业经成立，缮具章程，恭呈钧鉴事。窃锷于一月二十五日呈明筹设经界局情形文内，声请先行组织经界评议委员会，征集富于经验、精于技术，暨各机关主管人员为本会会员等情。奉批：如呈备案，此批。等因。奉此，遵即拟订经界评议委员会章程，并一面征集会员，克期开会，以资讨论，而策进行，冀副大总统慎重经界之至意。所有组织经界评议委员会成立情形，并缮具拟订经界评议委员会章程，暨委员衔名清单，理合缮折具呈，伏乞大总统鉴核备案。

再，内务部职方司司长吕铸，于经界事宜研求有素，曾赴台湾实地考察，确有心得，已遴任为经界评议委员会副委员长，合并陈明。谨呈。

① 《经界局之进行观》，上海《时报》1915 年 3 月 4 日。

谨将拟订经界评议委员会章程缮具清折，恭呈钧鉴：

第一条　经界评议委员会附设于经界局，专司评议关于经界事项。

第二条　本会以下列各员组织之：委员长、名誉委员长、副委员长、委员。

第三条　委员长一人，由经界局督办任之。

第四条　名誉委员长，由经界局督办延请于经界事务有学识、经验之高级长官任之。

第五条　副委员长一人，由经界局督办于委员中遴任之。

第六条　专任委员五人，兼任委员二十五人，由经界局督办遴择于经界事务学擅专长、经验宏富之员充之。

第七条　每星期二午前九时至十二时为常会期，但有特别会议事件，得开临时会议。

第八条　本会提出议案之方法如下：一、经界局督办交议者；二、各委员提议者。

第九条　各官署长官对于经界意见，得莅会说明，或派员陈述之。

第十条　议案成立后，由委员长临时指定委员若干人为审查员。

第十一条　审查员于议案审查修正后，报告于会议议决之。

第十二条　每次议案或修正案，应由会中先期印送与议各员。

第十三条　会议时委员长为主席，委员长未到，副委员长代之。

第十四条　议决事件交由经界局采择执行，但于执行上发生疑义及困难时，得交会再加讨论。

第十五条　本会因办理文件、印刷、缮写及编次记录等事，以经界局员任之。

第十六条　本章程自公布尔日施行。

谨将遴充经界评议委员会委员衔名开具清单，恭呈钧鉴：

总统府军事谘议陆军中将范熙绩、总统府军事谘议陆军中将殷承瓛、总统府政治谘议林万里、统率办事处参议陆军少将蒋方震、统率办事处参议陆军少将姚鸿法、政事堂参议约法会议议员曾彝进、参谋部第二局局长陆军少将雷寿荣、参谋部第六局局长陆军少将黄慕松、参谋部测量局局长陈锦章、参谋部制图局局长陈嘉乐、参谋部第六局第一科科长刘器钧、参谋部第六局第二科科长李正钰、参谋部第六局第三科科长潘协同、陆军测量学校校长李蕃、内务部职方司司长吕铸、内务部职方司佥事俞庆涛、内务部职方司佥事吴承湜、内务部职方司佥事王履康、财政部参事贾士毅、财政部赋税司司长李景铭、财政部杂税处总办曲卓新、财政部币制委员会常驻委员范治焕、交通部技正曾鲲化、京兆尹总务科科长楼思诰、前参议院议员籍忠寅、前江南参谋处测绘科科长刘宣。以上共计遴任委员二十六名，余额俟有相当人员，再行补充，合并声明。

批令：呈悉。交内务、财政两部查照，附件并发。此批。大总统印。中华民国四年二月十一日国务卿徐世昌。①

2月21日，报载"经界局自蔡督办就职后，已筹备进行。约本月中旬即可开局办事。日前已将该所内部之组织详拟办法，呈请大总统鉴核：(一）经界局各科股之区分及组织；（二）经界局办公人员额数之拟定；(三）经界局内评议委员会之组织细则；(四）经界局开办费及常年经费之预算等。该局职员取专任性质，不由各部派员兼任，大约不久即有一批新人物出现。闻该局所用人员在一百以外，分晰于下：局长一人，秘书四人，参事二人，处长三人，处员十四人，股长六人，股员二十四人，顾问四人，技正一人，技士十人，办事员十四人，录事二十人，评议委员二十五人，常驻评议员五人。惟以上云云，系将来该局完全成立时计划，至目下则除聘调由各部兼任之评议员三十人外，仅派办事十余人管理庶务、会计、文牍事项。至各处所荐人员甚多，均经谢绝云。蔡督办又以调查为第一要着，日昨已派定四员，分赴国内外调查。兹录之如下：殷承瓛（东三省、朝鲜)、谭学夔（印度、缅甸)、唐豸（广东、广西、安南)、周宏业（日本、台湾)"。②

20日

▲报载"中央将军府于二十日上午九点开正式会议，由段建威上将军主席，各在京之将军、参军等均皆列席。会议至十一点余始经闭议。闻所议者计为四条：第一条系严秘本府军要会议之关防及惩罚办法（段上将军

---

① 以上二呈文见曾业英编《蔡锷集》(二)，第1128—1131页。

② 《经界局之闻闻见见·进行状况》，上海《时报》1915年2月21日。

提出）；第二条系筹划联合征兵大会办法（统率处提出）；第三案系详核各省将军应否移驻办法（统率处提出）；第四条系筹划统一全国军械之入手计划（参谋本部提出）”。①

24日，又载“大总统以经界局现已组织完全，所有进行事项自应妥为规划，因决定于一二星期内，将督办蔡锷及评议吕铸等一律传见面示种种机要，俾期循序进行云”。②

27日

▲梁启超函告梁思顺，蔡锷“忽至”，作“长夜谈”，说：“昨夕感逝（按：为麦孺博噩耗事），正极凄咽，松坡忽至，遂为长夜谭（邀往荷庵宅）。凌晨归寓，利风如割，今甫起已过午矣……外书房右方第二抽屉内有一魏姓哀启，可一检，检得交与黄孝觉，属其代笔作一墓志铭，此松坡代请者也。”③

本月

▲蔡锷题刘命侯《梅山归养图》。说：“南山有鸟名曰乌，卒瘏拮据勤将雏。秋高乌老雏反哺，可以人不如乌乎？弃官归养答母劬，仁人孝子览此图。”④

3月

1日

▲报载袁世凯命将军府派员赴统率办事处参预军事会议。说：“陆海军大元帅于三月一日曾面交督理京师将军府事宜段祺瑞总长，略谓现值整顿地方军政之际，该府位备谘询，即应参预军政会议，着该上将军于奉令后逐日特派将军、参军各一员，赴统率办事处参预军会，并备随时召询地方

① 《将军府会议之述闻》，天津《大公报》1915年2月22日。

② 《大总统传见经界人员之预闻》，天津《大公报》1915年2月24日。

③ 《致梁思顺》（1915年2月27日），《梁启超全集》第20集《函电二》，第93—94页。

④ 《蔡锷集外集》，第328页。关于此题诗日期，是书原注：“此诗未署日期。熊希龄、张謇也曾为此图题诗。《张謇全集》（第5卷）中注为阳历1915年2月17日。据此，似可推知蔡诗亦为同一时期而作。”

军政，该上将军仍应照章逐日到处列议。闻段总长奉令后，已于昨五日特派扬威将军张凤翙、参军黄培松两员列席统率处，并呈明大总统遵派到议云。”①

2 日，又载“经界局自简任蔡锷为督办以来，所有局中一切组织情形，均经蔡氏呈明在案，至其对于经界局未来之计划，前后开过会议数次，官样文章，本报已经登载，兹不赘及。蔡督办之为人，勇于任事，自从交卸滇督篆后，伏居京师，每有髀衰肉生之叹。当经界未成立之先，政府对于此事极为注意，据外间传述，所有政界中人希望此席、运动此席者颇不乏人。及发表，政府独以此席畀之蔡氏。蔡氏既感知遇之恩，又欲展其抱负，于是对于局中一切计划，殚精竭虑，在总统前，另有一条陈出现。此条陈之所由来，是否出于蔡氏一人手笔，抑是旁人代为捉刀，均不可知。但蔡氏在局中屡次开议，所议之事绝未提及条陈内所陈一事，故蔡氏此次所递之条陈，外间知之者甚鲜。自总统批交财政、内务两部会同商议办理，外间始略有所闻。据政事堂人云，蔡氏对于经界局之条陈，前后不止万言，真空前绝后之大文章也。此文可区之为三节：第一节所论尚系人云亦云，不过泛论经界局设立之必要；第二节则系经费问题；第三节于财政之外，又论经界局之成立与军事大有关系，其中所指系为测绘界线等事云。此文之主脑在于经费，其中一切计划煞费苦心，拟令全国同时举行，预算全国办理经费事项，需用经费总数为十一万万。但以民穷财匮之秋，筹此巨款，大非易事。蔡氏之意见，对于筹款一方面，拟指拨以下所列七款：（一）验契；（二）盐务余款（除偿还洋款外）；（三）契税（拟提四成）；（四）官有财产；（五）黑地升科；（六）照税；（七）方单费。以上七项，皆蔡氏条陈内所指定拟请拨归经界局作局用者。自总统批交财政、内务两部会同该督办商议后，闻财政、内务两部对于蔡氏所指拨之款，不无窒碍难行之处，又不可一笔抹煞，大约前五项毫无磋商之余地，后两项之内或者提拨几成尚可做到也。又闻此条陈上后，大总统批有六字云：总期切实可行。说者谓蔡督办好大喜功，绝鲜实际，此言殆不为无因也”。②

3 日，又载蔡锷“自受任经界督办以来，对于经界办法之厘订，异常

① 《将军府遵派参预军政员》，天津《大公报》1915 年 3 月 7 日。

② 《蔡督办对于经界局条陈之内幕》，上海《时报》1915 年 3 月 2 日。

慎重，而对于经界人才之征求，尤为汲汲。蔡氏以张总长于测丈素有经验，因商调南通人才，以资臂助。张总长乃发长电至通，调测绘局主任鲍恩、清丈局主任余文蔚赶速进京，充蔡氏顾问。二君在通办理测丈有年，经验富裕，闻二君此次晋京，意见须以经界政策实行，全国收完美效果，断不令其徒托空言也”。①

6 日

▲报载“经界评议委员会于昨星期二日举行第一次会议，由蔡委员主席，议员全体到会，跻跻跄跄，颇极一时之盛。闻是日会议所讨论之议案如下：（一）京兆区域各县设立清查地亩筹备处案；（二）各省设立调查土地筹备事务所案；（三）清丈地亩需用丈尺及标准器等究须若干；（四）政府提议增加田赋与经界前途之关系云。又闻蔡督办以经界事宜以调查土地为入手，各省兹正办理此事，为节省经费起见，电致各省勿庸另设机关，调查土地处处长一席，即由政务厅长兼充，并不另设薪水，其中办事人员亦取兼任性质云。”②

▲蔡锷补报经界评议委员会委员衔名清单。说：“为呈报续补经界评议委员会委员仰祈钧鉴事。窃锷于本年二月八日业将经界评议委员会章程、委员衔名清单，暨该会成立情形，呈请备案，并声明余额俟遴有相当人员，再行补充在案。奉批令：呈悉。交内务、财政两部查照，附件并发。此批。等因，奉此，兹查有发往四川存记道尹周钟岳、政事堂参议徐佛苏、财政讨论会会员袁毓麟、前陆军军官学校地形筑城学教官高霁等四员，于经界事宜均研究有素，堪以充任本会委员。再，前单曲阜新一员业经辞职，查财政部整理赋税所议员长赵椿年堪以接充。以上共计五员，除遴充外，合并补报。谨乞大总统鉴核备案。谨呈。”批令：如呈备案。此批。大总统印。中华民国四年三月六日。国务卿徐世昌。③

7 日

▲报载“参政院昨开会议陆军刑事条例，仅到四十二人，仍不足三分

① 特别通信家俨然：《经界声中之南通》，上海《时报》1915 年 3 月 3 日。

② 《要闻》，天津《大公报》1915 年 3 月 5 日。

③ 曾业英编《蔡锷集》（二），第 1131—1132 页。日期为袁世凯批令时间。

二。此案催议甚急，乃以到院人数计算，始足法定。王揖唐、汪有龄提议先决同意权范围，决定条文。如有意见，于咨文中声叙，或另提案，以备修改原案。付审查，指定荫昌、萨镇冰、蒋尊簋、徐绍桢、王揖唐、蔡锷、邓镕等”。①

8 日

▲梁启超函告何擎一，他避地天津的原因是为袁世凯“改号事”（按：指称帝改“洪宪”年号一事）。说：“得书备悉。吾正月二日即避地天津，至今未归，半为著书，半为改号事，未审公立（按：指麦孺博大弟）曾知此曾语此否？吾本定二月半南下，在沪小作勾留，便归粤为老亲介寿，今仍遵此弗改。一因改号并非如此亟亟，尚有余日回旋；二因辞参政尚须有事于运动；三则吾顷以卖文自给，南下后计有一月不能操笔，不得不在此稍宿春粮；四则今为蜕公（按：指麦孺博）事谋善后，亦非我入京（明日入京）胥课不可。乞以此意禀南佛，相见固不远耳。自闻蜕变，恍若有亡，十日咄咄，不能成一字，惟有诗数章，弟可读之，共写哀也。启超。正月二十三日。诗乞一示孝怀，俾谂吾哀。”②

4 月 13 日，报载梁启超请假省亲。说：“参政梁启超此次南下，系考察沿江各省教育、司法事宜，并有呈请假一个月，回籍省亲。其原呈如下。‘为呈请给假事。政事堂交四年三月三十一（日）奉大总统令，派梁启超往沿江各省考察教育、司法事宜。此令。等因。奉此，自应克日就道。惟启超家有老父，年届七旬，曩因羁屑在外，近为职守所拘，违侍已久。前曾沥陈下情，恳请给假归省，幸蒙垂允。并拟请假一个月，回籍省亲，一俟假满，即行呈报起程，驰往考察。所有恳请给假缘由，理合具呈，谨乞大总统钧鉴训示施行。谨呈。’”③

7 月，梁启超函告梁思顺，时局“日来风声至恶，吾意决欲全眷归来，与京师长别矣（三年或五年之别），可告汝母勿再觅屋”。另函又说：“吾来复五晚车或入京，再诣起草会（按：指宪法起草委员会。7 月 6 日，袁世凯发布申令，批准参政院呈报的依法推举的李家驹、汪荣宝、达寿、梁

① 《专电》，上海《时报》1915 年 3 月 7 日。

② 中华书局藏抄件。

③ 《请假省亲》，北京《群强报》1915 年 4 月 13 日。

启超、施愚、杨度、严复、马良、王世澄、曾彝进为宪法起草委员）一次。但风潮正急，又欲托病，俟汤、蹇辈来书消息如何乃能定耳。”①

9日

▲报载蔡锷与段祺瑞、张凤翙三人请谒袁世凯。说：“昨段祺瑞、张凤翙、蔡锷三将军同时请谒大总统，当蒙传见。闻该将军等是日所陈者，系关于剿办川匪一切办法，及清理经界后对于征兵、退伍、移垦、屯殖一切事项云。”②

12日

▲陈宧率伍祥祯、冯玉祥、李炳之三个旅，以淄川张馥卿（按：张联芬，字馥卿）为参谋长，由孔繁锦率技术一营为卫队，于是日晨以“会办军务名义”离京入川。③

23日

▲报载“前派赴美调查财政委员周宏业因欧战发生，不能前进，遂致侨寓东京。现由经界局蔡督办呈请改派为朝鲜一带调查清丈事宜委员。闻该员昨已将办理清丈大略情形条陈一件，先行寄到，应请察核。余容驰赴调查，再行报告云云”。④

26日，又载京兆大、宛两县已开始清丈地亩。说：“京兆经界沈会办前已饬所属二十县设立清丈地亩处。兹闻卫兴武坐办已督同清丈委员分赴大、宛两县，自本星期起已丈量千余亩矣。”⑤

月底

▲蔡锷电询山东、安徽、湖南、江苏、四川、福建、广东、广西省巡按使，经界事务“能否与各省同时并举”。说：“清丈田土事宜，经已筹划，节节进行。惟贵省连年被灾，地方元气，伤残颇甚。对于经界事务，

① 中华书局藏抄件。
② 《三将军请谒大总统》，天津《大公报》1915年3月9日。
③ 季自求：《入蜀日记》，湖北安陆市政协文史资料研究委员会编印《陈宧研究资料》，1987，第32页。
④ 《经界局请改委员》，天津《大公报》1915年3月23日。
⑤ 《开始清丈》，北京《群强报》1915年3月26日。

能否与各省同时并举，抑由各省择被灾较轻、收获较丰之县份，先行筹办，然后渐次推广，总期民生疾苦，国税增收，两无妨害。贵巡按使政见如何？统希见复。”①

30 日

▲报载蔡锷“列席”经界局评议会常会。说：“星期一，经界局评议会开常会，蔡督办、吕副会长均列席。吕君交出会员提出之各种议案，请公同讨论。（一）林万里、曾彝进、贾士毅等提出之测量地方登记手续及应行讨论事项案。（二）高霁、刘宣等提出之地形测丈及侧面量放方法案。（三）刘器钧、李蕃协同提出之测绘案。（四）前会员曲卓新提出之清丈进行计划案。（五）蔡会长提交之清丈着手用费案。闻是日仅讨论大体，即付审查。”②

31 日

▲23 日，京师警察厅函请经界局拨付六名巡警服务费。说：“径启者。前准贵局函请照章派拨请愿巡警六名等情。当经本厅于本月十三日饬所属内右二区派往服务在案。兹查，该警等应领三月计日十八天饷银二十三元四角。现届发放之期，相应开单，函请贵局查照。希即拨付，以便转发。此致经界局。京师警察厅缄。中华民国四年三月二十三日。”

31 日，蔡锷函复京师警察厅说：“敬复者。准贵厅函开，前准贵局函准云云。以即便转发等因。兹特送上饷洋二十三元四角，即希贵厅查收发给。此致京师警察厅。经界局。三月三十一日。”

入夏，又函复京师警察厅说：“径复者。准贵厅来函，查请愿巡官长警需用军装等项云云，以清垫款等因。准此，查与成案相符，相应将本局请愿巡警夏季军装价银三十九元五角四分，如数送请查收，并祈发给收据。此复，并颂公绥。经界局启。”③

▲周钟岳至经界局，与范秉钧商蔡锷“命拟各项条例事。钟意条例须通盘计划，关于经界事务应需各种条例、规章，预定一目，从根本紧要先

① 曾业英编《蔡锷集》（二），第 1132 页。

② 《经界评议会常会纪要》，上海《时报》1915 年 3 月 30 日。

③ 以上三函见《蔡锷集外集》，第 328—329、337 页。

为拟订，再从事各项办事细则，方有根据。若枝枝节节为之，必多抵触。秉钧亦以为然，遂陈督办照此办理”。①

本月

▲蔡锷序《田赋刍议》一书。说：“三代以上，行井田什一之法，田赋以外，无理财之可言，而国家未尝以贫为忧。自秦商鞅废井田开阡陌，于是沟洫不清，水旱迭告，理财之说兴，而国不见其富。后世桑、孔、刘晏之徒，竞言理财而国转贫，此其故何也？盖我国田赋为收入大宗，言理财自必以田赋为先务。英人赫德谓吾国财政无须加税，第整理田赋，岁可增收巨万，匪虚语也。近年以来，国家财力竭蹶，司农仰屋，补苴罅漏，既穷于术，于根本改革之计画渐见实行。整理田赋一事，遂为今日理财唯一之要政矣。学者应时势之要求，亦尝有所论列，然语焉不精，择焉不详，欲求一原原本本有统一之著述殆不可得。谈财政者往往借外籍之资料以为钩稽，错漏乖谬，流传失实，斯非著述界之缺憾欤？晏君杰三官财政部有年，寝馈于财政之学，本其学识经验，著成《田赋刍议》一书，于吾国近代田赋情形，条分缕析，探图索骥，可按而得，其主张亦动中肯綮。是书之出，其亦足资改正田赋之先导，而为理财之一助乎！予故乐为之叙。”②

4 月

5 日

▲蔡锷电请陆荣廷、张鸣岐将该省被裁测绘生择优送京。说：“删、江两电并悉。已由陆军部呈奉主峰谕：择优归经界局委用，其余各员由该省酌给薪饷留用或遣散等因。请查照前咨，将该员生等阶级、职务、薪额及办事成绩，加具考语，择优送京为幸。经界局。歌。”③

又呈请袁世凯鉴核、训示有关广西被裁测绘生处置办法。说：“为遵批核议广西被裁测绘员生办法，恭呈仰乞钧鉴事。本月一日，政事堂抄交广西耀武上将军陆荣廷、巡按使张鸣岐勘电，请将该省已裁测绘员生归经界

① 《悭庵日记》第三册。

② 曾业英编《蔡锷集》（二），第1132—1133页。

③ 《蔡锷集外集》，第329页。

局调用一案，奉批令交局核议等因。奉此，查原电对于该被裁测绘员生拟分两项办法：一由局调用，一拨校补习。惟本局现正遵令设立京兆行局，先仅就一二县试办测丈事宜，所用测绘人员亦拟遵照钧谕，先尽参谋本部直辖之测绘机关人员调用，暂无分调外省测绘人员之必要。至测丈学校现方在规划中，以经费无着，尚难克日组织成立。第据称该员生等程度尚优，遽听废弃，实属可惜，拟俟行局成立再行分别调京，酌予任使。一面由本局咨由该省将该生员等阶级、职务、薪额及历年办事成绩，加具切实考语，先行送局以凭核办。至参谋本部前曾饬该省测量局赶绘该省二十万分一地图，以为综合全国略图之用，现在应否酌留人员，以便赶绘该项地图，应由该部核议办法，本局未便越俎。所有遵核该省被裁测绘员生等办法，理合具呈。谨乞大总统鉴核训示施行。谨呈。”批令：准如所拟办理，即由该局转行遵照，并交参谋本部查照。此批。大总统印。中华民国四年四月五日。国务卿徐世昌。①

9 日，又咨请参谋部、陆荣廷、张鸣岐查照调用“桂省已裁测绘员生”原呈。说：“为咨行事。本月一日，承准政事堂抄交广西耀武上将军陆、巡按使张勘电，请将桂省已裁测绘员生归经界局调用一案，奉批令交局核议等因到局，当即议拟办法，呈奉批令：准如所拟办理，即由该局转行遵照，并交参谋本部查照。此批。等因。奉此，除咨行参谋本部、耀武上将军暨巡按使公署外，相应抄录原呈，咨请贵部、上将军、巡按使查照。此咨参谋本部、广西耀武上将军、巡按使。经界局督办。附抄原呈并表式（略）。”②

其间，又咨复内务部，已饬知京兆经界行局“酌量任使”毛国栋、水祖堃两位测绘毕业生。说：“为咨复事。准咨开，据测绘毕业学员毛国栋、水祖堃禀请援案咨送经界局酌量任用等情到部。查该员等在前民政部高等测绘学堂卒业后，咨回原省委用，各该员等于测绘学识尚有经验，既据禀请，自应援案照送，以资历练。除批示饬遵外，相应抄录原禀，咨送贵局查核办理等因。准此，查该员等于测绘学识尚有经验，应予交由京兆经界行局酌量任使。除饬知外，相应咨复贵部查照可也。此咨内务部。经界局

① 《呈》，《政府公报》第 1047 号，1915 年 4 月 8 日。
② 《蔡锷集外集》，第 330 页。

督办。”

并饬京兆经界行局说：“为饬知事。准内务部咨开，据测绘毕业学员毛国栋、水祖堃禀请援案，咨送经界局酌量任用等情到部。查该员等在前民政部高等测绘学堂卒业后，咨回原省委用，各该员等于测绘学识尚有经验，既据禀请，自应援案照送等因。准此，查该员等于测绘学识尚有经验，应予发交该行局酌量任使。除咨复外，仰即查核办理可也。此饬。经界局督办。右饬京兆经界行局。准此。”①

6日

▲报载蔡锷“日来正与诸评议委员讨论清丈经费问题。此项经费所自出，仍不外效法江苏办理情形，取给于带征及方单费两项，所谓就地筹款也。惟清丈着手以前，不能不先筹款垫用。现经与财政部商妥，事前由（各省）财政厅借拨，事后若带征及方单费两项一时不易抵还，可从清丈所增之取入项拨补，已由财政部咨复到局矣”。②

7日，又载兹闻经界局“中人尚有献议发行经界公费、设立经界银行者，当经蔡督办提交评议委员会评议。据一部分委员之意见，多谓四年内国公债尚虑发行为难，其他则又何说。至银行尤须先备大宗基金，方能吸收商股，如交通、盐业等银行皆是也。今欲由经界局独力筹此一宗基金，亦非易易。前此农商部本有设立农业银行之议，经界与农田水利均有关系，不如商同该部及水利局合设一农业银行。遇有必须款项时，发行短期债券，则债额不多，期限又短，吸收资金较易为力。闻已提出意见，请蔡督办取决于下届评议会矣”。③

7日

▲蔡锷呈报袁世凯经界局筹办期满，“仍暂照现行组织办理”，“以节经费”。说：“为本局筹办期满，缕陈经过情形，并仍暂照现行组织办理，仰祈钧鉴事。窃本局筹办期原定两月，已于二月八日清发开办费文内，声

① 以上二件见《蔡锷集外集》，第347页。原件未署日期，该书置于1915年，显然过于宽泛，因绝无可能发于5月10日之前。

② 《经界局之经费问题》，北京《群强报》1915年4月6日。

③ 《经界局经费与农业银行》，北京《群强报》1915年4月7日。

明开办伊始，需用甚繁，请饬先发开办经费，俟编制确定，再行造具预算。并于概算清折内，所列用款，均以两个月计算。奉批交财政部查照筹拨在案。现已两月期满，理合将筹办概要一一陈之。查本局筹办着手，为撙节经费起见，仅设立总务一处。事属创举，头绪纷繁，在事诸员，昕夕从公，所有筹拟各节，现均粗具规模。至经界评议委员会兼任委员，每星期集议一次，专任委员，则逐日到局，对于经界重要各端，分途起草交议，详加讨论，以求折衷至当。调查员等则早已分途出发，如日本、朝鲜、印度、缅甸、安南各处，均有详细报告，陆续到局。其编译所则专译东西各国关于经界图籍，已译成者计凡十种，未成者亦赓续移译，此本局筹办期内之大概情形也。现在本局官制既尚未奉公布，拟仍依照现行组织办理，以节经费。所有总务处、编译所、评议委员会、国内调查各项经费，暂仍查照前案，另编概算，向部支领。一俟官制公布，经界业务逐渐进行，再行分别组织，详列预算，呈请鉴核。所有本局筹办情形，暨官制未公布以前，仍照现行组织办理各缘由，理合具呈，连同总务处、编译所主任人员清单暨概算清折，谨乞大总统鉴核训示施行。谨呈。”批令：呈悉。交内务、财政两部查照。附件并发。此批。大总统印。中华民国四年四月七日。国务卿徐世昌。①

11 日

▲报载蔡锷借重曾鲲化为京兆经界行局委员。说：“京兆一带现以组织清丈地亩分局，先从京畿附近各县着手办起，经界局蔡督以此次为开幕第一出，必须择一精于统计、测量专门人员，前往调查，认真办理。一时颇难其选，闻已请商交通部，借重技正曾君鲲化充任，以资熟手，而策进行云。”②

13 日，又载蔡锷督办的经界局已于日前正式开局办事。说：“经界局自成立以来，业及三月，蔡督办既殚精竭力，从速筹备进行。该局各项职员亦能筹议臂助，故在此数月中，其筹办情形，颇见效果。刻下该局筹办期限，业已届满，闻已于日前正式开局办事。昨日该局蔡督办将筹办情形

① 曾业英编《蔡锷集》（二），第 1133—1134 页。

② 《清丈地亩之选员》，天津《大公报》1915 年 4 月 11 日。

及正式开局之现定办法，并该局概算书一并缮呈矣。该局原设之评议委员会，近因事务纷繁，改作两股分任。评议第一股，系关于清丈方面，第二股关于清赋方面。其人员仍旧，惟分股办事云。”①

15日

▲蔡锷呈报袁世凯，卫兴武已于4月2日到局视事。说：“为转报京兆经界行局坐办卫兴武就职日期，仰祈钧鉴事。窃本年二月十一日，奉大总统策令：任命卫兴武为京兆经界行局坐办。此令。等因。当经锷于上月二十日带领觐见。兹据该坐办详称，遵于本月二日到局视事，并恳转呈前来，理合据情转报。谨乞大总统鉴核备案。谨呈。”批令：呈悉。此批。大总统印。中华民国四年四月十五日。国务卿徐世昌。②

16日，又呈请袁世凯饬刊发京兆经界行局关防一颗。说：“为呈请事。窃查京兆经界行局坐办卫兴武于本月二日到局视事，业经据详转报在案。应请饬下政事堂印铸局刊发京兆经界行局关防一颗，俾昭信守。谨乞大总统鉴核施行。谨呈。”批令：交政事堂饬印铸局查照刊发。此批。大总统印。中华民国四年四月十六日。国务卿徐世昌。③

5月7日，又呈告袁世凯，京兆经界行局关防已于5月1日启用。说：“为转报京兆经界行局启用关防日期仰祈钧鉴事。据京兆经界行局坐办卫兴武详称，四月二十九日，奉到转发政事堂颁发关防一颗，文曰：京兆经界行局关防。遵于五月一日敬谨启用。详情转呈等情。据此，除咨呈政事堂外，理合据情呈请大总统钧鉴。谨呈。”批令：呈悉。此批。大总统印。中华民国四年五月七日。国务卿徐世昌。④

10日，又呈告拟暂予派充京兆经界行局各课课长缘由及名单。说：“为京兆经界行局各课课长，拟暂与派充，以策进行，恭呈仰祈鉴核备案事。窃据京兆经界行局坐办卫兴武详称，行局开办，按照行局条例草案，应设总务、调查、测丈三课。总务一课职掌全局枢要、人员之组织，固属刻不容缓，而经界传习所行将举办，于招考学生、聘用教习、编定课程及

① 《经界局业已正式开局》，上海《时报》1915年4月13日。

② 《呈》，《政府公报》第1057号，1915年4月18日。

③ 《呈》，《政府公报》第1058号，1915年4月19日。

④ 《呈》，《政府公报》第1079号，1915年5月10日。

其他一切事宜，亟须预为筹备。是测丈课之成立亦属当务之急，至调查一课，因京兆地亩清查筹办处即日归并行局，又须委派专员接收，则调查课亦难缓图。现拟将总务一课先行成立，拟派课长并酌委课员数人，以期分办各事。其调查、测丈两课亦各先派课长一员，理合遴员详请委任等情前来。查该行局甫经开办，各课事务殷繁，自应派定职员以专责成。惟经界行局条例，现尚未奉公布，无可依据。应准将各该课长暂与派充，俟行局条例颁布后，再行委任，以昭划一。除批饬外，所有京兆行局条例未颁布以前，该行局各课课长拟暂予派充，以策进行各缘由，理合具呈开单。谨乞大总统鉴核备案。谨呈。”批令：据呈已悉。此批。大总统印。中华民国四年五月十日。国务卿徐世昌。“谨将暂派京兆经界行局各课课长开单呈请钧鉴。总务课课长雷振镛、调查课课长赵国源、测丈课课长杨锦堂。”①

18 日

▲报载蔡锷“经界局以我国经界事项系属创办，亟应采取成规，以资仿效，业派员分赴朝鲜、缅甸、安南等处实地考察。日内又拟探购各国测量图书，借资研究。惟欧战未已，外国函电如由该局自发，恐受检查。故托外交部代为订购，业将所购书目及价银送部。其注重测量制度如此，盖即为进行局务之预备云”。②

29 日，又载蔡锷“拟先办城市经界，并试办宅地税充经费，呈准由内务、财政两部会订章程”。③

5 月 2 日，又载“昨日经界蔡督办为筹划经界事宜之进行办法，特具呈文，其意在经界之着手拟先从城市举办，并拟试办宅地税，以充将来经界之费用。大总统阅后，颇嘉颇纳此议。盖举办经界用款浩繁，当此政费困穷之际，国家实难筹此巨款。今该督办能通筹兼顾，借新税之收入利国家大政之进行，若能办理得宜，于民既无所病，于国利益殊多。故大总统当即批交内务、财政两部会同该局妥拟试办章程，呈候核夺矣”。④

① 《呈》，《政府公报》第 1082 号，1915 年 5 月 13 日。
② 《经界局研究测量制度之计划》，上海《时报》1915 年 4 月 18 日。
③ 上海《时报》1915 年 4 月 29 日。
④ 《举办经界之新消息》，上海《时报》1915 年 5 月 2 日。

19日

▲蔡锷托赴天津参加教育联合会会议的周钟岳带交“汤觉顿信一函，并转寄魏铁珊物品”。[1]

是日夜，周钟岳“至日界花园后街访汤觉顿，未遇，因将函件留。是日致书汤君，告以不日返京，松坡将军托魏铁翁书屏，请为一催，以便携去。觉顿复书云，屏尚未写，特交来蓝田叔画一张，先行寄去”。[2]

按：蓝瑛，字田叔，号蝫叟，别号西湖外史，晚号石头陀，又自署东郭老农、西湖研民、西湖山民、研农、吴山农、山公、万篆阿主者等。浙江钱塘人，明朝画家。看来，蔡锷还是个字画收藏爱好者。

21日

▲有人对当局一味重用前朝做官人之事发表评论说：“民国之官吏，必选用前朝曾经作官之人物者，曰注重经验故。经验诚足重，然亦思今日之政治，已非复昔日之政治。若真循名核实，则共和民主之政治，全国中实无一人有此经验。欲求真经验，除非借材于异邦之早建共和者。且中国从前帝政相嬗，每一代之兴，必另用一班新人物。而开国气象，类皆政治修明，同是帝政，尚无取乎前朝之经验。良以国家末造，为官者苟非阘茸无能，其国决不至于亡。国既亡矣，则此窃位溺职之辈，自归天然淘汰之列。故亡国大夫中，断少可用之人才也。今也不然，招集帝政时代之废物，强责以民主国家之新业，无惑乎画虎不成，而窃位溺职者之充斥也。然则所谓经验者，不过取其有亡人家国之经验而已。冤哉经验，哀哉经验。”[3]

23日

▲午后一时，蔡锷在经界局办公室收到周钟岳自天津带回的汤觉顿托交的“画一轴”。[4]

---

① 《惺庵日记》第三册。
② 《惺庵日记》第三册。
③ 无妄：《闲评一》，天津《大公报》1915年4月22日。
④ 《惺庵日记》第三册。

24 日

▲蔡锷函复将军府，5 月 2 日当前往“关岳庙宣誓”。说：“径复者。顷接函开，准陆军部函开，凡本府将军、参军各员准于五月初二日赴关岳庙宣誓，届期前往人数须先送统率处开单，由部汇送等因前来，特此通知，祈速函复照办可也等因。锷遵当届时前往。专此布复。顺颂公绥。蔡锷敬启。四月廿四日。”①

5 月 2 日，报载“黎明五点钟，陆海军及参谋三部人员，会同前往德胜门武庙行宣誓典礼。三部人员到者几及千人，武职着军服，文官着乙种礼服。参谋本部总长黎元洪、陆军总长段祺瑞、海军总长刘冠雄均行到场，躬与宣誓。大总统并派侍从武官长陆军上将荫昌为特使，前往监视［誓］。前期发出誓词书，分给各员誓愿，共列八条。其辞曰：服从命令，尽忠报国，诚意卫民，尊敬长上，不惜性命，言行信实，习勤耐劳，不入党会。誓愿八条，甘心遵守，违犯其一，天诛法随云云。末后书年月日及誓愿人职名、签押。届时由宣誓人员领袖黎副总统朗诵誓词，全体均向上行三鞠躬，礼毕收去。其誓辞书则由监誓员点收，呈复大总统云”。②

是日午前 10 时过后，“棉花胡同门牌十三号参政院参政蔡锷宅内佣工”龚家富，“持伊主人蔡锷名片”至京师警察厅内右三区署报告“绺窃案件”。说：“伊主人于今早致祭关岳庙毕，乘马回归，经过三不老胡同一带，不知在何处将佩带［戴］之二等嘉禾章遗失，请代为查找。”龚家富还报称“失物时刻”是“五月二日午前八时余”，未丢失其他“钱财”。该署除通饬“各路段及侦缉巡官长警注意访查外”，并填表向上报告。据该署记载：“已电询，是日是黎副总统往祭随往。”③

随后，蔡锷呈请袁世凯特颁军人宣誓典例，“用垂永远，而昭隆重”。说：“为请特颁军人宣誓典例，以昭虔诚而垂久远，仰祈钧鉴事。窃闻宰制万物，《礼》先备夫神祇；训诫百官，《书》特详于军旅。我大总统天人综贯，中外衡量，揆设教之圣衷，著秉彝之民德，特令陆海军人，恭诣武成庙，举行宣誓，此诚往昔未有之盛举也，陪从之末，钦佩莫名。伏念立效报公之节，本汉寿之宣言；精忠许国之文，即汤阴之誓约。厥后解围白马，

① 《蔡锷集外集》，第 332 页。

② 《本京新闻·宣誓大典》，北京《群强报》1915 年 5 月 4 日。

③ 北京市档案馆藏档案，档案号：J181，全宗 18，目录 5034。

见二祖之威仪；痛饮黄龙，收两河之豪俊。凡诸蜀志纪载，宋史流传，其足以矜式夫千秋，实由于语行之一致。当此邦基杌陧，世道陵夷，允宜以关、岳之心为心，并即以关、岳之法为法。惟是国之大事，在祀与戎，神之格思，不度矧射。祝史正辞以信，岂同邹衍之谈？国家缔造之艰，或虑师丹之忘。故移风易俗，无过于《清庙》《生民》；而高山景行，有待于车服礼器。倘能恢张治法，建树洪规，编典例之一书，令颁行于全国，此日考文制度，咸知上帝临汝之严；他时坐言起行，庶瞻岂弟作人之化。谨开具关于宣誓典例意见四条，拟请饬交政事堂礼制馆，详加审核，编订典例，呈请颁布，用垂永远，而昭隆重。是否有当，伏乞钧裁。谨呈。”6 月 2 日，袁世凯“批令”说：交政事堂礼制馆核议具复，清折并发。此批。大总统印。中华民国四年六月二日。国务卿徐世昌。①

30 日

▲蔡锷命周钟岳为经界局“专任评议委员会主任”。②

▲报载“政事堂昨特交内务、财政两部交片各一件，附钞呈文一件。闻系经界局蔡督办呈明拟请先从城市举办经界，并试办宅地税，以充经界经费等情。奉批令：交该两部妥拟试办章程，呈候核夺云”。③

5 月

1 日

▲报载“经界局督办蔡松坡近自拟官制草呈案［案呈］请大总统，内容极铺张，无裨实际。已奉批：交政治讨论会会议，大约必当有所修改云”。④

2 日

▲下午 1 时，蔡锷等 159 人，赴“丁香盛开”的法源寺，出席袁克文、

---

① 《呈》，《政府公报》第 1105 号，1915 年 6 月 5 日。6 月 2 日非蔡锷呈送日期，而是袁世凯批令时间。

② 《惺庵日记》第三册。

③ 《经界局呈请试办宅地税》，天津《大公报》1915 年 4 月 30 日。

④ 《经界局官制之交议》，天津《大公报》1915 年 5 月 1 日。

易顺鼎、罗敦曧、陆增炜、何震彝“薄治斋宴”的莲社赏花“座会”。①

4 日

▲报载蔡锷对经界局“款项无着，碍难进行”，甚为“懊丧”。说：“经界局为今日不可稍缓之图。奈成立后，昙花一现，近且黯然无闻，调查研究等事，既未见实行，而所谓评议会者，亦未曾开一次会议，无声无臭，以迄于今。卒使万目睽睽之经界局，乃成一虚设之机关。蔡松坡为民国有数之人物，当其任命之初，莫不以为经界事务将来必有可观，距成立未逾期月，竟有江河日下之概。在蔡松坡之心理，以为款项无着，碍难进行，与其向财政部讨生活，以自寻烦恼，不如安安逸逸，拿钱吃饭。前日为局中用人问题，又碰了一个钉子，故蔡氏现在更为懊丧云。”

某君问：“各省设立经费［界］行局，何时始有眉目？”

蔡锷笑曰：“如此办法，恐民国十年，亦无何等之效果。”又曰：“当初李仲先等再三不肯担任，我就知道此事不容易办。现在非但不容易办，而且办了也不讨好。任公先生办币制局毫无结果，将来恐怕我师生同一命运。”②

5 日

▲蔡锷呈告袁世凯，组织福建经界行局等事，待拟订、呈奉公布福建经界行局章程后，“再行咨会遵改”。说：“为遵批核议仰祈钧鉴事。承准政事堂抄交福建巡按使许世英呈，为拟定福建经界行局章程缮单请鉴示一案。奉批令：交内务、财政两部暨经界局查核，单并发。此批。等因。奉此，查经界行局条例，业经本局拟就上呈，拟俟明令公布后，再行咨会遵照组织，以归划一。又本局奉交核议闽省清丈土地试办章程，现正拟订经界条例，统俟呈奉公布后再行咨会遵改，合并声明。所有遵批核议各缘由，理合具呈。谨乞大总统鉴核。谨呈。”批令：呈悉。此批。大总统印。中华民国四年五月五日。国务卿徐世昌。③

---

① 《法源寺之名流座会》，上海《时报》1915 年 5 月 5 日。

② 《无声无臭之经界局》，北京《群强报》1915 年 5 月 4 日。

③ 《呈》，《政府公报》第 1076 号，1915 年 5 月 7 日。

12 日

▲报载“经界局以清丈事宜应归划一，方能以策进行。昨已咨商财政部，请转咨京兆尹将地亩清丈筹备处早日取消，归入京兆经界行局，以便派员指导一切云”。[①]

13 日，又载“经界局蔡督办，现与京兆尹以商咨经界京兆行局刻已成立，拟将京兆清查地亩筹办处归并京兆行局之内，以一事权，俾速进行各节，已志昨报。兹悉仍派卫兴武为总办。其现充京兆清查地亩筹办处坐办楼思诰，即改为行局坐办，彼此意见相同，俟商准财政部后即可发表云”。[②]

15 日，又载“京师将军府自两月前遵大元帅谕令逐日分派将军、参军各一员，赴统率处预备随时谘询军政，早经实行。兹闻大总统以现值整顿军政，谘询政务颇多，令交统率处将含和堂政务会议厅改为将军府会议厅，以备随时召集谘询军政。闻该处俟与将军府会议办法后，再行呈复云”。[③]

又载“政府前曾屡议征兵试行政策，已提交中央政府将军府，嗣因中日交涉逼紧，未遑详议。昨闻该府奉到大总统密交，以目下亟宜振兴军政，尤以试办征兵为最紧要，应赶即提前会议，以期早日解决。该府当已定于十四日开特议密议云”。[④]

30 日

▲刘显世函请陈国祥“密示”都中以及日人“近情”。说：“日之要求已经解决，损失已多，复□未已，在当局固有万不得已之苦衷，倘能先事预备，何至临时束手？国体问题，传言颇甚，倘见诸事实，授人以口实，吾国之亡愈速……再今日读‘公电’，段因病辞职，准假两月，王长陆军部。段在何处养病？此中变幻，似与政体大有关系。段去后，各军旧人有无更变？值此危急之秋，而有此类事实，国家前途之不幸，尚望将都中近日情形，便中密示为盼。政体变更，想亦不远，亦祈略示端倪。此请台安。又及。”

---

① 《清丈筹备处之归并》，天津《大公报》1915 年 5 月 12 日。

② 《经界行局总坐办之派充》，天津《大公报》1915 年 5 月 13 日。

③ 《含和堂特设将军谘询厅》，天津《大公报》1915 年 5 月 15 日。

④ 《将军府密议提前征兵草案》，天津《大公报》1915 年 5 月 15 日。

又说："日人乘机要求，各省惶惑，人心摇动，近情如何，祈密示。"①

31 日

▲袁世凯颁令同意段祺瑞暂时离职并给假养病。说："前据陆军总长段祺瑞呈称，自去冬患病，饮食顿减，夜不成寐，迨至今春遂致咯血，多方诊治，时轻时重。医言血亏气郁，脾弱肺热，亟当静养服药，方能有效。迄今四月有余，方值国家多故，未敢言病，现大局稍就平定，拟请开去差缺，俾得安心调整，冀获速痊等情。当传谕少给假期调养。兹据续请开去各项差缺，俾得安心调整，庶获速痊等语。查自辛亥改革以来，该总长勋劳卓著，艰险备尝。民国初建，忧患迭乘，数年经营，多资臂助，因而积勤致病，血衰气弱，形容羸削。迭于会议之时，面谕该总长酌于一星期抽两三日赴西山等处清静地方调养休息，以期气体复强。而该总长以国事为重，仍不肯稍就暇逸，尽瘁国事，殊堪嘉敬。兹据呈请开缺，情词肫挚。本大总统为国家爱惜人才，未便听其过劳，致增病势，特着给假两个月，并颁给人参四两、医药费五千元，以资摄卫。该总长务以时局多艰为念，善自珍重，并慎延名医，详察病源，多方施治，切望早日就痊，立即销假。其在假期内如有军务重要事件，仍着随时入内会议，以抒嘉谟，而裨国计。此令。中华民国四年五月三十一日。国务卿徐世昌。"②

本月

▲蔡锷复函曾广轼，为维持湖南新化华昌炼矿分公司炼厂支招，并对中日"二十一条"交涉表达深深的忧虑。说：

邹天三来，奉手书，借悉种切。炼厂成立，外间因垂涎而起反对，自在意计之中。日前电复两次，及函抄批准案牍，想均入览矣。皙子（按：杨度，字皙子）意于一地设二厂，无此办法，且与今案抵触，又与彼辈素未接洽，莫名其妙。故彼等函电请求另行设厂，皆置未理。惟为维持永久、消融众怨计，必以联络地方官，及取开放主义，准人

① 《刘显世等致陈国祥函札（民初滇黔史料）》，中国社会科学院近代史研究所藏档案，档案号：甲 29。

② 中国第二历史档案馆、云南省档案馆编《护国运动》，江苏古籍出版社，1988，第 177 页。

入股以均利，不惜小费以结人缘，斯为要着。刘命老（按：指刘命侯）老成硕望，或不乐此，然服官与经商为两事，望吾弟从中转圜调处为幸。皙子由总公司派人到新，意在调和官商及查察实况，此时想已到矣。月前接滇电，谓已为兄转借万两，除还银行旧欠五千元外，悉汇交尊处，不知已收到否？肖立诚入股二千，前已交皙子转寄，其股票望为径寄。滇中农部之周金，于专办案亦不能不谓之尽力，论个人交谊应有以酬之。乞为购湘绣若干付京，以便分送。公司能办此固佳，否则，由兄私赠之可也。秉公（按：熊希龄，字秉三）于此案始终尽力，兄劝令入股若干，答以初意实在维持矿业，顾全公义，及与兄个人之情谊，今若入股似在利矣，不屑也云云。可见秉公之光明磊落，不愧时贤。

中日交涉，不出吾人所料，可为慨叹。来日方长，真不知税驾之所。兄之地位，以普通眼光看之似达矣，究于国家何尝有丝毫之裨补？遑云兼善，殊不如独善其身之为愈。主峰曾语兄：交涉完，须咬定牙根，思一雪此耻。此言若信，诚吾国无疆之福，兄誓以血诚报之；如仍旧贯，则惟飘然远引，打个人之穷算盘已耳。斯时厂中司事，能容兄一席否？兄近来精神与躯魄较前健适，盖起居有定时，且常事运动耳。余续闻。①

又与杨度、熊希龄、徐佛苏函请陶思澄规复昔日经“吾湘官绅公同之意，仿东西各国酬报发起人之例，按月致送”陈宝箴公子“薪金百两”之旧例。说：

子泉节使大人阁下：久怀风范，式仰云麾，忻幕府之新开，庆沅江之多福。伏维履綦纳祜，簪绂磬宜，膏泽如春，沛若潇湘之雨；勋华勒石，高于衡岳之峰。翘首卿云，倾心葵日。龄等京华暂寄，乡国久违，只黄尘赤日之奔忙，望朱戟碧幢而竞远。敬有请者，湖南水口山铅矿，为吾湘官营事业之最大特色，矿产之美，成效之著，虽属历任长官维持尽善，而首先发明创办此矿者，则为义宁中丞陈公宝箴，尤乡人士所馨香尸祝，永莫能忘者也。即历任长官亦皆深韪其人，谨

① 曾业英编《蔡锷集》（二），第1135—1136页。

守其成法，用能蒸蒸日上，嗣后该矿所获日丰，历年赢利竟至数百万金。湘省官绅饮水思源，以义宁中丞逝世后两袖清风，家徒壁立，其公子伯严部郎，恪守家风，高尚纯洁，不事生产，日在窘乡。乃由吾湘官绅公同之意，仿东西各国酬报发起人之例，按月致送薪金百两，以表乡人去思之谊，迄于清季末年，未尝间断。不料民国成立以后，暴徒专制，忘弃旧义，忽将此项薪水撤销，至今未送。夫酬劳通例也，报功盛典也，欧美各国对于新发明之事业，必给以酬金，或许其世享，所以鼓励而崇报之者，无不至也。水口山之矿若非义宁中丞发明于先，何以有今日？若非其竭力经营，开创于前，亦何以有今日年增数十万之收入。且非独此也，湖南风气号称固闭，前此欲开一矿，辄为人民所阻，自中丞到任，力排群议，甚至用武，卒将湘矿开放，使人民生计宽舒，每年矿产有千万金之输出，皆义宁中丞之余泽也。同乡人士目睹其家世之困窘，来书商榷，均代不平，并以此项支出，志在酬报，与寻常挂名干薪迥乎不同。夙钦阁下政闻久播，于实业一途，提倡奖借，不遗余力，此项津贴，事关宏奖，当亦阁下所乐于赞成。用敢合词缕陈，敬祈谕将此款，规复旧例，照常致送。并祈饬查，自何月停送起，以至目前，一一令其按月补出。在局中支此戋戋之项，并不为难，庶于义宁一面可以泯其断续之痕迹，而于阁下修废举坠之盛德，奖业励化之深心，昭然若揭于天下，行当与义宁中丞并垂不朽于吾湘中也。高山在望，景仰深之，肃此奉恳，不胜待命之至。顺颂台祺。蔡锷、杨度、熊希龄、徐佛苏同启。①

6月

3 日

▲报载蔡锷督办经界局，尚有两种“窒碍”。说：“经界局设立地点在丰盛胡同，督办蔡松坡君从各部员中调取十数人，组织该局评议会，于日内开会讨论进行方法。闻该局进行，尚有两种窒碍：一该局督办自将局中

① 《熊希龄集》第 5 册，第 317—318 页。原函未署日期，由函中“幕府之新开”一语推知，当发于 5 月。又见《蔡锷集外集》，第 334—335 页。是书原注：“陶思澄，字子泉，1915 年 5 月至 7 月任湖南巡按使。”

职官拟定呈明总统，交政治讨论会后，迄今尚未议决，以至局中用人分职，尚难切实分派；一以清丈事宜，经费浩繁，政府尚未筹定的款。有此二因，故其进行，不免小有窒碍云。"①

又载"大总统近于府会议提议强国大计案内有治标五策，均为目下内政扼要之枢纽。其对于行政部分，除力行减政外，亦有□更动，现在筹议中。闻经界局亦在取消之列，大致系将预筹办法，除培植此项人才用备，在使一事分令内务、教育两部会办外，其清丈经田等政有划归京兆尹及各省巡按使、各都统分在办理云"。②

6日，又载"中央政府前议取消经界局，分饬各省经办经界清丈各事宜，以资简捷一节，现闻大总统已于四日将预拟政策钞交内务、财政、农商三部密议详复云"。③

又载"督办全国经界局成立已经数月，迄未有何成绩，近忽有取消之耗。昨闻取消之说尚非确息，惟蔡松坡督办之位置极为不稳，因其言大而夸，徒事铺张，久为极峰所不满意。现之请定经费议允，请修官制批驳，是均不能久于其位之明证"。④

8日，又载蔡锷辞职的详情。说：

田赋居财政收入之大部分，欲整理财政，必自整理田赋始，而田赋之不整理，由于田亩不清，有有赋而无田者，有有田而无赋者，有田薄而赋重者，有田沃而赋轻者，种种混乱，非从根本上改革，不特国家财政之收入大受亏损，民间之担负亦太不平均。从今之法守而不变，国与民交受其弊，断非兴国之气象。前清之季，总税务司赫德氏为吾国财政借箸而筹，即注意清理田赋。上年杪，当局者讨论财政计划，检出赫税司原条陈，知田赋整理为急不容缓之事，于是乎关于经界之议论，高唱入云，凡稍有半解一知者，无不争上条陈，而内务、财政两部亦拟订种种之计划。大总统顺时势之要求，而清理田赋之命令下矣。且著明清理之宗旨重在平均一般国民之负担，非徒谋增加收

---

① 《经界局进行窒碍》，北京《群强报》1915年6月3日。
② 《经界局将见取消之传闻》，天津《大公报》1915年6月3日。
③ 《特交三部会议经界局案》，天津《大公报》1915年6月6日。
④ 《蔡督办位置之不稳》，天津《大公报》1915年6月6日。

入，用意正大，计划久远。果能贯以精心毅力，务底于成，是亦建国史上一大事业也。考各国办理经界，无不大收成效，而事体重大，非可出以见小欲速之眼光。当开办之初，必宽筹经费，实力进行，乃克有济。当局者既知兹事之重要，自必统筹全局，一气呵成而后可，否则，以儿戏出之，此后全国之田赋永无整理之一日矣。

当上年拟议筹办经界时，对于督办一席，初拟李仲仙，李不愿当此难局，力保蔡松坡，大总统及财政、内务两总长均以为宜，遂定议。命令下时，蔡尚在津，翌日入京，具呈力辞，辞呈内容略谓：举办经界，需费甚巨，目下财政支绌，不如暂归财政、内务筹划，不必另设机关。盖即虑非常之功，不易猝举，不欲身预其事也。大总统及内、财两部力挽蔡出任其事，财政部且力以筹费自任。蔡不得已乃行就任。筹办以来，实事求是，一力进行，先从京兆着手筹划，拟以次推及各省。而于未着手之先，对于已办经界各国，或派员前往调查，或将其办理之方法详细译出，每日在局与各局员及评议员等悉心讨论，务以贯彻其最初之目的，期无负任事之初心。日前曾将该局条例拟定，呈上大总统。大总统批交内、财、农三部核复。蔡督办念此事之进行，非财不办，财政既无由筹措，进行不易，恐无以副此大任。经即具呈辞职，请照去年原呈归财政、内务两部办理。盖蔡素来办事责任心极重，目前既未克进行，不欲徒尸厥位也。闻呈文上后，大总统即交与徐国务卿，并于前日由国务卿召集内、财、农三部总长及蔡督办在政事堂讨论兹事。蔡督办首先声明归并原议，国务卿传达大总统之意，极力慰留，三总长亦力言此事关系重大，万不容中止。最后群请蔡督办力任其难，无得坚持合办之议。前日会议后，国务卿回明大总统，而挽留之批令即经批定，不日即可发表。此后蔡督办当仰体大总统倚畀之殷，不复言辞，而财政当局亦当宽筹用款，借利进行，俾此莫大之事业，得以早日观成焉。[①]

12 日，又载蔡锷“呈请将经界局并入内务部及财政部，以节经费”。[②]

13 日，又载“内务、财政、农商三部，奉大总统特交密议裁撤经界局

① 《蔡督办辞职与经界之前途》，上海《时报》1915 年 6 月 8 日。

② 上海《时报》1915 年 6 月 12 日。

之问题，饬速详复。兹悉该三部已议有办法，不日呈复。其内容略以该局之设，与整顿赋税、增加国家收入，均有秘切关系，实为整顿财政最要之始基，惟值减政之际，毋庸另辟独立机关云云”。①

同日，又载蔡锷辞职及其原因。说：“经界局督办蔡松坡任事以来，满拟竭力进行，以收全功。惟兹事体大，困难多端，不能如愿之所期。其最困难者即在财政问题。盖清丈全国地亩，规模甚为宏大，国家即注全力于此犹恐不济。而我国国基初定，百废待兴，断不能竭全国之财力尽用于此，而置其他政务于不顾，故蔡向财政部请款，往往十有七八不能如愿。蔡又以局中人员不敷分配，常与财政部商拨款项、添聘人员，而财政部以无款可拨，乃请蔡向该部司员中调用，将来兼差不兼薪，此亦是无钱搪塞之计。蔡虽明知财政部亦害穷病，并非故与为难，然受其职而不能举其事，不免有尸位之嫌，辞职之念因之而起。惟蔡未尝将此意示人，外间知者绝少，昨日忽闻其致友人函，言其已经辞职，蔡之辞职消息自是始传于外。盖蔡系湘人，前曾函招其同乡友人某某二君来京帮忙，其友因他事未能即来，日前蔡又特去函言已辞去经界局之职，令其勿来。此函闻系本月初三四间付邮，其辞职之期当在上月末与本月初间也。又闻蔡之辞职乃鉴于时局，拟请将该局裁撤，由内、财两部合并办理，两说未知孰是，姑并存之。”②

16日，甚至有报载未来的经界局督办，将在王祖同、姚锡光、高景祺三人中产生。说：“经界局督办蔡松坡近因感于种种不洽，意态极为消极，已拟决自请辞职。据总统府密息，或因敷衍面子起见，可望挽回一次。然蔡亦终不愿久于其任，政府业已物色相当继任之人。大约以王祖同、姚锡光、高景祺三人为最有望云。”③

不过，也有报载指称政界中有人以经界局“成立数月，一筹莫展，遂条陈政府，主张裁撤”一事，乃“书生之见”。说：

> 近日外间喧传蔡松波辞职之消息，愈唱愈高，并有经界局将归并于财政部之说。此种消息是否能成事实，其中殊多疑虑之处。盖因吾国田赋制度，税率不平，亟谋整顿，始有此经界局之设立。惟自开办

① 《三部议复经界局事之概略》，天津《大公报》1915年6月13日。

② 《裁废声中之两机关·经界局裁并消息》，《申报》1915年6月13日。

③ 《未来经界局之督办》，天津《大公报》1915年6月16日。

至今，已逾数月，既因经费问题，进行甚难。而在此创办之初，规划不易，蔡君以受职而不能举其事，不免有尸位之嫌，故有辞职之意。而政界中又有人以该局成立数月，一筹莫展，遂条陈政府，主张裁撤，此则该局与部归并之说所由起也。惟闻其呈中有办理经界，只需各地绅士二人、老农一人、弓手二人，已足胜任愉快，毋须铺张扬厉数语。此事之确否，虽不可知，惟外间对于此种呈文，颇多讽讥，盖此亦书生之见、能言而不能行之条陈也。然据政界某要人云，某人之条陈，殊无何种效力。蔡君辞职之事，一时亦不能见诸事实。缘此事巨责重，蔡氏尚须免任其难也。

又财政部近日已将经界人员及薪俸，略为规定，其平均数如下。

京兆人员：高级职员，七人；普通职员，六百九十三人；雇备，一千六百十七人；总计二千三百十七人。

（大兴县）薪俸：高级职员，一千零五十元；普通职员，四万一千五百八十元；雇备，三万八千八百零八元；总计八万一千四百三十八元。

本部人员：高级职员，二万九千零零七人；普通职员，二百八十七万一千六百六十九人；雇备，六百七十万零五百六十一人；总计九百六十万零一千二百三十七人。

（十八省）薪俸：高级职员，四百三十五万一千零五十元；普通职员，一万万七千二百三十万零一百四十元；雇备，一万万六千零八十一万三千四百六十四元；总计三万万三千七百四十六万四千六百五十四元。

备考：薪俸按六十日计算，又本表之计算说明如下。

（一）区数：按每十六方里一区计算。原文所谓三五里者，今折衷计算作为四里，即十六方里。本部各项总数，均按大兴县推算。

（二）日数：部按六十日计算。

（三）人数：高级，即各县官吏等。查京兆各属清查地亩处，概以县知事为主任，此外有正副清查及办事员等人。正清查大县二人，小县一人，副清查大县三人，小县二人，办事员大县六人，小县三人。今平均以七人计算，每千方里需一人又八九。普通，即董事、书记等。按原文每区董事一人、书记二人计算，每千方里需一百八十七人又三五。雇佣，即老农及弓手。原文称用老农数人、弓手数人。今特按算术的平均计算，假定每区用老农三人、弓手四人，共计七人，每千方里需四百三十七人又一七。

（四）薪工：高级，查京兆现行通例，主任月支五十元，正清查自七十元至百元不等，副清查自五十元至七十元不等，办事员自三十元至四十元不等。今平均以月支七十五元计算，即每日二元五角。普通，查京兆现行通例，各县董事之任调查员者，月支自三十元至四十元不等，书记自十六元至三十二元不等。今平均以三十元计算，即每日一元。雇佣，查京兆通例，弓手月支自十元至十四元不等，老农为调查员以下之人。今平均按十二元计算，即每日四角。

综观上表，就中国本部全体计算，以人数论，则需九百六十万零一千二百三十七人。以薪工论，则需三万万三千七百四十六万四千六百五十四元。其大足动人听闻者，则在六十日之极短期间，而举此绝大事业，盖殊为不可能之事。况经界一事，手续万端，而仓猝为之，犹有不能之点，故外间对于部中此种计划，多不赞许之处。虽云当今财政困难，凡事不能不因陋就简，然以此种重大问题，而能成功于数十日之间，恐经界一事为欲改善而适足使之不善也。

兹将财政部特定调查田亩、整顿赋额办法八条，通令各省遵照办理原文录下。

（一）饬各县知事将所管区域划分若干区（大县五十区以上，小县三十区以上，大约一区不过三五里左右），每区举公正士绅一人，名为董事，附以老农数人、书记生二人、弓手数人。将该区田亩若干，按照颁定册式，逐一登记，不可遗漏。皆以官尺备准，其有尺寸可疑者，令弓手大略量之。除去雨雪天气外，限六十日将该区田亩，按册编号，登列清楚，送交县知事。其有匿粮跨亩及飞洒影射等弊，准予登记及丈量时，由地邻或地保告发。（二）知事收到各区清册后，派甲区董事赴乙区抽查，或派乙区董事至甲区抽查。其抽查之法，只须酌提数段，按册查对，不必重新细勘。如果某区所送清册，登记详尽，原办认真，即不复查亦可。抽查之事，限三十日完竣。再由知事详加复核，汇抄清册，于抽查完竣后四十日，详送本省财政厅或分厅。（三）财政厅并分厅接到各县清册后，即汇总开明通省上中下三等田共若干亩，某等田若干，完正杂赋捐等若干，及某等田若干。每亩出产农品，只约估价值及缴田主租各若干，造具简明册，送部核办。其各县细册，即留厅备用，不必送部。（四）湘、粤等省征收田赋，向有按租谷石数计算，而不按亩计算者，自此次查明以后，一律改为按亩收赋。（五）飞粮、双粮各种病民积弊，自此次查明以后，设法蠲除。（六）应升科之地而未升科及田多赋少、匿报夹荒私种黑地等弊，在清查时能自投发者，以前概不追究。但责成各田主于此次清查以后，一律照章纳赋。其有意朦蔽，事后查出者，将地充公。（七）所有清查增入之款，得于缴收项下，留二成作为官吏调查经费，留三成作为绅董调查之需。（八）其调查详晰、增数最多者，官绅均可请奖。①

15 日

▲梁启超函告梁思顺，他在杭州“竟作十日淹留”，并说“此间传言国体问题甚急，吾北行恐不能久安居也”。②

▲报载“唐才常之子唐蟒来京自首，已奉大总统令准其自新。闻唐自投诚后，大总统即谕交熊希龄、蔡锷二君妥为照料，盖唐与熊、蔡均系湘人云”。③

又载蔡锷设经界局的方针，与“财政部意见互异”。说：“日文《新支那报》云，中国政府久困于财政，顾曾不谋挽救之策。光绪末年赫德建议整理全国土地时，以中央政府不悉各省之情事因而不行。革命以后益加窘迫，免厘加税之说盛行于时。然改正条约，为事甚难，不得已而求增加盐税。夫盐税愈重，则漏税者愈多，政府因不能得预算额之收入，自然之理也。于是土地整理问题，遂复唱导，而至于实行，经界局遂以设立。乃日前经界局有不必订定官制之令出，经界事务又生一波折矣。盖设立经界之方针，蔡督办与财政部意见互异，蔡督办以全国三角测量为目的，财政部则以田亩整理为宗旨也。然经界事业在中国实为最要之策，中途摧折，殊可惜耳。”④

① 《经界前途之进行谈》，上海《时报》1915 年 6 月 16 日。

② 中华书局藏抄件。

③ 《庄都肃政辞职后之西讯》，北京《群强报》1915 年 6 月 15 日。

④ 《经界政策之前途·财政上之关系》，《申报》1915 年 6 月 15 日。

又载蔡锷所派殷承瓛赴朝鲜、关东调查办理经界方法遭受冷遇。说："清理田赋为建国之一种大事业，世界各国整饬庶政之始，无不以是为先，吾国近亦有意乎此。经界局之发现，总统命令，曾有仁政自经界始之言。既已决定进行，自无可以中止之理。近乃有某公全国六十日清丈之说发现，是又将明此事为儿戏矣。蔡督办辞职，总统挽留，经界事又当积极进行矣。岂意吾国对于此事方谋急起直追，而外人乃视之不胜冷淡。日前经界局曾派殷承瓛赴朝鲜、关东调查办理经界之方法，闻殷到朝鲜往谒土地局长，该局长只答以四语，既简单又冷隽。第一语曰中国也办经界乎，第二语曰做梦么，第三语曰既来了，且去看看罢。语毕，令其所局引殷参观一切。而朝鲜经界办法之调查毕矣，转至关东，殷又造访该处之土地局长，该局长无甚话说，只以手按电铃，召一人至，引殷调查一切。两处调查，殷即捧调查所得，回京复命矣。"①

20 日，又载"经界局筹办以来已经数月，因经费拮据之故，不能十分进行……兹闻该局内确实消息，自该局筹办伊始之时以至今日，中央各局部首领及各省长官推荐之人数已达一千余名之多。蔡督办有义不能辞者，均暂用留名存记之法以应酬之。将来筹有巨款进行局务之时，对于此项人员安置之法，几有教我左右作人难之概。噫，以此一事观之，亦可知我国之人浮于事之现象矣"。②

21 日

▲报载"经界局督办蔡松坡经大总统温令慰留后，对于局事悉力进行，暂时编制，呈经大总统批准，又将该局办事人员薪俸公费等项缮具概算清折，呈请大总统鉴定。兹探得蔡督办原呈，于局中各员薪俸均经拟定，惟督办应支薪俸独未提及，且自开局至今，并未领一文薪俸工费。大总统阅其呈文，特亲笔批云：该督办薪俸着月支一千元，余如所云办理云云。大总统之眷遇，蔡督办之清廉，盖两得矣"。③

22 日，又载"经界局经费已拨十七万元"。④

① 《经界政策之前途·殷承瓛之调查》，《申报》1915 年 6 月 15 日。
② 《经界局之趣闻》，《盛京时报》1915 年 6 月 20 日。
③ 《经界局薪俸之核定》，北京《群强报》1915 年 6 月 21 日。
④ 上海《时报》1915 年 6 月 22 日。

23 日

▲蔡锷呈明袁世凯，“遴派经界局秘书暨清丈处处长各缘由”。说：“为遴派经界局秘书暨清丈处处长，恭呈仰祈钧鉴事。窃锷前遵批拟订经界局暂行编制，呈奉大总统。批令：准如所拟办理，交内务、财政、农商各部查照。此批。复经本局于赓续拟定概算呈内声明，拟自七月一日起，依据本局暂行编制，完全组织。奉批令：如所拟办理，交财政部、审计院查照。此批。各等因。奉此，现已遴派发往四川存记道尹周钟岳、前云南内务司长李曰垓为秘书，钧府军事谘议陆军中将殷承瓛为清丈处处长，除饬知外，理合具文呈请大总统鉴核备案。再，本局前派范治焕为总务处主任、光云锦为第一科主任、宾玉瓒为第二科主任、何鹏翔为第三科主任，业于四月五日呈明在案。现均依据暂行编制改为处长、科长，以归一律，合并声明。所有遴派本局秘书暨清丈处处长各缘由，理合具呈恭陈，敬乞大总统鉴核备案。谨呈。”批令：如呈备案。此批。大总统印。中华民国四年六月二十三日。国务卿徐世昌。①

本月

▲蔡锷呈请袁世凯开发滇省矿产，以保利权，而纾财政。说：

窃维吾国矿产之富，甲于全球，然货弃于地，空穴来风，遂至为强有力之异族所争攫。此次日本横肆要求，南满矿权几尽入其掌握。将来欧战平息，恐各国接踵而来，各省矿权必为众矢之的，而云南一省尤为岌岌可危者。云南矿产久为外人所垂涎，自前清光绪二十七年，英、法向中国要求滇中矿产，订定隆兴公司合同，而五府二厅、州之矿权遂失。滇中人士怵于危亡之祸，先后力争，乃于宣统三年，由外务部以巨资废约。然法人之欲染指于个旧锡厂、东川铜厂者，则处心积虑，仍未有已。现日人在我南满，既得有独占之矿权，恐法人对于云南，难保不援例而起。此时惟有亟图自办，以免外人觊觎。

查隆兴公司合同，原有中国官民已办之矿，该公司不得再行开采等语。故当合同未废时，滇人亦多集资开采，以为先占矿区之计。然历观

① 《呈》，《政府公报》第 1125 号，1915 年 6 月 26 日。6 月 23 日非呈送日期，而是批准时间。

所办各厂，往往有初鲜终，或因商人力薄，本折无资，功败垂成；或系厂民自采，拘守旧法，万难发达。即有欲继起开采者，亦皆裹足不前，坐失自然之利。以目前情形而论，个旧厂年出锡万余斤①，计值银千万余元，若资本充足，其产额必增倍蓰。乃因厂商力薄，无力扩充，每遇需本之时，反为法国汇理银行所操纵。若非早为维持，恐此厂将折而入于外人之手。此其可惜者一也。东川铜厂出矿甚旺，前清乾隆四十三年，定为汤丹、落雪、因民、茂麓各厂，年办额铜五百一十九万九千斤，此外尚有通商余铜亦约在四五百万斤之谱。中经回汉之乱，矿业因而停废，继复由官设局采办，然产铜之额年仅百余万斤。民国二年，锷在滇任，组织官商合办公司，集资六十万，现年可出铜二百余万斤，可望逐渐发达。若资本益充，自不难规复旧额。乃因本绌之故，开采之力既薄，制炼之法不精，故各省铸造铜元，不能不仰给于日本。此其可惜者二也。此外，他郎、永北、腾越、临安各属之金矿，云龙、丽江、开化、楚雄、南安、鲁甸各属之银矿，罗平、平彝、建水、昭通等属之铅矿，石屏、镇南、威远、镇雄等属之铁矿，向系著名旺厂，皆因昔丁回汉之乱，厂业衰歇，迄未恢复。此其可惜者三也。此时亟宜于滇省特派专员，力为整顿，并厚集资本，以资挹注，庶可以壮厂商之胆，奏矿务之功。

查前清乾、嘉年间，滇省矿产大开，物力丰厚。嗣经咸丰时回匪之乱，各厂旷废。迨军事渐平，部檄促采京铜，而地方凋敝，有司畏累束手。至光绪十二年，以唐炯督办矿务，奏设公司，招商办理，矿务遂渐有起色。然因资本竭蹶，出铜无多，故照部章由山西、陕西、江西、湖南、江苏、安徽、四川各省每年指拨银二十二万两解滇，作为铜本，于光绪三十二年间，由各省关加拨协滇铜本银一百三十余万两。盖矿业之丰歉，每视资本之盈绌为衡，前清不惜合数省之力以济滇者此也。近顷滇省以财政支绌，日呼吁于中央。然中央同此困难，亦无余力可以接济。计惟有开发滇省矿产，实为目前急要之图。然非特派专员，宽筹资本，竭力整顿，亦难望速举成效。拟请仿照前清设置云南矿务大臣成例，特派大员督办该省矿务，并由国家酌拨基金，一面由滇招集商股，共筹巨资，以厚资本，俾得切实办理。将来矿业日旺，矿税自增，既可以保滇

① 原文如此，疑数据有误。

省之利权，亦可以纾中央之财力，上于国家，下于地方，两有裨益。如蒙采择，请饬交财政、农商两部暨云南巡按使妥议办法，积极进行。锷在滇省有年，既有所知，未敢缄默，谨开具说帖，呈乞钧鉴。

又函告曾广轼，宁愿“奋勇”“督办滇省矿务”，因“较之茫如捕风之经界，殊易施展耳”，并告“家慈现已赴山门，住黄市”。说：“昨晤哲子，谓湘中反对华昌专办案风潮，近已渐就平敉。日前于长沙开矿业大会，和甫到场，将均利对内、统一对外之旨详为宣布，大众为之释然等语。要之，专办及百里限制，既经由部呈准，彼反对者当可默尔而息，纵有后言，似无足虑也。闻新化分公司炼出之锑，较总公司所出者成色为低，此事于销售有无妨碍？如能改良，或改用机器，似更佳也（购机费当不多）。兄于滇省借款续入之股，想早已汇到（两日前接唐督电谓已照汇尊处），来书未经示及，究竟已否交到，乞示我。如尚未到，请为我挪借足成两万之数，一面催滇践约速汇亦可，未知能办到否？兄昨上书主峰，请派专员集资千万，督办滇省矿务，已蒙批交财、农两部。农部极力赞成此议，但以无人能担此任为虑。万一无人任此，兄亦愿告奋勇。盖滇中矿业实有把握，较之茫如捕风之经界，殊易施展耳。弟谓何如？龙研仙（按：指龙璋，字研仙。因‘二次革命’事，遭袁世凯通缉）避地沪上，其以前所办之常宁、益阳、新宁、溆浦等处（中有锑矿多数）皆经停歇，或被人私挖，已起纠葛。熊凤凰与徐佛苏等约兄出而为之承顶，一可以兴利，一可以保全龙氏私产（龙氏与兄无素，但闻其人急公好义，对于奔走国事者，备极优待。此次被嫌，甚属冤枉）。此事如有成议，关于勘查上开各矿及以后应如何经营，仍仗吾弟之力，吾弟肯与闻否？家慈现已赴山门，住黄市，甚健适。敝眷之住京者，俱平适无恙。并闻。”[1]

7月

2 日

▲报载蔡锷拟举办宅地税。说：

---

① 以上二函见曾业英编《蔡锷集》（二），第 1138—1141 页。

经界局规定在城镇地方举办宅地新税各节，业已呈准施行在案。顷该局为筹备进行，近已通咨各省。其文略称：本局现拟先就各省繁盛城市举办宅地新税，以充办理经界之用。兹将关于举办该项税务应预先讨论各事，条列于后，请分饬属县，详为调查，据实呈复，以凭核办云云。其咨文中所开调查各款如下。

（甲）省城与各县治以及各该县内之繁盛市镇，其宅地所占面积约若干亩。

（乙）各该处每亩宅地之价贵额若干，最贱额若干，平均若干。

（丙）将来税率标准，以地价为宜，抑以分为若干等则为宜。

（丁）税率标准如以地价为宜，应课百分之几，如分为若干等则者，各该等则者税率之分配如何。

（戊）南方间有数省以宅地税得作钱粮征收，乞将此种沿革及税率示知大略。①

3日，又载“鄂省财政厅现奉巡按使饬，准经界局咨，现拟先就各省繁盛城市，举办宅地税，以充局用。兹将关于举办该项税务，应预先讨论各事，条例［列］于后，即希查核见复。并将举办宅地税应查各节，抄送到署，合即抄发该厅查照原案，逐一查明，核议具复，以凭转咨该厅长。以宅地有繁僻之不同，地价贵贱亦复不一，各县治及繁盛市镇宅地所占面积若干亩，地价约分几等，每亩贵者若干，贱者若干，有无以宅地税得作钱粮征收之处，其沿革及税率如何适中，无案可稽，自应分饬调查。爰将局发应查各节，抄单转饬各县遵照，切实调查，限半月具复，以重要政。”②

7日，又载经界局经费困难情况。说：“经界局督办蔡松坡先生自任事后，对于全国经界要政，昕夕筹划，颇具规模。其最要者有二：一曰培养人材，二曰筹备经费。但数月以来，预算经费，毫无着落。即培养人材一端，不能如意进行。日前又拟简易办法，即先从清丈入手，其入手地点，拟先从京兆办起。刻下开办费不过三万元，然屡向财政部请款，至今亦不

① 《举办宅地税之筹备》，上海《时报》1915年7月2日、11日。
② 《调查宅地税之述闻》，天津《大公报》1915年7月3日。

能拨。该督办言念及此，未免浩叹，将来能否实地进行，未可知也。”①

10 日

▲报载蔡锷所拟地租条例已脱稿。说：“经界局前奉命令，视财力之有无，逐渐进行，故所拟各种条例，虽经批交内、财两部会核，迄今尚未定议。惟京兆属下大、宛两县清丈事宜已在进行，目前之清丈颇有与将来改正地租之事相关联者，若不先将地租条例制定，将来又须多费一重手续，殊失一举两得之便。因此该局亟亟于地租条例之起草，日前业已脱稿，大致取日本法意，以地价为标准。此地价谓之法定地价，盖亦根据于纯收益而定者也。闻此项草案，不日将会同财政部商决云。”②

同日，又载蔡锷有关经界局的多项活动，一是任命罗正钧为“帮办”。说：“罗正钧已于本月三日任为经界局帮办矣。罗系湖南湘潭人，年约四十余，翰苑出身，人亦正派，前清时曾任直隶保定府知府、山东提学使司，为大总统特别赏识、一手提拔之人。宣统初即辞官归田，民国成立，屡经大总统招致，未一来京。此次经界局编制既定，照编制中应置帮办一员，蔡松坡督办遂以前贵州民政长戴戡及张一麐、罗正钧荐诸大总统，久欲令罗出任国事，遂即将罗圈出，于是罗之任命见矣。该局现方力筹进行，曾电促罗速行来京。罗复电称现因家有丧事，须稍为料理，一经就绪，即当来京。”

二是拟设经界局讲习会。说：“经界局蔡督办对于局务之进行，悉心筹划，不遗余力。目下又拟就局中设一讲习会，以局中职员为会员，俾其互相研究。凡关系经界各事，其中层累曲折，无不洞识无遗，于经界之进行，实有莫大之便利。其会长一席，或由督办自任，或令京兆经界行局坐办卫兴武兼任，尚未大定。至其讲习之期间，闻定为三个月云。”

三是拟定下半年“经界局之经费”。说：“经界局暂行编制，已经蔡督办拟定呈经大总统批准完全组织，所有下半年该局行政费，业经预算送交财政部查核。其额数共为十六万一千四百元。数目如下：（一）督办、坐办及评议委员会薪俸一万八千六百元；（二）总务处各员薪俸及经费三万二千

① 《经界局之进行难》，北京《群强报》1915 年 7 月 7 日。

② 《地租条例已经脱稿》，北京《群强报》1915 年 7 月 10 日。

四百元；（三）（清）丈处各员薪俸及经费三万二千四百元；（四）编译经费一万四千四百元；（五）国内及国外调查经费六万元；（六）购置图物及器物一万二千元。"①

16 日

▲报载将军府开议，由蔡锷"暂代临时主席"。说："中央将军府自段建威上将军请假后迄未开议，自上星期起又连次开议，以蔡昭威将军锷暂代临时主席。据闻所议者系为划分全国军区要案与划一全国军械两项，其中详情，尚极秘密。惟闻此两案系由统率处所分交者，因该处密要军案甚多，故此两案责令起草，最后仍须由该处审查乃能决定云。"②

21 日

▲蔡锷呈进所编《中国历代经界纪要》《各国经界纪要》各一册于袁世凯，"借以考异同之迹，综得失之林"。说："为恭呈《中国历代经界纪要》暨《各国经界纪要》仰祈钧鉴事。窃维此次办理经界，意在清厘田赋之积弊，制定精审之法规，非博采中外成书，参互考证，不足以资折衷，而订经制。锷就职后，即于局内设立编译所，督率各员搜集中外专籍，悉心探讨，爰择要纪述，编成《中国历代经界纪要》暨《各国经界纪要》各一册。虽挈领提纲，只备概略，然亦可借以考异同之迹，综得失之林。用敢敬谨进呈，恳祈赐以披览，曷胜企幸之至。所有恭呈《中国历代经界纪要》暨《各国经界纪要》原由，理合具呈恭陈，伏乞大总统钧鉴。谨呈。"批令：呈悉。书留览。此批。大总统印。中华民国四年七月二十二日。国务卿徐世昌。③

8 月 8 日，报载蔡锷"现已编成《中国历代经界纪要》暨《各国经界纪要》各一部，业经呈进大总统留览。现又排印成书，装订两巨册，昨特分送各机关阅看"。④

1928 年 12 月，张难先将蔡锷主持编纂的《经界法规草案》《中国历代

---

① 《着着进行之经界局》，上海《时报》1915 年 7 月 10 日。

② 《分交将军府之二要案》，天津《大公报》1915 年 7 月 16 日。

③ 《呈》，《政府公报》第 1155 号，1915 年 7 月 26 日。

④ 北京《爱国白话报》第 715 号，1915 年 8 月 8 日。

经界纪要》《各国经界纪要》搜讨齐全，由湖北省政府财政厅翻印成书，题名为“蔡锷等编纂：‘经界三书’”。

关于该书的搜讨经过及其价值，张难先在其所作《序》中说：“余去岁长广东土地厅，以兹事体大，且属创举，爰方求文献，欲得一确切办法。当获蔡松坡任经界局督办时所编之《经界法规草案》，细译内容，其组织之完备、计划之周详，洵土地行政之南针也。又闻黄君梦松者，曾于民四同松坡办理此事，亟往访，述其事甚悉，并谓《经界法规草案》外，尚有《中国经界纪要》《各国经界纪要》两书，均为稀世瑰宝。求之年余，弗得，迨回鄂后，遇老友潘君梓清，梓清工测量，亦当时经界局委员之一，请其代觅二书。旋持来付予，夙昔之望，一旦以偿，其欣快为何如哉。吾国言理财者，莫不注意于田赋，而以清丈为根本计划。顾举办者多失败，亦以素乏成规，纯由意造，遂如擿埴冥行，终不免蹈入歧途耳。方松坡开局时，袁氏欲以此羁维松坡，恣其所欲，故当时经费裕，而人才多。凡关于土地之中外载籍，勤加搜讨，应有尽有。复派人往印度、日本、朝鲜，无分远迩，凡清丈有成绩者，胥穷源竟委，调查周密。即本其所采辑，撷取英华，纂为中外纪要两书。继思尽古今中外之宜，而成一有系统之制度，施于吾国，因撰法规草案。至是三书备，而旧章新猷，灿然毕具，可以言土地行政矣。余因抱此三书，请于省务会议，翻印万余册，将以播诸全国。书成，定其名曰‘经界三书’，并缀一言于编首云。中华民国十七年十二月。张难先序。”①

“三书”之一的《经界法规草案》是蔡锷制定的一部经界法规草案汇编。计收《经界局暂行编制》《经界条例》《经界条例施行细则》等40余种法规草案，14万余字。其各法规内容，今不一一辑录，可参阅“经界三书”，或刘达武编《蔡松坡先生遗集·经界法规草案》之七。

“三书”之二的《中国历代经界纪要》，主要记述我国自夏、商、周以降，中经秦、两汉、隋、唐、宋、元，直至明、清，历代清理田赋、厘定经界等事宜。计三编九章三表，外加附编三章，13万余字。今辑录其《绪言》于下，以见一斑。其他各编、章的内容，可参阅“经界三书”，或《蔡松坡先生遗集·中国历代经界纪要》之五。

---

① 曾业英编《蔡锷集》（二），第1201页。

蔡锷所撰《中国历代经界纪要》绪言说：

一、编辑缘起。谨按：民国三年十二月十一日，奉大总统申令，经曰：仁政必自经界始，经界不正，井地不均，谷禄不平，是故暴君污吏必慢［蔓］其经界。经界既正，分田制禄，可坐而定也。《尚书》《周官》《左传》所载经国之典，亦皆注重于制田产、正经界。汉光武则实行度田，晋则用庚戌土断，唐贞观中授田之法，明洪武中之鱼鳞册，皆清理田亩之善政。即东西各邦于制田之政，亦至为纤悉，此实仁政之始基也。惟自明季以来，各处田亩未清理者，为时已久，上中下九则之地质，多有混淆，缩弓宽弓之丈尺亦不画一，于是豪强隐占，贫弱受亏，飞洒倒累，流弊日滋。前清时，胡林翼之抚湖北，张之洞之抚山西，皆以清理田亩为行政要务，良有以也。近畿旗地、庄田、卫所、马厂以及各色地亩，名目尤多，往往私相贩买，册在地无，令甲虚悬，名禁实垦。加以河道之变迁、边垣之开拓，有昔为膏腴，而今成水冲沙压者；有旧本泽薮山场，而今蓺稻粱者；更有契典隐诡，过割不清，或种无粮之地，或纳无地之粮，不为清理，必致病民病国。应先由京兆区域筹办清丈，以次推行。着内务部、财政部会同酌定办法，呈候特派大员，设局编制，先就各色地亩最为混淆之处，妥为办理，总期田制精审，民累蠲除，用符经训，厘定经界，实行仁政之意。此令。等因。经由内务部、财政部遵饬筹拟经界办法，大旨以测量、清丈、登记为主要，采取渐进主义，先从京兆地方试办入手，请于中央设立全国经界局，呈奉大总统策令特任督办主持局务。以四年一月成立筹办处，编制草创，经纬万端。因念考镜所资，必求贯彻中外古今之故，乃能确定方针，节经遴派专员，设所编辑，分译东西图籍，详溯中国经界源流。盖攻错必咏他山，而数典不可忘祖，凡以考异同之迹，综得失之林，大辂椎轮，胚胎创造，亦万不容缓之要图也。

二、名称拟制。中国经界，权舆《禹贡》，分区作赋，谟典同珍。《周官》制作最精，考大司徒所掌，先以图知天下九州地域广轮之数，而因以施邦国土会、土宜、土均、土圭之法，设地守、地职、地贡之司。自井田制废以来，千载遥遥，惟朱晦庵之论注、刚海峰之实行、唐元稹之均田图说，独能得田制之精意。此外名家议论，彪炳禹皇，然尚无专帙也。“三通”继出，于是田制一项，典详食货。前清续纂“三通”，复于宋、元以后屯田各政，竞竞致意，搜采尤详。本编之辑，其滥觞矣。而纂辑范围，隘于古人倍蓰，义取征实，无事铺张，兹拟定名为《中国经界纪要》，亦犹《秦会要》《唐会要》之称，期以资借镜，而明标的也。

三、纂述纲要。窃查此次申令主旨，及设局编制，虽以经界为标题，质言之，即为田赋清厘之张本。今日民邦肇造，国家领土，不可不绝对注意，为巩奠苞桑之计画，清理田地，一方面借测绘、调查，为调制军用地图之嚆矢，一方面又可为审判厅豫备登记之根基，而田因赋制，赋出于田，举凡从前诡寄、侵欺、脱漏、包荒、冒垦等弊，皆可一洗而空。有人有土，有土有财，人民得租税负担之平均，而乐于义务，财政有不劳而理之实效，而骤进无形。本篇体例，故纯以田制为经，赋役为纬，而旁及其清丈之事实、之手续与其条教，其他关于水利、森林、屯政、矿产、蚕桑荦荦大者，虽为土地所关、经世大务，而以限于篇幅，皆只因文附见，不设专门。盖此时既以清丈为前提，分省分限，按期程绩，握椠仓遽，异时及暇，或当继续述之也。

四、编记程例。古世洪水泛滥，疆野无稽，禹平水土以还，分州则壤，厥有井田之制。本篇仿系年例，以夏、商、周开始，降至元、明时代，划为一编。分章辑述，编凡六章，章次为节。中如三国、南北朝、五代、南宋、辽、金，仍仿《通志》编例，附系各章章后。前清时代，更为一编，章节亦如前例。窃谓民国肇兴，桴秕政略，一日廓清，然而夷考其时永不加赋之文，首重农桑之谕，典章明备，颇足取资。且当此清丈时期，在能洞前代之利病源流，为改革进行之导线，编者于此特加详审，亦犹因夏因殷损益可知之意云尔。

五、搜讨资料。查东西各国，调查土地，制备清册，复有登记法制，无非使国家周知其方舆，人民确定其权利，意良法美，前事可师。中国虽数千年古国演进文明，而唐世之所谓乡账计账，宋世之砧基簿税簿，今已皆无可考。本篇所辑，亦惟历代田制之变更沿革，与其核田垦田之大略、赋税度支之约数而已。历代田赋一门，系以《通典》、《通志》、《通考》及《续通典》诸书为根据，兼及其他载籍。有清一代，则以《大清会典》《赋役全书》《户部则例》《纪事本末》《历代政要》会其成。至于垦田数目、度支数目，事迹繁琐，随章随节，系表记明，用便省览。上拟史迁年表之例，远征外国蓝皮之制，计为总表凡三：一中国历代田制总表；二中国历代赋则总表；三中国历代垦田总数表。分表凡二十一，见于各编。

六、附属记载。今世殖边政策，言国是者类能道之，八旗生计，尤为优待皇族条件外之一未决大问题。现在京兆肇端清丈，则将来对于旗产庄屯，如何支配？积年轇轕，如何整理？殊有研求之价值。近据黑龙江清丈兼招垦局编送计画书，系为最近清丈旗荒之现象，蛛丝马迹，涂辙可寻。又民国元年五月及十月先后成立之南通、昆山清丈两局，与福建土地调查之报告，一则开物成务，洞烛几先，一则海国图书，了如指掌，连缀卷尾，互资印证。庶几推行全国，发挥光大，上佐大总统仁政之敷施，下为职务进行之依据，或亦不无裨益云尔。①

“三书”之三的《各国经界纪要》，主要记述日本、朝鲜、安南（今越南）、法、德、美等国及地区办理经界的沿革、组织、计划和经费等概况。计 30 余章，外加附录二篇，15 万余字。今辑录该书《凡例》于此，以见一斑。其他各章、节的详细内容，可参阅“经界三书”，或《蔡松坡先生遗集·各国经界纪要》之六。

其所编《各国经界纪要》凡例说：

一、各国办理经界，早著成效。各种规程，另行择要译出。本书大抵详于沿革、组织、计划、经费等项，庶几纲举目张，便于参考。

二、本书因急付剞劂，先就已有之材料，从事编辑，仓猝杀青，挂漏颇多。加以各国材料，详略互殊，体例亦难一致。至已办经界之租借地，则入附编，以示区别。

三、书中各国度量衡，皆据农商部所颁权度条例改算，以昭划一。

四、凡西文人名、地名及专门技术名词，皆以原文附注于下，以资考证。至日文，则改译中国名词，而略其原文。惟习用已久，及易于了解者，仍沿其旧。

① 曾业英编《蔡锷集》（二），第 1194—1197 页。

五、本书凡关紧要之处，皆加点识，并标记于上，以便省览。

六、本书记载皆有根据。兹将所引用各国原书及各调查员报告，详列于下，以符征信之旨。

《日本明治财政史》、《日本法规大全》、《琉球地价调查要领》、《冲绳县土地整理手续》、《台湾土地调查事业概要》、《台湾总督府土地调查局报告书》、《台湾地税课税法要领》、《朝鲜法令辑览》、《朝鲜土地调查计划书（四种）》、《朝鲜总督府施政年鉴》、《朝鲜临时土地调查局局报》、《朝鲜临时土地调查局各种章程》、《朝鲜土地调查参考书》、《特派调查员殷承瓛朝鲜经界事务报告》、《支尔伯东京经界事略》（Guilbert, *Rapport surle Cadastreau Tonkin*）、《东京经界教令》（*Instructions generales pour l'execution des travaux de Cadastre au Tonkin*）、《印度支那经界事务规程》（*Reglements du Service du cadastre, Indo-Chine*）、《河内海防地税令》（*Arrete du Gouverneur General Sur l'établissement du rôle des rentes tenant lieu d'impot foncier à Hanoi et à Haiphong*）、《安南地税簿格式》（*Registre foncier, Indo-Chine*）、《特派调查员唐豸安南经界事务报告》、《佛国殖民地现行租税制度（日文译本）》、《法国嘉尔义（Garnier）统计学入门》、《公那得政治学辞典》（Conrad, *Handworthuch der Staatswissen-schaften*）、《巴格雷武经济大辞典》（Palgrave, *Dictionary of Political Economy*）、《黑客尔财政学》（Heckel, *Lehrduch der Finanzwissenschaft*）、《瓦格勒财政学》（Wagner, *Finanzwissenschaft*）、《瓦格勒历代赋税史》（Wagner, *Steurgeschichte von Altertum bis zur Gegenwart*）、《一千八百八十一年德国经界规程》（*Vermesserungsanweisung 1881*）、《福格司欧洲经界事略（德国之部）》（Fuchs, *Ausfurung der Kadaster Aufnahme in Europa, z B. in Deutchland*）、《美国测量规程》（*Manual of Surveying Instructions*）、《嘱托调查员马标美国经界事务报告》、《非利美国国家行政制度》（Fairlie, *National Administration of the United States*）、《香港一千九百年田土司报告》（*Report on the land Court for 1910 Hongkong*）、《英国接收九龙新界后第一年报告》（*Report on the New Territory during the First Year of British Administration Hongkong*）、《重订管理九龙新界章程》（*An Ordinance to Consolidate and Amend the Laws relating to the Administration and Regulation of the New Territories Hongkong*）、《特派调查员谭学夔九龙经界事务报告》、《托

伦司土地登记法》（R. Torrens，*Essay on Transfer of Land registration of Title*）、《关东州临时土地调查部计划》、《关东州土地习惯调查书》、《关东州都督府临时土地调查部各种规程》、《特派调查员殷承瓛关东经界事务报告》。①

25 日

▲梁启超“由东站乘京奉路车出京赴津”。②

10 月 30 日，报载梁启超“养疴津门”。说：“（梁启超）自养疴津门，已经数月，汤（按：指汤化龙）于辞职后亦赴津休养，二君皆寓义大利租界。汤居于义领事馆对过门牌十九号，梁亦在其附近，相去不过百步，朝夕过从，为诗酒之会。时而与二三良友吟咏歌啸［箫］之余，更作诗牌之戏。此种诗牌，不知始自何人，闻系共七十张，每张皆有文字，合之可成诗句，即以此博胜负。此种博具，非文人不能插手。并闻梁又新识在津名妓王凌波，茶余酒后，时赴彼处消遣云。”③

28 日

▲报载袁世凯“新任”蔡锷“为统率办事处办事员”。④

29 日

▲蔡锷呈请袁世凯“鉴核备案”经界局清丈处各科科长。说：“为呈报事。窃本局清丈处成立，已遴任殷承瓛为处长，前经呈报在案。现调委军官学堂教员王凯成为清丈处第一科科长，本局专任评议委员袁家普暂兼第二科科长，前陆军军官学校教员高霁为第三科科长，湖南陆军测量局课长陈整为技正。除饬任外，理合具呈恭陈，敬乞大总统鉴核备案。谨呈。”批令：如呈备案。此批。大总统印。中华民国四年七月二十九日。国务卿徐世昌。

又呈请袁世凯“鉴核备案”经界评议委员会各会员。说：“为呈报事。

① 曾业英编《蔡锷集》（二），第 1198—1200 页。

② 《任公出京》，北京《群强报》1915 年 7 月 27 日。

③ 《两名士之风流》，北京《爱国白话报》1915 年 10 月 30 日。

④ 《专电·北京电》，《申报》1915 年 7 月 28 日。

窃本局前所遴任经界评议委员会各会员，叠经呈报在案。兹查会员籍忠寅业任滇省财政厅长，徐佛苏、曾彝进辞职，周钟岳调充本局秘书，高霁调充本局清丈处第三科科长，李蕃病故，所遗各缺已先后遴任前云南财政厅长袁家普、平政院评事张一鹏、财政部佥事晏才杰、陆军中将曾继梧、农商部工商司司长陈介、前云南政务厅长刘显治等六员接充。除遴任外，理合具呈恭陈，谨乞大总统鉴核备案。谨呈。”批令：如呈备案。此批。大总统印。中华民国四年七月二十九日。国务卿徐世昌。[①]

8 月 3 日，报载蔡锷遴派袁家普等人的原因是，“经界局经界评议委员会会员籍忠寅等六员，先后调任或辞职……惟经界事务，关系匪轻，办事人员不容或旷，是以督办该局事务蔡锷氏特遴派袁家普、张一鹏、晏才杰、曾继梧、陈介、刘显治等六员接任上遗各缺，以维经界事宜之进行。又遴任殷承瓛为该局清丈处处长，再调委王凯成清丈处第一科科长。该局专任评议委员袁家普暂兼第二科科长，高霁为第三科科长，陈整充技正，刻已从事清丈诸务云。”[②]

17 日，蔡锷委任燕善达为清丈处调查科二等科员。说：“为饬知事。兹委任燕善达为清丈处调查科二等科员。此饬。经界局督办。中华民国四年八月十七日。右饬燕善达。”[③]

25 日，又委任袁思古为总务处一等科员。说：“为饬知事。兹委任袁思古为本局总务处一等科员。此饬。经界局督办。中华民国四年八月二十五日。右饬袁思古。”[④]

31 日

▲蔡锷呈报组织经界局讲习会缘由并简章。说：

为呈报事。窃中国办理经界，事属创举，非切实讲求，难期完善。兹集合本局暨京兆经界行局所有在事人员，暨各机关有志研究经界者，组织经界讲习会，以京兆经界行局坐办卫兴武为会长。讲习之期暂定为三个月，每星期开会讲习三次，遴选会中有专门学术者分类讲演，

---

① 以上二件见《呈》，《政府公报》第 1161 号，1915 年 8 月 1 日。

② 《经界人员之改充与接替》，天津《大公报》1915 年 8 月 3 日。

③ 《蔡锷集外集》，第 336 页。

④ 《蔡锷集外集》，第 336 页。

期于各尽所长，悉心研究，以得一办理经界最完善之模型为目的。理合连同本会章程具呈恭陈，伏乞大总统鉴核备案。谨呈。

批令：如呈备案。交内务、财政两部查照。单并发。此批。大总统印。中华民国四年七月三十一日。国务卿徐世昌。

谨将经界讲习会简章，缮具清折，恭呈钧鉴：

一、讲习会以得一办理经界最完善之模型为目的。

二、本会以本局及京兆经界行局人员组织之，设会长一人、副会长一人、主任四人，主持会务。

三、本会延兼任评议员为名誉会员，以备谘询。

四、本会讲习竣事，应分别实地演习。

五、本会讲演日期，自本章程发布之日起，至九月三十日为止。

六、本会讲演事竣，应由会长提出书类如下：（一）计划式样；（一）各外业服务规程；（一）各内业服务规程；（一）各用纸式样；（一）各图册式样。会员中如别有心得可陈，由会长同时提出。①

又函告贺培桐，天津之游作罢。说："昨谈甚欢。百里意不欲行，津游作罢可也，俟天候稍凉再行约期可耳。手此，敬请道安。两浑，七月三十一正午。"②

按：从袁世凯毙命后，贺培桐代表朱家宝电请蔡锷"罢兵息民"看，蔡锷此函实际旨在改变主意，婉拒其天津之游。

8月

8日

▲报载蔡锷条陈政府，拟组织一全国农业银行。说："经界局督办蔡锷

---

① 《呈》，《政府公报》第1163号，1915年8月3日。

② 西泠印社2016年秋季拍卖会"孙中山诞辰一百五十周年纪念专场"拍卖册，第396页。今见此函仅为残页，信笺有"经界局用笺"字样，信封书"蔡缄"，所书内容，清晰可辨，系蔡锷手笔，故知其为蔡锷的亲笔函，且写于1915年7月31日。是书原注说："贺培桐（1876—1936），字湘楠［南］，河北枣强人，民国国会参议员、陆军部军学司骑兵科长。少将军衔。蔡锷友人，同盟会会员，《北方日报》主笔，国民党燕支部党员。天津法政学堂、日本早稻田大学毕业。袁世凯称帝时拒绝袁氏笼络，支持蔡锷发起之护国讨袁战争。蔡锷去世后，曾在黄兴、蔡锷追悼会上演讲。"

条陈政府，以我国以农立国，种植全未改良，实原于业农者多属贫乏之人，现拟组织一全国农业银行，奉谕交农商、财政各部核议具复。现由农商部主稿，拟具一农业银行简章，咨由财政部会印转呈。闻不日即行公布实行云。"①

15 日，又载此项计划被财政、农商两部打消。说："经界局设立，任命蔡锷为督办，已逾半年，而经界之进行前途尚属辽远，此固由于经界之事业极为繁难，然巨额之用款，无法筹措，至难于进行着手，实为其中最重要之原因。至最近蔡督办为融通经界经费起见，所计划之农业银行，又为财政、农商两部从根本上予以打消，无米为炊，巧妇所难，闻蔡督办极为失意，不久或即出于辞职一途，避免以尸位贻讥云。"②

17 日，又载"经界蔡督办所倡办之农业银行，已与财政部会商办法，妥拟条例矣。闻此项条例之拟订，与原案当有不同之点：一、原案资本额五千万元，由四年预算官产收入内拨一千万元，由各省分募整理农业公债四千万元，刻因有窒碍难行之处，所有资本已另设法筹划；一、发行三倍之纸币，因恐妨害币政，此议已作打消，而兼办商业银行业务一节，亦因与设立初衷未符，暂从缓议。故现下拟订条例，关于上述各节，皆有删改之处。至条例内之要点，则此项银行将来先由京兆区内试办，俟有成效，再行推行他省，以符利国便农之意云"。③

▲报载段祺瑞"昨日"曾发表通电，"辩正"其辞职之"是非"。说：

> 段总长祺瑞为造成共和、有功国家之人。民国成立后，对于军事上既著勋劳，代任总理，于政治上勷襄之功亦伟，大总统倚为左右，此番请开去差缺，实因患病。日前又呈请辞职，大总统仍不令其脱离政海，只给假一月，使其安心调理，待遇勋旧至为优隆也。惟外间对于段君辞职尚未免有误会者，某某等报纸为尤甚。昨日段总长曾通电国中各报纸，辩正是非，兹录其原电于下，可明其真相也。
>
> 上海、汉口、广州、天津各报馆鉴：二十年前大总统在小站练兵时，祺瑞以一武备学生充下级武职，与大总统素无关系，乃蒙采及虚

① 《农业银行简章不日公布》，天津《大公报》1915 年 8 月 8 日。

② 《蔡督办又萌退志说》，《盛京时报》1915 年 8 月 15 日。

③ 《农业银行条例之内容》，《盛京时报》1915 年 8 月 17 日。

声，召赴小站，立委为炮队统带，遂历<历>充统制各要职，不数年由千总微职擢道员统兵副都统。及大总统还山再出，祺瑞复见任湖广总督、陆军总长，以大总统知祺瑞之深，信祺瑞之坚，遇祺瑞之厚，殆无可加，是以感恩知己数十年如一日，分虽部下，情同骨肉。近半年来，祺瑞因吐血失眠，形体日羸，而国家建设伊始，自量精力，实难强支，何敢以病躯恋栈，误贻大计？不得已吁恳息肩，借资调养，为将来图报之地，进退皎然，差堪自信。乃旁观不察，谬施推测，而包藏祸心之某报纸，尤信口捏造，以挑拨离间之诡计，直欲诬罔祺瑞等于忘恩负义之徒。人心叵测，何意至此，甚至伪造为被人行刺之谣，更属毫无影响。祺瑞本一军人，义在服从命令，他非所知。至于报纸毁誉，素不注意，乃近日愈说愈奇，迥出情理之外，难免非别有用意之处，不得不略表心迹，以息伪言。至于明达君子，固当早谅鄙心，不待烦言而解也。段祺瑞。印。①

14 日

▲3 日，袁世凯政府宪法顾问美国博士古德诺抛出《共和与君主论》，声称“中国如用君主制，较共和制为宜，此殆无可疑者也”。而欲“由共和改为君主”，且“得良好之结果”，则需具备“下列之要件，缺一不可”：一是“不可引起国民及列强反对”；二是明白确定“君主继承之法律”；三是政府必须“预为计划，以求立宪政治之发达”。以上所述三种条件“均皆完备，则国体改革之有利于中国，殆无可疑也”。

14 日，杨度等六人随即发表《筹安会宣言》，声言共和国体，不适合国情，中国“不能不用君主国体”，因而“特纠集同志，组成此会，以筹一国之治安”。说：

我国辛亥革命之时，国中人民激于情感，但除种族之障碍，未计政治之进行，仓卒之中，制定共和国体，于国情之适否，不及三思，一议既倡，莫敢非难。深识之士，虽明知隐患方长，而不得不委曲附从，以免一时危亡之祸。故自清室逊位、民国创始绝续之际，以至临

① 《段总长表明心迹之通知》，《盛京时报》1915 年 8 月 8 日。

时政府、正式政府递嬗之交，国家所历之危险，人民所感之痛苦，举国上下，皆能言之，长此不图，祸将无已。近者南美、中美二州［洲］共和各国，如巴西、阿根廷、秘鲁、智利、犹鲁卫、芬尼什拉等，莫不始于党争，终成战祸。葡萄牙近改共和，亦酿大乱。其最扰攘者，莫如墨西哥。自爹亚士逊位之后，干戈迄无宁岁，各党党魁，拥兵互竞，胜则据土，败则焚城，劫掠屠戮，无所不至，卒至五总统并立，陷国家于无政府之惨象。我国亦东方新造之共和国家，以彼例我，岂非前车之鉴乎？美国者，世界共和之先达也，美人之大政治学者古德诺博士即言世界国体，君主实较民主为优，而中国则尤不能不用君主国体。此义非独古博士之言也，各国明达之士，论者已多。而古博士以共和国民而论共和政治之得失，自为深切著明，乃亦谓中、美情殊，不可强为移植。彼外人之轸念吾国者，且不惜大声疾呼，以为我民忠告，而我国人士，乃反委心任运，不思为根本解决之谋，甚或明知国势之危，而以一身毁誉利害所关，瞻顾徘徊，惮于发议，将爱国之谓何？国民义务之谓何？我等身为中国人民，国家之存亡，即为身家之生死，岂忍苟安默视，坐待其亡？用特纠集同志，组成此会，以筹一国之治安，将于国势之前途及共和之利害，各摅所见，以尽切磋之义，并以贡献于国民。国中远识之士，鉴其愚诚，惠然肯来，共相商榷，中国幸甚。发起人：杨度、孙毓筠、严复、刘师培、李燮和、胡瑛。①

24 日，报载“筹安会暨古德纳［诺］博士等现正提倡帝制不遗余力，盖皆受袁总统之意旨而为之者也。据京中人士云，袁氏之欲戴帝冠，顺序与形势具备，先向前清皇室怂恿登极，俟其辞却不受，乃撤销前清皇帝之尊号，旋即自即帝位，而诿谓势之所不得已”。②

11 月 7 日，又载：

变更国体已将成为事实，其主动者一似为筹安会发起之诸君，究其实政府有此意旨乎，则蛛丝马迹，有足何寻绎者，兹举一二端，约略述之。

---

① 以上二文见《护国运动资料选编》上册，第 7—10 页。

② 《发起筹安会无非仰承总统之意旨》，《盛京时报》1915 年 8 月 24 日。

回忆去冬，劳乃宣辈昌言复辟说，大为舆论所不容，各省军民大吏亦纷电政府，请按紊乱国宪处治之。政府乃仅仅下一道命令，平平淡淡了之，则是政府之意旨，彼时已可窥见其梗概。故变更国体之动机不自今日始，识者早知有今日也。政府有此意旨不能自发动，识时务之俊杰乃发起筹安会，鸣锣响鼓大倡国体改革说，其说则又引古德诺氏之谈话以为根据。若古德诺氏有此谈话否，姑不必论，即有之，亦政府有此意旨有以使之然耳。何则？古德诺氏，美国之大政治家也，美国者共和国也，以共和国之大政治家而蔑视共和国体，且居于他人之国家而轻意鼓动改革之，断无是理。

再回忆今夏间，各省将军及某某师长纷纷入觐，一若该省有若何重大事故者，殊不知即为此问题政府召之使来也。政府必召各省将军来京与之磋商者，亦知此破格之举，万一握有兵权者出头反对，则画虎不成反类为犬，殊为可虑。各省将军对于此举，虽有大不以为然者，然谁亦不肯一意孤行，甘冒不韪，自贻伊戚，莫不画诺而去，于是筹安会始发生焉。尚有一事又足令人生疑者，即前陆军总长段芝泉之求去也。辛亥南北军相持时，段芝泉为北军总司令，清帝之退位也，为段芝泉最后一电要求之力量，清帝退位诏中有段芝泉电称北军莫不赞成共和一语，可复按也。现在段芝泉又赞成恢复君主，自顾出乎反乎？较他人尤觉难堪，故于筹安会未发现以前，始而请假，继而辞职，对于国事毫不闻问，此可见段芝泉早得政府之意旨，以为规避计，此亦可窥知政府有变更国体之意旨，而筹安会发起之诸君不过为傀儡耳。①

至于先前的革命党人李燮和等人何以这时成了袁氏帝制拥戴者，以下情况或能揭示一二。如所周知，袁世凯经常使用揭短的办法，胁迫他人下台或忠于自己。前有利用“热河盗宝案”，迫使熊希龄下台；后有利用“三次长参案”与“五路大参案”，胁迫梁士诒愿为帝制尽力。这时又利用李燮和的“贪婪”和孙毓筠的“吸毒”，控取其为筹安会卖力。

当时，就有报载说“近有龚先耀等以李燮和贪婪不法等情，向主管各部告发，录其全文如下”：

① 《变更国体主动者之索隐》，《盛京时报》1915 年 11 月 7 日。

先耀等与李燮和本属同志，又同为筹安会人，何为忽有此举？则以李燮和贪婪不法、欺骗先耀等之行为。甫经查悉，正拟合词上呈之时，适筹安会发生，燮和乃百方运动，冀厕身理事之列，借以逃刑。理事长杨度、孙毓筠等不知其内情，谬引为同志，发表之后，人皆讶其不伦。先耀等虽与燮和同隶君宪主义之下，然综观燮和之行事，不能不认为国家之蠹贼，同党之害马，稂莠不除，嘉禾勿植，先耀等安敢以同党同事之私，而废公义，故毅然胪列其犯罪事实，具呈主管各部，请求彻究，如有不实，甘受反坐之罪。

夫中国现时，固以共和立宪号称于世界，而将来又以君主立宪为标的者也。杨理事长君宪救国论不云乎立宪者，国家有一定之法制，自元首以及国人，皆不能为法律以外之行动。李燮和虽为筹安会理事，如果犯罪，刑法固当适用，即本会亦不能袒庇。《语》云：王子犯法，与庶民同罪。此理之至易明者也。如以为理事之故，曲予优容，则不独有悖立宪国之精神，即本会提倡君宪之义亦所不许。除函陈理事长即将李燮和除名外，用特叙述其颠末，善告同人，毋滋误会。

具禀人前福山镇守官兼驻淞光复军第二团团长龚先耀（湖南湘阴人，年四十九岁，现住兵马司前街湘阴馆），禀为军官营私舞弊，病国殃民，并侵蚀淞沪运动各费甚巨，伏恳彻究追缴，以维军纪事。

窃查勋五位陆军中将、总统府顾问李燮和，当武汉首事之时，该中将由湘而鄂，无所措手，乃潜至上海。其时先耀等皆供职淞沪水陆各营，默观大势，方议响应。徒以各营分立，势如散沙，该中将深悉此情，乃以同乡之谊，居中执奔走联络之劳。事成，各军官及先耀等，以势位相等，莫敢居首，调度恐有不灵。该中将乃乘机设立军政分府于吴淞，自称总司令，以一窭人子，骤居高位，谁肯相下？徒以大局所关，不能自相争夺，先耀等皆以推位让功之旨，隐忍迁就，以期无败。国家之大业，自独立之始，至南北统一，先耀等皆在行伍，冲锋陷阵，于该中将之所为，未暇深计。及奉令解散，先耀等以共和告成，遂洁身归田，口不言禄。未几，闻人言该中将乘解散之时，浮报军饷，将近百万，在沪狂嫖阔赌，挥霍无度。先耀等犹未敢信，及先耀等亲见该中将在沪高车华屋，姬妾满前，遂不能无疑。迨详加考查，始知该中将在其本籍地方，所置田房、矿产及经营茶铁等业，历历可数者，不下三四十万金。自去春至今，湘汉沪宁等处，犹时闻该中将发售公债票。查该中将家本赤贫，至沪时犹衣衫蓝缕，人所共见，何以一二年内，暴富至此？更进而查该中将取消之呈文清册，竟以先耀等应领淞沪运动各费尽入私囊，以多数人之牺牲，供彼一人之富贵，浮冒贪婪，弁髦法纪，实为神人之所共愤，天地之所不容。先耀等若不据实举发，对于国家为不忠，对于个人为不智，更将何以仰副大总统禁暴惩贪、综核名实之至意？谨将该中将种种罪恶，敬为我总长缕晰陈之。

一、浮冒军饷也。李燮和组织光复军，其初包含黎天才、姜国梁所部军队在内。克复南京后，黎军即直隶苏督，姜军始则就地筹款，后亦改归苏督，均与光复军无涉。故号混成旅，其实仅步兵五营、炮兵一营、工兵一队，当日官佐均在，可供质证。而报销册中均按混成旅计算，每月所入为数甚巨，此其浮冒者一。该军第一团所辖步兵二营，于元年二月初开赴烟台，由山东发饷；第二团及炮兵一营、工兵一队，系辛亥十二月续招，亦于二月内编入第五师，由江苏发饷；女子北伐队二十余人，军费仅报三百余元。按之报销册内，其军队人数与成军日期，均与此大不相符，此其浮冒者二。光复军总数不过三千人，攻克制造局时，所取枪炮甚多，除自用外，余者售与浙军，索价银数万元，浙军有案可稽。军服一项，系由驻沪军装委员杨作霖经手，在上海安吉军衣号购制，有帐可查。而报销册内所开军械、军饷，共计银六十五万一千九百余元之巨，此其浮冒者三。光复军司令部在事人员，不足四十人，当义军初起，人怀报国之志，均不支领薪水，每人每月各发津贴五元。该中将所著《光复军志》，亦经叙列。约计三个月内，并火食杂用极多，亦不出一万五六千元。而报销册办公费开列三万八千三百二十六元，此其浮冒者四。淞沪反正，李燮和不过奔走联络而已，其实由于军警两界深明大义，自举义旗，并非由于利诱。而报销册内所开运动费，共银十三万四千五百四十元，军警两界长官如黎天才、姜国梁、黄汉湘、朱廷燎、陈汉钦、章豹文等均称未经领受分文运动犒赏各费，此其浮冒者五。李燮和以驻军吴淞之故，联络陈其美，令其接济军饷，前后共由沪军都督府领受饷银二十余万。查报销册内收入项下所列仅数万元，相差甚巨，当沪军报销册清查，即可证明此其浮冒者六。李燮和兵入南京，志在得财，比即派兵前往接收大胜关、八卦洲等关卡，并下关掣验局数日之内收入约七八万元。而所列报销不过数千元，若提讯当日经办人员陶梦蛟等，即可明白，此其浮冒者七。上海光复之时，吴淞附近厘局十余处，均由李燮和派人接收。又清丈沙田，开办彩票，提倡义捐，并义务演戏等款，据当日在事之人言，总共收入约二十余万元。而李燮和呈文内，以为数无多，含糊了之，此其浮冒者八。总计浮冒各款，约在数十万元。自应恳请传讯明确，勒令缴出，以重国帑。

二、侵吞公债也。查光复军饷项预算及欠饷细算于南京临时陆军部请调李任为旅长案内，曾经声明及筹备北伐请领出发经费，经发给沪军公债票四十万元。至二月十五呈请改组，本部奉批停止北伐，李燮和即乘势将所领公债费尽数开除，尚不敷六万二千余元。前后不一月，遽与前案大相矛盾，试取两案比较参观，其捏报之处，自能一目了然。但两案俱在前陆军部，何以核准？查其时军衡司长即前枪毙之仇亮，系李燮和死党，两人勾串，由仇亮调卷，越权批准，强黄兴画押，仇之笔迹具在，可以对勘。□造报时，强秘书易凤祺综括已收之款，使之出入两相抵销。乃李燮和欲壑难填，复强令浮加六万余元，由部批发现金四万元。民国二年，李燮和以此项债票不能行用，呈请调换爱国公债。经财政部三次批驳，李燮和手段通神，卒达目的。而此四十万债票，遂尽入私囊。故至今犹在各埠发售未罄，果系军用，何能迁延至数年之久，尚未清结？果系军用，何以当时在事水陆军官佐未见配搭分文，为李燮和所独有？且两年来京外各报纷纷揭载，李燮和何以默不一言自明心迹？其为侵吞已无疑义。

三、敲诈商民也。招商局账房施禄生由苏州至沪，李燮和用掳人勒赎之法，派人跟踪至下车时，即行捆缚，连夜用重价开手摇车，解至吴淞军政分府。万般凌虐，勒令供出盛宣怀财产所在，欲攘夺之。威逼施作手书，求救于招商局。该局董事不得已，出票银十万两，将施赎出。查报销册内载此款，黄汉湘、彭东垣等共领五万元。据汉湘口称，并未领取此款。据彭东垣口称，除受燮和托为娶名妓惜花，别墅为第三妾身价银及用购妆衣饰花销外，余未领取分文，与军饷毫不相干，此可一讯而知者也。南京都督府成立，即宣示无分满汉，一体保护。燮和利令智昏，不遵命令，派队四出搜寻旗人家宅，入肆掳掠。

有驻防旗人穆布阿，闻风即将所有财产寄存邻右杂货店，为李燮和探知，派团长李炯前往抄抢一空。该旗人及店主在都督府控告，有案可查。李燮和驻军南京时，派兵骚扰各庙，令其呈缴庙产，不遵者即以枪毙恫吓。迫宝华寺僧光悦呈出房契一纸，价值万余元，勒令书立送契，捏称售与朱崇如堂，以充军饷。秩序恢复后，经庙僧在地方审判厅控告，判令发还。李燮和派胡伯莹为朱崇如堂代表，互讼年余。查崇如即李燮和胞兄之别号，胡伯莹即其胞侄李刚所用之军需官，因见报章揭载，恐生枝节，出银数千元，与庙僧私和，一面由高等厅判结完案。似此鬼蜮行为，实属伤军纪，应请传集该僧讯明惩办。李燮和派人向已故参政袁树勋之侄袁思永威吓，声言如不劝令其叔捐款三十万，即将不利于其家。袁不得已，将房屋数处押款一万六千两，李不允。袁在南京有住宅一所、房屋数处，李燮和乘攻克南京之时，派其部下前往掠劫一空，并占其房屋，使人示意，如能报效巨款，即予保全，否则付之一炬。袁不为动，卒将其产践踏不堪，损失甚巨。此种强盗行为，皆为湘人所深悉，可质证于袁氏者也。

四、滥保亲属也。李燮和保速成师范学生于军旅之事，学识经验一无所有，谬居总司令之职，迄四阅月。其在上海系得陈汉钦、章豹文、叶惠钧、王楚雄、成富贵、杨励身等之功。其在吴淞系得朱廷燎、姜国梁、黄汉湘、许宏恩、徐占魁、杨承浦、章兆旗等之功。其协攻南京系得黎天才、由犹龙、周德厚等之功。此非先耀等之私言，稽之案牍，信而有征。即先耀等躬亲战阵，未敢告劳，虽曰无功，幸可免过。而李燮和于以上诸人多未列保，至其胞弟李云龙于光复军取消后，始由桂来宁，并未与闻战事；其胞侄李刚一乳臭小儿耳，甫由日商船学校肄业返国，即畀以团长之任，皆朦保陆军少将加中将衔之崇职。李燮和固属一门显达，振耀本当世，然而有功不录者，抱屈难伸矣。以上各事，均系实在情形。先耀等与李燮和共事一方，知之最为真切，所列证人均可质讯。李燮和利用当时南北政府首尾隔阂，且无人指摘，两部亦末［未］由发觉，故得施其朦蔽之技，得以呈请核准。然既逐条指驳，真情毕露，则原案当然应于破案。且运动各费既经报明，系沪宁苏浙起义所用，应请饬令如数交出，以充军饷。至应如何惩办之处，法令具在，而王治馨等贪赃犯罪前例甚多，该中将李燮和罪案累累，如果同罪异罚，何以服人心？何以维国法？为此禀恳钧部俯赐彻查追缴，按法惩办，不胜悚惶待命之至。谨禀陆军部总长、财政部总长、肃政厅高等军事裁判处。①

至于孙毓筠，1920 年 1 月 17 日也有读者在日记上记录他为帮助袁世凯组织筹安会发表的“忏悔”书说，孙毓筠曾说，“他赞助袁世凯办筹安会，是因为鸦片抽得利［厉］害，买古董玩器化［花］费的钱太多，负了十二万块钱的债，债主时常来要钱，就要东找西挪的去应付，勉强敷衍过日子。因此精神肉体日见衰疲，以前的英气不知道哪里去了。他说：‘到了袁世凯叫我组织筹安会，我何尝不明白不是人应该做的事，但是我已经成了尸居余气的废人，那里还有丝毫的力量去抵抗他，只有唯唯听命，把个人的人格完全为洪宪皇帝牺牲罢了。这就是我堕落的事实。’”②

▲报载杨度 14 日曾由京赴津，16 日由津回京。③ 至于杨度赴津为何事，有报载说是为会晤梁启超，商请其入筹安会。说：“杨度既失信用于社会，吾人以为筹安会发起，必先网罗二三知名人士，以便号召。不谓传单一出，第一吓走者为前第一流内阁总理熊希龄氏，借口母病，请假回籍。次之为江南老名士张啬翁，亦欲托名入万国水利会议，远走高飞以避之，目的虽未得达，而前数日已轻装南下。熊、张既去，所余有名人物有二，一梁任公，一汤化龙，筹安会若能得此二人入会，其力亦不亚于熊、张。乃梁之为人胆力薄弱，闻有人提起国体二字时恒变色，此次筹安会发起以前，彼早已闻风往天津（按：时在 7 月 25 日）。筹安会发起之次日，杨度曾亲往津晤梁，所商不协，嗒然回京，力嗾梁氏之高足徐佛苏赴津游说梁，乃以患痢不入会，亦不来京。至于汤氏久有辞职之意，此次筹安会发起前二日，即以患痢请假，杨度往说，则待以闭门羹。说者谓杨度虽不得梁、汤入会，然能使两人同时以痢疾闻，未尝非中国将来大吐大泻之预兆也。”④

---

① 《录件·龚先耀等告发李燮和之公呈》，天津《大公报》1915 年 10 月 7—8 日。

② 《王复生烈士日记之二——从吾轩日记》，《云南档案史料》1991 年第 4 期，第 28 页。

③ 见天津《大公报》1915 年 8 月 15 日、17 日。

④ 北京特约通讯昨非：《如是我闻之筹安会》（四），上海《神州日报》1915 年 8 月 28 日。

19 日

▲梁启超函告梁启勋，“此后当祷长病矣”。说：“今日本为起草会员入谒元首之期。昨午会中有电话来，已许以晨车往。晚间黄远庸来，力劝勿行，电商季常，亦谓宜缓，遂以电公府请假，计此后当祷长病矣。日来彼辈进行何如，希即见报。荷公若能一来面罄尤善也。家书寄阅，建兄书已发，甚善，所恃外援当在是耳。仲弟。超。十九。”①

22 日，又函告梁思顺说：“昨日觉顿来，备述都中近况，稍可安心。吾此后拟仍出席于起草会，大约此半年中可望无他异动，过此以往，再图补救耳。回廊独坐，明月亲人，兹景绝佳，恨汝不来共此。吾旬日来写字极多，文思依然涩滞，受外界牵迫，心绪至不宁谧，可恨也。”

23 日，再告梁思顺说：“书悉。来复六能来甚佳。柳溪劝吾来复五入都，吾仍欲再迟一来复乃往也。来时可将前在马场道屋所用门帘之桂木带来，汝所住房，顷尚未挂帘，吾拟即用此，无取别费另造也。又吾有书与潘琼笙，属将吾所著书报（如政治论集之类，六大政治家之类皆要）取一全份来，可告姑丈往检，无论整部零册，尽所有各取一二部（文集能多取最佳，恐无有耳）来可也。吾不能忍（昨夜不寐，今八时矣），已作一文，交荷丈带入京登报，其文论国体问题也。若同人不沮，则即告希哲并译成英文登之，吾实不忍坐视此辈鬼蜮出没，除非天夺吾笔，使不能复属文耳。”②

20 日

▲蔡锷电告贵阳刘显治，京中近日“掀揭”筹安会，“颇属危险”，拟令韩凤楼前来滇、黔，“切商一是”。说：“咸密。京中近组织筹安会，研究国体问题，欲以觇舆情而定国是。此事关系国家前途甚巨。弟意欧战未终、东邻伺隙、党人思逞之时，掀揭此议，颇属危险。滇、黔位居极边，党人尤易阑入。兹拟令五峰（按：韩凤楼，字五峰）前赴滇、黔，切商一是。令兄前有意调五峰，请即电处、部，俾便南行。执事能早日来京，尤盼。鄂。”③

---

① 中华书局藏抄件。《梁启超年谱长编》第 719 页记此函为《与娴儿书》，误。

② 《梁启超年谱长编》，第 720—721 页。后电是书定为 8 月 22 日，疑为 23 日。

③ 曾业英编《蔡锷集》（二），第 1202 页。

▲报载“统率办事处唐质夫总务厅长昨曾分知陆、海军，参谋等部各总长，及该处各高级军官，并中央将军府之将军、参军等员。又陆军训练总监蒋雁行定于月之二十一日上午八时，在该处召集会议，闻为复核修正陆军编制法等重要议案，大元帅亦临时出席，指示政策云”。①

同日，又载“统率处近日应议办之密要重案甚多，均系不能延缓者，其他各次要例案，一时未能兼顾。昨闻曾移交中央将军府要案两项，一为试办征兵之施行条例，一为核减军费审查会之条例。该府日内即当开会，大约仍以蔡昭威将军锷代理临时主席云”。②

23 日

▲蔡锷电告云南唐继尧，贵阳刘显世，广东龙济光，南宁陆荣廷，桂林陈炳昆，蒙自沈汪度，大同孔庚，成都刘存厚、雷飙，对京中筹安会研究国体问题，“务望稳静”。说：“□密。京中现有筹安会研究国体问题，其宣言书当已达览。此事关系国家前途甚巨。际兹强邻伺隙、党人思逞之时，台端处事持议，务望稳静，以靖地方，而裨大局。漾。敬。”③

▲报载蔡锷属于筹安会的“极端反对派”。说：

据北京某报载，闻自筹安会发起后，赞成者颇多，反对者亦不少。其中略分数派：一、赞成派。此派以官僚中人为多。如某次长、某总长等及参政院某参政诸人。一、反对派。此派为前清遗老与前清关系甚深者。彼谓若欲改更国体，不如崇奉宣统较为得计，如陆润庠、劳乃宣、世续等皆是。而其中主张最力者，莫如前东三省总督、现清史馆馆长赵尔巽。一、极端反对派。此派大半为热心国事及失志之人。前者如李仲轩、樊云门、段祺瑞、汤化龙、蔡锷等皆是。后者如各政党之重要人物皆是，并闻李仲轩及各政党正在筹划反对之方法。又闻自贺振雄上书肃政厅后，连日上书者不下数千百起。兹录其中直接致筹安会书一通如下。

飞启者。昨阅报章，京师忽发现一种筹安会，殊属骇人听闻。闻

① 《统率处定期召集军政会》，天津《大公报》1915 年 8 月 20 日。

② 《统率处移交将军符府之要案》，天津《大公报》1915 年 8 月 20 日。

③ 曾业英编《蔡锷集》（二），第 1202 页。

此会系为君等所发起，呜呼！君等向以国家为前提，今何若是其昧昧也。不知此种变更国体问题异常危险，君等即不为一身计，独不为大总统计乎，即不为大总统计，独不为天下人民计乎。曩者项城正式即总统位，行宣誓礼，誓守共和，复又改正《约法》，规定《选举法》。大总统又复屡次宣言，一则曰世凯束发受书，即翊赞共和，再则曰国体永不变更。今口血未干，言犹在耳，天下人孰不知之。君等是何心肝，而果欲陷大总统于不义耶。夫帝制果良，前清不亡矣，岂可以外人之一言，而遂为国体之定论乎。闻君等大半皆倡言共和之人也，亦革命之巨子也，一旦欲图封爵之懋赏，遂毅然决然甘冒天下之不韪，抚心自问其何以自解耶。且乱党之创乱也，无非借口恐帝制自为耳，今君等果欲授乱党以口实耶，是此后乱党倡乱有词矣，举国之人即不乱党，亦将成乱党矣。现在共和基础初定，人心稍安，岂可再有反复之举动？君等果识时机，幸自猛省，及早解散此会。仍望正明国体，誓守共和，维系人心，奠定治本，民国前途，庶几有豸。非筹安会人公启。①

24 日

▲蔡锷电复刘显治，韩建铎“使署参谋一席”恐难准，仍以韩凤楼“承乏”为好。说：“咸密。梗（电）悉。韩幼泉（按：韩国饶，又名建铎，字幼泉）因有他故，恐难奉准，请商令兄仍以五峰承乏。敬。”②

25 日

▲蔡锷对国体问题表态，“主张中国国体宜用君主制者署名于后”。首先签了“昭威将军蔡锷”的名字。③ 同时签名者还有“宣威将军蒋尊簋、义威将军孙武、参谋次长唐在礼、陆军次长蒋作宾、陆军中将陆锦、陆军中将覃师范、陆军中将张士钰、陆军少将张一爵、陆军少将姚鸿法、陆军少将蒋方震、陆军少将陈仪”。④

① 《筹安会发起后之京尘各面观·各方面之派别》，《申报》1915 年 8 月 23 日。
② 曾业英编《蔡锷集》（二），第 1203 页。
③ 以上各引文为蔡锷亲笔。其他签名者也为各自亲笔。
④ 曾业英编《蔡锷集》（二），第 1203—1204 页。

对于蔡锷此举，12 月 28 日袁世凯曾在蔡回到昆明与唐继尧等宣布云南独立后，通过段芝贵致电代行立法院说：“查筹安会发起之初，蔡锷尚在京师极端赞成，毫无异议，抑且邀约军界人员，集合演说，竭力提倡。唐继尧、任可澄等屡次通电京外机关，亦谓非帝制不能救国，极为痛切。本月初电奏谓共和为害，请早定一尊，吁恳元首早登大位，直至十八、二十等日，尚有密电，谓乱党密谋甚急，军队防范甚严，力保治安等语。”[①] 接着又命统率办事处将蔡锷“亲笔签字名单照出，分送各处……俾知蔡锷实系反复小人，毋为所惑”。[②] 还通过“御用新闻，刊登蔡锷赞成帝制之亲笔签字于报端……指其前后反复”。

当时的《盛京时报》则发表署名“真民意”的来稿《威胁赞成帝制之一铁证》，指出“不知此正足为威胁赞成帝制之一铁证。何也？凡人之心理，必有一定之主张，即先后容有变迁。要必递嬗而进，其相去恒不甚远，断无同在一时，或在最短时间内其所抱之二主张而极端反对，且必欲以强力而贯彻其乙主张，而取消其甲主张者。有之，则必其甲主张之由于被胁，实非心之所安，而乙主张则为良心上之自由也。今蔡氏在袁氏势力迫近之北京，亲笔签字赞成帝制，而签字后，乃匆匆出京，一入边远之滇省，即大起其反对之举动，则前者之由于胁迫，后者之出于良心上之自由，不待智者而知之矣”。“至若进官进级，封公封侯，加薪加饷之为利诱，更为彰明而较著者矣。不见夫近日之事乎，黎副总统，忠厚长者，袁氏之所知也，仅不出参政院，而卫队即加紧监视。段总长祺瑞，爪牙之士也，仅主张帝制缓行，即阴令辞职，又不予出京，并给予养病费五千金以辱之，且屡屡使人行刺。赵次珊，彼所谓嵩山四友也，虽侨装商人，不能出都门一步。甚至章太炎一疏佣之脆弱文士也，恐其文字足以动人，或倡为反对之论，即幽之如重囚，致令其女忧愤自尽。阅者试平心思之，蔡氏故健者，武人而具政治知识，袁氏所夙称之者也。若蔡氏在都，稍露反对态度，尚望其能自由以返南邦也哉。”[③]

---

① 《段芝贵致代行立法院电》（1915 年 12 月 28 日），见中国社会科学院近代史研究所藏“洪宪”档案。

② 《冯国璋转发统率处印制之蔡锷主张君主政体签字名单饬》（1916 年 1 月 18 日），《护国运动》，第 520 页。

③ 真民意：《威胁赞成帝制之一铁证》，《盛京时报》1916 年 1 月 23 日。

26 日

▲蔡锷电复贵阳刘显世，如筹安会“有电相嘱，仍以推举代表为宜”。说：“咸密。有（电）悉。筹安会发起后，京外多主张赞同，军界重要诸人亦皆预闻其事。此事关系国家大计，势在必行。该会即有电相嘱，仍以推举代表为宜。宥。”

又电复云南巡按使任可澄，期盼戴戡事能“底于成”。说：“经密。有电悉。当即与部力商，期底于成。以循若任此，尤为驾轻就熟，弟早有同心。宥。”①

▲报载筹安会通电各省将军、巡按使、都统、巡阅使、护军使，各省城商会，上海、汉口商会说：“本会宗旨，昨已电达，惟事关根本安危，应合全国上下共同研究，拟请派遣代表来京加入讨论，如承允许，乞将代表姓名电知，以便接洽。无任祷盼。筹安会。”②

又载蔡锷与“徐佛苏组织大中公司，资四万，采湖南新化锑矿”。③

27 日

▲袁世凯任命唐在礼为参谋长，张士钰为统率办事处总务厅长。29日，又任命王士珍为陆军总长，段祺瑞仍为管理将军府事务和统率办事处办事员。④

28 日

▲蔡锷电告唐继尧、刘显世，须早日指派筹安会代表。说：“申、咸密。筹安会各省代表均将派齐，尊处希早日指派为要。俭。”⑤

30日，云南唐继尧、任可澄电复筹安会说：“电悉。已派杨晋、赵鹤龄、周钟岳、扬本礼充滇省商界代表就近赴会陈述，希赐接洽为盼。唐继尧、任可澄暨商会同叩。卅。”⑥ 贵州龙建章、刘显世也分别电复说：“本署派蹇季常、陈敬民、黎仙订、伍宗珏诸公到会研究。此复。建章。”“敝

① 以上二电见曾业英编《蔡锷集》（二），第 1204 页。

② 北京《爱国白话报》第 732 号，1915 年 8 月 26 日。

③ 《专电》，《申报》1915 年 8 月 26 日。

④ 《国内要闻》，《兵事杂志》第 18 期，1915 年 9 月。

⑤ 曾业英编《蔡锷集》（二），第 1205 页。

⑥ 北京《爱国白话报》第 739 号，1915 年 9 月 1 日。

处派前政治会议议员王伯群任代表，克日启程。刘显世。印。”①

9 月 1 日，蔡锷电复唐继尧、任可澄请另派筹安会代表。说：“蓂密。卅电悉。周钟岳已派赴东省调查经界事宜，刻难回京。筹安会代表请另派替员。东。”

30 日

▲蔡锷电复唐继尧、任可澄“加意部署镇慑”等事。说：“蓂密。阅两公复唐次长（按：指参谋次长唐在礼）电，欣悉一是。滇处极边，尚望加意部署镇慑，俾免意外。赵鹤龄意欲列充议员，乞有以玉成之。卅。”

又电复刘显世并转刘显治，“事机迫速”，“望加意镇慑防范”等事。说：“咸密。两俭电悉。事机迫速，尚望加意镇慑防范，俾免意外。闻冯主张从缓。唐、任昨已有电极端赞成。韩幼泉事难谐，可另择人。卅。”

又电告黄永社宜“慎重”处事。说：“□密。勘（电）悉。言出其位，明哲所戒。一切希慎重。至公事，容徐图之。卅。”②

▲王锡彤称袁世凯“谋称尊号”，“毋非其时乎”。说：“时北京方有筹安会之设，访张馨庵询其实情，正在进行帝制也。余思明太祖之有天下也，功在驱胡。汉人蜷伏于异族者将百年，明太祖为伸其气，故人心倾向，遂有天下者几三百年。清之有天下也，则在永不加赋一诏，为足系汉人之心，而慰其明末重赋苛征之苦，故其有天下也亦二百六十余年。今民国纪元而后，验契有费，公债派钱，且一切新税正在议行者，尤不知凡几，民间纷然以为加赋。且与日本交涉失败，薄海志士罔不短气。当此时而铺张功德，谋称尊号，得毋非其时乎？颇思乘间密陈，以报知己。第自总统制实行之后，已奉有不管政治之命，恐一团火烈正在进行，非区区之言所能挽救也。”③

本月

▲蔡锷函告曾广轼，遵“家慈”之嘱，刘夫人已携长子端生南归，并“极望”其协助曾抟九办好大亨公司。说：“数星期未通鱼雁，饥渴殊深。

---

① 北京《爱国白话报》第 739、740 号，1915 年 9 月 1 日、2 日。

② 以上四电见曾业英编《蔡锷集》（二），第 1208、1205、1206 页。

③ 《抑斋自述》，第 211 页。

张介素君护敝眷返梓，晤台端时，当能将此间情形摅告一切也。此次内子及小儿南归，系遵家慈迭次函嘱，兄亦以家慈独居寂处，乏人侍奉，早欲于内子或小妾两人中，任以一人南归也。四小女于其母濒行前患痢，因入院稍迟，致遭不治（兄近来少在宅，寓局时为多，及归视病状，乃知其危。随命入院，已来不及，越二日而殇）。昙花偶现，可伤也。内子看视儿女，不甚经心，以端生付之，甚不放心，然以慈命，无可说也。曾抟九倡设大亨公司，复欲创设炼厂（谓距锡矿山一百卅里）。渠热心任事，为人亦有独到之处，惟虑其过毛，而于商业阅历亦少。兄极望弟与干青投资于该公司，而执其牛耳，不独造福于实业前途，亦玉成抟九也。渠近日将启程返湘，迭嘱与弟等接洽，希勿吝金玉。该公司招股，此间政界中人极踊跃，闻兄为公司总理，犹有争先恐后之概，大约二三十万资本不难集也。鄙意公司股本，湘人宜至少占一半为当，弟与干青务加入为幸。"

又撰文与萧堃、曾继梧等人贺陈汝翼"舅氏戴母李夫人"七十大寿。说：

民国四年，予莅京将军府，任参政兼督办经界局务。中日交涉起，会议数月，夏午始解。憩少顷，检理局事，公余拾陈生汝翼函，启之知为伊舅氏戴母李夫人年七秩，欲乞予言以寿之。节录行述，称是母及笄于归，念四而寡，艰嗣息，意欲殉夫死。适是年，家难迭遭凡四丧，遂转计坚忍，从容持家政，以当大事。圆精方祇，烁凝昭定，敬行宗祀，孝达尊亲，思媚诸姑，贻我规则。振衰残之门第，励明净之冰操。慈柔中谷，艰难罔忒，母仪妇德无间然。前清湖南学政吴曾以"庆余善果"旌之，盖因戴家累代慈善之表现也。抚子绵姒迄今，则子又生孙矣。年已七十，愿乞文以为祝云云。

懿欤！斯母诚孝节也。斯母之孝节，非具有坚忍不挫之志，亦不能至于今日也。生误矣！生第拘于习俗之见以文为寿，而不知斯母之孝节即其寿也。斯母之孝节不能以年计也，斯母之孝节亦不待文辞为增加也。天下事，际忧患时，须具有坚忍从容之心，而后可立于不挫不败之地。家然也，国亦然，历观注史，代有明征。如缇萦之有孝著，孟母之以贤称，桓嫠之慷慨旌心，徐氏之踌躇余血，昌晖徽音，千秋永嗣。至若勾践治吴，重耳霸晋，管氏不死而齐王，子胥不死而吴兴，丰功伟业，辉映河山，无非此坚忍不挫之志有以成之也。今者中日约成，举国人群有耻心。吾幸举国人之有耻心，吾尤望举国人而师李夫人之有坚忍不挫之志，则吾国寿矣，则吾四万万同胞齐登寿域矣。大哉夫人！寿哉夫人！寿身寿世，文何为焉。

上将衔陆军中将勋二位昭威将军、参政院参政、经界局督办蔡锷敬撰。中大夫云南盐运使萧堃，陆军中将前湖南第三师师长曾继梧，湖南常德地方检察厅厅长张天宋，陆军步兵中校前湖南陆军第三营营长宋鹤庚，严命甥陈诗昺、诗晟率侄良，严命甥兼侄婿陈整，民国四年岁次乙卯孟秋七月谷旦同鞠躬敬贺。①

9 月

1 日

▲蔡锷题长沙《大公报》开幕祝词。说："凤凰在筊，龙蛇起陆。阒无人声，惟闻鬼哭。有声自南，其风则雄。营督故大，背私故公。狐史褒讥，麟经笔削。禹鼎温犀，舜旌孔铎。国之枢机，民之喉舌。于万斯年，丕此鸿烈。"②

同日，《大公报》发表《本报宣言》，称其"旨趋"之一是"惟知以拥护共和、巩固国家为帜志"。说："《大公报》之组织，今当发行之始，其旨趋有足为吾父老告者。民国成立于今四年，当时之定为民主国体，实具权衡之精意，决非出于一部分人仓卒之理想。虽其间小经波折，然自《约法》修正总统制实行以后，固已日即轨物之途。我国之适用共和，已可概见。方今宪法起草在即，民国会议召集有期，国基奠定，计日可俟。当此强邻生心，鲁难未已之秋，岂容发为摇动国体之谈，以希冀个人不可知之富贵，而酿亡国之祸。且以受完全国法支配之国民，而敢对于国体倡为异论，实不啻提倡革命，当然为法律所不容。今报界同业，且多有极力鼓吹之者，本报则断断不附和之。惟知以拥护共和、巩固国家为帜志，此本报之旨趋一也。"③

---

① 以上函与文见曾业英编《蔡锷集》（二），第 1206—1208 页。

② 《毋忘国耻·祝词·〈大公报〉开幕祝词》，长沙《大公报》1915 年 9 月 1 日。

③ 《宣言》，长沙《大公报》1915 年 9 月 1 日。

▲梁启超由“荷广（按：即汤觉顿）代笔”呈袁世凯一文，说：“大总统钧鉴。敬肃者。启超偶撄秋暑，卧病兼旬，久阙觐瞻，空劳孺恋。近顷变更国体之论，沸腾中外，□□愚戆之见，以为兹事本已极危疑，时机尤最宜审择，今之谬倡异论者，徒见其利，未及其害，轻于发难，实恐摇及大局，窃不敢有所瞻忌，辄为一文，拟登各报，相与商榷匡救，谨先录写敬呈钧览。□□当此文属稿之时，痛楚不能自制，废然思辍者屡矣，独念受我大总统知遇之深，若心所谓危而不以告，殊违古人以道事上之义。孟子曰：齐人莫如我敬所。□□此文，窃附斯义而已。伏希我大总统宵旰之余，俯垂披览，若其间有一二可采，乞凭睿虑，以定群疑，则□□虽糜顶及躯，岂云报称。扶病掬悃，言与泪俱。敬请钧安，伏维矜鉴。□□拜肃。九月一日。”①

▲报载蔡锷今已“以军人而转文职”。说：“湖南人自曾、左秉政以来，历占要枢，革命而后为全盛时代。乃经癸丑之蔹，势力一落千丈，湖南人遂为天下诟病矣。为时几何，而人事沧桑，有弗可思议者。近于政局有关系者，不过蔡松波、杨皙子数人。蔡以军人而转文职，已有英雄无用武地之概。又以□经界事，稍事铺张，甚不满意于政府，不久终至于辞职。杨则为总统最信服之人，近复为发起筹安会之领袖，某报分湖南人物为三期，第一期为曾左时代，第二期为黄兴时代，第三期为杨度时代，信不诬也。”②

2 日

▲蔡锷电刘显治，建议由赵恒惕、江隽二人中，选其一遴充“使署参谋一席”。说：“经密。卅电计达。使署参谋一席，幼泉既难望准，如无相当之员，可否于参谋部部员前陆军少将赵恒惕、前少将衔辎重兵上校江隽两人中遴充。赵、江皆湘人，留学日本士官毕业，学行、经验、才具皆足胜任。该两员前在湘，以嫌疑获咎，旋奉赦免，黎黄陂、陈二庵深器重之。如承尊处擢用，必能感激图报。如何？乞商令兄示复为幸。（锷）叩。冬。”

---

① 中华书局藏抄件。

② 《恂君通信·都门近事杂述》，长沙《大公报》1915 年 9 月 1 日。

次日，又电刘显世，仍持在赵恒惕、江隽两人中任选一人的意见。说：“经密。东电悉。杨晋已派在统率办事处参议上行走。张君品学甚优，惟体质经验，似较赵恒惕、江隽两人稍逊。仍希酌定为盼。江。”

4 日，依据情势变化，又电告刘显世，“赵、江事请作罢”。说：“经密。张君承礼乐入公幕，即乞电部。赵、江事请作罢。张系陆军少将，现充陆军部谘议，并闻。支。”

6 日，再告刘显世，以江隽、张承礼二人“转呈择任”，更为“妥善”。说：“咸密。豪电悉。江、赵、张三人，学行皆佳，未易轩轾。惟赵笃实有余，而才具则江为优。或以江、张两君连名电部，转呈择任，尤为妥善。鱼。”①

3 日

▲梁启超《异哉所谓国体问题者》一文，首先发表于北京英文《京报》的“汉文部”。

5 日，报载梁启超这时“自居津门，闭门谢客，从事著述，前曾草就一文，对于国体问题欲发表其个人之意见。此文撰就，方欲邮寄沪上，刊诸《大中华》杂志，乃为筹安会人探知，即由京电致梁氏，请勿将此文公布。而某某要人复同往津会晤梁氏，亦与此事有关系。闻梁已将原文语气略改婉转，但大体并未更变”。而且对进步党态度也大变，说：“梁氏对于进步党近忽宣告脱党，《启事》云：‘鄙人前岁组织进步党，被推为理事，忽忽经时，愧无贡效。顷养疴津寓，党事久不与闻，除致函本部辞去理事职任外，并声明脱党。此启。’”②

6 日，上海报载“梁任公所著国体论，题曰《异哉所谓国体问题者》，已在《京报》发表，今转录之如下”。③

7 日，也有报载“参政梁卓如本为反对筹安会之一人，经该会（按：指筹安会）理事长杨度君亲往天津沟通意见，梁君已有宣言体谅筹安会诸

---

① 以上四电见曾业英编《蔡锷集》（二），第 1208—1211 页。

② 《是是非非之变更国体谈》（十二），上海《神州日报》1915 年 9 月 5 日。《启事》发表于 9 月 11 日。

③ 上海《神州日报》1915 年 9 月 6 日。

公之苦心，决计不再有反对之论说。是否赞成，尚未有如何表示云”。①

9日，又有报载“梁任公之性情，其师康南海尝谓为近于流质软弱而明透，盖一忠厚无用之人也。自被推为宪法起草委员，即栖息津门，仅到京一次，旋即回去。筹安会发起后，杨（度）、严（复）诸人耻独为君子，曾屡次劝驾，而梁竟托疾不来，且大著反对论说，又并素日所隶之进步党亦宣告脱离，以示独善其身之意。因之素来敬爱梁氏者咸恐其招祸，特由某某两君赶至天津，劝其少安。而梁氏之意竟不可回，谓诸君虽爱我，但一息尚存，不能使自由二字扫地以尽。两君知无效果，怅然返京，而梁氏之大文章遂出现于《京报》。其最要之旨，即是不赞成变更国体，但求改革政体，且谓彼在前清所以不赞成革命者，与今之不赞（成）君主仍是一贯。此与杨君子之自称始终如一相较，未知何如？但杨以为非君主不能立宪，而梁则谓立宪与国体无关”。②

10日，又载“梁敦彦赴天津，劝请梁任公回京，坚执不可”，并已“辞宪法起草委员职”。另报则说是“袁总统读梁启超论国体文，大有所感，特派梁敦彦赴津劝其返京，梁启超答称将赴外洋养病”。③

11日，又载梁启超此文发表后，引起北京社会各界的强烈反响。说：

> 至前日梁卓如氏以其《异哉所谓国体问题者》一篇登诸《京报》，数万言之层层辨析，该会（按：指筹安会）所依傍者已无完肤，而各将军、师长之长电纷至沓来，都人目光早已为之转注矣。《京报》初次所登卓如之谈话（按：指8月10日《与报馆记者谈话》），尚有自署浪人者在某报撰稿，窃取马相伯君主民主非国体之说，借以抵制梁氏（此等抵制，殆所谓无敌［的］而放矢，因梁氏不能因他人改国体二字为政体，换一名目，即抛弃其反对之主张也）。及此长篇出现后，除本月三日之英文《京报》汉文部之报纸即日售罄无余，而凡茶馆、旅馆因无可买得，只可向人辗转抄读。又有多人接踵至该报请求再版。后因物色为难，竟售至三角，而购者仍以不能普及为憾。及次日《国

① 《筹安会之赞成者及反对者·（三）党会》《梁卓如之变更宗旨》，《盛京时报》1915年9月7日。

② 《北京通讯·筹安会最近之写真》，上海《神州日报》1915年9月9日。

③ 上海《时报》1915年9月11日；《梁任公不愿任宪法起草员》《国体问题中之梁卓如》，上海《神州日报》1915年9月10日、11日。

民公报》转录，始少见松动。然《国民公报》因限于篇幅，不能登完，故四、五两日每至一机关、一社会集合场所，则见彼此见面即问："君有三号之《京报》否？今、昨日之《国民公报》亦可。"于是，此两日《国民公报》之销场比之三号之《京报》又加多，盖传播绍介之力速于置邮。如此直至六日，购者仍接踵而至，而该报实已无余，乃宣言准于今日（七日）将梁氏之文单印发售。此两三日间，《国民公报》销路畅旺，为向来北京报纸所未有。因登载此文者，除英文《京报》外，只该报一家，各报如某某两家（按：指《亚细亚日报》《国华报》）则宗旨相反，断难为之转录，其余则方处于冷静时代，亦有所避忌也。又日人所办之《顺天时报》自中日交涉起后，久已无人过问，近乃销路大盛，人亦颇不解其操何术以致此。至梁氏此文，何以为国人注目如是，是否因反对梁氏而注目，抑因赞成梁氏而注目，均不可知。惟杨君子度对此之态度则颇堪研究，据六日《亚细亚报》所载该记者特访杨氏所得之谈话，声明不与辨驳，内分不必驳、不可驳两层。其所谓不必驳者，则谓梁氏为对于各种主义之怀疑者，不能谓为对于君宪主义之反对者，既非反对，故不必辨。此等措词，可谓囫囵吞枣得妙极，盖已将梁氏反对革命（于现行国体之下谋变更国体者谓之革命，见梁氏原文）一层吃在肚内矣。其所谓不可驳者，则颇有令人赞叹之语，其理由则既自认德行无能及彼，又自认平日不足见重于友朋，可谓其言也善。又谓梁氏对己出以骄慢轻薄之笔，有彼哉彼哉之意。殆指梁文中附言一段"杨氏贤者也，或能自信非逾法律以为恶，得勿已逾法律以为善耶。呜呼，以昌言君宪之人而行动若此"云云。此数语则因杨氏君宪论中有"贤者不能逾法律而为善，不肖者不能逾法律而为恶"两语，即以筹安会之逾法律反诘之，可谓本地风光。杨氏能觉出梁氏彼哉彼哉之意，而不复声辨，不得谓非自反甚速、自知甚明者也。杨氏谈话中最后一语，尤足令人注意者，则谓若反对之术仅出于文字、语言，更不必较。此语可谓图穷匕首见，盖筹安会之讨论云云，自梁氏一文出后，该会中人颇嗒然若丧，未尝不悔语言文字之多事，而语言文字之失败不足为虑，又诸君子所自喜者也。梁氏此文未脱稿时，杨君子及某某两氏赴津，再三劝令不可宣布招祸。梁氏不听，且于文尾缀以数言云："使吾捐弃良心之主张，吾之受性实有不能，屈原贲志于汨罗，贾生损年于堕马。”盖与杨氏谈话中自谓一人坚持，利害祸福，皆非所计之语，正可比较以观。梁氏此稿发出后，即在天津日租界杜门不出，不惟筹安会诸君子不得见，即寻常宾客亦一律谢绝，现正摒挡一切，不日出洋就医云。近日杨君子辄对人太息，谓卓如向来善交久敬，独此次对我如此决绝。杨于前清尝力保梁氏回国，并代谋宪政上之位置，为梁所谢却。此次杨又极力拉梁入会，亦以有难得之机会，或者受人以德，即此之谓乎。①

28日，还有人刊文表示不能对筹安会“默尔”而息。说：

循环在军，武夫拙于文，而对于筹安会有不能默尔息者，拉杂陈之，以质高明。夫人心所向，乃天命所归，自民国成立，《约法》明宣，而天下为公之心，已咸印于国民之脑筋。二次革命，孙、黄逃亡，人之所以鲜有阿之者，一由此心之厌乱，一由望政府之后功，果与我以平等、自由，则亦何论东张西李，享此幸福斯已矣。近年以来，国中熙然，差强人意者，虽由中央实力所及，亦由《约法》公布，民咸望于有成。今忽发起变国体之论，是何异大厦将成，而偏曰此样式不好也，此材木易朽也，非拆毁另改图焉不为功。夫此大厦经营缔造，岂易为力，而必欲毁而另修，则安知另修者即胜于今日也。凡为宫室者，方圆不同，既立基础，经之营之，必有完全之一日。风雨飘摇，为之绸缪，墙墉倾摧，为之葺补，断未有不倾不摧，而于新建坚固之际，无端而故意破坏者。古德诺虽为大政治家，彼岂必尽悉我国民之情？自欧美文明输入我国，顽锢者固多，而开通者亦不少，《约法》之令颁，穷乡僻壤，贩夫走卒，类能明平等、自由之理，国体一变，滋疑必多。苟有煽惑，于从者众，岂得曰乱党之不足虑耶。吾国兵力，固足以弭内乱而有余，是政府之所恃者兵也。然兵果足恃乎，汉恃外戚，而亡汉者即外戚；唐恃藩镇，而乱唐者即藩镇；明恃奄人，而祸明者即奄人，非不知封公封王有足笼络于一时。然而，晋以骨肉之部率招八王之乱，明以叔侄之嫌兴幽燕之师，初将以自防也，终将以自毙焉，况其为异姓异族者哉。世事固难知，人心天命讵难晓，国体一

① 《北京通信·国体声中之见见闻闻》，上海《神州日报》1915年9月11日。

变，人心动摇，一有不周，借为口实，唐末藩镇之祸必踵相见，则一将军、一皇帝，夫岂止墨西哥之五总统而已哉。夫论事岂有定，今不取华盛顿之上焉者仿而效之，偏取爹亚士之下焉者画而阻之，毁成功之易，而就未事之难，诚不知其可也。

今欲改为帝制，果将何属乎，宣统犹在，复辟似宜，然而隆裕皇后鉴于亡国之惨，与其求为庶人而不可，何如解此权以公天下？若果复辟，不第陷皇室于至危之地，亦恐非德宗、隆裕皇后之心。如将以袁氏而代觉罗，则将使我大总统为何如人也。取于清则为操、莽，取于民则显背《约法》，背《约法》者为公敌，是筹安会诸君直不啻侮蔑我大总统也实甚。今有集股营商者，举诸执事以图此生涯，而将攫为己有，股东之心灰矣。且今所宜筹者，亦正不乏外患日急宜筹也，内治孔亟宜筹也，不此之务，而因外人一言汲汲而不能置，岂非作俑者之别有肺肠？而十目十手已指视于无形之地，五等爵定，世袭无替，岂不甚善。然而秦皇仅及二世，二疏不置产业，岂用心之各异哉。长安君不质于齐，则不得禄于赵矣。闻有由专制变为共和者，未有由共和而变为专制者，此法兰西之战事所以延长也。今古德诺无端而发此论断，岂果爱我而亲我乎，焉知非窥我意旨啖我而玩我乎。吴多灾害，越之所幸，东鲁治洽，齐人所忌，彼外人取容一时，而遑恤我后？国体一变，爱我者惕，恶我者喜。四邻虎视，当必另具一幅眼帘以相待。怂恿党人，起义有名。以挟外力则外力必遂，以拥兵力则兵力必厚。何也？名之不正，而我已倒授人以戈柄矣。而彼则曰改为帝制，制定宪法，乱自无由而生。夫墨西哥岂未立宪法乎，何以有五总统之争？盖人如奉法则法可恃，如不奉法则法岂能自行？譬如今有《约法》，显示人以不遵矣。而欲以少数人所立不平情之法，使人遵而守之，则天下其孰能信之。墨西哥之乱，必有所以致乱之由，立法不平，两相激动，火线一发，延及全国，可危哉。不变而乱，责在天下，诸君之名，自若变之而乱，罪在诸君，天下之怨已丛。志士因前清专横，惧国沦亡，武昌起义死者不知凡几；五月七日之国耻，爱国负气而死者又不知凡几；国民受他人虐待而死者又不知凡几。衮衮诸公，当何如维持以图自强，有以慰死者之魂魄。若但慕爵禄，而罔顾民情，国本动摇，危险万状，执其咎者必有在矣。灰志士之气，而长寇仇之心，是贻我军人以无疆之苦者。有如此筹安会，勿谓天下无人也。自古英雄草莽伏处，特所发迟速之不等耳，诸君好为之。民国巩固，万世之福，策名青史，首推元勋，俎豆馨香，血食无已。国民饿不死，诸君即可锦衣玉食，国民之子孙饿不死，诸君之子孙即能膏粱文绣，能为公众计则所获者愈多，彼前人有可鉴者矣。若为一己计则所获者亦愈少，彼前人亦有可鉴者矣。不然，以政府今日之权势兼诸君之精明，非不可平定于一时，然而将来果能必乎。苟大难一作，势必瓦解，豆剖瓜分，中原蹂躏，小民遭涂炭，当更有甚于小民者矣。虽然诸君之所筹者安也，环未免以小人之心，度君子之德。然而，筹安适以筹乱，昔之天下取于一姓，犹有白水中山之发；今之天下取之公众，岂无法美铁血之竞。以一手遮天下之目，掩耳盗铃，理愈辩愈绌，势日形而日乖，环愿贵会早为停止，以息天下之疑。不然，吾恐异日之炸弹、手枪，亦随筹安而发也。百里奚相秦，劳不坐乘，暑不张盖。及其死也，童子不歌谣，舂者不相杵，如此虽与以炸弹，其孰能炸之。商鞅则不然，当其出也，多力勇夫为骖乘，操矛持戟者，旁车而趋，若此可以寿终矣，而身死人手，为天下笑。人情不顺，而报施之理异也。或曰尔为此言，不畏罪乎？曰不然，筹安研究会所以征意见也，吾亦达吾所见耳，奚罪焉。虽然，余实不敢显名，噫，权势之逼人可畏哉。吾安得邹忌之于齐威。语粗字斜，吾意如是，谓何能已。[1]

30 日，又载梁启超“所著《异哉所谓国体问题者》一文，对于恢复帝制极端反对，传布几遍全国，筹安会蒙其影响颇不在小。孙君子少侯积不能忍，特撰一长论驳之。其文如下（按：此驳文内容从略）”。[2]

按：梁文发表后，竟引起如此之大的社会反响，说明反袁称帝、维护共和，是人心所向，蔡锷当时身居京城，不可能不感受到这一点。而梁启超反袁称帝也是真实的。可是，一直以来都有研究者认为梁启超发表《异哉所谓国体问题者》是“劝袁缓称帝，有人说梁的这篇文章举起了反对帝制的旗子。其实，文章根本没有反对帝制，通篇所谈都是现在变更国体不

---

① 循环：《对于筹安会之拉杂陈》，天津《大公报》1915 年 9 月 28 日。

② 《孙少侯与梁任公挑战之手笔》，上海《神州日报》1915 年 9 月 30 日。

合时宜”。“这篇劝袁缓称帝的宣言”，不过是为了不致落个“我为牛后，何以自存”的尴尬。这就是“蔡和梁反袁的目的所在”。[①] 证之以上事实，此类评判，明显失之偏颇。

▲蔡锷电复戴戡，盼其早日来京。说：“咸密。冬电悉。以势测之，为期不远（按：当指袁氏称帝事）。执事能早来京，甚佳。江。”[②]

16 日，报载戴戡已于 15 日“离省进京”。说：“路透社贵阳电云，前省长戴戡昨日离省进京，政学各界送至郊外，外间均以戴氏进京之行，系代表贵州赞成改革国体。据绅界重要人物语路透电访员云，官商两界之心理，均系赞成此举云。”[③]

10 月 23 日，袁世凯任命戴戡为参政院参政。12 月 22 日，又颁令说：“戴戡现在给假，任命徐鼎霖署参政院参政。此令。”[④]

4 日

▲蔡锷电复刘显世，帝制既已“发动”，就以“迅捷”为宜。说：“咸密。江电悉。此事既经发动，允宜迅捷，以各省文武长官合词环请为宜。若待诸公民请愿，或他种机关之决议，手续迂回繁重，反多窒碍也。北方军人已一致赞同，南方军界虽电未到齐，以主峰舆望及数年来之恩威所及，似亦无他。各国态度尚未明了，据当事人云，曾分别疏通，意尚不恶等语。以大势度之，除东邻外，当无虞也。（锷）叩。支。”[⑤]

▲报载蔡锷、丁槐领衔代表云南递呈请愿实行帝制。[⑥]

5 日

▲蔡锷与唐在礼等人电告大名镇守使王怀庆，“此时最当注意，即在严防内乱”。说：“华密。来电敬悉。荩筹远虑，至为钦佩。现公同议定，军界同人按照尊电意旨，谨列台衔，缮具公呈，径呈大总统迅赐睿断，早定大计，以顺舆情，而定天下。呈稿容再寄阅。再，此时最当注意，即在严

① 杨维峻：《蔡锷的政治倾向》，《云南社会科学》1983 年第 2 期。

② 曾业英编《蔡锷集》（二），第 1209 页。

③ 北京《爱国白话报》第 754 号，1915 年 9 月 16 日。

④ 上海《时报》1915 年 10 月 26 日、12 月 24 日。

⑤ 曾业英编《蔡锷集》（二），第 1210 页。

⑥ 《四日北京电》，上海《神州日报》1915 年 9 月 5 日。

防内乱。若肆扰乱，转碍进行，尤于外交上不无影响。务希共体此意，加倍严防为荷。唐在礼、袁乃宽、傅良佐、陈光远、张士钰、蔡锷、蒋作宾、蒋尊簋、蓝天蔚、蒋雁行、丁槐、陆锦、卢永祥、张敬尧、李进才、徐邦杰、马龙标、王廷桢、田中玉、雷震春同叩。北京来电，九月五日到。”①

▲报载“财政部昨日奉到政事堂交片，略云九月五日，督办经界事务蔡锷呈京兆清查官产处与京兆经界行局急宜明定权限分途办理一案，奉批令交财政部核议具复。闻原呈之意，以两机关均办清查地亩，权限既无区别，事实诸多窒碍。财政周总长已饬赋税司妥为核议，有将经界局并入清查官产处之说”。②

又载蔡锷“对于清丈进行之预备异常奋勉，日前派人赴日调查，业将清丈一切手续调查完竣，刻将调查所得编为经界规程。大意分为数编，于前日在该局所设之传习所布告，俾所中学生逐条研究，以备毕业后之实地进行。该局一切预备均已完竣，但款项问题尚在悬而未决云”。③

6日

▲蔡锷电告黄德润，矿产“收归部办，似难中止”。说：“东电悉。上年部派丁技正赴滇调查铜矿，曾缮具改良办法。现财政部设采金局，议定规复官厂，收归部办，似难中止。俟宋督办到滇，由滇设法妥商，俾官商两无妨碍，较为合法。鱼。”

又与李鸿祥电告刘显世，“更改国体”事，“不妨”与“大半”表示“照办”者持同一态度。说：“咸密。支电悉。国体问题，因外交方面不调，暂搁置，将从宪法上另事绸缪。主峰今日（派员）到参政院宣示意见，有维持共和，为其职责，更改国体认为与时事不合等语。至电呈一节，各省已大半照办，尊处似亦不妨以同。锷、祥叩。鱼。”④

▲袁世凯派政事堂左丞杨士琦为代表，至参政院发表国体问题意见。报载“参政院前日（按：即9月6日）开会，大总统派政事堂左丞杨君士琦到院发表意见，据《京报》某君述其要旨如下。本大总统受国民之付托，

① 曾业英编《蔡锷集》（二），第1210—1211页。

② 《两机关之权限问题》，北京《群强报》1915年9月13日。

③ 《经界局进行之近状》，上海《时报》1915年9月5日。

④ 以上二电见曾业英编《蔡锷集》（二），第1211、1212页。

居中华民国大总统之地位，四年于兹矣。忧患纷乘，战兢日深，自维衰朽，时虞贲越，深望接替有人，遂我初服。但既在现居之地位，即有救国救民之责，终始贯彻，无可诿卸。而维持共和国体，尤为本大总统当尽之职分。近见各省国民，纷纷向代行立法院请愿改革国体，于本大总统现居之地位似难相容。然大总统之地位，本为国民所公举，自应仍听之国民。且代行立法院为独立机关，向不受外界之牵掣，本大总统固不当向国民有所主张，亦不当向立法机关有所表示。惟改革国体，与行政上有甚重大之关系，本大总统为行政首领，亦何敢畏避嫌疑，缄默不言。以本大总统所见，改革国体，经纬万端，极应审慎，如急剧轻举，恐多窒碍。本大总统有保持大局之责，认为不合事宜。至国民请愿，要不外乎巩固国基，振兴国势，如征求多数公民之公意，自必有妥善之上法。且民国宪法，正在起草，如衡量国情，详晰讨论，亦当有通用之良规。请贵代行立法院诸君子深注意焉。"①

又载：

各省公民请愿于代行立法院者已二十余处，三日内便可递齐。人民倾向君宪制度，可见一斑。参政院前日下午开茶话会讨论各省公民请愿问题，大总统当派杨君士琦代表到会，发表意见后即开会，其情形探志于下。

△请愿书之交付审查。各省公民请愿书既已纷纷投递，及各省人民对于国家最关切之问题，开会后发言者为梁士诒、汪有龄、邓镕三参政，略有讨论，既则多数主张按照院章先付审查云云。

△审查员之指定。各省请愿书，既多数主张付审查，当由院长指定联芳、梁士诒、蔡锷、李国杰、宝熙、汪有龄、王家襄、陈国祥、施愚九人。俟各省请愿书递齐后，再定期开审查会云。②

又载是日并非参政院会期，开的是"特别会，到会者有四十余人，黎院长亦销假出席，大总统派政事堂左丞杨士琦君代表到会……由黎院长登台发言，略谓按立法院章，人民请愿有五人以上之介绍，本院当然收受，目今关

① 《总统在参政院发表之意见》，北京《群强报》1915 年 9 月 8 日。
② 《国体问题与参政院之会议》，北京《群强报》1915 年 9 月 8 日。

于国体之请愿，但合法定程序，本院似不应拒而不纳。现此项请愿书，已有二十六七件，宜一并提付审查，当由黎院长指定联芳、梁士诒、李国杰、宝熙、陈国祥、蔡锷、汪有龄、施愚、王家襄等九人为审查员”。①

14日，又载“日前大总统文［交］片内务部转饬警察总厅，取缔各报登载军政两界关于议论国体事件之文电，当时京中各报对于此事不无怀疑。又因警厅之文告尚未颁发，遂谓为子虚乌有之事，直至前日午后，警厅始通告各报一律遵行。寻译其义，仍以禁登军政两界之文电为范围。所谓文电者，即前次各报登载之段上将军之密呈，及各将军、巡按使之密电是也。兹得警厅之通告，照录于下：奉内务部饬开，准国务卿函开，奉大总统谕，凡政界、军界文电关于议论国体事件，应由内务部通过［知］各报馆，一概不准登载，等因到部。合亟饬知该厅，仰即迅速示知各报，一律遵照办理”。②

16日，又载袁世凯所以派杨士琦至参政院对国体问题发表“宣言”，主要是为了稳住冯国璋。说：“《大陆报》云，本报承某君以其所接北京某要人之来函见示。函中大旨谓筹安会发起之帝制运动，使全国骚扰不宁。今总统宣言书由杨士琦在参政院宣读后，筹安会活动欲狂之行为始稍沉静。袁总统发此宣言书，具有数种原因，而冯国璋将军之态度亦为其主要原因之一。冯反对筹安会之举动颇力，段芝贵曾于一日之内连拍六电，请冯加入筹安会，冯置之不理，且发电政事堂，请示政府行此不智举动之理由。嗣因政府未有复电，冯遂入京。闻其亲向总统陈述惩责筹安会发起人之必要，并通电二十一省请电致中央政府，反对筹安会云。”③

7日

▲蔡锷与唐在礼等人电告王怀庆转各师营长，勿误会袁世凯“派员到参政院发表意见”的意思，主张君主宗旨，“万勿松懈”。说：“华密。各报载大总统派员到参政院发表意见所言各节，别有用意，请勿误会。我辈主张君主宗旨，仍照旧一力进行，万勿松懈。余随时电告。唐在礼、袁乃宽、傅良佐、陈光远、张士钰、蔡锷、蒋作宾、蒋尊簋、黄士龙、丁槐、

① 北京《爱国白话报》第746号，1915年9月8日。

② 《理应取缔》，北京《群强报》1915年9月15日。

③ 《总统宣言之由来》，《盛京时报》1915年9月16日。

陆锦、卢永祥、李进才、徐邦杰、马龙标、王廷桢、孙武、田中玉、雷震春同叩。九月七号，北京来电。”①

▲恽宝惠则密函冯国璋，袁世凯9月6日派扬士琦“代表至代行立法院发表意见”，词意“赞成改革，实已昭然若揭”。说：“上将军夫子钧座：敬密禀者。惠到京后，逐日有电密陈，计均仰邀鉴察。昨日极峰派杨杏城左丞代表至代行立法院发表意见，词意赞成改革，实已昭然若揭。兹觅得原文，抄呈钧览。此事肇议之初，虽由于下面之鼓动，亦实因上峰已暗示主张，故一经发布，即有沛然莫御之势。其公府中不以为然者，仅张中仁一二人，岂能堕已成之局，扰众人之策？前因江苏军帅、省长主持态度不甚明了，要津诸人甚为廑虑。惠到京即已切为解说，嗣得钧座东日来电，方始释然。后闻有会定武（按：指张勋，封定武上将军）所发电（据省公署梁科长玉书言）未到京，而定武单衔电已先至矣。昨晤袁绍明，谈及三公会电，顷又闻许东畬言，均云电文语含讥讽，接电诸人皆不甚满意。国务卿领衔一层（此系绍明语），则相国（按：指徐世昌）尤不以为然。惠切思此事既已不能挽回，则无宁直捷发布己意，极表赞成，以祛疑虑。我师与极峰感情实无迟回审顾之余地。惠识见短浅，所见虑者在大局之利害，而未遑及悠悠毁誉也。伏望钧座遇事毅然独断，凡有可以与中央为表里之融洽者，或函或电径达极峰。如能得师母大人进京一行，将内容曲折面为密达，则所裨益尤非浅鲜。受业受恩深重，谊当知无不言，用敢冒渎尊威，披沥密陈，无任悚切。专肃，敬叩钧安。受业宝惠谨禀（印）。九月七日。”②

张一麐的回忆，甚至认为袁世凯“丙辰之事不自丙辰而始，发其所由来久矣。读者诸君不记民元正月之北京兵变乎？当南京政府之议决请袁项城南迁践位也，时则专使蔡元培、宋教仁入京就馆，某公子者（按：暗指袁克定）素选事，召各镇中下级军官开会密议，议决以兵入东华门夺清帝位，效黄袍加身故事。是时禁卫军为冯国璋所统，不与谋，故火焚东华门，禁卫军抵御不能入，兵无所泄，遂大掠东西二城以及于天津（此事有某君告余，暂隐其名），此一事也。癸丑之役，张勋既任江苏督军，有崇文门监

① 曾业英编《蔡锷集》（二），第1212页。

② 《恽宝惠致冯国璋函》（1915年9月7日），《大树堂来鸿集》，北京大学图书馆藏。

督何椓者先为张属僚，至是奉命至宁，谓张曰：‘公大功告成，盍请愿大总统改为大皇帝？’张厉声斥之，未几而以张为长江巡阅使，冯国璋代为督军。作者于民国五年十二月五日宿于徐州巡阅使署，张亲以告余者，此一事也。民国四年九月，正交片参政院认变更国体为不合事宜，突有安徽省长倪嗣冲入京，余以问项城其入京何事耶，则曰：‘彼欲效陈桥故事耳。’是月十日，拱卫军统领、步军统领、军政执法处处长、参谋部长、统率办事处副处长、警察厅长等八军人饮余于东兴楼，共二席，一席倪嗣冲居首，一席余居首。盖倪因计划未行将归皖，余则以反对帝制闻于军人，而为此示威运动也”。①

▲刘显世函谢陈国祥与蔡锷对“国体问题”“随时赐电”，并请费心维持黔省追加军费事。说：“黔中情形，循若、伯群到（定旧历八月初二起身），当能面罄。黔处边僻，大势闻见极迟，国体问题承兄与松公随时赐电，俾不致茫茫无主，感激何似……此次伯群到京，意在追加黔军费，方能维持，军事设备毫无，非预备完全，动辄掣肘。已将追加文册，交伯群寄京，到乞费心维持，俾得有所措手。地方幸甚，非弟一人感戴已也。军械已遵部饬，派人前往点验，不日点验委员亦将遵章到京。非加步枪四千枝、山炮十余尊，终难言战。弟默揣近势，恐十年内无宁静之日，但得行政方面合手，先清内匪，兵精械利，则守穷忍苦，当不致糜烂地方。川、桂边地，亘延各二千余里，以区区之兵队、极窳之军械，虽欲保境，亦恐不能。”②

8日

▲报载经界局行将取消。说：“近据外间传说经界局有行将取消之说。探其原因甚为复杂，概括言之，则不外经济困难。盖经费困难之无从筹措，所以始有此取消之说。经界局在开办之初，预估经费当在二万万之上，十年后即可收效。当时因经费浩繁，难于筹划。又经蔡督办详慎［审］核减预算，全部竣事需一亿五千万元。即按此最少之数，每年国家仍应出一千五百万元，以中国目下之财政而筹此巨款，实非易事，是以经界局设立半

① 《五十年来国事丛谈》，《古红梅阁笔记》，第59页。

② 《刘显世等致陈国祥函札（民初滇黔史料）》，中国社会科学院近代史研究所藏档案，档案号：甲29。

年，迄无进行，正以此故。刻下财政部又于各省设立清丈局，业已报告成立者已逾十省，行将一律设立。查此清丈局与经界局之两机关实系骈枝。经界局即乏巨款，难期进行，蔡督办早有卸此重责之意，而财政部对于清丈局又正竭力经营，故近有一部分人颇主张乘势取消经界局，所有全国清丈事宜即由财政部设立之清丈局主任其事。此项传说是否即为事实，尚不敢定，日内或有变动，亦未可知，且经界局近日又拟筹设传习所等等，观此则该局仍在积极进行，前途如何，殊难臆断也。”①

10 月 12 日，又载“近日各报喧传经界局督办蔡君以办事棘手，拟呈请辞职，政府并有将该局裁撤消息云云。兹经详加探询，毫无根据，并据政府某要人之谈曰：经界为最难之事业，在我国为尤甚。第一，须用巨款之经费；第二，须费甚久之时日。蔡松波担任该局督办之始，岂不悟此中困难情形，进行一有顿挫，即欲决然求去，吾意蔡松波必不出此。至于经界事业实属最难，果于何日可以大功告成，虽未可预定，然我国则势在必行，已无疑义。经界局设立未久，政府何至遽议裁撤？所有外间之喧传，恐均系一种谣传也云云”。②

按：此辟谣之举，当可推断为袁政府为稳定时局，有意向外界放的风。

9 日

▲蔡锷电告唐继尧“国体问题，外交不调”等事。说：“蓂密。京师人众拥塞，用人偏重腐旧，尤斤斤系统。骥仙事，大不易，望劝守席待时为要。国体问题，外交不调，主峰昨派员到院述明意见，有维持共和为其职责，认变政为不合时宜等语。并闻。青。”③

中旬前后

▲梁启超函告张一麐，发表《异哉所谓国体问题者》后，曾屡接帝制派的匿名“架陷”。说：“仲仁吾兄执事：贱子缘病成懒，久不诣京邑，积想故人，每发寤叹。顷此间屡接匿名逆书（似尚有一两封随手摧弃，不复

---

① 《经界局之前途》，上海《时报》1915 年 9 月 8 日。

② 《中央政闻汇志·经界局裁撤之谣传》，上海《时报》1915 年 10 月 12 日。

③ 曾业英编《蔡锷集》（二），第 1213 页。

觅得），其为意图架陷，明眼人一见自知，姑呈尊处博一粲。若侍主座时，亦不妨因便呈出，相与发噱也。弟前所为文，实深不慊于筹安会之所为，且揆诸古文以道事上之义，不能自安缄默，主座知我深而爱我挚，当不以为罪耳。出内之暇，惠我德音。”①

次年10月22日，梁启超发文进一步说明袁世凯帝制自为的酝酿经过，以及他与蔡锷所持的态度。说：“帝制问题之发生，其表面起于古德诺之论文及筹安会，实则酝酿已久，而主动者实由袁氏父子及其私人数辈，与全国军人、官吏无与，于全国国民更无与也。先是，去年正月袁克定忽招余宴，至则杨度先生在焉，谈次历诋共和之缺点，阴露变更国体求我赞同之意。余为陈内部及外交上之危险，语既格格不入，余知祸将作，乃移家天津，旋即南下，来往于广东上海间。而冯将军国璋遣人来言，谓此问题已有发动之兆，相约入京力争。六月遂北行，住京旬余，晤袁氏数次。袁氏语我及冯将军，皆矢誓不肯为帝，其言甚恳切。冯将军据以宣布于各报，谓此议可暂寝矣。乃阅月，遂有筹安会之事。筹安会发起后一星期，余乃著一文，题曰《异哉所谓国体问题者》。其时亦不敢望此文之发生效力，不过因举国正气消亡，对于此大事无一人敢发正论（按：此话言过其实了），则人心将死尽，故不顾利害死生，以为全国人代宣其心中所欲言之隐耳。当吾文草成，尚未发印，袁氏已有所闻，托人贿我以二十万元，令勿印行，余婉谢之，且将该文录寄袁氏。未几袁复遣人来，以危词协喝，谓君亡命已十余年，此种况味，亦既饱尝，何必更自苦？余笑曰：余诚老于亡命之经验家也，余宁乐此，不愿苟活于此浊恶空气中也。来者语塞而退。观袁氏之所以待我者如是，可知以当时各省劝进之文，及北京各报馆鼓吹之论，皆由利诱威逼而来，无一出自本心也。其时余尚有数函致袁氏，苦词力谏，袁遂不听。但袁方欲收揽人心，不肯兴大狱，余亦居天津租界中，未一次入京。故袁亦无从加害于余，然侦探固日包围于吾侧也。”

又说蔡锷“民国二年辞去云南都督之职，即来京师，与余日夕过从。当筹安会发生之次日，蔡君即访余于天津，共商大计。余曰：余之责任在言论，故余必须立刻正文，堂堂正正以反对之。君则军界有大力之人也，宜深自韬晦，勿为所忌，乃可以密图匡复。蔡君韪其言，故在京两月，虚

① 《梁启超年谱长编》，第724页。

与委蛇，使袁氏无复疑忌；一面密电云、贵两省军界，共商大义，又招戴君戡来京面商……戴君以去年十月到京，乃与蔡君定策于吾天津之寓庐，后此种种军事计划，皆彼时数次会谈之结果也”。[①]

1922 年 12 月 25 日，梁启超在南京各界纪念云南护国起义的公开演讲中，再次畅谈他与蔡锷等人酝酿反袁称帝的经过：

> 民国三年年底，袁世凯的举动越看越不对了。我们觉得有和他脱离关系之必要。我便把家搬到天津，我自己回广东去侍奉我先君，做了几个月的乡间家庭生活。那年阴历端午前后，我又出来，到南京玩耍，正值冯华甫做江苏将军，他和我说，听见要办帝制了，我们要力争，他便拉我同车入京，见袁世凯，着实进些忠告。不料我们要讲的话，袁世凯都先讲了，而且比我们还痛切，于是我们以为他真没有野心，也就罢了。华甫回南京做他的官，我回天津读我的书。过了两个多月———我记不清楚是哪一天——筹安会闹起来了。筹安会发表宣言的第二日，蔡公从北京搭晚车来天津，拉着我和我们另外一位亲爱的朋友——这个人现还在着，因他不愿意人家知道他，故我不说他的姓名——同到汤公觉顿寓处。我们四个人商量了一夜，觉得我们若是不把讨贼的责任自己背在身上，恐怕中华民国从此就完了。因为那时旧国民党的人，都已逃亡海外，在国内的许多军人、文人都被袁世凯买收得干干净净。蔡公说：“眼看着不久便是盈千累万的人颂王莽功德，上劝进表，袁世凯便安然登其大宝，叫世界看着中国人是什么东西呢？国内怀着义愤的人，虽然很多，但没有凭借，或者地位不宜，也难发手。我们明知力量有限，未必抗他得过，但为四万万人争人格起见，非拼着命去干这一回不可。”于是我们商量办法，唯一的实力，就是靠蔡公在云南、贵州的旧部。但是按到实际上，有好几个困难问题。第一层，这件事自然非蔡公亲自到云南去不可，但不能等蔡公到了过后慢慢地去集合旧部，如此一定事机泄漏，闹不成功。所以一面要蔡公先派人去，一面要打电报把重要的人叫来，这里头非费三个月以上的日子不可。第二层，我和蔡公的关系，是人人知道的，然而我

① 梁启超：《帝政秘录》，《盛京时报》1916 年 10 月 22 日。

们两个人讨贼所用的武器，各各不同。蔡公靠的是枪，我靠的是笔。帝制派既已有了宣言，我其势不能不发表反对的文字。但我的文字发表之后，便是我们的鲜明旗帜已经打出来，恐怕妨害蔡公的实力行动。我们再四商量的结果，只有外面上做成蔡公和我分家的样子。于是过了几天，我在天津，便发表了一篇万多字的文章，题目叫做《异哉所谓国体问题者》。蔡公在北京，却联合好些军官作赞成帝制的表示，他在北京到处逢人便说："我们先生是书呆子，不识时务。"那些袁党的人便问他："你为什么不劝你先生？"他说："书呆子哪里劝得转来，但书呆子也不会做成什么事，何必管他呢。"当时蔡公这种办法，诚不免是带些权术作用，但不是如此，事情便做不成，所以不得不行权（术）。袁世凯总算一位有眼力的人，他看定了当时最难缠最可怕的，就是我和蔡公师弟两个。当我那文章还没有发表以前，有一天他打发人送了十万块钱一张票子和几件礼物来，说是送给我们老太爷的寿礼。他太看人不起了，以为什么人都是拿臭铜钱买得来。我当时大怒，几乎当面就向来人发作。后来一想，我们还要做实事，只好忍着气婉辞谢却，把十万块钱璧回，别的礼物收他两件，同时却把那篇作成未印的稿子给来人看，请他告诉袁世凯采纳我的忠告，那人便垂头丧气去了。①

至于蔡锷所谓"人格"的含义，梁启超早就撰文指出过，说："我国民之反抗袁氏，实由自觉为人类全社会之一员，不甘使我自身及我子孙日沦禽兽，蔡将军所谓为国民争回人格者，此其义一也。""一般人民之反抗袁氏，乃表明我不甘受强奸，不能承认他人代我署名之确证，蔡将军所谓为国民争回人格者，此其义二也。"②

后又进一步解释说，"蔡公松坡于云南誓师时，尝有为国人争回人格之语，诸君当知之，故近来人格二字为社会流行语，然此二字作何解释？"他解释说："以物与人较，则物者人类之器械，而非有自觉者也。至于人则不然，以身为人用固不可，以他人为我用亦不可，以身为人有固不可，以他

① 《护国文献》上册，第305—306页。
② 《袁政府伪造民意密电书后》，梁启超：《盾鼻集·论文第四》，商务印书馆，1917，第39—41页。

人为我有亦不可。今论至此，则蔡将军所谓争人格之语，可得而明矣。袁世凯以金钱以权力奔走一世，视天下人若器械，视天下人如妾妇，视天下人为奴隶，苟有不从者，则从而驱除之，蔡将军之所争者即争此物也。夫所谓不可为人所有者，则以中国伦理，有子为父有、妇为夫有之说，此非孔子之真学说，后儒附会乃生此谬论。夫人而可以为人所有，则人可以为货物，岂不与人格之说大相冲突乎。此义既明，乃可语人格之扩充。孔子云：己欲立而立人，己欲达而达人，己所不欲勿施于人。既尽其在我，更推我之所有者以及乎人，则人之天职尽矣。故人既不可自贬以与物同，亦不可贬人以与物同，不自贬、不贬人固善矣，更推而上之求所以立人、达人，则社会道德有不进于高明者乎？”①

10 日

▲蔡锷出席参政院代行立法院会议。“下午二时十分开会，参政列席者三十九人，政府特派委员列席者四人，黎院长请假。副院长汪大燮代理主席，宣告现已足法定人数，按照议事日程开议。第一案修正著作权法案（大总统提出，初读），先由政府委员登台说明此案之主旨，略谓现行著作权法与前清资政院决议之著作权法相同，因民国成立以来，大总统有命令，凡前清法令，除与民国国体抵触者外，概行有效，故尔适用之。此不过国家成立之初，百端待理，无暇注意及此。相沿以来，业经四载，其不适于民国之处很多，故政府有修正著作权法案之提出于此。修正案之内容与现行著作权法之比较，兹略为说之，如第一条，规定有著作权之物，取列举主义，较之现行著作权法更为明了。凡文书、讲义、演述、乐谱、戏曲、图画、帖本、照片、雕刻、模型等等属之。第三条（草案），特规定凡著作权，包含翻译权在内，尤为明悉。第十二条，发行无主之著作物……（草案），其著作权规定为十年。此外与现行著作权法稍有变更，其余悉仍其旧。说明修正案之要旨如此，请贵院公决云云。主席付讨论，众无讨论。付审查，众赞成，乃指定陈国祥、陈汉第、蔡锷、李盛铎等七人为审查委员。”此外，这次会议还续议了三案，某一是“土地收用法案（大总统提出，初读）”，其二是“司法官惩戒法案（大总统提出，初读）”，其三是“审计官

① 《梁任公在上海青年会之演词》，《盛京时报》1916 年 12 月 23 日、28 日。

协审官惩戒案（大总统提出，初读）”（按：具体讨论情况从略）。①

11 日

▲下午 2 时，蔡锷出席参政院代行立法院关于国体请愿案审查会。说：“参政院代行立法院于十一号下午二时，为国体请愿案特开审查会。经审查委员梁士诒、汪有龄、联芳、李国杰、王家襄、陈国祥、施愚、蔡锷、宝熙等九人分别讨论，闻其审查之结果，认定各请愿书可以成立，并拟根据请愿之旨，由立法院向大总统提出建议案，并于十四号（星期二）先行提出大会付诸公决，并闻已推定施愚、汪有龄、宝熙三人担任建议书之起草。至三钟余始行毕会。”②

17 日，报载“自国体问题发生以来，全国人民推选代表上书请愿，合计两次请愿书有七十余件之多，曾有代行立法院指定审查员联芳等九人审查此案，前日（按：9 月 14 日）特开审查会，闻各审查员讨论之结果，皆以此次公民请愿既以巩固国基、振兴国势为前提，在法律上自无不合，其请愿之理由，当然可以成立。惟事关宪法问题，非代行立法院之职权所能解决，应俟将来召集国民会议决定宪法之时，提出公决。审查会拟即以此讨论之结果，定期报告大会，付众公决云”。③

22 日，又载 20 日“下午 2 时，参政院代行立法院开茶话会为国体请愿事，到会者四十余人，首由参政提议变更茶话会为正式会，众赞成，议长请审查员汪有龄报告审查情形，大略以由本院建议政府请速开国民会议解决此事为词，众赞成。遂由议长指定原审查人起草建议案。宣告休息二十分钟。三时半复开议，议长请秘书长宣读建议案全文。众赞成，遂散会。时四钟矣。兹将其建议案全文录之如左。为建议案事。本院前据各地方、各团体人民递到国体请愿书，共计八十二件，当即交付审查，旋据审查会开会一再讨论，佥谓国体所关，事端重大，综其主旨，实为巩固国基、振兴国势起见，将来宪法起草，当能本全国人民期望久安长治之心，详议妥筹，垂为合典，惟国体为宪法上重要问题，解决之权，应在国民会议，应由本院根据约法第三十一条第七款建议政府，请政府提前于年内召集国民

① 《代行立法院开会纪》，《申报》1915 年 9 月 14 日。

② 《公民请愿之审查》，北京《爱国白话报》第 751 号，1915 年 9 月 13 日。

③ 《审查请愿书纪闻》，北京《爱国白话报》第 755 号，1915 年 9 月 17 日。

会议为根本上之解决，抑或另筹征求民意妥善办法，以定大局，而安人心。除将请愿书全份咨送外，特此建议，须至咨者”。[①]

29 日，又载“关于国体的问题，自全国公民递呈第三次请愿书后，代行立法院昨日开会，列席者十一人。政府特派委员列席者三人。黎院长请假，汪副院长代理主席，秘书长报告之后，首由梁士诒起谓三次请愿解决国体，此事件极重大，须提前会议，本席临时动议，请变更议事日程，表决众赞成。孙毓筠首先发言，王印川等继之，各有主张。最后经多数表决赞成，指定起草委员从事起草。主席指定九人：梁士诒、汪有龄、施愚、陈国祥、江瀚、王劭廉、王树枏、蔡锷、刘若曾云”。[②]

13 日

▲蔡锷电告上海镇守使郑汝成，愿为龙璋“作保”。说：“善密。龙璋自首，出于至诚，承公呈奉中央准予特赦，感荷殊深。弟与熊公秉三均愿作保。并闻。叩。元。”[③]

▲报载“代立法院十一日上午十时开审查会，审查国税惩法案。参政到会者五人，梁士诒、萨福楙、孙多森、齐耀珊、王世澄。首先由梁审查长士诒发言，讨论至下午一时，此案条件太多，未能修正齐备，定于下星期二日接续讨论一切。又下午一时开会审查会计案，参政到会者三人，朱文劭、吕逵先、赵惟熙，特派员一人。首先由朱审查长发言，此项会计案，无甚讨论，请付诸君。答复无讨论，此案表决矣。下午二时，又为国体请愿案特开审查会，经审查委员梁士诒、汪有龄、联芳、李国杰、王家襄、陈国祥、施愚、蔡锷、宝熙等九人分别讨论，其审查之结果，认定各请愿书可以成立，并拟根据请愿之旨，由立法院向大总统提出建议案。并于十四日星期二，先行提出大会付诸公决。并闻已推定施愚、汪有龄、宝熙三人担任建议书之起草。至三钟余始行毕会”。[④]

又载蔡锷出席参政院代行立法院会，审查刑法等案。说：“参政院代行立法院于十三日下午一时开审查会，审查刑法案。参政到会者为审查长王

---

① 《代行立法院建议案》，北京《群强报》1915 年 9 月 22 日。

② 《国体问题解决之先声》，北京《群强报》1915 年 9 月 29 日。

③ 曾业英编《蔡锷集》（二），第 1213 页。

④ 《代立法院前日之审查会》，天津《大公报》1915 年 9 月 13 日。

劭廉，及汪有龄、程树德、那彦图、蒋尊簋、王家襄等六人，并有特派员，为法制局参事饶孟任、周贞亮二人。首先由审查长王劭廉发言，讨论各条件。由汪有龄参政发言，因刑法案事关重要，所讨论一切，未能表决。下星期三日，再为审查，接续讨论。又下午二时，审查人户籍法案。参政到会者，审查长施愚，及邓镕、徐鼐霖、胡钧、秦望澜、高增爵、江瀚等七人，特派员法制局参事张名振、钟赓言二人。首先由审查长施愚发言讨论。参政胡钧发言，因人户籍事理繁重，尚有应行修正之点过多，未能表决。当由施审查长亲缮审查报告书，请由特派员转呈政府。十四日下午一时，仍开审查会，修正著作权法案。其审查员七人，审查长为陈国祥，其余六人为陈汉第、蔡锷、李盛铎、溥伦、严复、陈钰，并国体请愿问题定于十五日下午再开审查会。闻该院于十三日，接收各省公民第二次请愿书如下，直隶曹锟、张绍曾等，安徽段芝贵等，湖南杜俞等，奉天张作霖等，陕西张凤翙等，新疆八部代表王宽等，前藏代表罗桑班觉，后藏代表厦仲阿旺益喜等，京兆恽毓鼎等，热河郑宝龄等，黑龙江胡寿庆等，浙江朱福铣等，满洲八旗恒钧等，回教俱进会王宽、马龙标等。又广东第二次请愿书，亦已递代立法院，领衔者仍为黄锡铨。又请愿联合会，将成立于金鱼胡同。”①

16 日

▲报载北京 15 日电，梁启超“决辞参政及宪法委员，赴沪卖文鬻字”。②

又载蔡锷、唐在礼、孙武等居京军界要人，在东厂胡同将校联欢社设宴款待各省应筹安会之请来京赴会代表，要约“始终抱定君主立宪主义”。说：“筹安会电请各省派遣赴会之代表，现在到京者已八十余人。”本日下午 4 时，蔡锷与田中玉、蒋尊簋、张士钰、唐在礼、蒋雁行、陆锦、蒋作宾、袁乃宽、张凤翙、马龙标、傅良佐、雷震春、孙武、丁槐、蒋廷干、张钫、刘基炎等“在京军界要人”在“东厂胡同将校联欢社设宴款待，力与各代表要约始终抱定君主立宪议。盖在军界要人一方面非达到此目的，决不足以慰其心也”。③

又载“日前外传大总统以现在财政困难，拟励行减政，已将特设之水

① 《代立法院迭开审查会》，天津《大公报》1915 年 9 月 15 日。

② 《本社专电：梁任公脱离政界之决心》，上海《神州日报》1915 年 9 月 16 日。

③ 《是是非非之变更国体谈》（二十七），上海《神州日报》1915 年 9 月 20 日。

利局、煤油筹（备）处、经界局、生计委员会、八旗生计处、京都市政公所等裁并各部一案，提出于政事堂，由政事堂国务会议再三慎重讨论，其结果以各该特设机关带有一种振兴的性质，与各部行政之但具督饬及整理<的>者不同，若合并之，虽能节减经费，然与国家兴利前途，有莫大之障碍，终局反招大损，故决定暂缓合并，已将此旨呈复总统矣”。①

22 日，又载梁启超请辞参政职。说：“参政院梁卓如参政启超，近因政见不合，不愿再加入政界，业于前日递呈大总统，力辞参政一席，措辞甚坚。昨闻政界确息，政府以梁氏辞意既决，已难挽留，拟即准如所请。大约三日内即可见诸事实云。”②

17 日

▲报载“孙武、唐在礼、蔡锷与京中武员组织联合会赞助帝制。昨已举行第一次会议。筹安会曾派员往贺该会之成立”。③

又载北京军官以蔡锷与孙武、唐在礼三人“为领袖，组织一赞助帝制之机关，昨日在军人俱乐部开第一次会，筹安会会员亦莅会场贺其成立”。④

▲内务、财政两部呈请袁世凯准其驳回蔡锷关于“试办京兆涿、良两县征费办法”。说：“为会核经界局试办京兆涿、良两县征费办法仰祈钧鉴事。准政事堂交督办经界局事务蔡锷呈，拟试办京兆涿县、良乡两县经界带征费暨局照费一案，奉大总统批交内务、财政两部核议具复。此批。等因到部。查原呈内称，本局呈准择定京兆涿、良两县试办经界，并奉批令，交财政部查照筹拨。惟此事头绪纷繁，试办之初虽可暂时仰给部款，将来推行之后，用费浩繁，断难取拨。拟用两种就地筹款办法。一曰带征费。系按亩摊征，按年征正税十分之二，五年为限。五年之后，不再征收。一曰局照费。清丈既毕，发给凭照及田亩图，亦酌量收费，以每亩五分以上二角以下为限。由各该分局体察地方情形酌定等语。财政部查带征、局照等费，虽系仿照江苏办法，于南通、昆山等处行之，曾有成效。惟京兆所

① 《裁撤特设机关之不行》，北京《群强报》1915 年 9 月 17 日。

② 《梁任公请辞参政》，北京《爱国白话报》第 760 号，1915 年 9 月 22 日。又见上海《时报》1915 年 9 月 22 日。

③ 《译电》，《申报》1915 年 9 月 18 日。

④ 《中将成立赞助机关 · 德文电》，上海《神州日报》1915 年 9 月 18 日。

属各县，本系瘠苦之区，本部前因该处各属地亩复杂，官产居多，呈奉批准改设清查官产处，继续清厘各项地亩，注册、领照均按定章收费。各旗民人等多已领有部照，如经界行局再以两项名义收费，深恐负担太重，民力实有难胜。前拟改定办法，带征一项，据原表内须丈毕后征收，应俟届期由京兆尹体察情形，酌核办理。其照费一项，江苏本名为方单费，今若定为局照费，名目匪但与本部所发之清查官产各项执照名称相混，且使民间疑为部照之外，又需一种局照重叠加征，有损国家信用，似不如仍用方单费名目，酌收少数费用。将来丈后给单时，凡缴过注册、领照各费者，应收之方单费，仍准将册照费照数扣抵，以示体恤。至该局开办及常年各费，既经遵令由部筹拨，此项收入应即悉数解部，不得自行留用，庶部库得资周转，不至有误要需。如蒙允准，即由部咨行该局遵照。所有核议经界局试办涿、良二县征费办法缘由，是否有当，伏乞大总统钧鉴训示。再，此呈系财政部主稿，会同内务部办理。合并陈明。谨呈。”批令：准如所议办理。交经界局查照。此批。大总统印。中华民国四年九月十七日。国务卿徐世昌。①

18 日

▲蔡锷电复刘显世，对“国体事”尽可表示“赞同”。说：“咸密。谏电悉。国体事现仍进行，各省军巡来电，主张均归一致，尊处尽可电院表示赞同。巧。”②

20 日

▲报载是日参政院代行立法院将于“午后召集全体参政开谈话会”，提出77件国体请愿书“审查报告书。先为不正式之讨论，若多数对于建议政府请速开国民会议解决，并速同请愿书咨送政府等办法共同赞成，则拟将谈话会立改为正式会，即时推人起草建议案，即时通过咨送政府。至政府方面，拟俟接到此项建议案后明发一令，暂定人心，大意表明此事必在国

① 曾业英编《蔡锷集》（二），第1213—1214页。原载《呈》，《政府公报》第1210号，1915年9月19日。

② 曾业英编《蔡锷集》（二），第1215页。

民会议解决，实不过一宪法上重要问题，幸免人民种种疑惧”。[①]

又载袁克定宣言“不与闻政事”。说：“某西报云，袁大总统大公子克定君自乘马堕伤后，当时虽即为医治，但身体至今仍未大愈。据医生云，须往汤山，以资休养。近有参政多人前往谒见，袁君告其各西报谣传中国将行帝制，帝位即将由其继承等语。袁君闻此语后，即曰余久病未愈，已无研究政治问题之希望，余已嘱仆人前往河南北墅山（译音）建造别墅，不日告成，余将与山林永居矣，何以外人对余有如此之妄度耶云云。”[②]

按：联系 9 月 6 日袁世凯派人前往参政院放话，当知此系袁世凯又一故意对外放的话。

21 日

▲蔡锷与王士珍等人呈袁世凯“乾断施行”，“改为君主立宪”。说：

陆军部总长王士珍、管理将军府事务段棋瑞、海军部总长刘冠雄、侍从武官长荫昌、海军上将萨镇冰、昭威将军蔡锷、参谋部次长唐在礼、统率办事处总务厅长张士钰谨呈。为据情汇陈，请固邦本，仰祈睿鉴事。案据各省将军、军官及中央军事各机关军人等先后文电陈称，共和之制，不适国情，四年以来，亡征屡见，幸赖大总统毅力苦心，挽兹危局。惟是外患日亟，隐忧方长，若不为改弦易辙之谋，终非长治久安之道。深观国势，默察人心，改为君主立宪，实属最善等语，恳请前来。士珍等伏查辛亥革命，改建共和，党会横行，暴民专制，勾结土匪，涂炭生灵，赖我大总统命将出师，削平内乱，人民稍获乂安。乃不逞之徒，假平等自由之说，以煽惑愚氓。官吏困于劣绅，相率敷衍从事；军人窘于防范，痛思锋镝余生。政令不行，纲常扫地，岂尽奉法之不善，实由于立法之未良耳。士珍等默察舆情，静观时局，势非从根本着手改建国体，则纷纷扰扰，庶政永无进行之日，尚何富强之足云。现在军心一致，众论佥同，既据环请，未健壅于上闻，谨

① 《国体事将成宪法上问题·全体参政之讨论》，《申报》1915 年 9 月 20 日。
② 《袁大公子不与闻政事之宣言》，天津《大公报》1915 年 9 月 20 日。

将各省军界电请及中央军界一体赞成各员衔名汇开清折，呈请大总统鉴核乾断施行。谨呈。附呈名折二扣（略）。中华民国四年九月二十一日统率办事处。印。

22日

▲蔡锷致电唐继尧，推荐韩凤楼继任滇省“南防”要职。说：“蓂密。石荃（按：沈汪度，字石荃）骑箕，吾侪少一畏友，滇边失一良将，缅怀重九起义诸子，尤深气类益孤之感，岂胜痛悼！南防重要，继席择有人否？五峰为负重致远之器，追随我公，尤非朝夕，到京以来，主峰亦甚器重。如以继任，各方面俱臻浃洽。尊意如何？锷叩。养。”

27日，又电告唐继尧，“中枢”已照准由刘祖武接任沈职。说：“蓂密。敬、回两电悉。以继之（按：刘祖武，字继之）接沈任，甚浃，中枢已照准矣。（锷）叩。沁。”

29日，又电复唐继尧，已代陈从优抚恤沈汪度。说：“蓂密。有电悉。已向部代呈，请从优恤。（锷）叩。艳。”①

10月2日，报载沈汪度是出席唐继尧宴请袁世凯所派授唐继尧勋二位专使何国华酒会后身亡的。说：“沈君汪度，湖南长沙人，身入军界，历有年所。吾滇反正时，沈君亦有力焉。后大总统任命为云南第二师长，驻扎蒙自。本月上旬，军署因有要事，特调沈君晋省筹商。居未几，适值大总统特派何专使（按：指何国华）来滇代授开武将军勋二位。本月二十日，将军觞专使于群舞台，请各军官陪宴。是日，酒过数巡，沈君忽觉腹痛，愈时愈甚，乃乘肩舆归寓，历不多时，即溘然长逝。吁！异矣。”②

次年3月，又载沈汪度之死与何国华有关。说：“项城人何国华，于清末时在滇充任协统及陆军小学堂总办，辛亥起义，何入军府充任庶务处长，未及两月去滇，故与唐继尧素来相识。去年秋间，何奉政府命为滇省专使，受二等勋位，携有巨资来滇。彼时唐继尧曾与周旋。适有滇军第二师长沈汪度由蒙来省，初次与何同席，晤谈之际，沈极端反对帝制，未几沈师长即无疾而死（此事于去年曾载本报，题曰《师长暴死》）。其时滇省人以沈

① 以上文电见曾业英编《蔡锷集》（二），第1215—1217页。

② 衡如：《斯人也而有斯疾也》，昆明《觉报》1915年10月2日。

君系染暴疾而亡，尚未知致死原因。惟死后身手俱黑，不无可疑。迨去冬滇省举义后，以何国华为政府专使，拘留于交涉员署。近日始由滇人查出去年沈师长之死，实由何贿买奸人，暗置毒药于沈之食物内致毙，乃将何国华移禁警察厅中，并派员严讯数次。现何尚未供认，而各机关亦暂守秘密，尚未宣布真相。”①

24 日

▲报载蔡锷出任统率办事处近日开办的国防会议副会长。说：“北京电：统率办事处近已开办国防会议，王士珍为总会长，蔡锷为副会长，其余委员由统率处，将军府，参、陆、海三部各调二员。”②

同日，又载“陆海军军官段祺瑞、王士珍、刘冠雄、萨镇冰、荫昌、蔡锷、唐在礼、张锡銮、张绍曾等及各省巡按使，由朱家宝领衔，昨夜复上改变国体之请愿书于袁总统”。③

27 日

▲蔡锷电告谭典虞“暂缓北来”。说：“炳密。本局拟续行呈请裁并，台端可暂缓北来。(锷叩)。沁。”④

29 日

▲蔡锷在自宅与时任黑龙江将军的朱庆澜“畅谈半日，叩其对于帝制问题”的态度，朱“沉吟者久之”，蔡锷“知其已有会心”。

30 日

▲报载 28 日参政院代行立法院对于国民第三次国体请愿问题开会提出讨论，邓镕请将请愿书付审查。“汪有龄谓本员以为今天不是审查问题，现在是讨论应该起草不应该起草。主席以邓镕付审查之说付表决，赞成者仅三人，复以汪有龄之说付表决，多数赞成。主席遂指定梁士诒、汪有龄、

① 《云南快信》，《申报》1916 年 3 月 19 日。
② 《专电》，《申报》1915 年 9 月 24 日。
③ 《译电》，《申报》1915 年 9 月 24 日。
④ 曾业英编《蔡锷集》(二)，第 1217 页。

施愚、陈国祥、江瀚、蔡锷、王劭廉、王树枬、刘若曾等九人为起草员。”①

按：《时报》对此次会议的报道，则故意隐去了蔡锷的名字，说明该报不愿展现蔡锷迫于现实，尚听命于袁的一面。

29日，又载参政院代立法院“已将此项草案完全脱稿，其内容大致如下。（一）名称：此项征求民意机关，定名为国民大会。（一）职权：各地方各团体公民国体请愿问题由各地方国民代表大会投票解决之。（一）组织：以各地方各特别区域选出之投票人组织投票会，以各该地方长官为监督。（一）地方投票会：以各地方各特别行政区域国民会议初选当选人为选举人，用记名单选制。于每县之中选出一人，其被选人不以国民会议初选当选人及本地人为限。（一）中央投票会以左列之当选人组织之：（甲）有勋劳于国家者三十人；（乙）硕学通儒二十人；（丙）全国商会共五十人；（丁）内外蒙古共三十二人；（戊）前后藏共十二人；（己）青海四人；（庚）满蒙汉八旗每旗一人，共二十四人。（一）投票方法：由各投票会之投票人用记名投票法为国体之投票。（一）投票结果：各投票会应以投票之结果报告代行立法院汇齐宣布。以上各项为草案之大略”。②

30日，又载参政院代行立法院，

> 下午二时二十分钟，为国民三次请愿另筹征集民意公决速定大计问题，由上次大会指定之梁士诒、陈国祥、江瀚、王树枬、施愚、汪有龄、王劭廉、刘若曾、蔡锷等九员，在该院第三次审查室开讨论会，政府特派员钟赓言、张名振两参事亦临时出席。讨论两小时之久，当由梁参政将预议大旨缮书，请由特派员先行代呈政府。预议要纲系拟由国民会议初选人内，每县举定一二人组织公民会投票公决民意，并由该院照此办法提出法案，请大总统以明令公布。闻已定于十月二日或四日，提出该院大会表决实行云。
>
> 又据某政客云，解决国体机关之组织法，现于代行立法院举定委员九人，正在起草之中，不久脱稿，依法定手续通过大会，亦为意料所及

① 《参政院讨论起草》，北京《爱国白话报》第767号，1915年9月29日。

② 北京《爱国白话报》第769号，1915年10月1日。

之事。惟其组织内容，固虽未能与知，然其机关，大约以国民会议议员初选当选中人组织之，按之确实消息，不难预测。而该初选定期既为十月二十一日，然则该机关之成立，至早亦必在十月二十一日以后。而其召集期限，当然由大总统发令规定，固不许其他之私人从傍臆揣。讵近日偶有一风说云，国体问题或可于十月十号国庆节决定之，是种无稽之谈，毫不足信。但立法院所起草之解决国体机关组织法，必可于日内通过大会，提出建议于政府，大总统即采用该项议案颁布之，亦可由定例推验。另据一方面消息，大总统或拟于国庆日颁布该组织法，并同时发令以定召集该机关之日期，亦未可知云。

京师社会中，谣诼繁兴，不胜记载。兹据传闻，君宪大典，确于年内即可大定，以大中华为国号，以武安二字为年号。传闻如是，姑志之。

又闻实行改变国体后，对于清皇室及宣统帝之各项事宜，政府前曾讨论，拟将来改封宣统为汗，仍以外国君主礼相待，前订之优待条件，仍不失其效力。惟仅以宣统本身为限，至其居住之地，则令迁移于颐和园云。①

本月

▲蔡锷函告四川雷飙，“须处处留心人才，为将来国家用”。说：“兄在川治军，须处处留心人才，为将来国家用。凡各军队官长，尤应时刻留心，与之团结一致。毋忽。”

又与蒋雁行等人呈请袁世凯，“乾衷独断”，速正君主立宪“大位”。说：

陆军训练总监蒋雁行代表全体、参谋本部次长唐在礼代表全体、筹办模范队事务陆锦代表全体、统率办事处总务厅长张士钰代表全体、拱卫军粮饷总局督办袁乃宽代表全体、高等军事裁判处处长傅良佐代表全体、经界局督办蔡锷代表全体、陆军上将衔宣威将军蒋尊簋谨呈。

为国体未定，国势阽危，吁请迅决大计以靖人心而维时局仰祈钧

① 《代立法院审查三次请愿案》，天津《大公报》1915 年 10 月 2 日。

鉴事。窃自辛亥改革，号称民国，迄兹将及四年。彼时海内汹汹，人心鼎沸，事势仓卒，国本摇动，不得不力救危亡，权宜定局。为一时现状计，舍共和无可着手，而于国家将来之利害、国情之适宜与否，未暇深求。共和既成，暴民专制，乱党横行，结匪徒以扰治安，假党会以抗官长，上下之分，荡然无存，构衅称戈，生灵涂炭。幸赖我大总统宏谋睿断，一怒安民，扶危定倾，靖内辑外，国家社会之秩序，始得有今日。乃少数破坏党徒，犹复觊觎非分，借平等自由之说，蛊惑人心。狡黠者乘机蠢动，鱼肉平民，致使人民生命财产，日处于危险之地位，所谓国利民福者安在乎。及今不图，迨夫选举迭嬗之秋，人人各挟一希冀大位之心，借政党争竞之名，胶胶扰扰，祸乱相寻，穷其极必至荼毒生民，秩序紊乱，使百年无进步之事，全国无安枕之日，国家前途危险，何堪设想。况吾国帝制，肇自轩辕，数千年来，君父并称，分严天泽，凡有血气，只知有皇帝而已。今遽去其素所尊重之义，而易之以总统之称，委忠爱于泥沙，等元首于侪辈，徒令国家之威信德惠，展布莫由，甚非安上全下之谋、长治久安之道也。夫国以民为本，民以君为天，国体一日不定，即民心一日不安，民心不安，则民失业。若长此袭共和之虚名，使举国之民皆为失业之民，将救亡之不暇，又何奋强之足云。

雁行等侧身军界，怵目时艰，天下安危，罔敢缄默，伏维我大总统智仁天亶，薄海同钦，旋乾转坤，人归天与，用敢合词吁恳俯顺舆情，速正大位，慰海宇云霓之望，奠国家磐石之安。时局险危，罔顾忌讳，为民请命，不识其他，惟愿我大总统乾衷独断，迅予施行。倘仍畏嫌避怨，拘执小节，诚恐人心解体，大事即去，兴亡之机，间不容发。谨沥肝胆，昧死上陈，无任屏营待命之至。谨呈。

附呈名折二扣（略）。中华民国四年九月日。陆军训练总监。印。①

▲报载蔡锷暂代将军府主席，开议划分军区要案及统一军械案。说：“将军府自段上将军请假后，会议无多，自上星期起，复连次开议，由蔡将

① 以上函与呈见曾业英编《蔡锷集》（二），第1217—1219页。

军锷暂代主席。所议之件系划分军区要案及统一军械两项，详情未悉。闻此两案系由统率处分交者，责令起草后，仍由该处审查云。”①

9、10月间

▲据赵默回忆，蔡锷困居北京期间，曾“聘法人白洛苏讲演。军队每逢演习，无不亲临。而于京畿附近之军用图搜集尤富。督办经界局，首向参谋本部索全国已成军用图二，择其全者置之座右。去岁陆军大学举行参谋演习，成京东各属五万分一之地图甚夥，先生索之，该校各送一份，先生各借十九份。十一月十一日清晨入署（十二晨出京），公谓昨日索得之图，即速按行军时装折法整理，另装一箱交龚某（仆人）（按：即龚家富）携回，且书一条交科保管。盖遗失军用图，保管者当坐泄漏机密罪。自书一条，庶使保管人卸责，公之用心诚深矣”。②

10月

2日

▲蔡锷函告浙江巡按使，拟咨留袁思古。说：“为咨留事。本局总务处第二科一等科员袁思古现以县佐分发贵省。查该员在局供差尚称得力，相应咨留，并附缴该员分发凭照一纸，请烦查照可也。此咨浙江巡按使。经界局督办。中华民国四年十月二日。附凭照一纸。（略）”③

3日

▲报载汤化龙又请辞教育总长。说：“教育总长汤化龙日昨又呈请辞职，措辞甚为坚决。闻大总统有允准之意，并拟即以章宗祥继其任。其司法总长一席，有以大理院院长董康补授之说。”④

---

① 《分交将军府要案》，《兵事杂志》第18期，1915年9月。

② 赵默：《蔡松坡先生逸事》，北京《民苏报》1916年12月1日。

③ 《蔡锷集外集》，第338页。

④ 《汤济武再请辞职》，北京《爱国白话报》第771号，1915年10月3日。

4日

▲报载湘省叶德辉等绅士电请蔡锷、杨度联名电呈中央当局，收回新任陶思澄为“湘矿督办”的成命。说：“参政院蔡松坡、杨皙子两先生联鉴。湘矿督办实吾民生死关头，迭经电陈，未奉复示，肥瘠视若秦人，实所不解。大计攸关，况在桑梓。公不之省，民实望焉。除上政事堂、平政院电文一通另抄送察外，用特公恳联电呈乞收回成命，以完待破之产，而回将绝之生。言尽于斯，不知所□，仍祈察复。湖南省教育会会长叶德辉、商会代表总理宋家沛、工会会长舒仁、矿业会长郭本谋，公民汪诒书、刘棣芬、劳鼎勋、程万、梁焕奎、胡棣华、舒礼鉴、符定一、蒋谦孙等。”①

6日

▲蔡锷电告唐继尧，袁世凯已准张翼枢继任“西道事”。说：“蓂密。骧先（按：张翼枢，字骧先）继任西道事，已呈明主峰奉谕准行，希即联电荐举。（锷）叩。鱼。”

25日，又通过唐继尧转电张翼枢说：“蓂密。荣膺简命，擢任滇西，甚为欣颂。惟腾越边要，责任綦重，以执事长才，当卜游刃有余也。（锷叩）。有。”②

▲张协陆函请陈国祥教以应对袁世凯政府接踵而来的清查地亩所得税及普通、特别牌照税等办法。说：“关于国体事，公与如周昆仲往来电函，弟均得见。现于局势稍定之时，忽然生此波涛，国家前途虽不可知，而总统世袭制或将实现，因此法无对外关系，各省军民长官又皆以维持地方治安为心，虽毅然实行，数年内必不至有若变乱，此可揣测而知也（此乃就想象上推测，其实贵州交通不便，闻见最陋，结果如何，实无十分把握，京中闻见较确，便祈示知）。贵州财政仅就三年度论，较宣三预算已超过一百五十六十万元，较之本年预算超过亦巨，出入两抵，合应解中央六十一万，尚可有盈无绌。然增加之数均由剔除中饱整旧税而来，除中央特定新税外，凡以前旧有之税均系旧税征收（以前之税，惟契税系改革后另定章程，余均照旧办理），并未加重人民负担。五年份解款，部派六十四万余元，现已

① 《湘绅又电拒陶思澄》，《申报》1915年10月4日。

② 以上二电见曾业英编《蔡锷集》（二），第1219、1221页。

切实电陈认解四十万元，若蒙核准，则贵州每年连解款及借款本息通盘计算，尚不至十分困难。惟日前新发生税款及应办事件，如清查地亩实行所得税及普通、特别牌照税等接踵而来，此等事件行之最易滋扰，弟以本人身当其冲，尤属难中之难，公爱我至深，当必有以教我也……循若、伯群日昨来电，已于五号由常德搭汽船前进，不日当可抵京，即友久别，一朝把晤，快亦何如。协陆叩。十月六号。”①

▲报载筹安会发起之初，梁启超是怀疑派之一，今则不再持“异议”了。说：“国体问题之发生，本以共和国体不适于我国国情，遂由一般热心国事者发起筹安会，专以学理讨论。盖兹事体大，本非仓卒所能解决，故必须详慎研究，以征求国民之公意。当此事发生之初，赞成者固多数，而持怀疑之态度者亦颇不乏人，如梁任公者即怀疑派之一人也。梁任公为吾国著名之政论家，彼时曾有《异哉所谓国体问题》之作，就表面上观之，似持极端反对之论调，然细译其文字，仍含有研究之性质。近来此项国体问题已由讨论之结果，渐为实际之进行，多数国民鉴往察来，知此不合国情之国体亟应改革，以谋国家之生存发达。所以近日全国函电交驰，上书请愿，均以迅速解决、早定大计为词，大势所趋，民意所向，已全国从同矣。梁任公最初本为怀疑派之一人，今以国民公意既已有所表示，万不容再持异议，日前任公已上书大总统，一面为表明一己之意见，一面为解释外间之误会。此呈上后，各方面皆以任公既有明确之表示，从前一切意见，自应一概化除。任公亦以久居天津，易滋疑误，决计回京，共筹大计，以为极端赞成之表示云。”②

其间，也有报载对此予以否认。说：“梁任公评论变更国体之文，当发表时，本有函呈总统，后见事势已成，自应成事不说，故态度转趋冷静。而外间纷纷揣测，甚至谓任公又有密函呈之总统，表示与前此文字相反之意见。昨经调查，任公近日诚有函呈总统，其中诚有一段关于国体问题，但略谓变更国体始终未释忧危，今若弃其所信，漫作面从，岂惟增内省之惭，抑难免谩上之咎。但默察一月以来，潮流所趋，已在成事不说之列，亦雅不欲止沸扬汤，愈淆民听，行将橐笔不复有所论列矣云云。观此，则

① 《刘显世等致陈国祥函札（民初滇黔史料）》，中国社会科学院近代史研究所藏档案，档案号：甲 29。

② 《梁任公赞成君宪》，北京《爱国白话报》第 774 号，1915 年 10 月 6 日。

任公宗旨之始终如一，可以见矣。”①

14日

▲是日，蔡锷棉花胡同寓所遭到搜查。因为未能掌握究竟为何人所指使的确凿证据，蔡锷自述是“误被搜查”。② 但当时则有报纸指出，实际源于“欲向政府讨好之一般人物”，对蔡锷反对帝制“颇怀疑忌之心”。说：“二三日前，有军士数人突入棉花胡同蔡松坡宅内，乱行搜索。蔡宅不知何故，亦只听之，概因该军士等毫无所得。蔡宅问以何事来搜，该军士等无词以答，只云搜错了，乃怏怏而去。风闻此次国体变更，梁启超氏颇持反对态度，而蔡系梁公最相知之弟子，故欲向政府讨好之一般人物颇怀疑忌之心云。”③

蔡宅被搜检及后来的处置过程，京内外报纸多有报道，现择若干转录如下。

一、北京《爱国白话报》报道说：“东华门外北池子前办理盐务何炳宗宅已散仆人吴宝鋆于十四号午前十一点钟，带领李某等多人，穿着旧军衣，至德胜门内蒋养房东口路北门牌二号住户吴姓家内，声称伊等系执法处卫兵，奉令至伊家，查抄何炳宗的物件（吴、何两家原系至交），遂即入室，将家具什物磁木等器搬运三大车，蜂拥而去。事主吴兴氏见伊等押车走后，即遣家人分赴各该管地面厅署呈报，内右之区陈署长，遂即电禀警察厅，吴总监闻报后，以此事关系重要，疑窦颇多，即向执法营务处询问，据云并无派兵抄家之事，遂经该处派卫兵四处□缉。竟在西长安街路南某胶皮车厂东隔壁住户杨希姚院内，将吴宝鋆、李某等连所抄物件一并访获，现经执行处讯明，确系吴宝鋆勾结李某冒充卫兵诈财等情，拟即呈明大总统，从重惩办。”④

二、北京《群强报》报道说：“日前外间盛传蔡松坡参政住宅（棉花胡同）被人假冒军政执法处兵役入内搜查，颇受骚扰，事后经蔡参政报知雷（震春）处长，即将假冒滋事之某排长收押候讯等语。嗣经确实查访，

① 《任公密函之内容》，上海《时报》1915年10月18日。

② 《蔡锷致梁启超函》（1916年1月5日），见本书1916年1月5日记事。

③ 《国体声中之都门近讯·疑忌蔡氏风说》，《申报》1915年10月24日。

④ 《假冒官人查抄》，北京《爱国白话报》第784号，1915年10月16日。

始得兹事始末真相。盖蔡氏现在住宅，前为旗人福某所居。而福某者，又与天津盐商前为某盐局总办之何某有戚谊。何于上年（或云尚系清宣统年间事）因盐务亏款，至被查抄。当时曾将贵重物品装置二十余箱，暗中分寄藏各亲友处。何商有仆吴某深知其事，蓄意图诈者有年。近日投入军籍，得充某处排长，遂约同伴多人，四处敲诈。至蔡宅时，声称奉有最高机关密谕，不服拦阻。而不知宅已易主，已为蔡宅而非福宅矣。搜查无所得退去。蔡遣人尾之，事遂败露，闻该排长及随同前往之兵士四名业已经雷处长讯实枪毙矣（详见京闻）。"[①] 又说："顷经详细调查，吴等于何氏之外，并往蔡宅一次（详见要闻）。何宅寓东安门内北池子沙滩南路西，宅主名炳宗。吴宝鋆曾在该处充当仆役，厥后因事被何宅辞出，吴心不甘，思图报复。知何宅向与冯宅相投，且何之贵重物品，多寄存于冯宅、福宅，商诸伊同乡军政执法处排长李长胜（号兰亭），并代约差弁王得奎、杨永奎、韩吉善等前往行诈。于十四号上午十点钟，各着军衣至西直门内蒋养房胡同东头路北门牌二号福宅，声言代何炳宗运取所存对象，福姓信以为实，当将所有磁木铜银等贵重什物前后搬共敞车三车，运往新华门大街西口路南七号门牌吴宝鋆家中存储。该兵等去后，福宅遂遣家人吴兴报告内右三区并送信何宅知晓，内右三区署长陈健侯得报，以案情重大，当以电话禀陈吴总监，吴总监亦以案情堪异，即往执法处会雷将军，始悉并无其事，遂下紧急令，由处厅两方上紧捕捉。当于下午一点钟在西长安街益和东厂隔壁将吴宝鋆等五人一并拿获，解处讯供实行诈骗取财不讳。雷将军、吴总监同往公府，而何炳宗亦至公府，始悉此事纯由家丁因恨勾结而起，雷将军以兵弁人等竟敢于京畿重地强取民财，实属目无法纪，当将犯兵军衔革去，何炳宗物品交由吴宅家人恒某领回，吴宝鋆等五人均判以死刑，于十七号早枪毙，俾儆效尤。闻该兵等均于京中娶有妻室，寓居于西单牌楼兴隆街，正法后身后萧条，旧日同事捐资代于头条胡同天顺木厂购得棺木，每口十五元云。"[②]

三、上海《时报》报道说：

北京以首善称，而社会情形，适得其反。改革以来，每况愈下，

---

① 《图诈骚扰案之严办》，见该报 1915 年 10 月 21 日。

② 《三志□案》，北京《群强报》1915 年 10 月 21 日。

近来犯淫犯杀之层出不穷，各报已属载不一载。最近又发一大劫案，犯案者乃军事执法机关之军人，行劫时又以奉命查抄为标题，且敢冒称大总统之命令，而被扰之家则系现任将军府之昭威将军、参政院之参政、经界局之督办，可谓奇矣。

蔡松坡之住宅在棉花胡同，乃租自旗人福姓者。突于本月十四日，有着军服者五人贸贸然来，声称系军政执法处卫队奉处长谕，有大总统令命查抄盐商何姓寄存之赃物。蔡宅家丁方欲拦阻，已排闼而入，翻箱倒笼，颇极骚扰，气势汹汹，不可理论。后阍者约集多人，壮胆向前语之曰：此系昭威将军蔡大人住宅，汝等奉命，有何凭据？何得无故动蛮，速言其故。斯时吴始知错找门户，急想下台，云系奉总统令，查抄福宅寄存之何姓赃物。既现在为蔡宅，我等另向旁处搜查可也。遂相率驰去。阍者以其着军服，又称大总统，不敢鸣警逮治，而觉其无凭无据、乱七八糟之状态，断不足信，乃遣人暗地尾追，则见若辈已蜂拥而至德胜门大街蒋养房胡同东口吴宅。为首之兵扣门疾呼，主人吴兴应声启门，则见该兵所执之辞与前同。吴系平常人家，更非堂堂蔡宅之比，早已吓得妇哭儿啼，莫名其妙。而该兵等动起手来，较之蔡宅情形何啻十倍，立时哄至屋内，将箱笼抬满院中，择其珍贵之物堆积一旁。一兵即出喊大车，共三辆，喝令车夫帮同将物件一一装载上车，大呼奉令查抄已毕，其声势与前清时之查抄略似。吴氏既不敢违抗，当街巡警赶至，亦为所斥退，亦只得暗暗尾追，则其车果经地安门转西华门、甘石桥，径奔总统府一路而去。及至西长安街，忽截然而止于益和人力车厂东隔壁过道门杨希姚院内。是时既得巢穴，于是吴兴等人则赴警区报案。警区陈署长即由电话报告总厅，吴总监大为诧异，以此等重大事件，万无不通知警厅之理。且以查抄为名，而查抄之法度，为现时所无，显有情弊，立即前往拜访军政执法处长雷震春，面询一切。是时，蔡参政亦有信达雷，报告被扰情形，请严为究办。雷以事情重大，本处并未有派兵抄家之举，遂即加派卫兵多人，跟踪至长安街杨姓宅中，则人赃均在，立将此五人一并拿获至执法处。严讯之下，始知为首者姓吴名宝鋆，现为执法处差官，余四人中王得魁、杨永年、韩吉善皆差官，李长胜一名为排长。吴前充天津著名盐商何炳宗氏之家丁，何于清末时代，因亏空钱款，被人告之法庭，有查抄家产以弥补公款之消息。何大惧，即将家存珍贵之品共装大箱二十只，分存冯、福两姓宅内，两姓皆其至友莫逆交也。吴当时在事经手，故知其详情。改革以后，谋得执法处差官一席，忽发财之念陡起，忆及前事，以为奇货，遂即与王、杨等四人说明用如何如何计策，至十四日遂一拥而至于福宅。然此宅则久已由蔡松坡租去矣，该匪等知错误之后，又至冯宅，已无物可寻，因而忆及尚有吴姓为何氏之知交，平日亦常寄放财物，故演此恶剧。何炳宗氏本尚在京，因急赴公府探询，知并无查抄之令始放心。此事已隔多年，且已鼎革，何氏在京，岂有将家财长寄存外户之理。该兵等不问情由，遽于首都通衢作此荒唐之事，可谓利令智昏者矣。雷处长询明之后，当即一面饬吴姓将原物领回，一面将吴等从严惩办，一律枪毙，于十七日早行刑毕。以此事非常，应申诫以儆将来，乃通知各营。其文曰：

照得本处差弁吴宝鎏于本年十月十四日邀同排长李长胜，差弁王得魁、杨永年、韩吉善等，私带兵丁数人前往福宅、冯宅，以代何姓取物为名，掠夺财物，运至吴宝鎏家中。当经查明，将该员弁等一律收禁，由本处长亲自研讯，均各供认不讳。本处为执法机关，该员弁既在本处当差，竟敢于京畿重地，私带兵丁，强取民财，实属目无法纪，若不从严惩办，何以肃军纪而靖地方。已将吴宝鎏等五名按照军法处以死刑，以昭炯戒。除执行外，合行饬知饬到该营队一体知照。嗣后对于兵士务须严加约束，如有不法情事，一经查出，必从严惩办，决不姑容云。①

对于蔡宅遭搜检的原因，有报载说：“蔡氏被搜之真因，一言以蔽之曰，实当局疑蔡阴有异志而已。夫蔡氏之受疑亦不自今日始，所由来者远矣。蔡以军人起家，颇有政治家之头脑，革命之初，以一协统取得云南都督，虽僻处边陲，然其言论行事，时有影响于全局，与一般之都督略有不同宗旨，又素以拥护共和为职志，故民党亦倚畀之。迨赣宁乱事平定，有重要军人以改行帝制事，密电各省征求意见，蔡复电极言其不可，蔡氏之招忌实从此始矣。然当局排蔡而去之，则尚非其时也，适总理熊希龄顾念桑梓，欲以蔡氏代谭延闿督湘，以是请于极峰，极峰满口承认。盖调蔡离

① 《北京新发现之大窃案详记》，上海《时报》1915 年 10 月 25 日。

滇之目的故彼此相同，不过离滇后之处置不无或异耳。熊氏只知前半截，不知后半截。遂频频去电为蔡氏劝驾，蔡亦欣然就之。及抵上海，忽有暴客图谋暗杀之事件发生，而误以与蔡氏形状相类者之某。蔡于是知事有变矣。次日即趣装奔赴都门。两年以来，深自韬晦，不敢稍立异同，忽而任昭威将军，忽而任参政，忽而任经界局督办，亦莫不奉命唯谨。然蔡固梁启超之高足弟子，又广西将军陆荣廷、云南将军唐继尧、广东将军龙济光之拜把兄弟也。此次国体问题发生，梁启超大放厥词，著论反对，陆荣廷不赞成，唐继尧表面上虽似劝进甚力，而实则非其本心，然当局之观蔡氏，以为必与梁、陆、唐等同一鼻孔出气无疑，且滇桂粤湘各省又时有密谋独立反抗帝制之警报，难保蔡氏不与暗通消息，故出其不意一拔之，若得有证据，自俯首服罪无词，即无证据，亦可使蔡氏精神上受一大打击云。”①

又载首都“帝政论唱，其与有师生关系之梁任公，首先著文反对，为天下倡，其与有兰谊关系之唐继尧、陆荣廷、态度又不甚明了，甚切时有意外之谣传，当局因疑忌梁、唐、陆诸氏之原因，遂连带而及于蔡氏，始则令执法处卫兵穷搜其私邸，继且嘱警察及侦查监视其行动。书信不能自由，居住不能自由，棘地荆天，楚歌四面，骎骎乎陷于章太炎、黎元洪、段祺瑞诸人之险域矣。而幸也，天相豫州，犹能脱离曹瞒之圈套，蛟龙得云雨，终非池中物。吾为蔡氏个人庆，吾为吾党前途贺也。雪巾车之耻，鞭平王之尸，勖哉，蔡氏可以兴（也）”。②

梁启超的回忆则说：“蔡公那方面，虽然在军官赞成帝制的文章上亲笔签过名，袁世凯到底不放心他。有一天蔡公家里出了盗案了，有四五个衣服很整齐的人带着手枪来抢劫，但是奇怪，什么东西都没有抢去，只是翻箱倒箧像要搜查什么书籍纸片之类，结果搜不出什么，空手走了。后来我们才知道是袁世凯派来要偷蔡公的电报密码本子，可惜他脑筋发动得迟慢，蔡公早已防备到这一着，在一个礼拜前已经把几十部密码带到天津放在我的卧室里头了。袁世凯一面发气，一面恐怕露马脚，过几天便把那几个钦派强盗枪毙灭口了。”③

▲报载近日蔡锷与王志襄议定京兆各县清丈办法四条。说：“京兆各县

---

① 《蔡松坡招忌之真因》，《香港时报》1915 年 11 月 2 日。

② 《军魂·时评二·蔡锷》，《香港时报》1915 年 12 月 6 日。

③ 《护国文献》上册，第 306—307 页。

清丈事宜，已实行筹办。王京兆尹近与蔡经界督办议定清丈办法如下：一、先调查土地之所主而确定之，查明无主土地，一律认为国有；二、按各县情形，由各该管县会同清丈人员分期清丈，须严防丈量人员营私舞弊；三、清丈办竣，按土地肥瘠，分别定价；四、地价之等级，以土地肥瘠，收入丰歉，为定适当之租税云。"①

30 日，又载王志襄"昨往经界局会晤蔡松波督办，系讨论京兆属清丈入手办法"。"大约拟于明春方始着手清丈，盖现时缺乏测量人才云。"②

1916 年 1 月 3 日，报载蔡锷督办经界局一年的情况。说："经界局开办以来，督办蔡锷以事体大，非讨论精详不足以期完备，因就局内组织经界评议委员会，按照部呈办法，逐节筹议。现已议决之章程规则共十余种，复以办理经界事属创举，外国成规、内地习惯均须切实调查，遴派殷承瓛、唐豸、谭学夔、周宏业、曾鲲化分赴安南、缅甸、印度、日本、朝鲜暨京兆、江、浙、粤、闽、皖、滇、东三省等处，调查一切关于经界事项。又规定经界调查表及测量事务，委托调查表分咨各省饬属填送，以便酌定办法程序。并设编译所搜集东西各国关于经界图籍，择尤编译，以资考镜。凡此种种设施，均为预备将来办理全国经界之计划也。至京兆经界行局成立于四月二日，当以人材缺乏，经费难筹，六月二日经政事堂会议议决经界办法，先从京兆一二县办起，逐渐推行，款由财政部筹拨，奉批照行，当即遵照办理。呈准先行试办涿县、良乡两县经界，限两年办竣，酌采美国方格网测量及日本在朝鲜所办之土地调查成法，于各该县内分别试办。十月间设立经界传习所二处，学员一百五十人，分测丈、事务两门授课，六个月卒业后分派任用。现当禾稼登场，农事多暇，已派测量人员前往各该县办理预查及方格网测量各事宜，一面由局妥订单行章程，以资循守。此经界局一年以来办理之大概情形也。闻新任督办龚仙洲氏已一一陈明，当奉批交内务、财政两部查照矣。"③

17 日

▲报载梁启超此日退租京寓房屋。说："梁任公近虽常寓天津，而在京

① 《王京兆尹之清丈意见》，天津《大公报》1915 年 10 月 14 日。

② 《北京·京兆清丈事宜之商榷》，天津《大公报》1915 年 10 月 30 日。

③ 《蔡锷离京后之经界局·办理一年之情形》，《申报》1916 年 1 月 3 日。

中前细瓦厂尚赁有住宅，眷属不时来往，应用物件亦多搁置在内。兹已于本月十七日将京寓房屋退租，器具一切均已运赴天津矣。”①

18 日

▲蔡锷电询云南巡按使任可澄，可否“预为保荐”王广龄任云南警务处处长职务。说：“经密。南海王君广龄历充两粤、滇省警察职务，及云南河口副督办、代理蒙自道尹各职。办理各事，悉协机宜，成绩懋著。旋由滇乞假回籍，粤中当道留办省城警务，数月之间，盗息民安，适值水火巨灾，尤为勤劳备至，当道甚倚重之。惟王君终以服官本省为嫌，旦夕求去，拟勉留数日，再行坚辞。查滇省地方重要，警务处似须设置处长一席，尤不可无刚明耐苦之才。王君干练廉明，体用兼备，深契其为人，其资格亦与内部所订警务处长资格相合。将来若以之充任斯职，颇觉相宜。可否由尊处查照内部呈准办法，预为保荐，尚希裁复。（锷）叩。巧。”②

▲袁世凯授贵州巡按使戴戡、震威将军雷震春、四川检察使胡忠亮等四人为觐见官员。③

▲报载袁世凯本日“下午二点余，又出席统率处密议。参预者为王聘卿总长、刘子英总长、荫午楼、唐执夫及蔡松波各将军。据闻所议，首为在国体未决以前，中央及各省之军防计划。次为在国体甫经解决以后，中央与各省之军防手续。此案因关系重要，虽已拟有头绪，然非再行详细讨论，不能遽然规定”。④

次日，又载“统率办事处、中央将军府于近日以来连开密议，统率处由荫午楼主席，将军府系由蔡松波主席。闻所议者除国体上之临时军防案外，为其他军政上之各要计划，如储备军火与制造及试行征兵，振兴海军等要端，均在计议进行之际，并不因之停顿。惟在国体未决以前，暂无何项动作，以免摇动”。⑤

---

① 《梁任公之移居》，上海《时报》1915 年 10 月 22 日。

② 曾业英编《蔡锷集》（二），第 1220 页。

③ 北京《爱国白话报》第 786 号，1915 年 10 月 19 日。

④ 《出席统率处密议》，天津《大公报》1915 年 10 月 20 日。

⑤ 《要闻·军政计划仍均进行》，天津《大公报》1915 年 10 月 20 日。

20 日前后

▲蔡锷与戴戡、王伯群、汤觉顿、蹇念益、陈国祥等人在天津梁启超宅商议讨袁帝制自为办法。其大体情况，以下当事人或亲闻者的回忆，曾有所述及。

次年 1 月 8 日、27 日，梁启超在致蔡锷函中分别写道："川军宜结合，北军宜诛讨，在津已曾商及。""平渝之后，不审进取计划，视在北所议，有无变动。鄙意谓除近击溯江之敌外，宜暂作停顿，先奠定全蜀，更图进取。此本北中原议，虑弟杀敌之志太锐，为义愤所激，而轻抛根本大计，故更言之。"①

26 日，戴戡在贵阳各界欢迎会上的演说中说："在京同志等乃密约至天津会议，即段亦派多人与会，提出两问题表决：一、中国任袁世凯如此做去，国亡与否？二、同是国民，任他如此，以后还有救国之日否？于是众赞成起义反对。然从长江一带着手不易成立，反先遭害，于是决计从云南发难。余乃偕蔡松坡先生星夜兼程南下。至沿江如南京、江西等省，皆得有确证并非仅口头表示，遂可以冒昧从事也。当天津会议决定时，曾致滇中一信，至是抵海防即有滇中军官多人来相迎。盖彼等久蓄此志，恐余等遭袁世凯买人暗杀毒手，故早已安排欢迎并保护一切也。甫抵滇，即通电袁氏，请取消帝制。"②

3 月 31 日，蔡锷在复梁启超电中说："此次出征，师行未能大畅，实因宣布过早，动员缓慢，出师计划未尽协宜，以致与京、津所豫想者竟相凿枘。"③

6 月 4 日，王伯群在贵阳各界欢迎会上的演说中说他"前岁曾在上海办报"，"去岁七月之交，筹安会发生，帝制问题出见，上海各报均被检查且出金钱收买。伯群见袁氏此种举动必不利于国家，遂辞报馆职入京观察，如有可挽救之处，亦必竭尽智谋以挽救之。及到京都，见有势力之人皆为袁氏死党，无一不服从者。至社会中人忿怒虽多，不敢妄言，惟道路以目，风俗人心已为袁氏铸成，无廉耻无良心之极点。伯群触目惊心，惟太息民国已无生气，乃涕泣出国门归梓里。比至省城，见风俗人心依然故我，当

---

① 见本书 1916 年 1 月 8 日、27 日记事。

② 《护国文献》上册，第 155 页。

③ 见本书 1916 年 3 月 31 日记事。

道诸公因在袁氏势力范围之下，不能不顺从，而谈及帝制问题，无不抱忿。其时戴循若先生卸省长职，伯群每日均在其家，共议挽救民国方法。适中央命各省举代表入都会议帝制事，本省刘护军使及各长官推伯群为军界代表，伯群即以代表名义同戴公入都。沿途探访各省军民对于帝制之心理。彼时湖南军队闻已有多数不赞成，及至京师，即各处运动，欲投身军界以使乘机活我共和，无如京中军界直同铜墙铁壁，无隙可入。袁氏之防闲日密一日，有权力者皆拥护之，惟社会暗潮反对甚力。既而与戴君循若到蔡松坡先生官旅，第言及项城帝令智昏，潸然泪下。于是密议，欲活民国非出京不可。乃离国都赴天津，与梁任公、汤觉顿、蔡松坡、戴循若暨某某两名人（暂从讳）并伯群共七人秘密提议起义事。初议以梁任公往日本办报鼓吹，蔡、陈、戴、蹇与伯群或往云贵，或往两广运动起义。讨论多时，佥谓办报东京，袁不许入口，无益于事，不如分头运动，宜先由滇、黔起义。蔡自担任云南，戴与伯群担任贵州，后虑中途危险，命群先赴云南与唐督商议，蔡暂往日本就医。群由天津到云南约计半月，及面唐督，提出由远省起义种种理由，唐初以财政、军械不足为困难，群答以汤、梁诸公曾担任募款并购买军械接济，但须举动后方可运来，提议数次未决”。[①]

按：王伯群所说，表明蔡锷赴日就医，非仅与袁玩花招，也是担心赴滇途中发生“危险”，所以让王先去了解唐继尧的情况。

1916 年 7 月 11 日，刘显世也在致国务院、参议院、众议院、国民公报馆并转各报馆、上海梁新会先生、申报馆、时事新报馆、中华新报馆并转各报馆的通电中说：“召集国会，所有参众两院议员，在帝制议起后仍任参政院参政者，其国会议员资格应否继续存在，自宜切实审查，以别泾渭。前见各报所载有主张凡曾任参政有附逆之嫌疑者均应取消其议员资格，自系为惩前毖后、借昭法戒起见。管见以为曾任参政之议员是否真心助逆，不难得确实之证明，似不可专就列名进劝与否为审查之标准。就显世所知，如众议院副议长陈国祥曾任参政院参政，然当滇黔起义之始，陈君实同为主动之人。去年冬间，梁新会先生因忠告袁氏维持国体，未能见纳，迭与蔡松坡、戴循若、汤觉顿、蹇季常、王伯群诸君在京津密商大计，陈君均

① 《护国文献》下册，第 623—624 页。

与其谋，彼时袁氏侦探四出，邮电检查极严，凡京津商决之计划，多由陈、蹇两君辗转密达滇黔，唐都督及显世等乃得先事筹备，嗣后梁新会先生与蔡、戴、汤、王诸君先后南下，交通愈梗，陈君嫌疑丛集，仍往来京津，时与蹇君设法寄讯，黔中得通消息。今共和巩固，大局粗平，逍遥事外者流，而复贪功幸进，如陈君国祥者于危疑艰险之中，赞画义举，奔走国事，其功更何可没，诚恐此中内情，国人而未深悉，或因其曾任参政，误以为迹近附逆，则以倡议之人，而得停止公权之结果，实不足以彰公道。显世与陈君虽迹阻南北，而此次兴师实同患难，用特胪举事实，亟为表彰，此外曾任参政之议员，有无此种情事，应请秉公审查，以重公权而明是非。贵州都督刘显世叩。真。”①

15 日，梁启超又以“明电”通电北京参、众两院，《国民公报》、英文《京报》转各报，贵阳刘显世并转唐、蔡、任、戴、岑、陆、陈诸公说：“刘督真电，追述众议院副议长陈君国祥参预首义功绩，字字核实，无任钦佩。去冬滇、黔举义，固全由唐、刘、任诸公忠勇飙举，神机独运，亦赖京津诸贤，苦心戮力。戴循若偕王伯群由滇、黔入京，专与超及松坡商护国军方略，同寓火道口陈君宅中。伯群信宿即行，此后迭次秘密商议，惟蔡、戴及蹇季常、汤觉顿并陈君与超六人，徐佛苏旋加入，时京津侦骑密布，此七人之危苦可想。其间与滇、黔通电，多赖陈君斡旋，蔡、戴南下各事，应赖陈君料理。起义后军中消息，全赖蹇、陈两君随时详报，俾滇、黔得以防维应付。其贤劳坚卓，视从军者未遑多让，此皆事实，超敢证明。又参议院议长王君家襄，于帝制发生后，即请假南下。超在沪时，义军初起，旋托王君北行侦察，与蹇、陈及梁君善济共事，同历艰苦，此为刘督所未知者，谨一并据实陈明，借供秉公审查之助。梁启超叩。咸。”②

8 月 8 日，刘显世再发通电，表彰陈国祥的反袁称帝事迹。说：“上海《时事新报》《中华新报》并请转各报馆，北京英文京报、国民公报馆请转各报馆钧鉴。顷阅上海《中华新报》七月十七日专电栏内，载刘都督与陈国祥一则有显世来电，为帝逆陈国祥辩护并未附逆之语。阅之不胜骇异。查上年十月十一月之交，京中侦察极严，当时梁任公、蔡松坡、戴循若、

① 《公电》，《申报》1916 年 7 月 15 日。

② 《护国文献》上册，第 255—256 页。

汤觉顿、蹇季常、王伯群诸君在京津密商大计。在陈国祥宅内迭次商量计划，由陈君展［辗］转电达各省当局，有经几处地点始行达到，用数重密码始经译出者。及滇、黔起义后，张［陈］君身被嫌疑，犹复冒险设法传达消息。此等事实，局外人无从得知，局中人所共深悉。今共和恢复，大局底定，而逍遥事外者流，事前缩退，噤若寒蝉，事后嚣张，辄复群吠，竟诬陈君为帝逆，恬不之羞，实堪痛恨。显世忝在举义之列，与陈君谊同患难，因陈君不矜不伐，良深钦佩，始于前月通电中外代为表彰。而悠悠之口，以为显世为陈君辩护，不知陈君等在京津密议时，显世等在西南誓师时，沉酣帝制，举国若狂，今日之诬陈君者，恐当日尚在云雾中也。素稔贵报主持公道，应请将此电登报，借明是非，无任感祷。贵州督军刘显世。庚。”①

10月1日，梁启超再次说强调后来种种军事计划，皆天津“数次会议之结果”。说1915年10月，戴戡“到京，乃与蔡君定策于吾天津之寓庐，后此种种军事计划，皆彼时数次会谈之结果也，时决议云南于袁氏下令称帝后即独立，贵州则越一月后响应，广西即越两月后响应，然后以云、贵之力下四川，以广西之力下广东，约三四个月后可以会师湖北，底定中原。此余与蔡、戴两君在京之成算也。其后因有事故障碍，虽不能尽如前策，然大端则如所预定也。议既定，蔡、戴两君先后南下，蔡君临行时托病，谓须往日本疗养，夜间自余家易装以行。戴君则径往香港，余于两君行后，亦潜赴上海。余到上海，实十二月十八日也……二十一日，余在上海得蔡君电谓，二十三日前队出发，出发二十日后发表独立之公文，此正在津原议也。而余当时以别种理由由南京发一电促其早发，且蔡、戴到滇，滇局亦不能久持秘密，故二十六日遂揭晓。后此在四川与北军相持，死伤甚多，未始非由揭晓太速之故也”。②

按：梁启超所说贵州越一月后响应之类，当然是“事后诸葛亮”，并不真实。有以下梁启超1916年2月17日函告梁思顺的说法为证：“吾日内拟决入滇，更当由滇入蜀，因彼处函电专使催促甚至也……西南局势甚佳，

---

① 《刘显世之见到语》，成都《国民公报》1916年8月28日。

② 梁启超：《帝政秘录》，《盛京时报》1916年10月22日。又见《国体战争躬历谈》，《护国文献》上册，第300页。

川省一月内当必可平，此本是北中原定计划，一一实现而已。此外各省皆苟安观望，此自历史上传来之惰力性，不足为异。似此亦甚佳，不然若各地皆为无意识的响应，将来各争权利，反无办法耳。”① 梁启超此时所说是“川省一月内当必可平”，也即3月内“当必可平”，而不是10月的回忆所说云南宣布独立后，“广西即越两月后响应，然后以云、贵之力下四川”。

21日

▲王锡彤回津宅，说前资政院议员、旧学务议长“李敏修以征辑文献往来京津，言及帝制，苦劝余慎言，历举反对诸人，当道率以乱党相待。张子温在京亦以为言，且言渠在陕日所发议论，与余相同，并非反对袁总统做皇帝，实以时世不合，无益有损。军警当局已懔懔监视，因自请来京，以明不叛。且其子伯英，方掌兵戎，以老父作质京师，庶几可明素志云云。夫以余受大总统知遇不为不深，当此大祸临头，群儿踞此公于炉火之上，我不出一言以救之，殊呼负负”。

26日，又说：“袁述之来贺喜（按：王锡彤为其主办过北京《大自由报》的次子王泽攽举办‘续娶’结婚礼），因告余曰‘人言子反对帝制，为忘恩负义’。且以为老友王肖庭之言。余曰：‘肖庭明白人，我不疑其有此言。但忘恩负义，确确有人，我意当以筹安会人当之。’述之曰：‘诚然。’”

12月2日，又说：“二钟后回津宅。张子温来，言其子伯英方被逮，盖自筹安会发生以来，凡从前起义有功之人，多以嫌疑被逮者。”②

25日

▲报载“经界局归并于部一说，早经宣传，迄未实行。兹闻该局督办蔡松波将军已向政府两次陈请辞职，闻政府行将照准，即将该局事务并入内务部接办，或分交内务、财政两部办理，一俟确定，当见发表”。③

下旬

▲蔡锷“称病，云非有温泉地方，不能适养身体，总统遂以汤山合宜，

① 《梁启超年谱长编》，第756页。
② 以上三条见《抑斋自述》，第212、214页。
③ 《经界局确将并入内务部》，天津《大公报》1915年10月25日。

令其养病。继乃赴津，来呈一件，请假五日”。[①] 说：“为近患喉痛，日久未愈，恳请给假五日，俾资调养事。窃锷于本月初旬，忽患喉痛，因连日从公，未甚留意，迁延日久，病势加剧。近则红肿异常，言语失音，饮食亦为之锐减。迭经医治，未见痊可。现就西医诊视，据云肺胃积热，兼有外感，亟言避风少言，医药始能收效等语。拟自本月二十九日起，请假五日，以资静摄。伏乞大总统鉴核施行。谨呈。”（按：蔡锷由天津“来呈”请假五日，也说明他赴津是自由的，并无人为阻碍）

30 日，袁世凯批令准予给假五日。[②]

11 月 3 日，蔡锷销假视事。随后又呈请袁世凯续假一星期。说：“为病体未痊，恳请续假一星期，以资调治，恭呈仰祈钧鉴事。窃锷近因肺胃有病，日久未愈，前经呈准给假调理。旋于本月三日假期届满，遵即销假趋公，照常办事。惟病势日益加剧，精力实有难支，拟请续假一星期，赴津就医，以期早日就痊，不致旷误职务。所有锷病体未痊恳请续假缘由，理合呈请大总统钧鉴施行。谨呈。”可是，迟至 18 日，袁世凯才批令准予续假七日。[③]

按：事实上，蔡锷未等到袁世凯 18 日准其续假 7 日的批令，便已赴津养病了。因为 11 月 14 日，已有报载“蔡锷在津养病，闻已就痊，日内将回京”。[④]

关于蔡锷离京的情况，11 月 29 日有报纸依据“各方面消息”，“述其详情”如下：

> 蔡松坡为梁任公之高足，以军人而富有政治思想者。光复时，被推为云南都督，治滇二年，有能名。赣宁之役，当局以其有观望态度，颇忌之。至熊内阁告成，当局授意总理，拟改伊任湘督，令其即日离滇来京，蔡误以为实，从之。途经上海，前一日，适有貌类蔡之某君登岸，被人枪击。蔡至，闻其事，大骇，恐蹈危机，即速北上，然其

① 《蒋雁行致冯国璋函》（1915 年 11 月 27 日），《护国运动资料选编》上册，第 92 页。

② 曾业英编《蔡锷集》（二），第 1221—1222 页。

③ 《呈》，《政府公报》第 1271 号，1915 年 11 月 21 日。又见《经界督办之续假》，上海《时报》1915 年 11 月 25 日。

④ 上海《时报》1915 年 11 月 14 日。

时蔡固未知欲得彼而甘心者究为谁氏也。入都后，投闲置散。未几，授以参政，借为羁縻之计。当局恐其不能久居，乃为人设官，令其督办经界局。蔡自担任经界局务以来，虽有实力进行之意，然与周缉之苟安政策违背，时有龃龉，周遂言于当局，欲归部办。当局因蔡为一时之雄，且创办之初，本为位置蔡起见，始终不允，而令周另拟办法（即由部颁布之整理田赋八条）促蔡自退，遂又派在统率处办事，令其单日入值。于是，蔡一身负将军、参政、督办、办事员四要职，已日不暇给，蔡亦暂无去志矣。

帝制问题发生，杨度一日趋蔡宅，邀之署名，蔡托词致谢，遂大拂杨意。嗣后，杨每于重要人前倾轧之，且迁怒梁任公之国体文章，蔡不尽力阻止（杨首先使蔡赴津劝阻）。蔡见疑忌已深，遂邀军人政客于云南会馆组织将校联欢会，发起请愿以自污。而某要人等忌之益深，防之益严。未几，而执法处军弁遂闯入蔡宅，大肆搜索，其结果毫无所得，当局乃亟枪毙军弁二名以谢，其实被戮者，闻并非搜查之军弁，乃为该执法处羁囚之人犯，此蔡氏不得不去之原因一也。又当赣宁发难时，革命首领纷纷拍电向蔡运动，蔡复电语言含糊，暨乱事平定后，蔡之电文尚在南京某机关文书卷内。最近某要人在南京检查文书，发现蔡之密电，归时即密呈当轴，由是，蔡氏遂惹起极大之嫌疑，此不得不去之原因二也。又蔡氏在滇时，与桂、蜀、黔三督联合一致，情意亟为浃洽，尤与桂督陆氏相厚，及蔡入都，陆子裕勋亦留都充公府侍从，与蔡氏过从甚密，陆氏本拟入觐，裕勋返桂力阻其行，未几，裕勋由桂北上，途经汉口，未知何故，为人毒死，蔡氏闻之，亦时怀疑惧，此不得不去之原因三也。有此三大原因，而蔡氏之去，亦大不易矣。先是蔡曾以就医为名，赴津一次，当时竟有人尾之，故未满假即回京任事。未及一星期，便服乘驴车出京。京中政界人物，无一知者，即经界局、将军府亦皆不知其去向，总统曾派某次长赴其寓探视，日凡四次，均以避风不见客辞，迨十八日，始行呈请续假一星期（按：《政府公报》是 11 月 21 日发表批准消息的）。公府慰问员返津，始知蔡已一去不复返矣。连日经界局员司赴津问候，均不接见。昨复呈请病假三个月，本日（按：从《政府公报》看，袁批准给假两月之日是 11 月 24 日，蔡锷呈文之日当在 11 月 22 日）奉批给假两个月，然蔡决无再返京视事之望。闻当局颇有放虎容易捉虎难之慨云。①

而黎元洪亲信、陆军中将哈汉章，则说蔡锷是11月11日离京赴津的。其过程如下：“四年十一月十日，为予祖母八十寿辰，宴客于钱粮胡同聚寿堂，谭鑫培以同乡交谊，串名角奏剧。蔡松坡同学往还素密。是日早至，谓予曰：今日大雪，可在此打长夜之牌。予知松坡有用意，即托刘禺生代为召集，松坡前执刘手曰，我与你同案三年，今日要畅聚一夜，你要慎择选手。刘曰：张绍曾颠，丁槐笨，二人如何？松坡曰：可。宜到隔壁云裳家中，稍迟重要人物来，捧小叫天者必多，听戏开席，皆不必来请。予应之，明知袁之侦探亦将随往也。蔡、刘、张、丁，聚博终夜，天未明，松坡踌躇曰：请主人来，我要走。绍曾曰：再打四圈上总统府不迟。松坡曰：可。七时，松坡由予宅马号侧门出，直入新华门，门卫异之，意以为受极峰所传。侦探抵府门，亦即星散，未甚置意。松坡抵总统办事处，侍从曰：将军今日来此过早。松坡曰：我表快两小时矣。随以电话告小凤仙（沪妓凤云在京张帜，易名小凤仙，名噪甚，松坡昵之），午后十二点半到某处同吃饭，故示闲暇。徜徉办事处中，若无其事者，人亦不察，乃密由政事堂出西苑门，乘三等车赴津，绕道日本返滇。义旗一举，洪宪乃覆。松坡之沉着机警，于此可见。松坡走后，予受嫌疑最重，从此宅门以外，逻者不绝。刘成禺、张绍曾次之，丁槐则佯无所谓。小凤仙因有邀饭之举，侦探盘诘终日，不得要领。乃以小凤仙坐骡车赴丰台，车内掩藏松坡上闻。予等亦宣扬小凤仙之侠义，掩人耳目。明日，小凤仙挟走蔡将军之美谈，传播全城矣（汉阳哈汉章《春耦笔录》）。”②

袁世凯幕僚王锡彤，在其《抑斋自述》中也简略记录了蔡锷逃离京津的经过。说他1915年10月30日“到参政院访林秘书长长民，谒副院长汪伯唐大燮，又谒正院长黎副总统”，之后的一日，“到总统府销假，闻蔡锷已出京。蔡之解云南都督来京也，大总统委任甚重，身兼数差，每月薪水在两三千元。一日，京执法处忽发兵围蔡宅，大加搜检，虽一无所得，而蔡不能不皇皇。其实筹安会发起，将军府签名赞成时，蔡实首先签名者。今忽围宅搜检，蔡不能无所惧，又不敢明言出京，乃日日向球房拍球。与

① 《蔡松坡便服出京之详情》，上海《中华新报》1915年11月29日。

② 转引自刘成禺等《洪宪纪事诗三种》，上海古籍出版社，1983，第169—170页。

球役既熟，一日，竟易下役衣，乘三等车出京以去。比警局闻之，向天津截留，已鸿飞渺渺，向云南寻唐继尧去矣”。①

有人否认以往蔡锷研究中的一个推论，即袁世凯 10 月 14 日派人搜查蔡宅一事，“促使蔡锷决心尽快脱身”之说，认为“实则非也”。其主要理由，来源于朱德裳以下这则回忆：“帝制起，本定以十月双十日由张敬尧等于总统阅操时大声一呼，拥为皇帝，无所谓国民会议也。时蔡松坡方在天津，电召其友至津门，谓之曰：‘我于十一月可至云南，义兵非易起，能于旧历（年底）举事，莫速于此矣。公曷设法延二月期乎？’其友曰：‘试为之，必有以报命。’松坡握手谢焉。归京遂为国民会议运动，初商之胡瑛，瑛曰：‘掩耳盗铃，有何益处。’继又以此意告孙毓筠，毓筠颇之曰：‘能为两周间之国民会议乎？’则应曰：‘可矣。’于是发为文章，言总统由国民所选举，此次之为皇帝亦必国民选举，然后根本乃固，不然难乎免于篡矣。世凯阅此文，以为切中情事。于是授意于参政院，定临时国民会议选举法。先由各省举行，十二月乃及京师。”袁世凯于是以“一百三十票当选为中华帝国皇帝”。为此，“杨度栩栩然告人曰：‘可惜松坡受人利用。吾见其小雪沃沸汤也。’”②

然后以此为据，推论蔡锷 10 月 14 日家宅被搜后，并无“尽快脱身”之意，而是淡定自若，设法把袁世凯这只“警醒的狮子哄睡着”。说：“从搜查到蔡锷乘船离津赴日，相隔 35 天，这期间，蔡锷一直在谨慎小心地试探袁世凯的反应。先离开他三五天再回来，又离开他七八天再回来，始终保持一种若即若离的状态，让老袁逐渐习惯于这种状态。从被搜到出走，相隔五周，可见二者没有必然联系，这正是蔡锷要表现给袁世凯看的：你越怀疑我，我越坦然。如果在袁世凯神经绷得最紧时仓皇出逃，不仅十分危险，还会暴露战略意图。袁世凯越早发现、越早准备，对反对帝制的行动越不利。”又说：“从朱德裳的回忆来看，蔡锷早在八、九月间已有成算，当时设想是 11 月到云南，实际抵滇时间是 12 月中旬，比计划还晚了一个月（如果说的是阴历十一月，则正好），说明蔡锷并未因搜查事件而提前行动。不但没有提前，反而是延后了，因为要花一些时间安抚老袁，把警醒

---

① 《抑斋自述》，第 213 页。

② 朱德裳：《三十年闻见录》，岳麓书社，1985，第 6 页。

的狮子哄睡着。如此较量，足可谓斗智斗勇。”[①]

这个推论能否成立，首先要看行此推论的依据，即所谓蔡锷在天津，电召其友，谋设“国民会议”，以“延二月期”一事能否成立。察其实际，是不能成立的。因为发起“国民会议”以邀功之人，自始就是袁世凯的“财神爷”梁士诒，而不是蔡锷。梁士诒对此事的谋划，实际始于8月底。到了9月28日，梁士诒便在参政院提议变更议事日程，先以第三次请愿书付议，其结果认定代行立法院应有代筹征求民意办法，并指定包括蔡锷在内的九人为起草员。于是，10月7日参政院便正式通过了梁士诒的国民代表大会草案，19日又通过了梁士诒提出的关于投票程序议案。[②] 梁士诒当然不可能是蔡锷之友，可见，朱德裳所述，实际是张冠李戴了。

其次，朱德裳所记也是自相矛盾的，因为他同时还记有蔡锷两件事。其一是：“蔡松坡到京时，与杨度等游，求所以固结于袁世凯者甚至。凡友朋中与国民党关系稍深，即不与其酒食之会，其用心可谓苦矣。尝自总统府归，谓其密友曰：‘袁世凯为皇帝，我不许之。’筹安会出，世凯将以松坡为参谋总长，忽谓京师总监吴炳湘曰：‘蔡松坡在京未？’炳湘归署即嘱秘书问之，秘书饬署长查明，署长即饬巡长往蔡宅探问。于是以讹传讹，风声鹤泪［唳］，蔡松坡微行出京矣。闻此时袁世凯于松坡尚无恶意。其出京也，实炳湘促成之。”

其二是：“袁世凯之狡猾，松坡实畏之。故其与云南密电本，不敢藏之京师，在天津梁启超宅也。筹安会起，世凯于松坡极为注意。启超反对帝制文出，松坡阳诋之曰：‘梁先生书生耳。’故筹安会宴军官时，谈及帝制，松坡首先署名赞成。然而世凯不信也。世凯部下必有时迁之流，故蔡宅盗案直入书室，搜其电文；独不见云南电本密码，可知此盗志不在金钱也。盗案出日，松坡已去天津。吴炳湘故意闹得满城风雨，而松坡不敢归京师矣。”[③]

这两件事，不但说明蔡锷没有泰山崩于前而不惧的豪气，反而让人觉得他在袁世凯的淫威下，几乎是个胆小鼠辈。巡警长到家里一探问“蔡锷在家吗”，就吓得“微行出京”了，吴炳湘为蔡锷家一件小小的盗案一折

---

① 《我和外公眼中的蔡锷将军》，第194—195页。

② 参见李吉奎《梁士诒》，广东人民出版社，2005，第197—201页。

③ 以上二条见《三十年闻见录》，第18—20页。

腾，就滞留天津，“不敢归京师”了，倒是出了10月14日这样大的真实的搜查事件，反而能淡定如水，若无其事地“安抚老袁”35天，岂不矛盾？岂不怪哉？可见，就事态的逻辑上，如此推断也是说不通的。需要说明的是，朱德裳所记二事，同样不是事实。因为蔡锷自己说过，他在“京师，间数日辄一诣天津”，实际并不存在吴炳湘促成的“微行出京”的问题。至于“蔡宅盗案”的确发生过，也的确上报到了吴炳湘，但也不是“时迁之流”所为，更不是“搜其电文”，而是家仆王松发盗走一千六百三十五元洋元票的案子。

总之，尽管以往的蔡研究者，提出10月14日的搜查事件，“促使蔡锷决心尽快脱身”也是推论，并无蔡锷本人的言论为证，但毕竟还有“执法处军弁遂闯入蔡宅，大肆搜索，其结果毫无所得，当局乃亟枪毙军弁二名以谢，其实被戮者，闻并非搜查之军弁，乃为该执法处羁囚之人犯，此蔡氏不得不去之原因一也”，以及袁世凯幕僚王锡彤“京执法处忽发兵围蔡宅，大加搜检，虽一无所得，而蔡不能不皇皇”之类的言论为据，应该还是可信的。

对于蔡锷离京的时间和过程，早有人指出哈汉章所说“当属实录”，如一位名叫李新的人就说过：“护国之役，蔡松坡（锷）出京赴滇，主持讨伐帝制，其中秘密行踪，三十余年来，言人人殊，而在各家笔记中，较为详尽正确者，当推哈汉章之《春耦笔录》。因蔡离京前夕，正在哈宅玩牌终宵，所言当属实录也。”① 何况还有以下事实，也可证明其记述不虚。一是哈汉章说蔡锷11月11日出京这个日期，有其他史料可以佐证。在京充当过蔡锷反袁称帝活动联络人的袁家普在蔡锷去世后不久明确说过，蔡锷“乃于十一月十一日出京”。② 另一蔡锷经界局的下属赵默说是“十二晨”出京的，③ 虽然差了一天，但不排除仅是记忆上的小差错。二是哈汉章说蔡锷一到，就说“今日大雪”，他要在此打“长夜牌”，有当日的天气实况为证。这天夜里，北京还果真下了雪。次日，一个叫杨曼青的人发表文章说：“昨天鄙人说了一篇阳春白雪，想不到夜间真就下了一场雪，虽然不大，总

① 李新：《蔡锷出京纪实》，上海《新闻报》1949年1月8日。

② 《记袁厅长所述蔡公遗事》，《长沙日报》1916年11月11日。

③ 赵默：《蔡松坡先生逸事》，北京《民苏报》1916年12月1日。

算应应卯儿。”[①] 清末皇族内阁协理大臣那桐的日记也记有：“十一日，午后谢客七家，酉初归。早微雪，晚甚凉。”[②] 三是哈汉章说11日早晨7时，蔡锷在总统府电话约小凤仙“午后十二点半到某处同吃饭”。而当时的头等妓院还的确有电话。一个当时居京的作者，在一篇反映袁世凯“洪宪”时期，一个叫史宜的四川人为谋取一官半职，如何以1000两烟土行贿高官的文艺作品里，描写道：“史宜正待说话，这个当儿，电话机当当响，可亭连忙走到电话箱边去接电话。却是将军在韩家潭春艳院玉英的屋子摆酒，约可亭即刻便去。”[③] 这个叫可亭的人接的电话，正是从八大胡同中的头等妓院韩家潭打来的，文艺作品是一定时期社会生活在人类头脑中反映的产物，说明当时的头等妓院还真安装有电话。既然小凤仙所在陕西巷的云吉班同属头等妓院，蔡锷电约其共进午餐也就并非不可能。四是哈汉章说蔡锷是11日早上乘火东离京的，与当时京津间的车次也相当吻合。查北京每日上午有两趟开往天津的火车，一趟是上午8时30分开往山海关的快车，抵津时间是11时30分左右；另一趟是10时15分开往唐山的慢车，抵津时间是下午3时左右。[④] 赶不上8时30分这趟，还有下一趟。五是哈汉章坦承侦探为免责，“以小凤仙坐骡车赴丰台，车内掩藏松坡上闻”，他们“亦宜扬小凤仙之侠义，掩人耳目”。为洗刷嫌疑，哈汉章等人竟也昧着良心，干下了一桩故意嫁祸于小凤仙的勾当。这种光明磊落的态度，恰好说明哈汉章说的是实话。试想，谁会在反袁称帝的是非曲直已明朗化的事后向社会自揭疮疤和短处？

此外，也有回忆言及蔡锷居津时，袁世凯曾派员催蔡锷回京。如学者、画家、书法家张宗祥撰文说：

> 袁氏知蔡遁，命陈仪追之。蔡之同谋者亦与陈至稔，知此事。陈仪又木强，忠于所事，不能说之纵蔡。于是，赶陈前先至津（按：指张宗祥自己赶在陈仪之前先至津），嘱蔡迁寓，俟有船即行。迨陈至

① 杨曼青：《快雪初晴》，北京《群强报》第1224号，1915年11月11日。

② 北京市档案馆编《那桐日记（一八九〇年——一九二五年）》下册，新华出版社，2006，第811页。

③ 星若：《洪宪轶闻·新华幺麽》，《小说新报》第3年第3期，1917年3月。

④《交通部直辖京奉铁路管理局各大站客车开行时刻（民国三年五月一日新行）》，天津《大公报》1915年11月14日。

津，历访蔡之友人，均不得踪迹，废然以返。

予向不参加任何党会，因百里（按：蒋方震，字百里）识松坡，二人皆进步党，往还意气间皆相得。公侠（按：陈仪，号公侠，后改公洽）追蔡之信既得，他人皆袁氏注目，予时一冷曹，且无政治色彩，乃自任之。速蔡行外，兼在津市赁一宅。

世凯帝制时，予与松坡熟，其至天津也，袁氏使陈仪追之。予与蒋百里先得信，急足赴津，嘱松坡速避速行。或语予出入宜慎，似有便衣警蹑君。予乃与许君季茀、张君燮和携眷至津，留一室待周君预材（按：即周豫材，鲁迅）。至袁死，始回京寓。①

张宗祥这时说陈仪“木强，忠于所事，不能说之纵蔡”。对其至津未能寻得蔡锷的行踪，也使用了具有贬意的“废然以返”之词，明显对陈仪持否定态度，认为他是忠于袁世凯的，不可能“纵蔡”而去。

不过，1960 年张宗祥再度撰写此事的回忆时，却又来了个 180 度大转弯，将陈仪也写成个“不满帝制者”。说蔡锷离京后，“袁世凯派陈公洽（仪）追之，公洽语百里及予，且商进止，盖公洽亦不满帝制者。予曰：‘若自赴津可耳，松坡恐已走，未必能见到。’公洽悟，别去即派人赶至津速松坡乘日本轮行。公洽至津，果未遇蔡而返”。② 张宗祥对陈仪这一态度的变化，或许与陈仪的生命结局、张宗祥当时所处环境及传统史学书写原则有关。因为这时陈仪已于 1949 年 2 月 23 日策动京沪杭警备总司令汤恩伯起义事泄，被退守台湾的蒋介石于 6 月 18 日以“勾结共产，阴谋叛乱”罪杀害了。

虽然就陈仪对袁称帝的态度而言，很难仅仅据此确认何者为是，但所述袁世凯曾派员催蔡回京一事，还是可以确定为事实的。

又如，张钫也撰文说：“我于 11 月上旬在天津与郭燕生、暴质夫（都是河南人，民党同志）和韩凤楼（号五峰，河南荥阳人，日本士官学校毕业，为蔡松坡旧部，时亦将军府参军）等，秘密商议反袁称帝的办法。韩

① 张宗祥：《记一幕猴戏》（未刊稿），第 9 页、后记；《铁如意馆碎录·宣南闻见》卷 1，浙江省图书馆藏。李性忠以《蔡锷天津脱险的新史料》为题，公开于 1988 年第 2 期《思想战线》。

② 张宗祥：《蒋方震小传》，《文史资料选辑》第 10 辑，《文史资料选辑》合订本第 3 册，中国文史出版社，1986，第 93 页。

凤楼说：‘蔡松坡有办法，在云南也有声望。不过袁监视很严，不知能否实现。’我说：‘陕西部队中一般同志和刘镇华部队中爱国志士尚多，当可想法子……’于是我们决定，韩凤楼联系蔡松坡；我做豫、陕两省讨袁军事发动工作；郭、暴两人去上海找于右任。郭、暴即去上海，我与韩凤楼回京。过了几天，韩凤楼对我说：‘蔡松坡已经离京，他到津后与袁来信请假治病，袁不放心，授意将军府叫我去天津探望，并劝蔡回京治病。我今晚就要去津，等回来就可确知松坡的动向了。’过了三天，凤楼由津回京，对我说：‘松坡已于昨日秘密乘日本船去日本，再转道赴云南，嘱我另道去云南。陕、豫方面的事，蔡嘱我转告你加紧进行。’韩次日即向将军府报告，说松坡正在治病，稍好即回。接着韩即秘密回河南，嘱我于他走五日后替他向将军府交上预先写好的返里省亲请假条。时蔡松坡离京去日消息，社会上微有传闻，将军府知韩凤楼与蔡的旧关系，对韩的返里省亲自然发生怀疑，又急派岳屹到荥阳调查，找韩回京。岳屹到荥阳韩家村，韩已去开封，又追到开封，韩已到上海乘船赴香港转云南去了。以后在讨袁战争中，韩任蔡松坡讨袁护国第一军的前敌司令。”①

而云南护国起义之初的报道，或许也可证明张钫的上述回忆，在某些细节方面不免也有差错，但蔡锷嘱其“另道去云南”则是可信的。有报载：“日来由北京及各省来滇者络绎于道，多海内知名之士……韩中将凤楼（河南人，现充将军府参军兼模范团副官）新由京来滇，闻系蔡公所约。韩曾充黔省旅长卫戍司令，黔中将领皆其旧部，极孚人望。某公语人云，得韩一人，可抵十万雄兵。现闻将派韩赴黔担任下游军事，悉力拒曹，一俟滇援军到，即进规湘省云。”②

28日

▲蔡锷委任杨汝盛为清丈处二等科员，曾权为技士。说：“为饬知事。兹委任杨汝盛为本局清丈处二等科员，曾权为本局清丈处技士。此饬。经界局督办。中华民国四年十月。右饬杨汝盛、曾权。”③

又升任马孝笃为清丈处二等科员。说：“为饬知事。本局清丈处办事员

① 张钫：《我在反袁护国期间的经历》，《文史资料选辑》第48辑，1963，第75—76页。

② 护国军从军记者无伪一月九日发《云南倡义纪闻》，上海《中华新报》1916年1月29日。

③ 《蔡锷集外集》，第338页。

马孝笃升为二等科员。此饬。经界局督办。中华民国四年十月。右饬马孝笃。”①

又电询成都陈宧，对周钟岳的任用，还有“相当职务可调用否”？说：“善密。分发四川道尹周钟岳君，前在滇历充都督府秘书长、教育司长、滇中道尹诸职，均有贤声。嗣奉命入觐，发往四川任用。适值敝局成立，需人甚殷，当经呈准留充本局评议委员，旋调任秘书。数月以来，深资臂助。惟该员在京不服水土，拟仍赴川，敬候驱策。该员学识闳通，品行端正，如置之左右，当能仰赞高深。惟闻蜀中济济多才，颇有人浮于事之感，未识尚有相当职务可调用否？乞酌示为盼。（锷）叩。勘。”②

29 日，又委任袁思古暂兼李曰垓为经界局秘书。说：“为饬知事。本局秘书李曰垓尚未来京，该秘书职务饬袁思古暂行兼代。此饬。经界局督办。”③

30 日

▲报载蔡锷呈请辞职，尚未批示。现已请病假五日。④

本月

▲蔡锷函告曾广轼，“筹安问题”，袁世凯“力主持重”，但无挽于“狂澜”。说：“顷奉惠书，慰我良多。令弟叔载患病入院，甚为系念，奉书之日，即派何君上林赴保探视。据称病势已瘳，医生谓再过二星期，即可退院上学矣。惟痔病易治易发，过于劳动，辄不相宜。以天生纯全之军人，而膺此疾，可惜也。梁和甫日前来京，据称锑业此后必来恐慌，殊不易办。对于分公司前途，不甚乐观，心欲其改良而无从说起。且谓吾弟亦处为难地位，然乎？否乎？抟九发起之探矿公司，入股甚形踊跃，盖人多以兄为稳健，今既从场，必有把握。实则兄不过一股东之资格，抟九硬以总理、总董、创办人名目相加，事前并不相谋。一切进行组织亦不相商，辄发印刷品以相号召，冤矣。现各股友既稍稍知其真相，以后未交之股，

① 《蔡锷集外集》，第 339 页。

② 曾业英编《蔡锷集》（二），第 1221 页。

③ 《蔡锷集外集》，第 339 页。

④ 上海《时报》1915 年 10 月 31 日。

或难再集。兄初意在吾弟与干青能加入此团体，则愿努力从事。逮接来书，处之已冷然了。现拟只交去千金，即丢去亦无碍。但甚愿抟九之成其事，以免累及兄之名誉也。弟有可以赞助抟九者，尚望玉成之。幸甚。筹安问题，四方风动，国内似有把握，国际上或有难关。而箭在弦上，亦不顾矣。主峰力主持重，而亦无挽于狂澜，殆国运也。”

11月

1日

▲蔡锷电请张子贞如实告知云南状况。说：“蓂密。有电计达。军民合治，利多害少，亦弟素所主张。惟任公（按：指任可澄）莅滇，尚无失政，值兹际会，中央雅不欲多所更张。闻南方各省人心不靖，乱象潜滋。滇状如何？希实告。东。”①

4日

▲蔡锷委任杨穆为清丈处三等科员。说：“为饬知事。兹委任杨穆为本局清丈处三等科员。此饬。经界局督办。右饬杨穆。”②

▲报载“据军界传言，黎副总统辞职甚力，拟调冯国璋任参谋总长，唐在礼出任江南将军。朱家宝日前至京，面见总统，请回籍葬亲。总统云，事关忠孝大节，余亦不能再四勉强。朱遂不便再说，退商于所亲，托某要人，再申前请。故日内传言，有调段芝贵为直隶将军之说，事亦未始无因。蒋雁行亦有外任之说，拟以蔡锷接任训练总监。汤芗铭前次请觐，政府电令，俟沈金鉴到任后，再行来京。但现当国体未定，内外猜疑之时，政府颇不欲轻于更动。故此说是否现于事实，未敢断言，姑志之，以观其后”。③

▲唐继尧、任可澄电复顾鳌，云南国民会议选举15日以前“决可办理竣事”。说：“滇中军学界人士众多，什九为国民党籍，反正以来，嚣张已极，近虽潜伏，遗孽实多，故报馆论调，几全属于激烈一派，办理诸多棘

① 以上二函电见曾业英编《蔡锷集》（二），第1222—1223页。

② 《蔡锷集外集》，第339—340页。

③ 《各省将军更调之一说》，天津《大公报》1915年11月4日。

手（按：指国民会议选举事），故进行不免少迟。所幸近月以来，多方设法，大致均已就绪，本月十五以前决可办理竣事。”①

5 日

▲报载闻参政院参政，如江翰、梁启超、蔡锷等，均“批于日内以病辞职，作迄退之地步”。②

8 日

▲报载进步党某重要人物抚今感昔，“转不得不叹赏曩时国民党勇气青年者流，果有先见之明，贤于吾辈万万也”。说：“十一月四日《顺天时报》云，昨据进步党某重要人物抚今感昔，慨然而言曰，吾人当前年参、众两院存立之顷，合并三党而组成进步党，与国民党恶战苦斗于议会之几席，终至选举袁项城使任正式总统。犹忆斯时，吾人曾目国民党为共和急进派、理想派，而自称吾党为渐进派、实际派。夫国民党所主张者，若按理论上言之，实无可以批难之点。吾人虽为该党之反对劲旅，然而理想上实与国民党别无何等差异，不过自信统治革命甫宁以后之国家，苟欲期纯粹共和之精神，须仰赖如袁氏其人之有势力者始克有济。故遂至与该党理想判然分途，而进行之手段亦专在选举项城为大总统。然据当时国民党之意见，则以为袁世凯果任大总统，定演出非共和立宪之政体，甚至酿成君主专制。吾辈对于该党所唱之激进说断然反抗之，以为纵然袁大总统将来果有其意，吾党亦可以监督而掣其肘焉，决无虑也。乃继观其后来各种之经过政迹，袁总统虽有许多非立宪行为，似尚能渐次整理内政，职是之故，余辈犹以为嗣后真正共和制，庶将有实现之期。孰意正在近今比较乐观之间，突然变更国体问题平空发出矣。吾人历来不认变更国体为必要，故不能不持反对之态度。奈纵怀有极端反对思想，而回顾吾党近状，仅余进步党之空名而已，别无何等势力之可言。吾人抚今追往，转不得不叹赏曩时国民党勇气青年者流，果有先见之明，贤于吾辈万万也。追维畴昔对于国民党之质问，而代表大总统前赴议会苦受井井条理诘问之段祺瑞君，现已

① 《唐继尧、任可澄致顾鳌电》（1915 年 11 月 4 日），中国社会科学院近代史研究所藏档案，档案号：洪 28。

② 北京《群强报》1915 年 11 月 5 日。又见上海《时报》1915 年 11 月 7 日。

飘然下台矣；为国民党之政敌百战不屈之进步党，亦如日落西山，奄奄欲毙。然则眷怀国家之前途，宁有幸耶？言念及此，惟默焉神伤耳云云。”①

9日②

▲蔡锷报请袁世凯鉴核、施行经界局荐、委各人员。说：“为本局荐委各员拟请分别叙官，恭呈仰祈钧鉴事。窃查《文官官秩令》第六条载，荐任职授官由所属长官呈请大总统命令行之，委任职由所属长官汇案，呈请大总统命令行之各等因。本局荐、委各职，自应遵照办理。现经取具各该员履历，详加审核，缮列清单，呈祈鉴核，饬交铨叙局分别叙授，以励资劳，而昭详慎。再，局中有系军职人员，无庸另叙文职，故未列单，合并呈明。所有本局荐、委各员，拟请分别叙官缘由，理合具文，连同清单三纸，呈请大总统鉴核，训示施行。谨呈。”批令：交政事堂饬铨叙局核叙，清折并发。此批。大总统印。中华民国四年十一月九日。国务卿陆征祥。③

10日前后

▲梁启超呈请袁世凯准其“外游”，为国宣力。说：“大总统钧鉴。谨肃者。启超幸蒙矜恤，得遂初服，息影津门，感激之私，匪可言喻。迩来时局日益氛棼，钧座忧劳可想。启超因方为党人所指目，自审嫌疑，不愿屡涉都门，转滋口实。然报称之诚，未尝敢一刻忘也。前面陈欲作外游，为国家有所宣力，经蒙嘉许。比者独居深念，益觉兹事之不可缓。闻前此财政部筹拨之机密费经已送府，如蒙发给，拟请由张秘书嘉森代领，启超当即治装，并来京面受机宜。如何之处，伏乞示遵。”④

10日⑤

▲蔡锷转呈京兆经界行局荐、委各人员，请袁世凯鉴核施行。说：“为据情呈请事。据京兆经界行局坐办卫兴武详称，窃查《文官官秩令》第六

① 《进步党员之愤慨》，上海《中华新报》1915年11月8日。

② 此为袁世凯批呈日期。

③ 《呈》，《政府公报》第1262号，1915年11月12日。

④ 中华书局藏抄件。原署“民国四年”，无月日。但从梁启超11月18日致籍忠寅函中提及他“亦已假装，将从此逝”看，此函发于该日之前，故推定作于11月10日前后。

⑤ 此为袁世凯批呈日期。

条内开，凡授官进官加秩者，系荐任职，由所属长官呈请大总统命令行之；系委任职，由所属长官汇案，呈请大总统命令行之等语。自应遵照办理。兹查有行局总务课课长雷振镛等三员，均与荐任资格相当，总务课一等课员葛瑞书等八员，均与委任资格相当，各该员等自荐、委任以来，勤劳从公，均极得力，自应详请转呈分别叙官，以资策励，等情前来。理合具文，连同各该员履历，呈请鉴核，饬交铨叙局分别议叙，以示鼓励。所有据情转呈各缘由，是否有当，伏乞大总统鉴核训示施行。谨呈。”批令：交政事堂饬铨叙局核叙，单并发。此批。大总统印。中华民国四年十一月十日。国务卿陆征祥。①

12 日

▲蔡锷委任何天柱为清丈处第四科科长。说：“为饬知事。兹委任何天柱本局清丈处第四科科长。除呈报外，合即饬知。经界局督办。中华民国四年十一月十二日。右饬何天柱。”②

15 日

▲蔡锷呈请袁世凯准卫兴武暂行兼代经界局帮办职务。说：“为本局帮办久未到差，恳请派员先行兼代以资助理，恭呈仰祈钧鉴事。本年七月三日，奉大总统策令，任命罗正钧为经界局帮办。遵即电催该帮办到局任事。旋据电称在籍守礼，刻难来京，请代辞职等语。并由署湖南巡按使陶思澄代呈。奉大总统批令：呈悉。现在该局事务尚简，罗正钧准其冬间来京供职，所请另行简员之处应毋庸议。仰即转行知照，并交经界局查照，此令。等因。奉此，自应俟该帮办葬亲事毕，再行由局敦促来京供职。惟锷近因患病，日久未痊，而统率办事处及参政院各处职务甚繁，常虞竭蹶，亟望得一实力任事之人助理局务。查现在京兆经界行局坐办卫兴武心细才长，现在筹办京兆经界事宜，擘划一切，多中肯綮，拟请派令该坐办暂行兼代本局帮办职务，以资赞助而重职守。所有恳请派员暂行兼代本局帮办职务缘由，是否有当，理合具文恭呈。谨乞大总统钧鉴训示。谨呈。”批令：准

① 曾业英编《蔡锷集》（二），第 1224 页。

② 《蔡锷集外集》，第 340 页。

以卫兴武暂行兼代。此批。大总统印。中华民国四年十一月十五日。国务卿陆征祥。[①]

21日，卫兴武“恭报”袁世凯，已于18日遵命就兼蔡锷所请经界局代理帮办。说：“为恭报就职日期仰祈钧鉴事。窃经界局督办蔡锷呈请派员先行代理帮办，以资助理。本月十五日奉大总统批令，准以卫兴武暂行兼代。此批。等因。奉此，兴武遵于本月十八日就兼代经界局帮办之职。理合具文恭呈。谨乞大总统钧鉴。谨呈。”批令：呈悉。此批。大总统印。中华民国四年十一月二十一日。国务卿陆征祥。[②]

按：对于蔡锷的统率办事处办事员身份问题，既然蔡锷自说其在“统率办事处及参政院各处职务甚繁”，而此前的7月28日，又有报载说袁世凯“新任”他“为统率办事处办事员”；[③] 9月21日也有他与王士珍、段祺瑞等八人一起以“统率办事处”名义呈请袁世凯“乾断施行”帝制的呈文；[④] 此后还有报载“昭威将军、统率办事处办事员兼经界局督办蔡锷”两次“请给病假”；[⑤] 更有当年12月23日统率办事处在复蔡锷电中称蔡为“同事”，[⑥] 以及身为蔡锷密友且同期在北京任职的蒋方震在蔡锷逝世后的回忆中说他在京时“身兼（经界局）督办、（参政院）参政、（将军府）将军、（统率办事处）办事员等差”；[⑦] 李抱一的回忆和1916年11月14—16日发表在《国风日报》的《蔡松坡先生历史》一文也说蔡锷“复继王士珍为统率办事处办事员”，[⑧] 可见，蔡锷担任过统率办事处办事员这一职务是肯定的。但是，倘若以此为据判定袁世凯正式颁令任命过蔡锷为统率办事处办事员，则仍难免缺乏事实依据。因为袁世凯连在此前的8月29日颁布任命王士珍为陆军总长之时，尚且忘不了对已辞陆军总长职的段祺瑞加上一句“段祺瑞仍为管理将军府事务和统率办事处办事员”，继而在11月18

① 《呈》，《政府公报》第1268号，1915年11月18日。
② 曾业英编《蔡锷集》（二），第1226页
③ 《专电·北京电》，《申报》1915年7月28日。
④ 见本书1915年9月21日记事。
⑤ 见本书1915年11月18日记事。
⑥ 见本书1915年12月23日记事。
⑦ 蒋百里：《蔡公行状略》，《长沙日报》1916年12月26日。
⑧ 李抱一：《附录：蔡松坡先生小史》，《蔡锷集外集》，第401页。

日“任命杨晟为陆海军大元帅统率办事处军事参议官”；连 11 月 27 日“任命李春膏为统率办事处第一所主任”这样的任命办事处下级官员都特地发一纸命令，何以任命蔡锷为该处“办事员”时，反而未见当时的《政府公报》以及有关报刊中有袁世凯颁发的正式任命令呢？这岂止难以想象，甚至是很奇怪的。那么，蔡锷又是因何而拥有这一身份的呢？看来当时报载蔡锷依袁世凯要求，以将军府将军的身份“入值”，不但是可能的，而且可能性很大。唯其如此，才不难解释蔡锷何以在 1915 年“孟秋七月”（按：即 8 月 11 日至 9 月 8 日）撰写的“鞠躬敬贺”《戴府李夫人七秩寿言》一文中亮明自己身份时，竟然只列举“上将衔陆军中将勋二位昭威将军、参政院参政、经界局督办”，而无更为重要的“统率办事处办事员”了。[①] 时下的蔡锷传记特别热衷于强调蔡锷的“办事员”身份，暗示甚至明言这是袁世凯对蔡锷的重用。如有的暗示说：“有人打比方，海陆军大元帅统率办事处办事员，有点类似于今日之中央军委委员。其人员的遴选是慎重而严密的，非北洋派出身而能进入统率办事处的人是罕见的。”[②] 有的则明言，陆海军大元帅统率办事处，“作为总揽军权的最高军事指挥机关，蔡锷成为该机构六位办事员之一（其他五人是陆军总长段祺瑞、海军总长刘冠雄、参谋次长陈宧、海军上将萨镇冰和陆军上将‘北洋之龙’王士珍），也是唯一一个非北洋出身的军事领导核心成员”。又说，袁世凯为什么“把他安排进核心军事机关？就是要先帮他树立威望，为日后重用做好铺垫”。[③] 其实，事实是否如此，无须更多介绍蔡锷在北京的真实际遇，只要体味一下他自己潜离北京后说过的一句话，就一清二楚了。他在《告滇中父老文》中说：“卒卒北行，伴食权门，郁郁谁语？”[④] 可见，蔡锷在北京仅仅是一位“伴食”将军而已，何曾得到袁世凯的重用？即使担任这个角色，也是为袁世凯装装门楣的招牌而已，大可不必当真。

▲报载梁启超“自有对于国体之文发表后，某派中人思中伤之者颇多，梁后上总统一书道及‘行将櫜笔，不复论列’云云，于是某某报即加以‘悔罪自首’等名词，至杨皙子有尊重反对者之人格之宣言始已。梁自将京

① 见本书 1915 年 8 月记事。

② 《蔡锷大传》，第 164 页。

③ 《我和外公眼中的蔡锷将军》，第 167、168 页。

④ 见本书 1916 年 1 月 16 日记事。

宅退租，全眷徙居天津意大利租界，与汤济武衡宇相望，朝夕过从，诗酒唱酬，并作诗牌之戏，自分可以免矣。乃自日本警告发生后，某派人物又以此为中伤之机会，谓为任公挑拨所致。某报云，任公文字素为中外所注视，且以久居日本之故，日人注意其人。对于内政问题固不妨自由议论，若关涉中日外交之言论发挥太尽，其于国家前途，自属凶多吉少。国体与外交一文说得淋漓痛快，尤未尝为国家外交少留余地。若文字之为用一无影响则已，设使果有人注视者，则固不得谓之全无影响于外交，亦无怪世人多方责备也。闻任公友好［好友］日来颇有欲劝其再作外交文字，以图救之策者，惜为时已晚矣云云。又有‘无责任之文字为害至此耶’一段，云我国大名鼎鼎之政客，逞一己之政见，为无责任之文字，昌言挑拨。彼故乘间而起，如再多几位发为不负责任之文字以挑拨外交，则欲其国之不沦胥以亡，其又安可得耶云云”。①

中旬

▲梁启超两次呈请辞职。说：“为恳请辞职仰祈钧鉴事。窃启超因缘时会，获预嘉招。处士未有远谟，书生乃其本色，过蒙恩礼，终始弗遗。猥随讽议之班，仍托宾僚之上，循涯逾分，又历年时。近缘祗役，爰溯桐江，见严陵山水之高，求方干钓游之宅。低回竟日，欣慨交心，吾非斯人之徒，窃有终焉之志。比旋辕倍道，趣对威颜，尚期效用股肱，敢谓爱其毛羽，不图遭疾，致阻趋公，才望上都，言归私馆，虽蒙异数之加，听其休沐之便。惟是恩绸贾谊，莫对苍生，德愧蘧瑗，久疏过阙，在大总统为尊士，在启超为旷官。盖闻先劳后禄，忠信乃其本原，当官而行，名实必其相副。伏愿弛其负荷，俾遂宽闲，饭牛同宁氏之歌，何幸生逢尧舜，薇蕨亦周家之粟。讵云高揖夷齐，实迫孱庸，冀安调息，翔鸿寥廓，仍包天地之中；老马识途，徐效驰驱之报。不胜恳迫待命之至，谨乞大总统钧鉴。谨呈。”②

对于梁启超辞职的“坚决”态度与前景，舆论界多有报道。有的说，袁世凯曾“派汤觉顿赴津慰留”，但汤返京后“向人云，梁辞意坚决，不

① 仲斌：《燕京小志》，上海《时报》1915年11月15日。
② 《梁启超之呈文》，上海《时报》1915年11月28日。

能以个人私交相强”。[①] 有的推测梁启超未必能“脱去”参政一职。说：“此次具呈辞职，意极坚决，呈中具言因病未能趋公，故大总统仍着给假两月，俾资调理。此呈系于二十一日批出。闻二十日总统尚派汤觉顿氏偕同某君赴津，翌日返京复命，而给假两月之批令遂发出矣。现在其参政一缺，已派前贵州巡按使戴戡氏署理，则任公身上参政之（名）义，一时恐未必脱去矣。至任公最近所为文，题曰《国体问题与五国警告》者，虽寥寥千余字，然对内对外，议论亦甚痛快，未知能发表否也。”[②] 有的推测袁世凯不可能“遽令引退”。说：“梁任公前自奉命为宪法起草委员后，即为秋痢所困，养疴津门。继以国体问题发生，为审慎国是起见，曾著文披之报端。在当时舆论界，以任公意见稍有出入已久，拟其有辞职之说。惟宪法起草，现在当然不能着手，自无职任可言。其参政院参政一席，现在正当代行立法期内，职务重要，任公以久病之躯，自维不能长此旷离，特于日前具呈，以因病未能趋公，特请辞职。极峰以任公为今日名政（治）家，不欲遽令引退，因特给假两月，俾资调治。其参政一席，则暂由前贵州巡按使戴戡署理。已见日前命令矣。”[③] 有的听信袁世凯放的风，认为袁世凯“特蒙予假，未允开缺”，是打算将梁启超列入新组内阁“某部行政大臣”。说：“顷得京中某要人处消息，政府为改革国体后组织新内阁，预拟分任诸大员之问题，迭经讨论，曾已列单预呈大总统。近复两次更易，据云最后预定之各员，除总理大臣仍为陆征祥上卿继续担任并兼外交大臣外，并将梁启超参政列入某部行政大臣，闻系出于主座之意。该参政两次请辞，特蒙予假，未允开缺一节，即缘于是云。”[④]

18 日

▲蔡锷呈请袁世凯“鉴核备案”其派何澄一为清丈处第四科科长。说：“为呈报事。窃本局清丈处第一、第二、第三各科科长，均经遴员充任呈报在案。现查有前币制局会计课课长何澄一，堪以派充该处第四科科长。除饬任外，理合具呈恭陈。谨乞大总统鉴核备案。谨呈。”批令：呈悉。交内

① 《香港时报》，1915 年 12 月 1 日。

② 《梁任公给假之余闻》，北京《群强报》1915 年 11 月 24 日。

③ 上海《时报》1915 年 11 月 26 日。

④ 《位置任公一说》，上海《时报》1915 年 11 月 28 日。

务、财政两部查照，并由政事堂饬铨叙局查照。此批。大总统印。中华民国四年十一月十八日。国务卿陆征祥。[1]

▲报载蔡锷又请病假，“经界局督办蔡锷，日前因病请假，日昨又呈请续假七日养病，已于前日赴津。经界局归并财政部赋税司之说，早已纷传，会办罗正钧因母丧，迄未到局，蔡督办昨又呈请遴员暂代，以资助理。闻已决定派经界行局局长卫兴武为会办。外间颇传蔡一再请给病假，似有辞职之意”。[2]

21日，又载“昭威将军、统率办事处办事员兼经界局督办蔡锷”，“于呈递请假呈文之先二日即已赴津，其所有书籍行李等已于数日内，由其家属陆续搬运出京，其辞职之决心可以概见矣”。[3]

22日，又载蔡锷等人拟“呈请中央辞职归隐”。说：“近来又如周缉之、黎宗卿、孙慕韩、庄思缄、梁任公、蔡松坡等表面上虽无反对现象，而心中不豫之状，明达之士，早所深知，以致均拟呈请中央辞职归隐。”[4]

29日，又载蔡锷“辞经界局长，闻系袁疑其与民党通谋”。[5]

按：《香港时报》是与蔡锷结成反袁称帝同盟关系的欧事研究会在香港创办的机关报，此时公开透露蔡锷只是“表面上”不反对帝制等信息，表明蔡已安全离开北京。

其间，有蔡锷复曾广轼一函，不仅证实其确有辞职之请，而且态度坚决，将不顾政府“不慊”，“强行去职”。说：“昨奉手示，借悉种切。舍弟松垣诸承推爱，从此长依宇下，得以增阅历而收其放心，感荷之私，曷可言喻。兄近患感冒，经月不愈，拟出京养疴。经界局屡请裁并，均不报，现请辞职，恐亦难允可。惟兄淡于仕进，弟之所知。值兹局势，尤不宜沓泄过去，致贻恋栈之诮。前途如何，纵身为饿莩，亦非所惜矣，惟母老家穷，为可念耳。脱卸后，拟经营滇矿，事如顺手，十年后不患不作吾国实业大王也。兄强行去职，政府意必不慊，然亦无可如何，只得付诸自然。

---

① 曾业英编《蔡锷集》（二），第1225页。

② 《各要人之出处消息》，天津《大公报》，1915年11月18日。

③ 《蔡将军辞职已决》，天津《大公报》1915年11月21日。

④ 《国政要闻·政海激斗之暗潮》，《香港时报》1915年11月22日。

⑤ 《本报专电（北京）》，《香港时报》1915年11月29日。

松垣任稽查，处置甚当，但不可使之闲。如尚有繁劳之务，不妨一试，亦陶冶裁成之道也。”①

▲梁启超函告籍忠寅等人，蔡锷、戴戡等人“已联翩南迈”，自己也“将从此逝，诸公达者，宜审此意”。说：

契阔以来，倏逾半载，书问间阙，怀想岂任！循若北来，常相过从，借谂兴居，粗疗饥渴。比来时事，亮所同愤。松、循诸公，联翩南迈，贱子亦已俶装，将从此逝。群公达者，宜审此意。

一月以来，与季常、敬民及其他二三挚友，反复讨论国家前途及吾侪所以报国之道，既有所决。夫己氏之不足以奠定此国，自昔固已共忧，徒以顾全大局、投鼠忌器之故，甘牺牲一切，与之戮力。一年以来，假面既揭，丑形暴露，凡百政象，众目具瞻，无俟覼举，就令无今兹叛国之举，而听其浸淫朘削，亦终必率全国士夫皆为禽兽，剥全国之氓庶尽成枯腊。长夜漫漫，亦复何望？今更中风狂走，冒天下之大不韪，学杨再思愿得一日作天子虽死无憾，驯至召五国干涉，使我国民蒙此奇耻大辱，犹不知悛，强迫劝进，电书旁午，筹备大典，日不暇给。彼今以骑虎之势，作包羞之谋，推其驴技，不出二途：亦惟效刘豫、石敬瑭将绝好江山揖让于人，而自居于儿皇帝、侄皇帝之列；否则蹈那拉端庶人覆辙，鼓吹排外，奋螳臂以掷孤注。二者有一于此，吾侪四万万人岂知死所？而全国士夫方沉迷于利禄之中，不复知人间有羞耻事！不问何方面何种类之人物，皆供其蹂躏利用，无不如意。吾党二三子若犹是不自振拔，餔糟啜醨，则天下之大，更复何望？亡国之罪，实与彼中分之矣！是以义不反顾，计不旋踵，剑及屦及，以从今役。诸所规画，在行间者自能面相商榷，无取形诸楮墨。惟更有数义，欲与诸贤穷析之者。第一，吾党夙昔持论，厌畏破坏，常欲维持现状，以图休养。今以四年来试验之结果，此现状多维持一日，则元气多斫丧一分。吾辈掷此聪明才力，助人养痈，于心何安，于义何取？使长此无破坏犹可言也。此人则既耄矣，路易十四所谓朕死之后，洪水其来，鼎沸之局，既无可逃，所争早暮已耳。第二，吾

① 曾业英编《蔡锷集》（二），第1229页。

侪自命稳健派者，失败之迹，历历可指也。曾无尺寸根据之地，惟张空拳以代人呐喊，故无往而不为人所劫持，无时而不为人所利用。今根基未覆尽者，只余此区区片土，而人方日恚诇于其旁。当此普天同愤之时，我若不自树立，恐将有煽而用之假以张义声者，我为牛后，何以自存？幸免于此，而为独夫戮力，杯酒释兵之事，数月后行且立见，傫然共为一匹夫，以坐待刲割，噬脐何及？第三，夫己氏淫威所播，先声夺人，远虑之士，或主持重。不知一年以来，情势已迥异曩昔，一则彼方狃于前事，志满意得，骄盈之气，为众所弃。彼其股肱心膂之任，若内而纪明，外而大树，皆同室操戈矛，石交化豺虎。公等逖听，想亦有闻。自余所部，人各有心，论其势力内容，可谓几达零度。二则此人比来不解何故，百凡措施，皆失其常，如彼弈棋专下乱着。揣其昏瞀，殆近死期。即如此次僭号之举，生吞活剥，倒行逆施，以彼巧人，有此笨笔，非天夺魄，何以及兹？今者内迫于舆论，外挟于强邻，举步触藩，捉襟见肘，书空咄咄，等于中魔。子阳井底之蛙，公路冢中之骨，待人驱除，更何足畏？第四，或持老氏之教，谓不当为天下先。欲析此义，一当度地，二当方人。今当举国鬼气沉沉之时，非有圣贤之心、豪杰之行，孰敢赴此大义？吾侪所欲为之事，虽为举天下人人所欢舞以迎，而亦为举天下人人所莫敢倡导，故必须自动以待景从。且欲定大业，先固本根，自余方镇，虽或同兹义愤，然所处四战之区，卒然发难，脱有败衄，先损声威，故必择可以进取可以保守之区，乃是为关中河内之计。凡此诸义，与诸君子讨论既熟，询谋佥同。今方分途趋功，而植基之谋，首在南服。蓂赓、如周两将军，风义弢略，久所钦迟，自当见义勇为，当仁不让。惟诸公更有所决而力赞之，天下幸甚。万里相思，发于梦寐，凉风凄厉，为国自爱。十一月十八日，梁启超顿首。①

对于蔡锷离津的经过，袁世凯陆军训练总监蒋雁行11月27日私函冯国璋说，蔡锷在津期间，初入住日租界的日本共立医院。袁世凯曾“饬令派人察视，见渠时赴病院，时或不往。旋移德义楼，由该楼茶役夜间送其

① 《梁启超致籍忠寅等函》（1915年11月18日），《护国运动资料选编》上册，第79—81页。

登火车站。其家眷于是日之先，亦由京乘火车去矣”。[①] 梁启超的回忆也说：“走的前一个礼拜，他托病（其实真病）到天津，住在一个共立医院里头，把旁的事情准备妥当，专等袁世凯派人来看病。一面医生把诊断书，交来人带回去，一面他就从共立医院，雇洋车，到德义楼，租了一间房间，晚上三点钟，从德义楼跑到我家里来，清晨一早，就上日本船，在侦探环视之中，居然让他出去了。”[②]

以下各事，当可证实蔡锷是 11 月 18 日离开天津的。第一，前述蒋雁行 11 月 27 日私函冯国璋说过，蔡锷此日之前的一天夜里，已由日租界的德义楼的茶役“送其登火车站”。第二，11 月 26 日，有报纸引“北京念五日亥刻专电”报道说：“蔡锷业已南下，所请以经界局归并农商，正在拟议。闻拟分归内务、财政两部。”[③] 可见，蔡锷 24 日之前已离津。第三，11 月 28 日，有报载“经界局督办兼参政蔡锷氏因病续请辞职，奉令给假两月，兼派员署理经界局及参政等缺，已见昨日命令。兹悉蔡氏请假后即赴天津，总统尚命蒋方震前往慰留，但蒋氏抵津时，蔡已于十九日起程南下矣。故派署之命，即行发表”。[④] 而袁世凯的舆论机关之一上海《亚细亚日报》更在 26 日的《北京专电》中直言“蔡锷已于十九日南下”。这一报道说明，其一，蔡锷 11 月 19 日已离津南下。其二，袁世凯所以“即行发表”经界局督办及参政“派署令”，是他从回京复命的蒋方震口中得知蔡锷已离津南下了。第四，11 月 18 日，梁启超函告云南财政厅厅长籍忠寅说：“松（按：蔡锷）、循（按：戴戡）诸公，联翩南迈，贱子亦已俶装，将从此逝。”说明蔡已于 18 日“南迈”。第五，湖南财政厅厅长袁家普在蔡锷逝世后两天，接受媒体采访时也说蔡“公乃于十一月十一日出京，十九日余追至天津，则公已于先日乘山东丸赴日矣”，[⑤] 不但再次证实蔡锷是 11 月 11 日出京的，也证实了他是 11 月 18 日离开天津，转乘日轮山东丸赴日的。第六，经界局秘书周钟岳的回忆也说他 11 月 16 日至津与蔡锷“相晤。蔡公谓请暂行回京，俟吾由电话告行期，即代拟一请假三月赴日就医之呈文。

① 《蒋雁行致冯国璋函》（1915 年 11 月 27 日），《护国运动资料选编》上册，第 92 页。
② 《蔡松坡遗事》，北京《晨报・蔡公松坡十年周忌纪念特刊》，1926 年 11 月 8 日。
③ 上海《时报》1915 年 11 月 26 日。
④ 《梁蔡两参政之辞职》，《申报》1915 年 11 月 28 日。
⑤ 《记袁厅长所述蔡公遗事》，《长沙日报》1916 年 11 月 11 日。又见曾业英编《蔡锷集》（二），第 1533 页。

及十九日，蔡公电告已上船……实则蔡公已东渡矣”。[①] 同样证明蔡锷 18 日已离津。第七，更有报载直言，蔡锷“至津后，住共立医院。政府闻信惊绝，遣使促其复回，而君遂于十八号乘日船山东丸东渡”。[②]

至于蔡锷出走的根本原因，自然离不开袁世凯称帝这个大变局。11 月 27 日，蒋雁行函告冯国璋说：“风闻云南人云，有重要人物致密电该省，唆使人民反对帝制。经详细调查，据电报局云，数十日之前曾有人用经界局关防发一密电往滇云云。”[③] 周钟岳也回忆说：“一日，蔡公由统率办事处归，谓予曰：‘有陕人路某（孝忱）向公府告密，云滇省反对帝制，吾辈亦通信与谋。昨日军政执法处派人至吾寓检查信件，实由于此。’”[④] 29 日，更有报纸详述其原因有三。说：“蔡松坡为梁任公之高足，以军人而富有政治思想者……闻当局颇有放虎容易捉虎难之慨云（文见本书 1915 年 12 月 23 日记事，这里从略）。”

而蔡锷得以从京津脱险，经过蔡锷逝世后各时代众多戏剧影视作品的艺术加工和渲染，多人为地归结为一个名为“小凤仙”的风尘女子的“主动协助”，称蔡锷最后是靠了这位“爱国名妓”掩护的力量，才“终究脱离（樊）笼”，从北京到了云南。而蔡锷与其“相恋”，也“并非乌有，确是中国人民反帝反封建斗争史上的一则佳话”。此说几成社会的共识。当然，也有与小凤仙有过接触的人，对世人竟将小凤仙比为“红拂”极不以为然。说：“小凤仙之于蔡锷，不过萍踪偶合，并无深意。在蔡则故示醇酒妇人之态，以掩耳目，于凤仙亦无深情。乃世人竟比之红拂，以为能识英雄，他日倘有摭入稗史者，则凤仙可以传矣，岂不幸哉。当时，余亦尝偕友人至凤仙妆阁小坐，室内陈设，极见精雅，而其人庸脂俗粉，实不足道。”[⑤] 而且还有多种与此不同的助蔡离京另有其人的新说，如有人提出“袁世凯批准”蔡锷离京说，有人提出曾鲲化“筹划蔡锷逃离”说，有人提出张宗祥助蔡“脱险”说，还有人提出端纳助蔡“出京”说，等等。其

① 中国人民政治协商会议云南省委员会文史资料研究委员会编《惺庵回顾续录》，《云南文史资料选辑》第 5 辑，第 159—160 页。

② 《蔡松坡先生历史》，北京《民言》1916 年 11 月 12—13 日。又见曾业英编《蔡锷集》（二），第 1528 页。

③ 《蒋雁行致冯国璋函》（1915 年 11 月 27 日），《护国运动资料选编》上册，第 92 页。

④ 《惺庵回顾续录》，《云南文史资料选辑》第 5 辑，第 159 页。

⑤ 一觉：《北里遗闻》，《风月画报》第 2 卷第 11 期，1933 年。

实，这些说法都是脱离历史实际、不足为信的。尽管蔡锷迫于袁世凯的压力，在京曾“效信陵君醇酒妇人以自掩”，但与小凤仙的交往也仅仅是他反袁称帝谋略中的一环，并不存在什么“恋情”。小凤仙对蔡锷的成功回滇，不能说毫无掩护作用，但却是她始料不及的。其他诸如“袁世凯批准”蔡锷离京等说，更是子虚乌有之事。蔡锷京津脱险，实际“经历了离京、离津两个过程”。具体的经过是，他先“以超人的政治智慧和谋略，有效掩饰了自己反袁称帝的心志，利用身染喉疾，需天津就医的机会，在袁世凯所许的自由度之内，于 11 月 11 日自行出京，安抵天津。之后，又在朋僚的多方协助下，通过‘时赴病院，时或不往，旋移德义楼’等措施，巧妙避过袁世凯的耳目，于 18 日夜登船东渡，成功踏上了回滇反袁称帝的征程”。①

蔡锷潜离天津，还是带病离津的。一年后的 11 月 15 日有报载蔡锷之疾“起于一年以前，非一朝一夕之故。盖以入京而后既郁郁不得志，且目击袁氏谋叛情形，忧虑日甚，感受政治上种种激刺，遂患失眠及嗓痛之症。嗣又水陆奔波，数濒危难，而西南督师，规划军务，昼继以夜，中疾遂益深。吾人犹记君行出京时，疾滋浸甚。其在山东丸中寓书其友某君谓：脱离故国，心绪少定，现食能下咽，夜能获睡矣，甚矣，忧患之足以致人于病也云云。观此足知先生之疾之所由来矣”。② 蒋方震也证实，蔡锷当时确实身体欠佳，说蔡锷“以病辞，真也，非饰也。公不病，未必能成行，公不行，病未必即死也”。③

21 日

▲蔡锷呈请袁世凯“准予续假三月”，以便“迁地调养”。说：“为病体未痊，吁恳续假调治，请将督办经界局事务暨参政院参政两职遴员署理，恭呈仰祈钧鉴事。窃锷禀赋本属不强，十余年来供职边疆，感受瘴疠，病根潜伏，每遇治事稍勤，则诸病侵寻。今年入秋后，时复头眩耳鸣，头部左侧辄发剧痛，夜不成眠。因素尚耐病，未加调理，且职务所关，尤不敢

---

① 详见曾业英《蔡锷与小凤仙——兼谈史料辨伪和史事考证问题》，《近代史研究》2009 年第 1 期。

② 《蔡松坡先生之略史（转载北京〈国民日报〉）》，《长沙日报》1916 年 11 月 15 日。

③ 蒋百里：《蔡公行状略》，曾业英编《蔡锷集》（二），第 1524 页。

稍自暇逸。乃迁延日久，病势加剧。近复感受秋燥，虚火上炎，以致喉痛、咳嗽、发热、盗汗诸症并作。迭经延医调治，迄未见痊。据医生诊视云，系操劳过度，心血大亏，且病根蕴积已久，纯恃药力，难责全效。宜择空气新鲜、天气温暖之处，静息数月。庶真元一固，药力亦易见功。伏念锷仰荷知遇，迭膺重寄，忽婴疾病，有负职司。现假期已满，病仍未愈。惟有仰恳俯赐矜全，准予续假三月，俾得迁地调养，冀可渐就痊复。至经界局系专设机关，参政院现值代行立法院之期，未便久旷职务，应请将督办经界局事务及参政员参政两职，遴员署理，以重职守，而免误公。俟病体就痊，即行销假任事。所有病难速痊，吁恳准予续假，并遴员署理职务各缘由，理合具文恭呈，谨乞大总统钧鉴训示施行。谨呈。”批令：着给假两月。所请遴员署理差缺之处，已另有令明发矣。此批。大总统印。中华民国四年十一月二十四日。国务卿陆征祥。①

27日，报载“经界局督办兼参政蔡锷因病续请辞职，奉令给假两月，兼派员署理经界局及参政等缺……兹悉蔡氏请假后，即赴天津。大总统尚命蒋方震前往慰留，但蒋氏抵津时，蔡已于十九日起程南下矣，故派署之命，即行发表云”。②

紧接着，蔡锷又呈请袁世凯准其赴日就医。说：“为病势迁延，赴日疗养，恭行呈报仰祈钧鉴事。窃锷于本月二十二日，缕陈病状，恳请续假三月，并请将督办经界局事务暨参政院参政两职派员署理。奉批令：着给假两月，所请遴员署理差缺之处，已另有令明发矣。此批。等因。奉此，仰见大总统曲予体恤之至意，感激莫名。伏念锷病根久伏，殊非旦夕所能就痊。而北地严寒，亦非孱弱之躯所能耐，一交冬令，病势益加。计惟有移住气候温暖地方，从容调养，庶医药可望奏功。查日本天气温和，山水清旷，且医治肺胃，设有专科，于养病甚属相宜。兹航海东渡，赴日就医，以期病体早痊，再图报称。所有病势迁延，赴日就医各缘由，理合具文恭行呈报。谨乞大总统钧鉴。谨呈。”批令：呈悉。一俟调治就愈，仍望早日回国，销假任事，用副倚任。此批。大总统印。中华民国四年十一月三十日。国务卿陆征祥。③

---

① 曾业英编《蔡锷集》（二），第1226—1227页。

② 《蔡松坡业已南下》，天津《大公报》1915年11月27日。

③ 《政府公报》第1283号，1915年12月3日。

29 日，又载蔡锷“既辞参政及经界局之职，尚有将军府将军一席，现已提出辞呈，以冀脱离政海”。[1]

其间，也有报载“蔡松坡东渡未得。蔡锷请赴日本箱根养病，袁总统批不准”。[2] 但数天后，又引 30 日“北京专电”纠正说：“蔡松坡东渡之志遂。蔡锷请赴日本养病已由政府照准。”[3]

12 月 1 日，报载“蔡督办两次请假为辞职之先声……最近京中各报又纷传蔡氏将销假视事。记者顷从某方面探得确实消息，蔡氏已于一礼拜前秘密赴津，在津勾留数日，即搭船赴日，续假呈文系托人递上者。近又恳请某要人向极峰辞职，其呈文中有云即日出洋养病之语，政府知已不可挽回，故准给假两月。至其寓所现仅留一妾及仆媪两三人，其他同住之李某、岳某与经界局清丈处处长陈某、会计科长何某均已同时回南云云。噫，如蔡公者，殆可称为虎口余生云”。[4]

4 日，又载“蔡锷系变服乘骡车绕道出京，寓所只留一妾及仆媪两三人，辞呈行后始递。总统得悉，已追截不及，异常震怒。闻蔡不日有来沪就医说”。[5]

24 日

▲袁世凯颁令“蔡锷现在给假，特任龚心湛兼署督办经界局事务。此令”。又命“蔡锷现在给假，任命张元奇署理参政院参政。此令”。[6]

25 日

▲蔡锷呈袁世凯请准其所拟《经界暂行条例》等三条例“先行试办”。说：“为请将本局拟订《经界暂行条例》《经界行局条例》《经界审查委员会条例》先行试办，恭呈仰祈钧鉴事。据京兆经界行局详称，现京兆涿县、良乡两县经纬图根各测量以及预查人员亟待出发，对于地方官之交接、绅民之布告，事务极繁，非有条例可循，殊不足以昭信守。拟恳呈请大总统将《经界暂行条例》《经界行局条例》《经界审查委员会条例》迅与颁布，

① 《专电》，上海《时报》1915 年 11 月 29 日。
② 上海《神州日报》1915 年 11 月 27 日。
③ 上海《神州日报》1915 年 12 月 1 日。
④ 《蔡将军又出洋养病》，《盛京时报》1915 年 12 月 1 日。
⑤ 《本报专电（北京）》，《香港时报》1915 年 12 月 2 日。
⑥ 上海《时报》1915 年 11 月 26 日。

俾资遵守，等情前来。查此项条例，节经本局拟订，呈奉批交内务、财政、农商三部核复在案。现该行局诸务急待进行，拟请将此项条例，暂予试办，俟部核复后，再行遵改。庶良、涿经界不致延滞，而与将来部议亦不虞抵触。所有请将各条例先行试办缘由，是否有当，理合具文恭呈，谨祈大总统鉴核训示施行。谨呈。”批令：前据拟呈各项条例，业交内务、财政、农商三部核复，应由政事堂转行各该部迅速核议具复，再行察夺。此批。大总统印。中华民国四年十一月二十五日。国务卿陆征祥。①

▲刘显世函告陈国祥、戴戡，黔、滇两省有关情况。说：“敬民、循若两公公鉴。月余未通音问，各省纷纷通电，均以军民长官立言，似未周到，黔除照通电外，并以国民代表通一电，如各省皆然，想可塞外人之口。黔中诸事如恒，惟财政收入厘税丁粮尚无大出入，税验契及其他新税，各县知事更动频仍，未免大受影响。食盐专利太甚，盐价奇昂，贫民何堪，望两公极力设法使滇盐能销黔，亦可救一部分之贫民……昨得电，已派款四千元，以三千元作（任、松两公）借款，以四百交伯群作还张耀庭津贴。现耀庭留京，恐须用，请再拨二三百元给之。王伯群在天津来电要款，此刻已走，未审有无亏空，祈酌量将下余数由两公处分。滇事至唐开武宣示宗旨后，军界已大定。幼兄（按：指陈廷策，字幼苏，时任云南政务厅厅长）来电，唐法心之军队约七成以上，想不致有他。元气凿伤极矣，万不可再有反响，两公以为何如？”②

26日

▲报载“经界局督办蔡松波呈请辞职，政府准假两月，日前外间宣传，多谓该局行将取消。兹闻政界某要人谈论该局教授学员，现正在规划进行之际，决无取消之理。将来造成专门学员，实行清丈地亩，故政府虽给蔡督办之假明令，另派龚心湛代理”。③

又载“经界局之开办，转瞬届一年矣。在开幕之初，督办一职，多以事体重大、责任冗繁，不愿担任，俟始由蔡锷承任斯职。该局之责任在表

① 曾业英编《蔡锷集》（二），第1227—1228页。

② 《刘显世等致陈国祥函札（民初滇黔史料）》，中国社会科学院近代史研究所藏档案，档案号：甲29。

③ 《经界局未来之揣测》，天津《大公报》1915年11月26日。

面上为厘定经界，在事实则为清理田赋，其责任不可谓不重。乃自开幕至今已一周（年）矣，初以计划未定，未能毅力进行，继以经费困难，颇多棘手，以致设局经年，毫无成绩。固由于事实上之阻碍横生，然亦半由于款绌所致。且近月以来，该局原定之计划不但无法推行，更以经费问题，不得不极力缩小范围，因陋就简。而蔡氏所抱之经界政策，竟毫无展布之地，遂不得不改其政见，暂为敷衍以待将来。顾以国家设局置官，又未便坐糜廪粟，于是始生退志，用避贤路，乃以病请假。近见局事既不易期其推展，方始决定请辞，当蒙大总统准假两月。督办一缺，昨已任命龚心湛署理矣。龚为财政次长、盐务署长，身任财政要职，兼理经界事务，此后经界局或不致再有困乏之处。其参政一缺，则派张元奇代为署理，已见昨日命令矣”。①

27 日

▲蒋雁行函告冯国璋，蔡锷称病赴津，由德义楼“茶役夜间送其登火车站”，以及“都门近日情形”。说：“华甫世叔座右：月来鱼雁罕通，南望江云，殊深孺企。遥想福履绥和，起居安善，定符私祝为慰。侄薪劳依旧，乏淑足陈。京师地面安堵如常，外交亦渐就和平。近来各处对于元首有用折奏者，有仍用呈者，纷不一致。惟经界局督办蔡锷先称病，云非有温泉地方，不能适养身体，总统遂以汤山合宜，令其养病。继乃赴津，来呈一件，请假五日。总统饬令派人察视，见渠时赴病院，时或不往。旋移德义楼，由该楼茶役夜间送其登火车站。其家眷于是日之先，亦由京乘火车去矣。究不知其意何居？又风闻云南人云，有重要人物致密电该省，唆使人民反对帝制。经详细调查，据电报局云，数十日之前，曾有人用经界局关防发一密电往滇云云。此系都门近日情形，爰就所知，用特报告。南方有无新闻，亦祈示知为叩。专肃，敬请钧安。世愚侄蒋雁行敬上。十一月廿七日。”②

▲有人发文讥讽现在是“尽心将事者”“贵不可言”的时代。说：“近数月来，政界之活动，可谓集五花八门之观。退居者，如徐菊人、周少朴、

① 《今后之经界局》，《盛京时报》1915 年 12 月 5 日。

② 《大树堂来鸿集》，北京大学图书馆藏。

张贞午、梁任公等。进行者，如沈雨人、杨皙子、孙少候等。将退未退者，如周缉之、蔡松坡、朱经田等皆是。大约少具官热者，现在为不可失之机会。而民国以来，历襄大计，此次又尽心将事者，其贵不可言。光焰万丈尤在意中也。”①

30 日

▲报载除了政界汤化龙、梁启超等人外，段祺瑞、蔡锷等军界“数十人”也极力反对“改革国体”。说：“兹据军界某氏所谈云，今欲问国体解决期间之长短，须先问政府能否维持地方之秩序，欲问是否有维持地方秩序之实力，必先问各省将军能否始终服从中央之命令。盖此次改革国体，政界重要人物如汤化龙、梁启超、周树模、徐世昌、孙洪伊及参政数十人，各省大吏如张元奇、张坚白、韩国钧、段书云等，均极力反对，军界则中央有段、蔡及某某等数十人。外省某某等虽有反对之说，然毫无证据，且陆氏荣廷外，无有一人向政府辞职者，以是极峰颇怀疑虑。对于某某数人若不从速更调，则难保其无意外之发生，而贻外人以口实。但有名望与信用之将军，抱悲观者，概占多数。遍地荆棘，心怀不安，再四物色，仅得其选，唯骤加更换，反恐促兵士之暴动。现正设法牵制，或迫使请假，或默令归田，或电饬来京，不久将有一番更动云云。”②

下旬或 12 月上旬

▲蔡锷致函唐在礼，请转陈袁世凯“悬岩勒马”，“明下命令，停止帝制”。说：“……当筹安会发端之始，辄忞焉忧之，以为事不可为，犯此大难，必酿巨变，适所以祸国家者，波及行政元首。其时尚以为主张此事者，不过少数佥壬欲攫获权利，或借事以假陷主峰，兴风作浪，为此侥幸行险之谋，主峰明镜高悬，必不堕其术中也。无何机势蓬勃，薄海骚然，竟将见诸（事实）（按：以下缺失部分，以省略号代）……一数清流……示谏，均不足以回……挽狂澜，及列强干涉，仅能……之时日，而进行依然。值兹千钧一发之候，何忍终守缄默！伏望转陈主峰明下命令，停止帝制之运

① 仲斌：《燕京新谈荟》，上海《时报》1915 年 11 月 27 日。

② 《国体问题之影响于军界》，《盛京时报》1915 年 11 月 30 日。

动，确定共和，将此次倡乱诸人，酌予薄惩，使中外人士晓然于主峰以天下为公、见义勇为之心。将见薄海人民感激仁慈，永无既极。彼潜伏待发之党人，沉栈观变之疆师，野心勃忧之强邻，皆将戢影潜声，俯首帖耳，莫敢谁何矣！弟渥受主峰知遇，心所谓危，不敢不告。惟望主峰乾纲独断，速予解决，不胜下愿。悬岩勒马，其在斯时。区区凭忱，天日可鉴。伏维衿谅是幸。临颖无任主臣。"①

按：日本驻华公使馆武官町田经宇少将在 12 月 23 日致参谋次长电中说："蔡锷在约两周前曾从日本（或在别府）寄亲笔信给（唐）在礼。"（详见后文）。可见，此信的确存在。

12 月

1 日前后

▲报载蔡锷抵日后的有关情况。说："东报有电载此项消息者，惟云其秘密南下，意者必先到沪，乃松坡踪迹日来忽发现于东京。有人于日人某处见之，询彼近状，则云吾辞呈内本曰迁地调理，此行当往热海避寒。至谈及政局则避不多言，大有忧谗畏讥之意。同学之往见者，皆不肯见。住所亦无一定，往来飘忽，不可捉摸，诚不知彼用意何在也。先是东京盛传汤济武已至，预备欢迎之者极多，到处探访则又无踪，乃无意之中大名鼎鼎之蔡将军忽如神龙之见，徒有首而无尾，或者人言东京为梁山泊，爱惜羽毛者，意有所不屑乎，未可知也。"② 又说："顷续得东京消息，谓蔡氏抵东京后，留东人士闻之，一如飞将军从天而下，争往探问，即日本官场中及新闻界亦多有来访者。惟蔡氏态度颇取慎重，尝语人云，余以身体不适于北京寒带之下，曩年留日时每好作箱根之游。其气候之佳、风景之美，尝流连于心不能去，不日尚拟偕二三同志，重游旧地云云。有叩以时局上

---

① 《蔡锷集外集》，第 343 页。是书原注："此文原标题为《蔡松坡司令离京与唐质夫书》。"对其发出时间则注曰："李鸿祥在《有关护国史实订正数则》（田伏隆编《忆蔡锷》第 421 页）一文中说，蔡锷离京抵日本长崎后曾寄何鹏翔转交唐在礼一函，内容系反对帝制。蔡锷于 11 月 18 日离开天津赴日。由此可推知，此信写于 11 月下旬。"

② 《蔡松坡便服出京之秘幕》，《香港时报》1915 年 12 月 8 日。

之意见者，则但答以多病之人，不欲多谈耳。”①

石陶钧的回忆，则说他1915年11月回到日本东京后，“蔡锷密派殷承瓛来说他不久将过倭地赴云南，但请设法避去倭新闻记者与袁探的耳目。我与张孝准、杨源浚等，届时在门司山东丸船上迎着蔡锷，设法满足了此项要求，他便安全通过倭地、香港、安南，达到目的地”。②

而李根源的回忆是，蔡锷在长崎曾密电时在香港的他和张木欣，并发生过“港吏索密本，捕木欣，去旬日释出”之事。③

5日

▲日本公使日置益说，是日有蔡锷“经香港赴云南之传闻，本地法国公使馆就此向驻云南蒙自法国领事致电询问，确认此事属实”。④

李根源则说这是16日的事，蔡锷偕戴戡、殷承瓛（即叔恒）、韩凤楼（即五峰）先后到达香港。蔡锷在这里“待船”，与李根源同“住一日，匿腾商王爰贤室二日”。

又说：“松坡到香港，宿余（李根源）寓，谓杨春魁案，姜梅龄邀功念切，非将君与少三（按：张文光，字少三）名牵入，不足以张大其辞，耸恿谢汝翼捏造事实，竟致少三于死。吾人当日待少三挈得太紧，及今思之，心犹歉然。”

又说：“少三与余从未知杨春魁为何如人，少三方请准解职，赴日本留学，省亲回里，浴于硫磺塘，唐（继尧）、谢（汝翼）派连长李青龙率兵二十余人持枪丛击，身中十数创，殒焉。时十二月十九日也（按：1913年12月19日）。”⑤

又说：“蔡君锷亦自日本至，余语以钮君永建、林君虎已二次入桂，李君烈钧、方君声涛、熊君克武已先后入滇策划有绪。蔡与余同住二日而行。蔡以十二月二十日抵云南，至则众志已定，遂于二十五日宣布独立。”⑥

其间，刘云峰奉唐继尧命，与袁世凯派来云南了解军情，以及催“派

---

① 《蔡将军东游之近讯》，《香港时报》1915年12月18日。
② 《六十年的我》（节录），《湖南历史资料》第2期，第32页。
③ 《雪生年录》卷二，第11页。
④ 见本书1915年12月23日记事。
⑤ 《雪生年录》卷二，第11、9页。
⑥ 李根源口述，刘寿朋笔记《护国军始末谈》，北京《民国新报》1916年12月25日。

带兵大员到京觐见”的路孝忱一起赴京“觐见”，“实则调查冯公国璋、段公祺瑞对于帝制赞成与否”。刘云峰到达香港，在码头即将上船赴京时，偶遇随蔡到港的殷承瓛，被殷说服其托“拉肚子”单独留下，并见到蔡锷。蔡告诉刘：“你的任务，我已代你调查清楚，冯、段对袁此举，均不赞成，段在团城拘留，不能见客；冯在南京不敢多言。你去不但无益，反恐有险，咱们一同回去，预备打仗罢。”刘于是与蔡锷、戴戡、何鹏翔一起回到昆明。①

8 日

▲报载袁世凯为复辟帝制，已连“向来号称与政府接近之进步党人”，都在其“严行监视”之列。说：“此次帝制问题发生，不惟素与反对之旧国民党人极端反对，即向来号称与政府接近之进步党人亦有忍无可忍之势。故熊希龄、汤化龙、张謇、梁启超等皆相率翩然下野。梁启超并著有反对国体变更之文章。近今该党之中坚孙君洪伊等又通电国中，表示绝对反对之态度，当局恨之刺骨。除对于旧国民党人予以二字头衔括之曰‘乱党’，严行诛锄外，对于进步党之铮铮者亦尽予以监视行动之待遇。据确定消息，已由统率办事处会同内务部，通饬各地方警厅于进步党人之内卓有名者严行监视，其名单共有七十余人，梁启超、汤化龙皆在内。闻其罪各有十六字之头衔，谓为‘遇事卸肩，予官不受，著书立说，煽惑人心’云。”②

14 日

▲报载梁启超请假赴美。说：“梁卓如君启超对于国体问题屡持异议，现见大势已成，主张失败，思远适异国，以为养晦之计，且于昨具呈政府，仍以养病为名，请假赴美。闻梁氏行装已备，不日即将启程云。”③

次日，又载梁启超呈文说：“呈为赴美养疴，呈报启程日期仰祈钧鉴事。窃启超因病呈恳休职调养，于十一月二十一日奉批令：给假两月，俾资调理。此批。等因。奉此，具见大总统隆情高谊，感奋莫名。比觉百脉贲张，头目为眩，外强中干，而方剂屡易，冬行春令，则厉疫将兴，偶缘

① 刘云峰：《护国军纪要》，《忆蔡锷》，第 264 页。

② 《诛锄反对党人之毒腕》，《香港时报》1915 年 12 月 8 日。

③ 《梁任公请假赴美》，北京《爱国白话报》第 841 号，1915 年 12 月 14 日。

用药之偏，遂失养生之主。默察阴邪内闭，灾疹环攻，风寒中而自知。长夜忧而不寐，计非澄心收摄，屏绝诸缘，未易复元，恐将束手。查美洲各属，气候温和，宜于营卫，兹拟即日放洋，择地休养，使良医得早从事，犹为已疾之方。幸物外听其逍遥，窃取达生之义，合将启程赴美日期呈明，谨乞大总统钧鉴。谨呈。”①

▲云南巡按使任可澄电请袁世凯“立下明令，取消帝制之议”，是为云南首通反对袁世凯称帝的电报。该电说：

大总统钧鉴。堂（密）。自筹安会发生，以共和国家之人民为君主之运动，以研究学理之团体促帝制之实行，迹近支离，无可讳饰。惟世界国体之组织本无绝对美恶之可言，加以年来共和政治之未适于国情，我大总统威德之深加于五族，故变更国体之议，亦为识者所同。然在海通时代，一国之政治恒不能不受影响于外，缘际 < 在 > 兹欧战方酣，尤当长虑却顾。而当时筹安会发起诸人及二三亲近，纷驰文电，皆谓外论一致赞同。乃比月以来，现状绝异，内而民意之征集既有贻人口实之端，外而强邻之责言更有予我难堪之势。彼五国之警告，宁能拒以一纸之宣言？是勿论我之从违如何，其最后之决心要可想见。因之人心愤激，舆论纷歧，谓外侮之横来，实政府之自召。忠謇之士，相率洁身；远识者流，发愤愁叹。暴徒乘时而猛进，四民废业于无形。试一觇各地之内情，殆莫不有乱象之隐伏。汲汲皇皇，若祸至无日。此首事诸人轻率误国，蒙蔽钧听，罪无可逭，我大总统保民卫国之心所不能不早为之所者也。

贾生有曰：“天下大器，惟上所置，置安则安，置危亦危。”今中国之安危，亦惟大总统所置而已。为今之计，惟有吁恳我大总统立下取消帝制之命，转危为安，策之上也。否则，申明延期，俟数年后斟酌国势，再议实行，亦可为治。如是则乱党无可借口，外人无从置词，人心以宁，国是以定。以我大总统之神武，必能使国家日即于强盛也。他日朝觐讴歌之来，将有欲避无术者，视今之冒万难以求一幸，相去如何矣。或谓今日大计已定，万难挽回，且既有干涉之嫌，更无中止

① 《梁启超呈报出洋》，北京《爱国白话报》第 842 号，1915 年 12 月 15 日。

之理。不知在五国为友谊之劝告，原未尝强我以必从，在总统于帝制之运行，亦均有不合时宜之宣示，此时谕令中止，正以明其初心，毅然决然，何疑何惧！若必孤注一掷，挟愤求伸，则祸患之来，宁知所届！两害取轻，实有无待再计者。

可澄仰荷殊恩，不胜切感。且自辛亥举义以还，痛国步之艰危，民生之昏愧［愦］，谓能安定之者，实惟我总统一人。前此赣宁乱起，尝力排众难，以卫中央。此时帝制问题发生，亦既竭绵力，以张威信。区区之意，谅荷鉴原。徒以飘摇风雨之时，不能无榱栋崩折之惧，昕夕焦虑，寝馈难忘［安］，诚恐我大总统蔽于二三亲信之言，而于今日时事之危未加深察，故不敢以附和雷同，以误我国家，负我总统。伏乞大总统念四亿国民付托之重，五千年神明缔构之艰，立下明令，取消帝制之议，中国前途，实为幸甚。至前此不慎之咎，惟可澄与首事诸人实尸之，并乞明正罪刑，以谢天下。临电迫切，不知所云。云南巡按使任可澄谨叩。寒。印。

22 日，袁世凯令政事堂电询唐继尧、任可澄说，自 12 月 12 日以后，多次接贵使致统率办事处会衔电，皆请转呈主座伏顺舆情，早登大位，可 14 日贵使单衔电却“请取消帝制，或延期实行，不但先后如出两人，且于内外情形，全不相符，甚为可疑……究竟是否贵使所发，或系他人捏造，望速复”。①

按：鉴于蔡锷 1916 年 1 月 5 日在致梁启超函中言及“迄王伯群到滇，将锷在津所发一函递到（先锷五日抵滇）”。这一天正好是 12 月 14 日，而任可澄此电所表达的思想、主张、自身经历又与蔡锷等人的设想相当吻合，以及袁世凯也怀疑为他人“捏造”，不排除任可澄此电是蔡锷等人为探袁意，早在京津就安排好的。

此外，也有报载任可澄发出此电，确有“云南军民对于帝制大为反对”的背景。说：“日人所传中国南部反对帝制之消息，未免言过其实，但北京确有谣言，谓云南［贵］两省将军于袁总统接受帝位之际，曾电致中央政

① 以上二电见中国社会科学院近代史研究所藏档案，档案号：洪 100（1）。又见曾业英《云南反对帝制的首通电报》，杨天石主编《民国掌故》，中国青年出版社，1993，第 68 页。

府（按：实指12月14日任可澄电），请取销帝制，并斩筹安会发起人，以儆邪佞，如帝制实行，则云贵两省将起变端云云。政府否认此事，谓贵州巡按使龙觐光（按：实为龙建章）电询经界局长蔡锷踪迹，以致外间误会，生此谣言。按蔡近请假赴日本养疴，蔡在云南颇有势力，前发起第一次革命，以抗清廷。再，现任将军唐继尧乃蔡之旧部也。北京接有消息谓蔡锷由日本取道香港前往云南，大约已抵该省。据非官场消息，云南军队对于帝制大为反对，曾纷纷开会，议决请将军电告中央政府，谓云南军民均不赞成帝制。将军乃召集各军官，告以国体问题，将由国民解决，且请军士少安毋躁。迨恢复帝制最后决定，军人乃请将军拍发前电。闻巡按使亦代表云南全省人民以同式电文致政事堂。”①

又载“当蔡、李（按：指李烈钧）等未抵滇前数日，省中谣言蜂起，街谈巷议，谓省军将图叛变（原因某团兵士，在肆中饮酒，醉后执一店伙，问袁世凯做皇帝，汝赞成否？汝若赞成，老子便将你所刀云云。此段新闻，不数日而传遍，市民遂大震恐。而一月之前，亦有将军游移莫决，举义发动自下之说）。全城震骇，金融立见恐慌，富滇银行四五日间，兑付现金至五六十万，米价亦随之大涨（每石由三元涨至四元余，其他物值亦逐自加昂，风声鹤唳，几有草木皆兵之概。记者时住某客寓，住客多纷纷迁徙，友人多劝赴越南暂避，余漫应之，盖余向抱乐天主义者也）”。② 这些情况表明，云南昆明此时已到处“布满干柴”，就等蔡锷这位“火炬手”的到来点燃这把反帝制“圣火”了。

关于此前的蔡、唐关系及唐继尧对袁世凯称帝的态度，也有报载说：“唐原隶蔡部，且师事之。蔡每谓唐之为人沉毅豁达，勇于任事，不愧血性男子，故以后任畀之。唐在任二年中，变故相乘，滇人某某等谋乘间取代，多方倾轧之，赖蔡力得不为动。会帝制问题发生，蔡遣人密言于唐，谓时局虽危，宜准备实力，以待时变。唐乃搜讨军实，扩充军备，广储将校，固结士心，以为之备。当筹安会开幕之始，滇省军官如团员邓泰中、杨蓁等主张最激，而卸职军人罗佩金、黄毓成、赵复祥、董鸿勋、黄永社等亦竭力鼓吹，屡向唐探刺意见。唐以饷械不充，且未确得蔡之意向为言，一

① 《译电》，《时报》1915年12月22日。

② 护国军从军记者无伪一月九日发《云南倡义纪闻》，上海《中华新报》1916年1月29日。

意持重，荏苒不决者数阅月。及闻蔡家宅被搜，托病出京之耗，滇中军界愤激异常，激烈主张之声浪复起。蔡出京之前数日，曾派黄、杨（按：指黄实、杨汝盛[①]）两军官持函赴滇遍致中上级军官，微示意旨，唐以非亲笔信疑之。及王伯群（系贵州筹安会代表，前充众议院议员，蔡派之赍专函来滇者）赍专函到，乃始决心赶为部署。旋由唐邀李烈钧等入滇。蔡于十二月二十日亦偕戴戡、殷承瓛、刘云峰等抵滇，举义之计划遂定。”[②]

又载王伯群“由天津到云南，约计半月。及面唐督，提出由远省起义种种理由，唐初以财政、军械不足为困难，群答以汤、梁（按：指汤觉顿、梁启超）诸公曾担任募款，并购军械接济，但须举动后方可运来。提议数次未决。于十二月十五日，群由滇拟长电拍黔，二十日间云南下级军官颇为摇动”。[③]

不过，也有报纸为彰显其一向力挺蔡锷反袁称帝的功绩，选择在次年 3 月 22 日袁世凯宣布取消帝制这一天，刊文宣称蔡锷入滇之前，“并未与滇省长官有所通讯，故其抵滇之日，自唐将军、任巡按，以至各级官吏皆不悉其用意之所在”。说：

> 余友某君新自滇省来京，为余述滇事甚悉，爰亟志之，为阅报诸君告，或亦诸君所乐闻也。
>
> 蔡松坡之入滇也，事前并未与滇省长官有所通讯，故其抵滇之日，自唐将军、任巡按使以至各级官吏皆不悉其用意之所在。然以其前为云南都督，现任经界局总裁、将军府将军也，则循例以欢迎显官之故事欢迎之。一时自将军、巡按使以至政务、财政厅长，高级军官皆与其盛。蔡单身赴会，不露声色，酒至半酣，始徐徐顾唐、任二公曰：“诸公亦知蔡某此来之用意乎?”众相顾视，则皆对曰不知。蔡乃自身畔出函电一束，置唐前曰：“某此来实为反抗中央之帝制行动，欲借本省为首义地耳。诸公之意安若?”众视其函电，则皆本省军官与蔡密约者，谓苟吾公来，皆愿效死力。自将军府副官而下，全省营官排长悉列名焉。一时相顾骇谔，则皆曰敢不如公命。滇省大局，乃以一言而

① 刘云峰：《护国军纪要》，《忆蔡锷》，第 264 页。

② 护国军从军记者无伪一月九日发《云南倡义纪闻》，上海《中华新报》1916 年 1 月 29 日。

③ 矫：《志各界欢迎王伯群先生》，《贵州公报》1916 年 6 月 7—8 日。

大定。

蔡既于立谈之顷，得各长官之同意，乃于翌晨召集各军官分编军队，筹划进行。滇省将士皆其旧部，无不踊跃听命。而一切进行方略，若者宜守，若者宜攻，又皆成竹在胸，了如观掌，故入滇三日，政务军务事宜悉已定妥。复以行军须先筹饷项，乃传中国银行行长某至将军府问话，以温厚之颜色、简锐之言辞之曰："今日而后，尔已不吃袁政府的饭，是吾们这里的人，回头吾给你一个札子，须替吾们认真办事，从此当与袁政府断绝关系，你可明白？"当时外间于蔡氏来滇，都未明了，反抗中央一语，更如飞将军自天而下。某行长知关系重大，当答以银行性质与别种官署不同，行政官署可以独自为政，不受中央节制，银行与中央各省皆有联络关系，独立一层恐不易办到。蔡曰："也好，那么你回去把账目清理，预备办移交，吾这里派人接手罢。"该行长即回行清理账目，而一转手间，云南之金融机关已安然入于蔡氏之手矣。该行副行长办理移交后，即由蔡氏各给川资八十元，嘱令回京。刻闻已抵京师报告中央云。

蔡氏军队于独立之第四日，即奉命出发，军容整肃，纪律严明，沿途并无骚扰喧哗等象，故居民相率欢送，观者如堵，皆似出之真忱，绝无半点勉强。闻蔡氏军队之编制系仿德国最新训练之法名梯团者，首尾相应，呼吸灵通，胜则全军皆进，败则损失甚微。现在世界各国惟德国用之，日本尚无此项新制。蔡氏前此督滇曾一用之，中国军界中除蔡氏外，惟前陆军总长段芝泉知之，故段氏曾云松坡用梯团法编制军队，北军将领中并无能者，曹、张诸人恐非敌手矣。由此观之，滇事弭平，恐非易易也。①

至于云南籍人士的回忆，虽然也肯定蔡锷的贡献，但大多从省籍观念出发，以云南中下级军官的积极态度，掩饰唐继尧也有过的犹豫与滞疑。如吕志伊 1916 年 11 月 3 日至 11 日在北京《民国新报》发表《云南举义实录》一文，强调"云南此次之举义，实由唐公继尧之决心，军界全体之共同进行"。② 李根源 1916 年 12 月在北京云南倡义周年纪念会上则说："李君

① 《北京通信·云南归客谭》，《盛京时报》1916 年 3 月 22 日。

② 《护国运动资料选编》上册，第 107 页。

烈钧等既入滇，蔡君锷亦至自日本，余语以钮君永建、林君虎已二次入桂，李君烈钧、方君声涛、熊君克武已先后入滇，策划有绪，蔡锷二日即行。蔡君身陷虎穴，卒能间道南旋，仗义讨贼，其坚忍沉毅之概，诚非常人所及。今共和再造，而蔡君积劳致疾以逝，每一追念，为之潸然。时与蔡君同行者，为戴君戡、殷君承瓛及其如夫人（按：同行者中无如夫人）。蔡以十二月二十日抵云南，至则众志已定，遂于二十五日宣布独立。云南之独立，纯粹为自动的。盖罗佩金、黄毓成、李曰垓、赵复祥、邓太中、杨蓁、吕志伊、李临阳、赵伸诸君，皆主持最力者，而唐公继尧实综其成。外间有传说云南独立出于被动者，殊与当日之事实不合。”①

唐继尧更是将云南起义之功独归已有，丝毫不提蔡锷对云南护国起义的影响与贡献。他在 1916 年 12 月 26 日发表亲自审定的滇督署秘书厅编纂的《云南起义事略》一文中说：

> 当帝制未发生以前，公（按：指唐继尧）对于袁氏之蹂躏国会、解散议员，以及设立参政院代行立法院种种擅专，公即喟然谓僚属曰：袁氏将不安于总统之位，设有不法行为，擅更国体，当与中原豪杰共除之。上年秋，筹安会初萌，有电至滇，公愤然曰：余前言殆不幸而中，虽然，余誓不与叛国者共戴一天。于九月十一日，召集军界中坚诸人密议，议定三件：（一）积极提倡部下爱国精神；（二）准备武装，预备作战；（三）严守秘密。于十月初七日，复召集军界诸人议定起义时机有四：（一）中部各省有一省可望响应时；（二）黔、桂、川有一省可望响应时；（三）海外同志或华侨接济饷糈时；（四）以上三时机均归无效时，本省为民国存亡，争持人格计，亦须起而反抗。复于十一月初三日，仍召集军界中坚诸人，议定外须虚与委蛇，内须严防奸细煽惑军心等件。然深虑滇省以一隅而反抗全局，其兵力器械，皆应早为筹画。借增防为名，扩充军队。其扩张之策：（一）召集退伍士兵；（二）召集赋闲军官；（三）编练警卫两团；（四）招添讲武学员；（五）添练新兵；（六）征补各团营缺额；（七）筹备军需军械。复以滇省发难之后，如无声援，恐势孤力弱，议定对外之策有四：

① 《护国文献》下册，第 661 页。

（一）密与贵州军界约；（二）招纳海内外同志；（三）派员赴各省联络；（四）派员侦察各省军情。未几，假民意之制造已成，大典筹备处之叛迹已昭，公以彼制造假民意之伪电，足为盗国之铁证，将执此以告国人，彼虽狡诈，殆百喙莫辩矣。于是积极进行准备，然外仍表示镇静，与袁氏为表面上之敷衍。

嗣蔡松坡被搜查，既赴日本，公得耗，曾密电招之。并得李协和已至港之信，乃派邓泰中往港、沪，并招致之。维时统率办事处迭有密拿党首吕天民、李根源之电至滇。十二月十二日复来电云：奉训令，据迭报乱党重要人入滇煽乱，情形颇显，镇慑消灭，准以全权便宜处置。无论何人，但有谋乱行为，立置于法，事后报明，无庸先行请示。同月十七日复来电云：蔡锷、戴戡偕同乱党入滇，应严密查防等语。是时，海防、河内、老街一带，袁探密如蛛网，公心虑之。复派唐继禹借名调查自来水机，至海防迎致蔡、李，阴为保护。十二月十八日，松坡继协和之后，已抵蒙自。袁氏侦知，密电阿迷县知事张一鹍，相机暗杀。事为唐公知之，急密电驻蒙刘师长祖武严防，偕同唐继禹等躬送蔡、李诸公到省。一鹍料事泄，惧而逸，卒获之，歼焉。举义前，大会于公之私第，与会者：蔡锷、任可澄、李烈钧、罗佩金、戴戡、刘祖武、张子贞、庾恩旸、方声涛、顾品珍、熊克武、由云龙、龚振鹏、唐继禹、赵又新，以及各旅长、团长等，皆此次护国重要人物也。议既定……二十四日遂宣布独立。[①]

而李曰垓1916年12月25日云南护国起义周年纪念期间，在回答记者“详询滇军入川战争始末”之问时，也是极力维护唐继尧的正面形象，并未涉及其消极面。说：“自筹安会发生，云南唐将军继尧，每以良心上过不去为言，抑郁忧愤之态，时形于色。虽限于所处地位，不便昌言反抗，要其志已决，识者早已知其微矣。于起义前一月，罗佩金、黄毓成、赵又新、邓太中、杨蓁、吕志伊及某（按：李曰垓自称）等屡次密议进行计划，决后乃由黄毓成、邓太中、杨蓁三君谒商唐督军，一夕密谈，大计已定。唐氏内断诸心，而表面劝进请愿，阳示恭顺。盖为筹备兵事，不得不尔也。

① 《护国运动资料选编》上册，第109—110页。

当时出师计划，拟派罗佩金为总司令，统领大军，出会理，直取成都，因筹备不及，致稍延迟。嗣接上海、香港李根源、钮永建、谷钟秀、张荣廷诸君函电，谓广西、江苏均甚可靠，方声涛亦由海外归国，潜入云南，住于黄毓成家。唐督军得悉后，亲自［至］黄宅会商一切。乃由方声涛出省，面告李烈钧、李根源诸要人。唐氏并派其介弟亲赴海防，与各方面接洽，于是李烈钧、熊克武等凡十余人，于十二月中旬微服入滇。蔡锷亦于十二月二十日偕戴戡、殷承瓛入滇，齐集会商出兵计划。二十一、二两日筹商已妥，乃于二十三日电袁取消帝制，限期答复。”① 直到 1929 年 12 月 25 日护国周年纪念期间再次谈及此事时，虽然委婉地表达过“由干臣佯言先解决滇局（按：暗示给唐继尧施加压力），以耸人听，而其议遂定”，但仍然坚持“不必以近于神话之首出庶物自命”。说：“自古功名之际，兢心生焉，一语轻重，便涉左右袒，兹姑本吾良知。平心而论，当时袁世凯此举，实大拂人心，除若于奸邪小人攀龙附凤外，举国中护国之动机，盖无在而无不在，而难端独首发于云南，此亦形势则然，不必以近于神话之首出庶物自命。就云南一局部论，当四年秋间，筹安会初起，群下三五组集，已无日不在秘密筹议运动之中。吾与赵凤阶氏、黄斐章氏同为一组，日夕筹议所得，共推斐章秘进之于唐蓂赓氏。唐氏初以三事要约，一须有数百万外款接济，二须得三两省同意，其三则予忘自［之］矣。累月磋磨，唐氏虽未斩截决定，亦时以良心督责为言，要其地位不同，其持重亦自可谅。厥后罗镕轩、顾小斋、邓和卿、杨映波、董干臣、吕天民及其他诸氏先后相聚倾吐，始知各有组集。于是各组综合，由干臣佯言先解决滇局，以耸人听，而其议遂定，时维十月下旬也。其后李协和氏、方韵松氏、程颂云氏入滇，熊锦帆、王伯群及其他诸氏继之。十二月二十日松坡及殷叔桓氏、戴循若氏亦至。二十二日大会议，刑牲歃血。二十三日，讨袁之电出矣。”②

18 日

▲蔡锷抵阿迷。“自河口至省，本一日夜可达，以无夜车，不能不在阿

---

① 李君曰垓谈，周隐硕笔记《云南护国军入川战史》，《护国文献》下册，第 666—667 页。按：张一鹍，多数史料中作张一鲲。

② 李曰垓：《客问》，《护国文献》下册，第 677—678 页。

迷过宿。”1922 年，江苏吴县市乡公报社出版《张一麐》一书，记载了阿迷是日一件意欲暗杀蔡锷，实际并未发生的事。涉事人为阿迷知事张一鲲和蒙自道尹周沆。

次年 1 月 6 日，报载张一鲲被捕的原因和经过说：“滇省反对帝制文告发表”两日后，张一鲲“自知不妙，挟妾卷款乘一等车潜逃，抵南溪站即改乘四等车，以混人耳目。不料追捕之警察已跟踪而至。此妾自云系大理府土娼，张则为随行之龟奴。盖张妾本以土娼起家，前年曾张艳帜于滇省，名噪一时者也。惟张之面目，警察素识，指证确凿，因改称现奉公事往海防办案。索其凭证，不能交，遂逮之以归。张面无人色，其妾则沿途嘤嘤啜泣，犹觉憔悴可怜云。”①

9 日，又载云南“宣布独立电檄后，各属文武僚吏均复电称颂，多欲随军出征。惟蒙自道尹周沆以素与军界不睦，且有贪赃声名，心怀鬼胎。蒙自关监督吕钰以曾充袁克定之师，皆畏罪潜逃。阿迷县知事张一鲲拐款七万遁至河口，为警察所捕，解之省城。现已由唐督发交地方厅审讯。闻蔡氏以与其族兄张一鹏兄弟有相知之雅，拟为设法援救，如情真罪当，或亦难逃法网也”。②

至于《张一麐》一书的作者张一澧，对此事的记载就更详尽了。张一澧，字愿圃，袁世凯机要局局长张一麐的堂弟，辛亥武昌起义前任云南“督练公所文案”，“调讲武堂书记官”，“与蔡锷、唐继尧、刘存厚、李烈钧、陈泽霈诸军人相识”。1915 年，他又以地方“行政讲习所”半年毕业后的资格，分发到云南差遣，抵昆明后“即委为禁烟专员，兼代路南县事”。其阔别六年的堂弟张一鲲当时以“军职借补阿迷县知事”。张一澧所述阿迷之事及其后续经过大致如下：

> （这天，张一澧）以查勘烟苗过阿迷，访扶九（按：张一鲲，字扶九）。其妾张素娥称于前一日，得道尹周沆电召至蒙自。见其签押房置两电，因启视之，一为省垣将军府所发，系欢迎蔡锷诸人，一为北京统率办事处所发，系用统密字样。见案头有统率办事处电码本，译

---

① 特派驻滇记者潸广五年一月六日发《云南共和军纪实》（二），上海《中华新报》1916 年 1 月 22 日。

② 护国军从军记者无伪一月九日发《云南倡义纪闻》，上海《中华新报》1916 年 1 月 29 日。

出则与省电意适相反，有“蔡锷入滇，设法图之”等语。因思李烈钧自第二次革命后，挂名党籍，何竟与松坡相合。而省电又以之与松坡等视，一律欢迎。则松坡于京，必然发生事变；而唐将军（按：指唐继尧）态度之难测，或因此与政府脱离，固在意料中。惊讶良久。忽铁路警察总局商局长（按：指商文炳）遣人速县长同至车站欢迎。愿圃以与松坡有旧，并意仲仁知其来滇，或托随带信件，遂匆匆至车站，遥闻汽笛呜呜声自远而至。车停，殷承瓛、李烈钧（按：李烈钧数日前已抵滇，此说有误）、戴戡诸人，先由头等车出，后为松坡，有兵士数人夹护之。愿圃趋前，对松坡一鞠躬，以预备行辕于法国饭店，而欢迎者颇众，拟俟客散往谈，就车站略作徘徊。忽见扶九同周道尹（按：指周沆）由二等车出，身穿猎装，一手插衣袋中，呼之不应，径趋大观楼旅馆。迨愿圃蹑踪而入，二人正坐室隅密谈。周见愿圃入，即起身出外。惟扶九俯首若有所思，呼之语不应，询之急，则闭室而慨然言曰：“今日事大难。”愿圃曰何难？扶九曰：“兄殆未知京中事乎？”愿圃曰：“统率办事处来电，兄见之矣。然宋教仁死，而赵秉钧、洪述祖、应桂馨等，仍不能得袁之庇护，其事可为寒心。”扶九默无语。一手惟在衣袋摸索，愿圃牵其手出，则握有一白郎林在手。愿圃曰：“需此何为？”夺之，紧握不放，但曰中有子。因为剖陈利害，答语稍缓和。倾子出，连白郎林仍置袋中。天渐昏黑，同返县署。愿圃取统率办事处电示之，扶九曰：“在季贞处早见之。”季贞者，周沆字也。愿圃曰：“弟殆欲甘心于松坡乎？”扶九曰：“此出季贞意，及今思之，兄言亦殊有理。”晚餐后，愿圃偕扶九至法国饭店，唐继禹邀扶九密谈。愿圃独谒松坡，入其室座客几满。略寒暄，询京中事。松坡曰：“足下殆未阅报乎？”询仲仁安否，则曰：“甚安。以我观之，或终不安。我行甚匆促，未及与令兄言别。惟前一日，曾送令兄盆桂二，盆者朋也，桂者归也，隐示朋友欲归之意。此种哑谜，令兄或未猜透。以令兄道德学问，我极钦佩。今日得晤足下，犹令我怀想令兄不置也。”谈次，若不胜欷歔太息者然。愿圃欲告以统率办事处来电，犹碍于旁人耳目，且电存扶九怀中。因招扶九，则云有事返署矣。遂起辞，松坡送至门，略以电意告之，急返署。则云扶九又至法国饭店矣，惟已易衣而出。猎装西服犹存签押房中，白郎林及子均在衣袋，直候至深夜，扶九始归。询其何事逗留，则云莘赓以川资缺乏，向弟借洋六百五十元，故返署取款与之。莘赓者，唐继禹字也……扶九复言季贞寓大观楼，弟因往视，颇责弟无胆。弟劝渠暂耐，渠言大事必为弟所误。愿圃以翌晨须至东车站欢迎，促扶九归寝，而扶九为愿圃设榻于其签押房中，备有鸦片烟灯枪。其烟为建水土制成，细麻白泡，为云土之佳品，且烧且吸，胸积思虑极多，几于无一是处，以致神经错乱，昏昏入黑甜乡矣。迨得扶九唤醒，榻前太阳已满，则扶九已自车站归矣。以不及送松坡等，急于返省。至次日愿圃遂别扶九而行，并嘱勿离阿迷，省中情形当随时函告。

到省后连谒松坡，均不获晤。时云南财政厅厅长籍忠寅，固仲仁（按：张一麐，字仲仁）、云博（按：张一鹏，字云博）所识。其总务科长徐隽，字果人，武进人。愿圃以乡谊时相过从，偶谈时局，则言滇军将起义……已发电请袁取消帝制，惩办筹安会诸人。如无满意答复，当通电全国，宣布云南独立。时为民国四年十二月二十四日也。

愿圃急返寓，草一长函致扶九，再赴财政厅访徐，云有急事赴厅长私宅。翌日出门，云南独立之说，已喧传通衢矣。连谒松坡不晤，投函亦不报。至三十日晚，得果人走告，扶九已在河口被逮，因何事未详。急函求松坡，蒙遣人传语，谓令弟事当解省归司法裁判。复有同乡谢理伯送扶九自河口发来急电，文为："事急，请求筱斋（按：顾品珍，字筱斋）、叔桓、毓初援救鲲。"凡十三字。筱斋者，今云南总司令字也。筱斋与扶九交厚，时充云南兵工厂总办。因谒筱斋，则云有人向都督告密，谓令弟与蒙自道尹周季贞得袁政府密电，将不利于松坡诸人。松坡谓与令兄仲仁等为挚交，其弟兄决不为此，事已不究。当日又接阿迷铁路警察总局商局长来电，谓令弟有公款七八万，携眷出走，已电河口截留，请示核办等语。都督以起义伊始，张一鲲意存反抗，可令河口就地正法。嗣得松坡及弟等缓颊，已令解省惩办，容再设法。叔桓、毓初已均接洽，请宽心。退出顺访果人，则云令弟于今晚解省，因至车站守候。车至，见扶九满身刑具，有荷枪兵士围绕，不放人近前，竟拥向都督府而去。都督府即将军府，民国二次革命后，都督已一律改称将军，至云南独立，复称都督。其时云南高等审检厅亦改组，称司法厅。扶九经都督府略讯数语，发交司法厅拘留，并许人探望。愿圃往晤，则云筱斋、叔桓、毓初力似不及，望兄再求松坡。乃作函致松坡。略谓云南财政厅为全省收入总机关，尚无七八万之存储，何况阿迷一县，显系商局长捏词耸听。至舍弟若有不利于公等，则澧在阿迷法国饭店所告者，当能忆及等语。得复则历叙仲仁、云博、雨葵（按：张一爵，字雨葵，与张一鲲系胞兄弟）交情，并有于扶九义当援手语。以示扶九，其心颇安。并得松坡委愿圃为护国军第一军秘书，托其副官何某劝驾。扶九闻之，谓云南反对帝制，无殊以卵敌石，异日大军压境，弟当代唐而为将军，兄亦不失为巡按使，若随第一军赴川，徒受危险，或致祸及在京诸兄。愿圃意动，乃力辞，托称路南事尚未交代，急离省。

嗣闻龙济光家属在逢春岭起事，个旧、蒙自已为所得。省中查得扶九与龙少臣暗通声气，已加重刑具移禁模范监狱，因急附火车返省，则车站已有宪兵数人守候，称都督有要事面询，肩行李先行。复有扶肩舆者数人，舆停，见为警务处，非都督府也。询以何为来此，则云不知。既而为荷枪警察押入一室，无椅无桌，幸电灯甚明，身旁带有铅笔、日记簿。急拟电文探投松坡，以一金表赠厨役送电局拍发焉。至民国五年三月十五日，扶九竟被害。而愿圃得免者，以松坡一电相援，果人、理伯及盈泰新经理王养年均有力也。①

而刘云峰也回忆说："滇中不稳消息传至北京，袁氏即派其爪牙路孝忱来滇调查，并力催唐公派带兵大员到京觐见。唐公先派第一师长张子贞君觐见，后张君不肯去，乃又召集会议，多数主张派云峰觐见，议乃决。唐公并命云峰携滇中土产和古铜、滇志等物，赠送北方各要人。并密告云峰名为觐见，实则调查冯公国璋、段公祺瑞对于帝制赞成与否，因袁氏依冯、段为左右手。云峰与两公有师生关系，两公如不赞成帝制，北军不能一致，事即可为等语。翌日，即同路孝忱起程进京。及至香港……云峰与路孝忱步行上船，离码头不及百步，忽然背后有扯余衣襟者，回头视之，乃殷君承瓛。渠即避去墙角处，以手招余，急往就之。渠云：'你前面行者非路孝忱乎？'余曰：'然。'渠曰：'万不可去，蔡公已到此地，住某处，务与之

① 《古红梅阁笔记》，第 88—101 页。又见《近代史资料》总 60 号，中国社会科学出版社，1986。

见面后再定，可令路孝忱先走。'”“及见蔡公，告以赴京任务。蔡公云：'你的任务，我已代你调查清楚，冯、段对袁此举，均不赞成，段在团城拘留，不能见客；冯在南京不敢多言。你去不但无益，反恐有险，咱们一同回去，预备打仗罢。'余诺之，乃同蔡公及殷承瓛、戴戡、何鹏翔一同回滇。行至阿迷州，蒙自道尹周沆与阿迷县知事张一鲲狙击蔡公，余等彻夜备之，计未得逞。”①

按：1916年5月，报载刘云峰护国讨袁的经历时，如是说：“此次西南首倡独立，川、湘两省中滇黔军队辗转苦战，致有今日局势。一般见解多谓反对中央者，其发动盖为南方人士，而不知南方军队之将领正自有北方之人物。如滇黔护国军第一梯团长刘云峰者，盖其一也。刘字晓岚，直隶蠡县人。初肄业保定武备学校，习炮科，毕业后，值清末贵胄掌兵权，乃投身滇省军籍。是时蔡松坡掌滇军旅符，与刘颇相善。辛亥事起，刘、蔡联结同志，定期秘密举事。滇省大吏以刘系北人，置不加防，遂得竟其谋。民国成立后，刘北归年余，滇省知交迭来函促复回滇任旅长职。四年冬，帝制问题发生，滇中接电后，唐督遣刘入都，阳以觐贺为名，实则拟取道南京，一探冯将军意旨。刘路出香港，值蔡松坡由都奔滇，相遇于旅舍，遂携手返滇。滇省独立后，全省军队编成八梯团，分道北伐。刘率精锐部队为第一梯团总司令，于四年十二月二十七号开往川南，直扑叙州。是时叙南一带系伍祥桢率北军一混成旅分防滇军，刘之部下参谋长张璧，两支队长一系邓太中，一系杨蓁，凡战，刘督全师，两支队长分任左右翼，操纵提挈，遂以完全占领叙城。嗣因滇军后队以路途险阻，迟迟不继，刘遂陷于孤军深入之境。既而北军与蜀军合以围叙，冯玉祥迫叙东，朱登五攻叙西，伍祥桢回击叙北，苦战十一昼夜，刘股中一弹，犹裹伤向前。旋因泸州方面北军大集，刘乃开拔全队赴泸协攻，而叙竟以失去。此系泸、纳一带恶战，刘均与焉。即此以观，西南战事中，固早有北方健儿，为共和力效驰驱也。”② 其中明确提到刘云峰是在香港偶遇绕道日本回滇的蔡锷而与蔡一起折回云南的，所述其他诸事也均属事实，可见其事后的回忆是

① 刘云峰：《护国军纪要》，《忆蔡锷》，第264页。

② 《滇黔军队中之北方将领》，《申报》1916年5月27日。

可以信赖的。

近年有研究者否认袁世凯有“诛杀蔡锷的命令”和唐继尧曾派唐继禹“阴为保护”一事，理由可归纳为三条或四条。① 但袁政府当时批露的唐继尧以下复统率办事处和唐在礼的三通电报，却证实袁确曾电令唐继尧阻止蔡锷等人入滇。

一是12月18日唐继尧电复统率办事处说：“华密。巧电（按：即18日电）奉悉。旬日以来，乱党由滇越一道遍布党羽，密谋甚急。幸继尧防范严密，所属军队亦皆稳定，乱事无由发生。传示训令，自应加倍严防，恪遵办理。祈代陈明，请释廑念。唐继尧叩。巧。印。”二是12月20日唐继尧再电复统率办事处说：“华密。巧电奉悉。旬月以来，乱党由滇越方面进行甚力，幸经先事严防，可保无虞。主座垂念滇军力薄，饬派川、桂各军援应，具佩荩鉴周密。第念继尧渥受恩施，沦肌浃髓，干城腹心之寄，夙以自勉。矧滇省为父母之邦，保全治安，尤属责无旁贷。故对于乱党防范，异常严密。以目前现象，决不致有乱事发生。万一有意外变故，遵当电请派兵协助，并恳将川、桂、湘各军驻扎地点，随时示知，以便接洽支配。唐继尧叩。号。印。”三是同日唐继尧又电复参谋部唐在礼说：“堂密。两电均奉悉。昨据探报，蔡锷、戴戡到港，似有赴滇之意。当以两君行踪倏忽，莫测其情。经即飞电劝阻。昨复加派委员驰往探阻，未据报告。倘两君径行到滇，当确探其意旨，如果有密谋情事，当正言开譬，竭力消阻，否亦令其速即离滇赴京，勿稍逗留。至蔡君虽在滇任事，各军官长多其部属，但自继尧莅滇两年有余，其旧属均已移置，现在中下级各官长服从命令，浃洽有素，绝不致被人煽惑。其各级官长尤深明大义，与继尧同心合力，巩卫国家，均堪深信。刻复审度情形，除将驻省军队酌派两营赴边协捕匪徒，助铲烟苗外，其得力可靠军队均令集中省城，以资严防。继尧宗旨夙定，布置周密，但得生命不受危险，绝不至有变故发生。乞赐鉴，并恳转呈鉴察。继尧叩。号。印。”②

此外，袁世凯密探赵国勋的密报和派往越南调查所谓“乱党事”的亲信唐宝潮两复统率办事处电，也说明张一鲲在袁政府的地位并不一般，否

① 李开林：《评唐继尧护国》，云南民族出版社，2006，第231—258页。

② 以上三电见《云南省历次之电文汇志》，北京《爱国白话报》第856号，1915年12月29日。

则赵国勋与唐宝潮不可能在密函密电中特意报告张在云南被捕一事，同时也说明袁世凯的确有“捕获”并通过越南法国殖民当局“引渡”蔡锷的阴谋。

1916年1月8日，赵国勋在密函中说：“蒙自道尹周、阿迷县知事张先后潜逃，张已获监押，周犹未知下落。”①

2月21日，唐宝潮电复统率办事处说：“靖密。潮前在滇边几被扣留，幸法军护送莱州，于巧日抵河内。白参赞仍取原道回滇省，并代调查乱党事，年底回河内。滇边防军已撤回大半，备攻蜀省。楷鸟早经法军克复，边匪窜入黑江一带。艳日乘越兵放旧历年假，复聚匪八百名攻业棒。歌日被法军击散，逃入滇边那发。李烈钧尚在蒙自，现招抚边匪，编练新军，备攻桂省。唐继尧前派徐之琛来河内，一购军火，法人已禁止；二向华侨借款，曾在海防借□［徐?］三十四（万）元；三运动越政府，如果失败，拟假道老街，逃往他处。观越政府对滇乱事，似暂守中立。对我之意，拟将桂边已获越匪数名交与法官，并嗣后仍请严拿，彼可援例照办，并可实行新约。探闻陈炯明将到海防。滇乱党在沪通信者谷钟秀、欧阳振声、殷汝骊、娄彭彝（按：实为彭允彝）、张耀曾、徐传［傅］霖，应饬驻沪杨使（按：指松沪护军使杨善德）拿办；张参议令弟一鲲拘留滇省。越督前得法使电称，帝座拟命潮在越等候，确否，抑即回京，乞示遵。来电镇南关探交潮收。祈钧处电饬该电局准用部电纸。潮叩。个。”

3月13日，再电复统率办事处说：“靖密。齐、佳电敬悉。某国汇拨款已扣留。贿日（按，即10日），刘祖武前在蒙自因乏饷兵变。越督前要求捕越匪一节，龙将军派黎参谋凤翔来越，请法人暗助在河口一带募兵，准运军械，俟龙军到滇为攻取蒙自之内应。又停开滇省火车，停止期内照价赔偿，引渡乱党重要首领，越政府似有允意。惟蔡、唐二人与法人感情甚胜，捕获后只可驱逐，恐难引渡。以上三款，越督尚未与驻京法使接洽，恐生阻力。现越督派总务厅长巴夏佛来代表越督，寒日由海防赴粤会龙将军，请电粤优待。现越督意，俟吾政府电饬各省将各越犯实行分别驱逐、引渡，方可满意。探得滇乱党已派人由南关潜入桂边，恐煽惑军队。驻南关曾帮统已调往龙州，现派张帮统接任，尚未到关。该处仅有防军两连，

---

① 《护国运动资料选编》上册，第126页。

请龙州谭镇守使速派干员赴关，并沿边一带戒严。同登方面，法已添警严查。越督女阿兰格夫人取道西伯利亚回法，有西贡汇利银行总理伴送，准本月马日由香港搭美邮船俄皇后（号），迥日到申，即赴大连搭火车回国。俟其过沪，批奏请赠以华产品，以示优待。白参赞寒日起程赴粤，后返京。宝潮叩。元。印。"①

而随蔡锷一起赴滇的戴戡，在 1916 年 1 月 26 日贵阳绅商农工各界欢迎大会上的演说也证实，唐继尧为防止袁世凯"买人暗杀"，的确曾派"滇中军官多人""保护一切"。说："当天津会议决定时，曾致滇中一信，至是抵海防，即有滇中军官多人来相迎。盖彼等久蓄此志，恐余等遭袁世凯买人暗杀毒手，故早已安排欢迎，并保护一切也。"② 蔡锷自己更在 1 月 31 日给潘惠英的私函中说过："万一为敌贼暗算，或战死疆场，决无所悔。"③ 应可表明他的确遇到过这样的险境，否则不会在出征途中，除了"战死疆场"外，又言及"为敌贼暗算"之事。

还有，这年 5 月也有报载周沆当时也的确是拥袁的帝制派。说："前云南蒙自道尹周沆，前清时之滇官僚也。滇省首义后即弃职潜逃至粤，由龙济光派充为征滇军之参谋长，随龙觐光赴广西参谋军事。日前临、蒙乱事皆出周之计划，并派伊前道署翻译李某来滇暗探消息，为河口督办侦知，始返留海防，不敢前进。日前周由广西平马致李私电一纸，被河口督办查出，立即电请唐督转电桂省陆都督，设法将周拿解究办，以谢滇人云。"④

再说了，张一澧 1922 年在江苏吴县市乡公报社出版《张一麐》一书时，袁世凯称帝的是非已大白于天下，他却毫不掩饰地自曝张一鲲与自己"选边站"的不智，说张一鲲不但有奉命暗杀蔡锷的企图，还在得知蔡锷委任张一澧"为护国军第一军秘书，托其副官何某劝驾"时，力阻其勿接蔡锷的委任，"谓云南反对帝制，无殊以卵敌石，异日大军压境，弟当代唐而为将军，兄亦不失为巡按使，若随第一军赴川，徒受危险，或致祸及在京诸兄"，以至于自己也"意动，乃力辞，托称路南事尚未交代，急离省"，恰恰说明其对历史采取了负责任的诚实态度，所言当更值得重视。

---

① 以上二电见《护国运动》，第 411—412 页。

② 纪：《戴戡演说词志略》，《护国运动资料选编》下册，第 345 页。

③ 见本书 1916 年 1 月 31 日记事。

④ 《滇黔消息》，《申报》1916 年 5 月 10 日。

至于张一鲲、周沆当时能否直接收到袁世凯密电的问题，已有当时的事实做了肯定的回答。事实一是，早在1913年10月，蔡锷就在阿迷既收到也回复过袁世凯及参谋、陆军两部电报。① 事实二是，云南司法厅对前阿迷县知事张一鲲卷款潜逃一案的刑事判决书中有如下明确记载："该张一鲲当被河口督办扣留，适有与张一鲲素好、尝充蒙自道署科员秦善泽，因送母赴粤返滇，行至河口，闻张因潜逃被拘看视，张托其向河口电报局代拍一电致北京教育部总长，请设法解救，秦善泽旋即入省，该张一鲲旋由河口督办解到都督府，交由前云南高等检查厅转发前昆明地方检查厅依法办理，并由河口督办照抄秦善泽代拍电文，连同相片护照函，由云南省会警察厅将秦善泽拘获，送交前昆明地方检查厅并案讯办。"② 事实三是，及至1916年2月17日，梁士诒还以"洪宪元年二月十七日"的伪年号，电饬过蒙自关监督遵照"登极典礼经费办法"，筹备袁世凯登极典礼经费。说："为饬行事。据东海关监督电称，皇帝登极，为开国盛典，普天同庆，本署及所属龙口并常关各分关，自应一体筹备庆祝，以抒欢忱而崇国体。此项经费，拟在海关罚款归监督三成办公经费项下动支，仍复力求核实。是否有当，乞示。等语。本处以事关典礼，所需经费，自应预为指定，饬知各关监督，以备临时动支，俾有遵循而昭敬谨。当经咨商财政部去后，现准该部咨称，查庆祝登极典礼，为中外观瞻所属，自应准由各关监督筹备，用昭诚敬。所需经费，即在向归监督三成罚款项下动支，本部亦表赞成。等因前来。相应饬行该关监督遵照可也。此饬。税务督办梁士诒。右饬蒙自关监督准此。洪宪元年二月十七日。"③ 由此可见，当时的河口、蒙自等地皆可与北京直接通电，并不存在张一鲲、周沆收不到袁世凯电报的问题。

还有，张一鲲案件的死刑判决，固然"实实在在是卷款潜逃的经济案"，但却难以得出如下结论："司法厅再四审查，'欲寻求该张一鲲非卷款潜逃之反证，实不可得'，并不是'因谋杀蔡锷未逞而枪毙'。"④ 因为第一，云南司法厅1916年3月10日张一鲲卷款潜逃刑事判决书中"欲寻求该张一鲲非卷款潜逃之反证，实不可得"一语中的"反证"，以及下文中

① 见本书1913年10月11日记事。
② 《云南公报》1916年3月24日。
③ 《护国运动》，第126页。
④ 《评唐继尧护国》，第253页。

的“实不可得”，已清楚表明说的是没有“反证”张一鲲“非卷款潜逃”的证据，而不是说没有“反证”张一鲲“谋杀蔡锷”的证据，因此，将此言扯入张一鲲是否“谋杀蔡锷”一事，是混淆了逻辑关系，并不恰当。第二，迄今所见资料，虽然没有见到袁世凯令张一鲲、周沆“谋杀蔡锷”的原始电报，但从戴戡、张一澧、刘云峰等人的事后证言和唐继尧当时复统率办事处的电文看，应可肯定袁世凯是下达过不利于蔡锷的命令的；从赵国勋、唐宝潮的密函、密电和张一澧的事后证言看，张一鲲、周沆也的确收到过袁的密令。因此，以张一鲲案最终依据卷款潜逃的事实结案为由，否定袁世凯有过不利于蔡锷的命令与张、周未曾收到袁的密令，显然还是难以成立的。第三，从蔡锷途经阿迷的过程看，张一鲲虽收到了袁世凯命其对蔡下手的密电，也有遵命下手之意，但由于唐继尧等人防范周密，张实际并未真正下手。可见，不是张案“与蔡锷无任何关联”，而是因张在不得已的情况下主动放弃了下手，也即并未真正实施袁的旨意，从而无真正下过手的事实依据和法律依据可以入罪。这应是张一鲲的判决未及“谋杀蔡锷”一事的真正原因。

19 日

▲蔡锷“弥月来周历万里”，偕戴戡、殷承瓛等人抵达昆明。据其自述，他“经越入滇，注意颇属周到，不欲以色相示人。乃此秘密消息，不瞬息而传遍，盖船埠、车栈、旅馆，均有人坐候，遂至无可避匿。抵滇之日，儿童走卒，群相告语，欣然色喜”。①

次年 1 月 3 日，有报纸依据日本报纸的消息，报道了蔡锷由北京经日本回到云南的大体经过。说蔡锷“先任为经界局督办，更任以将军府昭义［威］将军、大元帅统率办事处办事员及参政院参政等职，蔡终不满意。至本年（按：指 1915 年）十一月中旬，蔡得请假至天津，十九日更与家属逸出北京，途中始上书袁总统，言有日本之行。二十三日，至长崎与同志会谈，计留五日。二十八日由长崎出发，于本月（按：指 12 月）十九日抵云南，二十日即举兵。蔡久滞北京，通晓政界之实情，并知政府之实力，则

① 《蔡锷与唐继尧致刘存厚电》（1915 年 12 月 23 日）、《蔡锷致梁启超函》（1916 年 1 月 5 日），见本书 1915 年 12 月 23 日、1916 年 1 月 5 日记事。

诚属一大敌云云”。①

按： 蔡锷自述抵滇日期为19日，多有记载说是20日，这一差别，似可说明蔡锷是19日深夜才抵滇的。

▲梁启超函请陈廷策（按：字幼苏，贵州平坝人。时任云南省政务厅厅长）、籍忠寅，“沥血吁恳”唐继尧、任可澄及滇、黔将校士卒，“勿更观望，以贻噬脐”。说：“昨抵沪，奉啸电，至慰。东南诸将，同兹义愤，桂、湘磨厉以须，浙、粤暂居被动，宁、徐见逼，势矢玉碎，鲁本段系，愤悒尤至，京畿诸营，亦多反侧，今相视莫敢发者，所处之地可胜不可败也。首义之责，惟滇与桂，天下公言，云霓望久，义声一动，景从宁论。顷彼昏穷蹙，趋死若狂，谋附协约，八方开罪，既不得逞，转向东邻，摇尾求作李王。今方进行，成否未卜，若终不得当，则为义和团。魔王昌言，不自讳饰，今犹袖手，万劫宁复。在彼冢骨，魄既天夺，举措失常，乱命稠叠，败不旋踵，五尺具知，独是假手，断送宗邦，是孰可忍？以吾曹立身言之，一经从贼，膝不复伸，欲图晚节，盖何由自拔？天生我才，忍此沦弃？滇凭地险，重以人和，为不可胜以待可胜，一旦倡义，全国昭苏，有何危疑，更容却顾？况党人谋摇滇、桂，惟力是视，自动则彼皆股肱，被动则我归淘汰，得失之机，间不容发。松、循在此，熟计乃决，计已戾止，悉能面详。滇财之窘，固所夙知，首义后且尽中银、富滇之力，广发纸币，辅以小票，多铸铜元，以资兑换，虽同饮鸩，亦暂疗渴，徐输外资，尚非无术，仆本跃跃欲从诸公作帐下囷，同人谓在外策玄，为效较大。今正准备种切，力为声援，待响应就绪，即渡日、美，从事外交，绵力所逮，糜躯赴之。五千年国命，系一发于唐、任二公及滇、黔将校士卒之手，望代达鄙诚，沥血吁恳，勿更观望，以贻噬脐。亮才得闲，或仍北来，人地较适，发展更多。沪不通密电，函寄津发，尊处见复，望津、沪并寄。超百拜。”②

▲对于蔡锷在这次云南护国起义中的作用，吕志伊在蔡锷逝世后送的挽联中说：“功不必我立，名不必我成，举义助滇多，喜将军从天而降；心

① 《东报纪云南消息》，上海《时报》1916年1月3日。

② 中华书局藏抄件。

亦为之哀，泪亦为之堕，招魂歌楚些，祝令威化鹤来归。”①

21 日

▲蔡锷电告贵阳刘显治其出京后所见，预测讨袁“成功之速，必不下辛亥之役”。说：“咸密。并转铁岩（按：熊范舆，字铁岩）、如渊、协陆、季刚、延宜诸公。顷致周兄（按：刘显世，字如舟，又作如周）电，计达览。昨阅周兄致滇电，距跃三百。此举于国家前途，吾党荣辱，关系至巨。出京以后，所闻消息，多为始愿所不及。豫揣成功之速，必不下辛亥之役。滇军业经蓂公部署，已有头绪。任公（按：指梁启超）拟约之来滇，百里、五峰、文澜等契好数十人，曾约陆续偕来，并闻。锷。马。印。”

又电告四川泸州雷飙讨袁“叛逆”“确有把握”，望其与刘存厚“速作准备，相机因应”。说：“霁密。锷十九抵滇，与臆公暨各将领备极欢洽。京师禁密地，苦难通信，故无由以胸臆相告，歉极。天祸吾国，袁氏叛逆，以致强邻生心，内乱潜滋。际兹千钧一发之会，吾侪乃不得不负重而趋。同人于京、津计议多次，决心与此恶魔一战，以奠国家，而安生灵。袁氏诡诈阴险，此次谋叛，附和最力者不过寥寥数辈，然皆另抱目的，实已陷于众叛亲离之地，倾覆甚易。一切计划，早已分途并进，且深信其确有把握。较之辛亥之役，或尤易易。现各省如桂省陆、陈，宁省冯（按：指冯国璋），早已决心，业作准备。赣、湘、浙、鲁久通联络，已得赞可。粤省党人运动亦已成熟。滇黔拟合编三师，分出湘、蜀，军队现已集中，克日出发。望与积之师长速作准备，相机因应。不揣刘、周（按：指刘存厚、周骏）两师，于滇黔之师未抵川境以前，能独力发动否？如虑难支，不妨稍待。李植生日内启程来泸，与兄暨积之接洽一切。积之暨翰兄（按：指修翰青）希密将意（按：原文如此，疑有脱误）。文澜、百里、五峰等数十人，曾与密约，伺机南旋。现蒋、韩已抵港，任公已抵沪，循若、叔桓、仪青已偕之来滇，并闻。二公（按：指陈宧）及杏村、穆生诸兄意向何如，并乞探示。临电不胜拳拳。锷。马。印。”②

▲报载“二十一、二、三等日，蔡（锷）与军界、政界各高级长官连

---

① 吕志伊：《挽蔡松坡先生》，北京《民国新报》1916 年 11 月 21 日。该报系李根源等人的政学会机关报。

② 以上二电见曾业英编《蔡锷集》（二），第 1229—1231 页。

日密议，将各重要问题次第解决”。其首要问题是起义后的云南政制问题，一致议决废除袁世凯的将军、巡按使名称，恢复都督旧称。至于唐、蔡谁留省任都督的问题，当时报载说：“唐、蔡在滇，向得士心，此次决定讨逆，皆愿统兵杀敌，宁为其难，不为其易，故都督一席无乐就者。唐以蔡为士官第三期毕业生，行辈最老，必欲让蔡督滇。李烈钧亦深赞其说，愿居部下，受蔡指挥。蔡则以唐为现任将军，都督当然仍属诸唐。相持两日，不能决，卒以多数主张不变更现状，于是蔡、李督师出征之议遂决，亦可谓见义勇为让德可风者矣。”① 但吕志伊在这年 11 月发表的《云南举义实录》一文中却说是“滇中绅民全体共推唐公为云南都督，取消巡按使，以军民全权奉之唐公”。②

其次是出征军队的名称问题。当时报载“护国军名义，原拟用共和军，或滇、黔联合军，或中华民国第一军，或靖难军，几经斟酌乃定”。③ 稍后，中华革命党人则表示“护国之称”，是该党坚持的结果。说：“今请敬告天下人，吾党自癸丑败后，处心积虑思以灭袁者，何止千百端，其尤供多大之牺牲与此贼民者抗，较之清季何啻百倍。顾皆本其良知，非与世竞。云南之事，吾党亦稍致力一二年，护国之称，徒以某某欲称共和军，而吾党党员又坚持素志，蔡、唐诸人乃以是为调和者。不图此名一出，而竟有自以为功者，曰：‘此次革命者乃吾党也。’调和之名，遂若为一党所专有。而吾党遂不能不生疑虑。然皆隐忍不欲有言，以为吾党固尝以供国人牺牲为职志者也。今日者乃更变本加厉，妄挑党见，甚至不惜举吾党苦心孤诣者横被以丑恶之词，此则不能不略一申辩，以待天下之公评。其详当于他日，略择秘件发表之。嗟夫，又孰能一手掩尽天下之目也。”④ 而吕志伊的回忆更提出护国军名称是他早在回滇之前在香港拟定的。说：“此次护国军之名义，即予于此时所拟议者。予并拟有护国军讨国贼袁世凯檄，交蒙君（按：指蒙经）携回备用。原李（根源）、钮（永建）诸君先拟有共和军、讨逆军之二名。讨逆军为冯将军所反对，乃存护国军、共和军之二名，供

① 特派驻滇记者潸广五年一月六日发《云南共和军纪实》（二），上海《中华新报》1916 年 1 月 22 日。

② 《护国运动资料选编》上册，第 107 页。

③ 护国军从军记者无伪一月九日发《云南倡义纪闻》，上海《中华新报》1916 年 1 月 29 日。

④ 江阴败卒述《江阴独立真相纪》，上海《民国日报》1916 年 4 月 30 日。

首义者之选用。及云南起义，用护国军名，遂为独立各省所承认。而无识者妄相推测，乃谓蔡君锷居北京护国寺被袁搜检，因用此名，谓蔡君假公义以报私仇，真不值识者一笑也。”[①] 但是，当事人李曰垓在13年后不认可吕的说法，表示“方事之初起，仓卒调发，毫无名义，故护国军前队以次川边，犹沿滇军固有建制。然名义不定，内不足以明系统，外不足以正视听。蔡松坡氏始援永乐靖难之例，欲以讨贼、讨逆立名，意亦为帝制也。其时适当欧战初期，欧人无暇东顾，能置喙中国者独日本耳。然大隈内阁方以‘二十一条’临我，强敌凭凌，可痛孰甚，乃袁世凯别有肺肠，国难之不恤，方且利欧洲多事，欲以甘饵塞一国之口，以求其所大欲，周自齐之御命东徂，其明验也。袁氏以石敬瑭自待，而邻国亦将以之为刘豫、张邦昌，帝制告成，国且不国矣。拿破仑称帝而共和亡，而国未亡，袁氏称帝恐并国而亡之。护国军命名，意良在此。吾当时实首发此议，松坡遽赞成之，其后一国风靡，各处皆有护国军”。对于护国第一军的本来含义，李曰垓说，刘显世“决意加入”后，形成“滇、黔合兵之局”，“蓂赓督滇，如周督黔为居者，松坡将兵出战为行者，三人间曾有简单约文（按：即以下所录四条‘规约’），故滇、黔出战军队，一时统属于松坡，号曰护国第一军，谓之第一者，盖留第二以下待他方之响应也。第一军所部滇军，则有刘晓岚氏之第一梯团出叙府，凤阶、小斋之第二、第三梯团出泸州，皆直辖于松坡。黔军则有熊克丞氏之左翼军出綦江、王电轮氏之东路军出辰州，由循若统之，受松坡节制。滇军中别有斐章所统之挺进军，不定方向，视各路缓急临时策应，此初议也。出发未毕，权限争执，变更计划，松坡之第一军如故，蓂赓又组织第二军以协和统之入广西，又以赵毓衡氏所领之华封歌一团入黔，欲合黔之东路军为第三军，由蓂赓自兼”。虽然此后随着“战事接触形势”的变化，唐继尧“自兼之第三军竟未成立”，但“变更之际，我军之裂痕莹然，虽勉强应敌，数月苦战，苟无桂、蜀、浙、陕之继起，恐再迟两月，一军尽化矣”。[②]

再次是“总司令部名义，有主张用大元帅府者，有主张用临时元帅府者，蔡、唐皆谓宜事谦抑以待来者，众议遂决。初，唐将军自拟率师出征

① 《护国运动资料选编》上册，第106页。

② 李曰垓：《客问》（1928年），《护国文献》下册，第677—679页。

而挽蔡留守，蔡亦立意出征，各持充分之理由，终乃决定蔡出征，唐留守”。[①] 后又有舒颖和在旅京湘人追悼蔡锷会的演讲中说：“殷承瓛、罗佩金等以唐既谦逊，举君（按：指蔡锷）元帅名义而逊谢不遑，并述此来唯唐之命是从。”[②] 唐继尧则事后在亲自审阅过的《滇督署秘书厅编纂〈云南起义事略〉电》中表白：“有谓宜设临时元帅府者，与议之重要人亦主之，公（按：据唐继尧）以近于夸张竞权利，殊失大公，且按照《约法》，应推黎公继任大总统，遂力持不可，仍主以都督名义号召指挥。次日，复歃血为盟……公意欲出任总司令，留蔡筹战守，众议仍推公为都督，公屡辞不获，乃任蔡松坡为第一军总司令，李协和为第二军总司令，分道出师。公坐镇滇中统筹全局，并兼领第三军总司令。”[③]

▲18 日，梁启超“悄悄地搭船”经大连抵达上海。21 日，接到蔡锷自昆明发出的皓电，谓“二十三日前队出发，出发二十日后发表独立之公文”。此正是他与蔡锷“在津原议也”，“欲由云南潜运军队到四川境后，乃始宣布独立”。一连几日，便再无别的消息了，梁启超又不能打密电去问，于是，他“以别种理由由南京发一电促其早发，且蔡、戴既到滇，滇局亦不能久持秘密”。据梁启超回忆，“南京的冯华甫，很和我们表同情，我托他帮我打封电去，这是二十二日的事。这封电却有非常的效力，因为这电是我和蔡公的密码，由南京一等印电发去，他们以为我这个人已经在南京，冯华甫准备着就要响应了。二十五日下午，蔡公拿我的电文当众宣布，当场就把现成做好的反对帝制檄文用电报打出来，就是今日所纪念的护国之役历史的发端了”。不过，梁启超也承认，因为他这通“促其早发”的电报，“后此在四川与北军相持，死伤甚多，未始非由揭晓太速之故也”。[④]

23 日

▲蔡锷与唐继尧电请四川泸州刘存厚“速作准备，克日发动，并将计划大致及川中近况电示，以便相机援应”。说：“丑密。锷昨偕戴循若、殷叔桓诸君抵滇，曾致时若（按：雷飙，字时若）一电，并嘱转达尊处，计

---

① 护国军从军记者无伪一月九日发《云南倡义纪闻》，上海《中华新报》1916 年 1 月 29 日。

② 《旅京湘人追悼蔡松坡》，《长沙日报》1916 年 11 月 26 日。

③ 《护国运动资料选编》上册，第 110 页。

④ 梁启超：《国体战争躬历谈》《护国之役回顾谈》，《护国文献》上册，第 308、300 页。

入览。锷等有怀欲吐者久矣，而苦无其机。今事迫，敢披沥以告。袁氏叛逆，以致外则强邻生心，群相责言；内则举国惶惑，蠢蠢欲动；实已陷于众叛亲离之境。际兹千钧一发之会，谁忍令庄严之国家，亿兆人民，沦兹浩劫。是以决心密纠海内健者，共筹方策。两月以来，一切计划，分途并进，次第得手。现滇、黔、粤、桂、湘、宁、浙、赣、鲁、秦等省，或早经决心，并已准备妥协；或通联络，得其赞同。其他各省，亦多运动成熟，可望响应。滇日内首义，与袁宣战。滇决出二师，分援湘、蜀，共图中原，现已先发一旅。吾兄热忱爱国，志切同仇，谅已早具同心，望速作准备，克日发动，并将计划大致及川中近况电示，以便相机援应。文公（按：指胡景伊）在京，曾与熟筹川事，密约南旋。此时或已离京。百里、五峰等已抵港，梁任公在宁，行来滇。并闻。锷、尧叩。漾。”①

又与戴戡、刘显世、唐继尧、任可澄致电袁世凯并转各省将军、巡按使，“忠告”袁世凯宜“涣发帝制永除之明誓，庶使民碞顿息，国本不摇”。说：“大总统钧鉴。自国体问题发生，群情惶骇，重以列强干涉，民气益复骚然，佥谓谁实召戎，致此奇辱，外侮之袭，责有所归。乃闻顷犹筹备大典，日不暇给，内拂舆情，外贻口实，祸机所酝，良可寒心。窃惟大总统两次即位宣誓，皆言恪遵《约法》，拥护共和，皇天后土，实闻斯言，亿兆铭心，万邦倾耳。《记》曰：与国人交，止于信。又曰：民无信不立。食言背誓，何以御民，纪纲毁弃，国体既拨，以此图治，非所敢闻。计自停止国会，改正《约法》以来，大权集于一人，凡百设施，无不如意，凭借此势，以改良政治，巩固国基，草偃风从，何惧不给，有何不得已，而必冒犯叛逆之罪，以图变更国体。比者，代表议决，吏民劝进，拥戴之诚，虽若一致，然利诱威迫，非出本心，作伪心劳，昭然共见，岂能一手掩天下目。幸大总统始终持稳重冷静之态度，未尝有所表示，及今转圜，易如反掌。或者谓因强邻之责言，沮已成之计划，国家之面目不保，后来之隐患恐滋。不知政府宣言，本从民意，民意孰袒，事实可稽。据多数人欲公天下之真情，遂大总统敝屣万乘之初志。系铃解铃，皆由自动，磊磊落落，何嫌何疑。若复怙过遂非，缘羞迁怒，悍然不顾，以遂其私，窃恐人心一去，土崩之势莫挽；外患沓乘，瓜剖之祸更酷，兴念及此，痛何可

① 曾业英编《蔡锷集》（二），第 1231—1232 页。

言？□［锷］等夙承爱待，参［忝］列司存，既怀同舟共济之诚，复念爱人以德之义，用敢披沥肝胆，敬效忠告。伏望大总统力排群议，断自寸衷，更为拥护共和之约言，涣发帝制永除之明誓，庶使民喦顿息，国本不摇。然后延揽才俊，共济艰难，涤荡秽瑕，与民更始，则国家其将永利赖之。临电零涕，不知所云，谨率三军，翘企待命。唐继尧、任可澄等。”①

同日，统率办事处电复蔡锷说：“国体讨论之初，公曾约军界要人会议，首先签名赞成君宪，后亦未闻异词。近有人传说公翻前议，反对君宪，以公信义素著，明达时局，同人确信必不为反复之人。昨闻公借养病东瀛，潜往滇边，谣疑纷起，同事极为怃惜。近日政客造谣，谓外交困难，将失权利，是有意煽乱，决非事实。至国体业经全国人解决，宣布中外，断无中止之理，抗拒者即为天下之公敌。各国正在商议承认，大多数已表赞成，并无他项困难。英、俄、法各国加入劝告，正所以牵制邻国，使不得自由要求。且各国已声明静观，并声明决不干涉我之独立主权，其劝告一案自归完结，更无损失权利之可言。昨接驻日陆使电称，日廷有明年三、四月承认之说，尚未确定，外交颇觉顺手，何可由我自生捣乱，挑人野心。倘公在滇，好事者借为口实，或生扰攘，予敌以隙，使已静者复生风波，何啻为虎作伥，是误国也。边疆扰乱，中央断难坐视，兵戎立见，生灵涂炭，是误滇也。以公之才略，主座极为器重，参与军机，前程远大，倘负不白，玷及清名，是自误也。弟等同属至契，不揣冒昧，敢布腹心，尚望明察。旬日回京，以息谣疑，至切盼祷。处。漾。印。”②

24日，又电各省长官说：“顷接徐州、湖北电称，唐继尧、任可澄通电各省，请取销帝制，措词离奇，意图煽乱。查唐、任曾两次来电，吁恳元首早登大位，词意肫恳，谓军政绅商各界同声贺庆舞蹈，并叙共和为害，请早定一尊，根基确定。本月十八、二十等日，唐三次电称有乱党密谋甚急，幸防范严密，军队稳安，但得生命不受危险，决不至有变故发生。又云继尧渥受恩施，沦肌浃髓，干城腹心之寄，夙以自勉。矧滇省父母之邦，保全治安，尤属责无旁贷各等语，与此次致各省通电判若两人。查改变国体，由于全国人民之表决，按《约法》主权在民，即元首亦不能违拂民意。

① 《云南反对帝制二次之电文·第一电》，上海《时报》1915年12月27日。

② 《关于云南独立之官电·统率办事处致蔡锷电》，《申报》1915年12月29日。

况业经决定帝国，则民国既已消灭，宣布中外，环球遍知。各友邦正在商议承认，唐、任等于此际请废帝制，是有意构乱，视国家如儿戏，其反复叵测，尤为未也。据探称，蔡锷、戴戡、李烈钧、李根源等受梁启超之指使，而梁又受某之运动，为虎作伥，殊可寒心，共和余毒，奚至于此。主座舍身救国，帝王决非所愿，但大势已定，对内对外，无术摆脱。且国家至重，岂能徇少数人私意，而置国家存亡大计于不顾。诸公素明大义，洞达时局，如有卓见，请报告中央。妥筹应付，请先电复。处。敬。"①

27 日，朱瑞更电复北京政府说："昨接蔡、戴、刘、唐、任五公列名漾电，又唐、任二公列名漾电各一通。批阅之余，不胜惊诧。"② 其间，湖北王占元、段书云也在致唐继尧、任可澄电中说："昨接两公具名通电，初以为乱党假托名义，希图煽乱，当即密电奉询，谅已达览，乃静候至今日，未奉赐复。后适又接蔡锷、戴戡等具名□③电，是知贵省乱象已成，不胜骇异。"④ 孙武等人也通过唐继尧"探交"蔡锷说："云南唐将军探交蔡松坡先生鉴。从来我之利即敌之不利，我改国体可望强固，强邻不易侵略，自必憎恶。但我辈为中华国民，但知利我朝国，何可为敌助势？前自国体问题发生，我公主张君宪，首先签名，弟等为利国起见，亦从其后。近闻我公顿翻前意，反对君宪，似与敌国政策相同。弟等素佩我公为磊落奇才，断不为此，但人言可疑，盛名可惜，请早日回京，共维大局。至外交方面，现已就绪，正在会商承认。政客挑拨，报纸流言，幸勿轻信。弟等爱国、爱公、爰不尽言，请图利之。孙武、蓝天蔚、蒋尊簋、蒋作宾、唐在礼。"⑤

按：无论是统率办事处的"漾"电，还是孙武等五人通过唐继尧的"探交"之电，都围绕"国体讨论之初，公曾约军界人会议，首先签名赞成君宪"而展开，规劝云南发电人"早日回京"，孙武等人之电甚至直接点明"探交"蔡锷。可见，上述 12 月 27 日发表在上海《时报》的"云南

① 《关于云南独立之官电・又致各省长官电》，《申报》1915 年 12 月 29 日。

② 中国社会科学院近代史研究所藏档案，档案号：洪 103（2）。又见《再续关于云南独立之官电・浙江朱将军通电》，《申报》1915 年 12 月 31 日。

③ 此处原文如此，非不能辨识文字。

④ 《关于云南独立之官电・（湖北王将军段巡按）又致云南唐继尧任可澄电》，《申报》1915 年 12 月 29 日。

⑤ 《续录关于云南独立之官电・孙武等致蔡锷电》，《申报》1915 年 12 月 30 日。

反对帝制之电文”中的“第一电”，虽署名为“唐继尧、任可澄等”，未同时列出蔡锷等三人的名字，实际即朱瑞所说的“蔡、戴、刘、唐、任五公列名漾电”。换言之，该电的“领衔人”，如李开林先生所指出，实际“是蔡锷而不是唐继尧”，[①] 何况电文中还同时署了唐继尧的名，自然也就不存在所谓梁启超“抢先发表”的问题了。

为此，蔡锷随即电复统率办事处，表示“在京能否拒绝署名，不言可喻”。说：“漾、敬电并悉。国体问题，在京能否拒绝署名，不言可喻。若问良心，则誓死不承。以东海、范孙、仲仁诸公之忠告，尚不见纳，我辈宁有建言之余地？若云反复，以总统之信誓旦旦，尚可寒盟，何论要言！出都以来，薄游日本，取道沪、港入滇，耳目所接，群有曷丧偕亡之感。人心如此，为在京时所不及料。比者，京外［内］正人君子，明辞暗逃，避之若浼。而有力者大都各严戒备，伺隙而动。事实已然，并非造谣。乱机四伏，其何能国！至外人处心积虑，确以警告为干涉之张本，勿论如何措词，只可以愚黔首，不足以欺外人。主峰纵极万能，将来之帝制，求得如石敬瑭、张邦昌而止。外审邦交，内察舆情，种种危险，皆自称帝之一念召之。眷言前途，哭不成声。主峰待锷，礼遇良厚，感念私情，雅不愿其凶国害家之举。若乘此时放下屠刀，则国人轸念前功，岂复忍为已甚？胡尔泰暮年生涯，犹享国人之颐养。主峰以垂暮之年，可已则已，又何必为儿孙冒天下之大不韪！君子爱人以德，拳拳数言，所以报也。若乃疑非实情，执意不回，则不同为谋，实所不敢。锷为公义驱，不复能兼顾私情矣。豪杰并起，勉从其后，卫此民国，死生以之。临电涕零，惟赐鉴察，转呈示复。”[②]

▲唐继尧、任可澄于“午后十一时”密电袁世凯，劝其取消帝制，并立将杨度等12人“即日明正典刑，以谢天下”。说：“华密。自国体问题发生，群情惶骇，重以列强干涉，民气益复骚然，佥谓谁实召戎，致此奇辱。外侮之袭，责有所归，乃闻顷犹筹备大典，日不暇给，内拂舆情，外贻口实，祸机所蕴，良可寒心。窃惟我大总统两次即位宣誓，皆言恪遵《约法》，拥护共和，皇天后土，实闻斯言，亿兆铭心，万邦倾耳。《记》曰：

① 《评唐继尧护国》，第183页。

② 曾业英编《蔡锷集》（二），第1242—1243页。

与国人交，止于信。又曰：民无信不立。食言背誓，何以御民，纲纪不张，本实先拨。以此图治，非所敢闻。计自停止国会，改正《约法》以来，大权集于一人，凡百设施，无不如意，凭借此势，以改良政治，巩固国基，草偃风从，何惧不给，有何不得已，而必冒犯叛逆之罪，以图变更国体。比者，吏民劝进，代表议决，拥戴之诚，虽若一致，然利诱威迫，非出本心，作伪心劳，昭然共见。故全国人民，腐心切齿，皆谓变更国体之原动力，实发自京师，其首祸之人，皆大总统之股肱心膂。盖杨度等所倡之筹安会煽动于前，而段芝贵等所发各省之通电促成于继，大总统知而不罪，民惑实滋。查三年十一月二十四日申令有云：民主共和，载在《约法》，邪说惑众，厥有常刑。嗣后如有造作谰言，紊乱国宪，即照内乱罪从严惩办等语。杨度等之公然集会，朱启钤等之秘密电商，皆为内乱重要罪犯，证据凿然，应请大总统查照前项申令，立将杨度、孙毓筠、严复、刘师培、李燮和、胡瑛、段芝贵、朱启钤、周自齐、梁士诒、张镇芳、袁乃宽等，即日明正典刑，以谢天下，焕发明誓，拥护共和，则大总统爱国守法之诚，庶可为中外所信，而民怨可稍塞，国本可稍定矣。〇等夙承爱待，忝列司存，既怀同舟共济之诚，复念爱人以德之义，用敢披沥肝胆，敬效忠告，伏望我大总统改过不吝，转危为安，民国前途，实为幸甚。再者，此间军民，痛愤久积，非得有中央永除帝制之实据，万难镇劝。以上所请，乞于二十五日上午十点钟以前赐答。临电零涕，不知所云，谨率三军，翘企待命。开武将军督理云南军务唐〇〇、云南巡按使任〇〇叩。漾。印。”唐继尧批注：“此电已于二十三日午后十一时拍去。”①

24 日，袁世凯命统率办事处通电各省，严加切责唐、任。

25 日，又命政事堂电复唐、任，历数其先前赞成“君宪”的事实，并故示疑问，以离间唐、任与蔡锷，以及革命党人的关系。说：“漾电悉。查贵处两次来电，均吁请早定大位，情词迫切，称全省军政绅商无不同声欢庆舞蹈。又谓国民代表大会一致赞成君宪，并推戴我大总统为中华帝国大皇帝，足见此心此理，薄海胥同，乃犹明发命令，谦不称尊，在我大总统允恭克让，固抑圣德之㧑冲，而人民待治孔殷，岂宜拘牵于小节？此继尧等所以迫切上陈，一再吁请者也。溯自共和建立以来，暴徒乱政，人民陷

① 《护国运动》，第 180—181 页。

于水深火热之中，苟非我大总统出而力任危难，戡乱致治，则此数年之内，不知四分五裂，成何景象。虽仰赖神武，转危为安，然特一时之措施，究非百年之大计，不即此时，早定一尊，缔基万世，既恐失小民喁望之至忱，反以启非分觊觎之扰乱，益非我大总统拯济斯民之初愿矣。顾或者虑帝制宣布，乱党愈以借口，外人不免微词，抑亦党徒好乱性成，即不变更国体，岂遂无辞以倡乱？要在各省严防之而已。至于改行帝制，期以适国势民情，本系我内部之改革，于外人无与，况各友邦睦谊方敦，谅无不乐为赞成之理。现在各地方秩序安稳，内外人民之身家财产皆能保持完善，斯诚天与人归、千载一时之机会。伏愿俯顺群情，早登大位，为国家谋无疆之福，以餍臣民迫望之心，不胜幸甚。又十月十二日致统率办事处电，自国体问题发生以来，内外军民喁喁企望，期早日决定，以图永久治安。滇省军队，向极服从，对于兹事，亦皆深明大体，保无他虞。其他政学绅商各界，均迫望早定大计。惟报纸稍有异议，亦不过少数近名无识者之所为，实不足以表舆论，致生障碍。务乞转陈主座，俯顺舆情，乾纲立断，决定施行，以慰薄海军民之望。若再予迟疑，转恐别生枝节，有碍国家根本大计，更非元首维持大局之初衷矣。值此一发千钧之际，愚虑所及，未敢缄默，谨据实密陈，乞即转陈主座，睿断施行。十二月十八日、二十一日，唐将军又致处两电，一曰旬日以来，乱党由滇越一道，遍布党羽，密谋甚急，幸继尧防范严密，所属军队亦皆稳定，乱事无由发生；一曰继尧渥受恩施，沦肌浃髓，干城腹心之寄，夙以自勉。矧滇省为父母之邦，保全治安，尤属责无旁贷，故对于乱党，防范异常严密，以目前现象，决不至有乱事发生。二十一日，又致参谋部电，现在中下级各官长服从命令，浃洽有素，绝不至被人煽惑。其各级官长，尤深明大义，与继尧同心合力，巩卫国家，均堪深信。刻复审度情形，除将驻省军队酌派两营，赴边协捕匪徒，助铲烟苗外，其他得力可靠军队，均令集中省城，以资严防。继尧宗旨夙定，布置周密，但得生命不受危险，绝不至有变故发生各等语。今据来电，语多离奇，事隔三日，背驰千里，本政事堂实不信贵处有此极端反复之电，想系他人捏造，未便转呈，请另具印文，亲笔签名，迅速寄京，以便核转。堂。有。”

26日，又命政事堂、统率办事处发出其亲自修改过的复唐、任及都统、巡阅使、护军使、镇守使电，全面否定云南诸人25日通电所提要求。

说："滇漾电是否假冒捏造，尚待查明，姑先就该电文内摘驳大略，以免误会。该电内要义，一列强干涉，外侮致辱；一元首背誓、失信；一官民推戴，非出本心；一主张改变国体诸人，请加治罪；一取消帝制，规复共和。查日本约英、法、俄各国，以友谊劝告，恐因改变国体，致生内乱，损害其商侨财命，请暂为延缓，并声明非干涉我之内政，顾己国之利害，作友谊之劝告，外交中不乏先例。嗣又来述持静观态度，决不干涉我之独立主权。劝告一案，业经结束，承认之议，正在进行，毫无干涉致辱之可言，友邦睦谊，讵可借口厚诬？倘自认干涉，故辱国体，其责任自有所在。又查本月十一日申令有云，制治保邦，首重大信，民国初建，本大总统首向参议院宣誓，愿竭能力，发扬共和。今若帝制自为，则是背弃誓词，此于信义，无可自解，请另行推戴。当经国民总代表代行立法院复称，宣誓为民国元首循例之词，根于元首之地位，其地位根于国民之全体，元首当视民意为从违，民意共和誓词随以有效，民意君宪誓词随以变迁。今国民厌弃共和，趋向君宪，国体已变，元首地位不存，其誓词当然消灭，此皆国民之自为，与元首不相涉也各等语。中外法家，交趆其说，何得横加责备？又查此次改变国体，官民一致，依法表决，全体赞成，国民代表，无一反对，足见民心大同，而军界、政界各团体劝进之文电，迄今仍日有数十起，欢呼庆贺，势如潮涌，若非本心，曷克至此（按：自'欢呼庆贺'至此四语，为袁世凯亲笔添加文字），断非利诱威胁所能普及。唐将军、任巡按使曾有两次劝进之电，亦受利诱、威胁耶？滇省国民代表一致赞同，岂唐、任两君加以利诱、威胁耶？乃任意造言，诬蔑我全国官民，欲以少数人违心蔑理之词，掩蔽天下人之耳目，其势有所不能。又查改革国体，起于多数民商将吏之请求，暗潮日益激烈，良以墨西（哥）殷鉴，痛目怵心。人谋治安，本于天职，苟非仇敌，孰肯反对？创议诸人同一救国之心理，即蔡松波将军曾于八月二十五日，纠合重要军人，发起主张君宪，首先亲笔签名，墨迹尚存，亦可加以罪乎。又查民国主权，本乎国民，始而官吏请求，元首毫不为动，迨依法由国民代表全体解决，元首虽尊，亦无驳拒之权，尤无取消之力。乃欲以少数人之私见，取消全体国民公决之法案，古今万国决无此违法武断之行为，儿戏国家，直成笑柄。总之，值此国家多难，险象环生，对内对外，苦费经营。凡我爱国君子，当屏除私见，消减意气，同心协力，共谋强固，纵有政见不同，尽可从容讨论。倘专逞私意，轻举妄动，是本无干涉而自招之，本无外侮而自启之，本无奇辱而自求之，倾覆国家，为虎作伥，天下后世，将谓之何？尤可异者，立限答复，率部待命，慢上藐法，服从全无，倘滇之军民相率效尤，官将何以驭下，变恐生于肘腋，明哲当不出此（按：自‘尤可异者’至此文字，也为袁世凯亲笔添加文字）。请唐、任两公，转示发电之人。言尽于此，听其自取。堂会同办事处。印。”①

27日，又命统率办事处电询各省“诸长官”，对“唐继尧等请取消帝制”有何意见，“速据实陈复，用备采择”。

28日，又发布一纸请求先前劝告中国的各国“亦发表从未干涉中国内政，亦未向中政府要求特别权利之宣言”。说：“蔡锷与唐继尧初本赞助帝制，但党人以政府允以许多特权给予外人，以为外人不反对中国帝制之报酬品等语蛊惑蔡氏。蔡不信，乃潜赴日本，名为养病，实则调查兹事之虚实。蔡到东后，托其乡人汤某代为探听，汤某以事果确实对。蔡愤政府辱国，即私入云南，以此消息布告其旧部。唐继尧人非强干，远处边疆，非中央政府所能顾及，遂为蔡锷及一部分军人所挟持，迫其反对改革国体，并电请政府取销帝制，以保民权。政府因唐继尧为宵小诱惑，故即一面派员赴云南宣布大局状况，及告知唐继尧政府并未以特别权利许予外国，以为交换条件；一面派兵扼守军要地点，以防事变。云南僻处边隅，兵力单薄，饷糈缺乏，断难久抗，故政府不难安抚之也。深望前向中国劝告之各国亦发表从未干涉中国内政，亦未向中政府要求特别权利之宣言云云。”②

29日，更在历数唐继尧、任可澄“构中外之恶感”“违背国民公意”“诬蔑元首”等三大罪后，声称“唐继尧、任可澄两次劝进，吁请早正大位，情词肫恳。二十一日以前，迭次电称，滇境虽有乱党秘密煽惑，现在防范甚严，决不至发生事变。乃未逾数日，遽变初衷。蔡锷当讨论国体发生之时，曾纠合在京高级军官，首先署名，主张君主立宪。嗣经请假出洋就医，何以潜赴云南，诪张为幻，反复之尤，当不至此。但唐继尧、任可澄既有地方之责，无论此项通电是否受人胁迫，抑或奸人捏造，究属不能始终维持，咎有应得。开武将军唐继尧、巡按使任可澄均着即行褫职，并

① 以上二电见中国社会科学院近代史研究所藏档案，档案号：洪100（1）。

②《特约路透电》，《申报》1915年12月29日。

夺去本官及爵位、勋章，听候查办。蔡锷行迹诡秘，不知远嫌，应着褫职夺官，并夺去勋位、勋章，由该省地方官勒令来京，一并听候查办。此令。中华民国四年十二月二十九日。国务卿陆征祥”。①

同日，又策令张子贞加将军衔。特任暂代督理云南军务。刘祖武加少卿衔，特任代理云南巡按使。②

在袁世凯的威逼利诱下，北方各省甚至广西陆荣廷、王祖同皆纷纷发表通电，表明态度，或贡陈对策。

如，26 日开封赵倜等人复电说：“统率办事处鉴。敬电谨悉。遵即切责唐继尧、任可澄一电。文曰：顷接漾电，不胜骇异，公等于君主立宪，早经一致赞同，推戴今皇，效忠肫挚，久任边陲之重寄，并邀茅出之崇封，何嫌何疑，忽生翻覆？今上英明神武，超越汉唐，天下归仁，已非一日，大宝诞膺，勉从民意，名分既正，率土皆臣。而公等乃于新邦缔造之初，忽然请销帝制，是叛君也。总统数年一选，君主万年一系，觇国势者，均谓久安长治，惟君主政体为最良。今幸明主登位，苍生托命，耕田凿井，从此长享太平。而公等乃思窃据一隅，挑动兵衅，是殃民也。叛君不忠，殃民不仁，公等稍有良知，何忍出此？据闻公等此举系居于被动地位，其中另有奸人构煽，乱党威胁，太阿倒持，公等不克自主，不知此等犯上作乱之人，但利用公等为傀儡，彼辈隐身内幕，他日事败，仍可挟资出奔，逍遥海外，独令公等被显戮，蒙恶声，彼亦将坦然不顾，公等何可倚任彼辈，而误听其言，且甘堕其术耶。今为公等计，惟有幡然悔悟，速将左右煽乱之人等逐一设法拿办，束手待罪，听候中央核示。今上德量宽厚，见公等甘冒不韪，非出本心，必能逾格优容，免加严谴。若竟迷途不返，是公等既愿为天下公敌，全国军民皆将推刃相向，以与公等寻仇，家破身亡，翘足可待。《书》曰：惠迪吉，从逆凶。《语》曰：祸福无门，惟人自召。趋吉避凶，转祸为福。惟在公等自择而已各等语。特肃陈明，伏祈鉴察。赵倜、田文烈仝叩。宥。印。”③

又如，山西巡按使金永电复统率办事处，表示他接云南漾电后，已“当即复电切责”，并说：“窃以滇省军界，向有割据野心。辛亥反正，即

① 《护国运动》，第 508—512 页。

② 《护国运动》，第 512—513 页。

③ 中国社会科学院近代史研究所藏档案，档案号：洪 102（5）。

经营黔、川，分［黔］固被其支配，川则未能得手。两次分兵援川，皆有协领规划，致生冲突。盖其三省统一政策，已非一朝。唐、任先后文报，判若两人，此次是否自由发电，远不可知。唯此电继经发出，则滇事必已决裂，恐非口舌所能挽回，似应早为之所。其事有三：一、速防黔、川、桂三省，万一黔已入滇，则当注重湘省；二、影响所及，奸宄生心，煽惑之风，随之而起，各地方均应严防，尤以御止传染，不露声色为最要。永已暗中预备，晋省可保无虞；三、努力外交，但必各国一致承认，则某国（按：指日本）势难独违，釜底抽薪，炉火自灭。管见所见［及］，是否有当，请酌择代奏，至祷。山西巡按使金永。宥。印。”①

同日，广西陆荣廷、王祖同也电复政事堂、统率办事处，并通电各省将军、巡按使等说：“唐、任通电，敝省迄未接到，惟二十五日接蔡锷、戴戡、任可澄等自滇来电，意存煽诱，已由荣廷、祖同会电唐、任，责以大义，痛切警告，并约川、湘、鄂、粤军、巡各帅合词诘责。属在比邻，责无旁贷，亦使知接境均有戒备，隐［阴］谋或可潜消。夫君宪大定，岂有中止之理，且国体由于全国人民代表决定，抗者则为全国之公敌，乃唐、任为乱党作机械，不啻甘为祸首，怙乱误国，断难任其蠢动。惟桂系上下一心，士卒用命，知有国家，知有地方，并以服从中央、拥护君宪为天职。现已通饬沿边军队，严密布置，加意防范，整厉戎行，束装已发，愿我国家讨除不庭。尚祈诸公同心协力，共维大局，荩筹如何，并望随时赐教为盼。陆荣廷、王祖同叩。宥。印。”②

再如，28日兰州张广建电复袁世凯，“敬陈管见”说：“皇帝陛下：华密。奏为遵令敬陈管见仰祈圣鉴事。窃本日准统率处感电转奉上令，以唐继尧等请取消帝制，诸长官有何意见，速据实陈复，用备采择等因特达，等因。承准此……但滇省通电尚未接到，其中如何措词，殊难悬揣；甘省交通阻塞，消息不灵，此事发生原因及一切底蕴，难于详悉。谨就现状推测，略献刍荛，为我皇上陈之。一、唐继尧敢于反复，无非恃云南道路险远，中央威力鞭长莫及。今逆谋已露，非虚声所能恫愒，必须储备实力，预谋慑服。拟请密电成武将军陈宧，酌拨精兵两旅，星夜开赴川滇交界，

① 中国社会科学院近代史研究所藏档案，档案号：洪102（1）。

② 《护国运动》，第499页。

压境屯扎，示以声威。或再由鄂省饬调劲旅一二团，间道疾驰，辅佐陈军，挟迅雷不及掩耳之势，相机进止。虽按兵不动，已足以寒其胆，而破其谋。一、云南僻处偏隅，设无外交牵涉，决不足虑。唐继尧等首鼠两端，究竟某国是否援助及英、法两国对于唐继尧等作何态度，宜察其真相，从外交方面设法斡旋，釜底抽薪，夺其所恃。并多派侦探、间谍，用汉高购降陈豨部将之法，不惜金钱爵禄，以离散其腹心，收回其党羽，俾成孤立，则鬼蜮邪谋，不攻自息矣。（按：袁世凯《政府公报》1916 年 1 月 8 日第 3 号公开发表此电时，将此条删除了）一、唐继尧等迭电赞成君宪，词极恳切，今受乱党之鼓惑，或出于一时迷误，非其初心。拟请先由各省将军、巡按使通电晓以情理，动以利害，皇上暂默雷霆，略予以转圜余地，一面俯顺舆情，迅即大位，俾乱党伎俩无所施展，或者知难而退。倘执迷不悟，是甘为全国四万万人之公敌，众愤所在，然后以大兵临之，拉朽摧枯，易如反掌。以上所筹三端（按：袁世凯《政府公报》发表时，删除了第二条，仅剩一、三两条了，可这里仍称“三端”，可见袁世凯政府此时有多慌乱），但就一得之愚，妄为拟议，我皇上神机默运，自有权衡。既奉垂问，不敢不效壤流，冀裨泰海。当此国体决定之时，全国人心方谋一致进行，以安内而对外，今以一二奸人希冀破坏，虽三尺童子，无不痛恨。臣忝任封圻，捍卫国家，责无旁贷。区区之意，对于唐继尧等势不两立。但事关重大，期于先礼后兵，妥筹对待。倘忠告无效，惟有枕戈待旦，联合各省，恭请朝命，声罪致讨，务锄非种，而遏乱谋。除通电各省筹商办法外，所有遵令敬陈管见缘由，专电具奏，伏乞圣鉴。再，甘省人心安帖，现状稳固，合并附陈，上慰宸廑。臣张广建谨奏。勘。印。”

次年 1 月 2 日，再电政事堂、统率办事处，献策说：“伏思国家君宪已成铁案，万无再事研究之余地。唐、任等忽然反对，必受乱党胁迫鼓惑，行动难以自由，欲其取消逆电，顿悟前非，恐非口舌所能奏效。此时对得方法，谨就管见所及，具呈于下。一、宜派兵前往从速扑灭，免生枝节。进讨之方，似可由贵州、广西、川、湘四路进兵，以贵州为正兵，广西、湖南为之辅，俾彼全神注重东南，再以奇兵由四川会集，出武定捣昆明，挟迅雷不及掩耳之势以临之。惊霆一击，阴霾自散。惟滇省道路险远，兵难遽达，此时宜秘密征调，俟兵队开至滇边，一面预备进剿，一面由各省合词揭明唐、任反对全国民意，即是全国公敌，胪列罪状，奏请进兵，然后朝廷俯顺舆情，明颁谕旨，以伸天讨。目下虽积极筹备中，宜不动声色，或亦怒兵息寇之一法。一、宜密与外人交涉，以防其安南、缅甸等处转输军火。唐、任等若无某国勾煽，必不敢遽启逆谋，或若能与英缅、法越据理交涉，断其后援，彼进无可图，退无可恃，自可不战而服。一、宜请皇上早登大位，以慰民望，而破奸谋。唐、任等反对之意，无非欲以内讧引起外交为阻挠大计之口实，若不早正名分，未免堕其术中。窃念全国上下，渴望早定一尊，即谓外交，尚有应待转圜之处，不妨取延宕主义，随后磋商。目前应吁恳皇上即行登极，以系中外之人心，俾鬼蜮伎俩无从施展。大局既定，云南一隅，自不待崇朝之攻而定卜有苗之格矣。以上三端，前次电奏中央，已详陈一二，当此事机紧逼，钧堂钧处帷幄运筹，自操胜算，广建远隔边塞，消息不灵，但有一得之愚，未敢缄默，是否有当，伏乞代为奏请圣鉴，不胜迫切待命之至。张广建叩。冬。印。”①

▲云南将军唐继尧、巡按使任可澄要求袁世凯取消帝制、限时答复之电发出之前，日本驻华公使日置益一天之内，先后两次密电外务大臣石井菊次郎，报告云南请求中止变更国体的传闻及蔡锷的行踪。

其上午“9点00分”第715号电说：“据传闻云南将军唐继尧同巡按使任可澄，以此次变更国体，非真正民意，致电中央政府，请求予以中止，并对孙毓筠、杨度等加以严惩。此种风说刊载于12月20日的《京报》（*Peking Gazette*）。经探访，政府内消息人士确实曾收到与上述内容类似之电报，但是否真发自唐将军、任巡按使，或他人假借其名所发，具体情况尚不清楚。同时另有蔡锷于12月5日经香港赴云南之传闻，本地法国公使馆就此向驻云南蒙自法国领事致电询问，确认此事属实。而蔡与唐原本即关系密切，且在云南的旧部为数不少，推测蔡前往该地的目的或是进行某种策划。正如中央政府多少出于不安之念，此次突然向各省将军、巡按使授予爵位，如龙济光、冯国璋等被封为公爵，陆荣廷、唐继尧等被封为侯爵，多有称这完全是为了博取边境各省将军的欢心，不让他们反抗中央政府。上述关于云南方面的报道是否事实仍不明了，本公使只是将反映了时事的有关这种传闻的报告呈递。此电报已转发广

① 以上二电见中国社会科学院近代史研究所藏档案，档案号：洪102（2）。

东、香港、上海。"①

其下午"6 点 50 分"的第 719 号电说："关于云南不稳的情报，据驻该地的英国领事致英驻华公使馆电报称，最初蔡锷、李烈钧、李根源等进入云南的消息被大肆报道，但实际上确认蔡锷来此的事实后，其似乎在谋划煽动军队，而唐继尧将军等一方面极力稳住军心，同时中央也已指示将增加士兵军饷，据闻眼下（军队）并无特别动摇。据町田（经宇）少将向法国公使确认，法国公使也收到了同样的情报。此电报已转发驻上海总领事、驻广州总领事。"②

同日，日本驻华公使馆武官町田经宇少将则以"支北极密第 56 号"，于"下午 9 点 30 分"电告参谋次长确认蔡锷已"进入云南"。说：

为确认云南地方之情况，我今日分别拜访法、英、俄等国驻华公使。据法国驻云南领事今早致法国公使的报告称，蔡锷已进入云南，并受到该省唐继尧将军的欢迎，汤化龙也已抵达河口，形势趋向早晚有骚乱发生。据英方的电报称，蔡锷及李烈钧等都已进入云南，关于该地军队，虽然因军饷有所不稳，但中央政府已设法增加军饷予以安抚，因此眼下仍属平静，将来事态应该也不会升级。俄国在该地未设领事，因此并无任何新情报。

而德国驻当地领事致德国公使馆的报告方面，据探知的消息称：云南最初多少不稳是事实，但眼下已恢复稳定，据杨士琦所言，云南地方军队的饷银少于其他省份，故有不满，军饷增加后已趋于平稳。中国外交部绝对否认云南地方骚乱一事，正如梁士诒也公然声称蔡锷现正在日本，绝无可能在云南。因此中国当局尤其是帝制主脑此时尽力装作平稳无事，而他们所言之处不可一一尽信。此外，为再度确认，今日下午坂西（利八郎）向总统府方面获取的消息称：（1）云南将军前日 21 日致电总统府称，李烈钧之乱党进入河口，已派约一联队击溃

① JACAR（アジア歴史資料センター）Ref. B03050718800、『袁世凱帝制計画一件（極密）/反袁動乱及各地状況』第一巻、日本外務省外交史料館、1-6-1-75-001；『日本外交文書』大正四年、第 2 冊、233—234 頁。

② JACAR（アジア歴史資料センター）Ref. B03050718900、『袁世凱帝制計画一件（極密）/反袁動乱及各地状況』第一巻、日本外務省外交史料館、1-6-1-75-001；『日本外交文書』大正四年、第 2 冊、236 頁。

之，其他皆平稳，自己将竭尽所能确保维持所辖区域内治安；（2）云南以外，四川、贵州、两广等地并无任何不稳之形势；（3）蔡锷在约两周前曾从日本（或在别府）寄亲笔信给在礼，从时间考虑，其应该已进入云南。

总之，云南、四川、贵州地方利用地利和较易控制的军队，由进步党与革命党相呼应起事，而长江一带的军队则没有像各处那样蜂起，据观察，以上将不会对袁世凯政府构成大的打击。

关于留在北苑的第十师团中的半数士兵南下一事，正如之前天津驻屯军的报告所示，我17日向唐在礼询问右军南下的理由，他含糊其辞地答称是为了换防原先长期驻守在该地的北方军队。总之，相信因担忧长江一带尤其是中国南部风云突变，中国政府当局者已面临燃眉之急，为竭尽全力防止妨碍帝制成立的因素，而尽量采取必要的警戒措施。

关于上述二事，本地的外交使团也基本上持同样的看法。最近北京政界最令人担忧的现象是对于袁世凯称帝，中央的高官们都不以称臣为快，且见到内外批评袁世凯的形势日益高涨，为避免落入袁收买人心的加官进爵的圈套，纷纷趋向到中国法权不及之地方寻求躲避。现以汪大燮、孙宝琦等为代表者已极为秘密地准备逃走，另有为数不少者冀望不要陷入像黎元洪、段祺瑞那样的俘虏遭遇。

要言之，袁世凯此次王莽般的举动，不免导致中国人心日渐叛离，非正式的沟通也越发困难。如此次中国南部一隅的进步党与革命党起事，至少在两三个月内才能平定。而长江沿岸的各将军中，冯国璋、汤芗铭、陆荣廷、唐继尧、陈宧、张勋、姜桂题等亦可能有人举起反袁大旗进行呼应，北京的高官中奔走投靠者也将不在少数。但据迄今自各方面获得的情报显示，正如云南方面仍未有任何举旗者，准备工作仍只是在筹划中。①

按：町田经宇此电证实蔡锷在日确给唐在礼寄过“亲笔信”。

25日“下午14点40分”，石井菊次郎密电驻俄大使本野一郎（第573

① JACAR（アジア歴史資料センター）Ref.B03050718900、『袁世凱帝制計画一件（極密）／反袁動乱及各地状況』第一巻、日本外務省外交史料館、1-6-1-75-001。

号）、驻英大使井上胜之助（第 383 号），报告因“中国国体变更引发的”云南等地的“动荡”及蔡锷的有关情况。说：

关于因中国国体变更引发的各地动荡情况，去电第 266 号（致驻俄大使电；致驻英大使电 266 号）已有说明，之后的相关情况除已电告的上海暴动外，最重要的信息如下，以供参考。

（1）据最近新罗（这里指暹罗，今泰国）的电报，广西将军陆荣廷 12 月 19 日宣布独立（按：实际并无其事），前云南都督也正在策划云南独立。综合驻华公使及相关领事的电报分析，相信蔡锷大概 10 日前从香港赴云南，日前刚抵达（尤其有情报称蔡锷在日本）。另外，中央政府接到以云南将军及云南巡按使名义所发的电报，表示变更国体并非真正的民意，要求予以中止，处罚倡议者。法国驻云南领事向该国驻华公使也报告了同样的情报，但广西、云南独立一事，因目前该地通讯不畅，真相还未充分明了。

（2）据参政院副院长汪大燮向小田切万寿之助秘密透露，其也是反对袁世凯称帝的其中一人，现正在考虑不辞而别离开北京，隐身于安全之地联络同志。

（3）另据汪大燮向小田切的秘密谈话，眼下表面上并无他意的江苏将军冯国璋、湖南将军汤芗铭等，一旦某一方面发生异变，也将采取相应对策。而西南诸将军在起事前公然反对帝制者中，梁启超最早，不知所踪，徐世昌、张謇、熊希龄、汤化龙等也都被置于严密监视之下，几乎无法有所作为。

（致英国大使）上述电报已转发法国、美国。①

“下午 10 点 45 分”，日置益则电告石井菊次郎说：“可能由于唐继尧将军是蔡锷的老部下，所以被蔡锷说服，发出上述（按：指反对帝制）的电报。或者考虑到其态度与之前相比转换太过突兀，也有可能是不顾唐将军的意见，蔡锷老部下的那些军人擅自发出上述的电报，关于此类消息尚不

① JACAR（アジア歴史資料センター）Ref. B03050718900、『袁世凱帝制計画一件（極密）/反袁動乱及各地状況』第一巻、日本外務省外交史料館、1-6-1-75-001；『日本外交文書』大正四年、第 2 冊、239 頁。

明了。据情报称，蔡锷最初赴日，在别府与谭人凤会晤后，再经香港与同志戴戡一同潜入云南。关于宣布云南独立的报道，虽然最初拼命否认，但英国公使透露该公使馆人员已收到确实消息，尽管政府仍表示未知宣布独立一事，但考虑到23日收到的电报内容极为令人震惊，或是涉及上述宣布独立一事，因此含糊其辞。由此推测去电第722号英国领事提及的长文电报即是上述23日接到的电报。”①

26日“上午7点45分”，町田经宇将自己所获蔡锷赴滇，以及云南宣布独立等情报，以“支北极密电第61号”密电参谋总长。说：

据今日向法国公使馆确认，昨日所发的支北极密电第60号报告的关于云南的情报是事实，法国驻云南领事向驻北京公使也电告了同样的内容。但中国政府还未就云南铁道的利用方法与法方进行任何交涉。

据在云南的比利时传教士致电该国驻北京代理公使称，云南于前日24日宣布独立，接着贵州、广西也宣布独立。

据英国驻云南领事致电该国公使称，蔡锷于20日进入云南，23日下午11点云南将军、巡按使联名致电中央政府，表示袁总统一直宣称维护共和，但同时违背“真诚”之民意，实施“帝制”之举不妥，应迅速处死杨度、梁士诒等6人（按：实际是12人），取消帝制。现已准备起兵，要求明日24日（按：实际是25日）上午10点前予以答复。英国公使遂向总统府确认云南一事之真相，总统府方面称云南最初多少有些不稳，但已暂趋平静，之后因反对帝制的运动而再度不稳是事实。

如曹汝霖也终于无法隐瞒云南事件，据曹昨日向小幡（酉吉）一等书记官透露，实际上本月12日、18日、21日三日都收到云南将军的电报，表示其赞成立即实施帝制，唐已在河口击溃李烈钧之乱党，并将在将来力保该地秩序安宁，但至23日突然转为反对的态度，实在颇为蹊跷，这想必是蔡锷进入云南后，说服将军、巡按使等的结果。

据法国公使馆一等书记官称，蔡锷在日本曾会晤谭人凤，后与戴

① JACAR（アジア歴史資料センター）Ref. B03050718900、『袁世凱帝制計画一件（極密）／反袁動乱及各地状況』第一巻、日本外務省外交史料館、1-6-1-75-001；『日本外交文書』大正四年、第2冊、238—239頁。

戡（匪徒之名）一起进入云南。蔡是辛亥革命时作为云南都督曾设想过三分天下之策的人物，即西北地区由袁世凯、长江流域由孙中山统治，自己分据云南、四川、贵州、两广地区。蔡任云南都督时期与法国印度支那当局的关系极为良好，因此法方对于此次蔡锷的行动更多的是抱有好意。即便中国为讨伐云南运送军队而需向法国交涉利用云南铁道，法国政府方面也只会稍事敷衍，不会答应。

此次云南事件的真相被公布于世，各地相继波动不稳是袁世凯政府最为头疼之处。其一方面利用自己的机关报拼命消除相关的传闻，另一方面又因难以即刻动用武力达成讨伐之目的，而以黄金、甜言蜜语、加官进爵等各种手段对该地区的文武官员等竭力笼络。据传昨日直隶巡按使朱家宝从天津被召唤进京，因朱为云南人，此举是为协商应对云南之策。

据称昨日 25 日中央政府向在湖南岳阳的第三师师长曹锟汇款 150 万元，命其暂先稳住袁之肱股的该师团长及与广西方面的边界，并且严密监视湖南将军汤芗铭的态度。①

“下午 11 点 15 分”，日置益也以“第 725 号”密电石井菊次郎，告知唐继尧“突然”转而反对帝制看来是受到“进入云南”的蔡锷的影响。说：“去电第 722 号中提及的英国驻云南领事的电报，今早已到达英国公使馆。其主要内容为 12 月 23 日晚 11 点自云南将军府发出一封以将军及巡按使联名致大总统的长文电报，电文开头指出袁总统迄今多次宣誓维护共和，表示应反对变更国体，罢黜帝制运动的主谋杨度、段芝贵等 10 人，向国民谢罪，总统也应在此宣誓维护共和。结尾称将军及巡按使皆思能有今日，全因袁总统之恩谊，但恐难以抑制部下对时局之不满，且在最后附加称翌日上午 10 点前就上诉要求予以回应。英国该领事的电报称，蔡锷 20 日进入云南，唐将军先派其弟，与蔡密议各事宜。据此来看，去电第 723 号中提到的 23 日电报中云南将军突然转变意见应是蔡锷前来的结果。”②

---

① JACAR（アジア歴史資料センター）Ref. B03050719000、『袁世凱帝制計画一件（極密）/反袁動乱及各地状況』第一巻、日本外務省外交史料館、1－6－1－75－001。

② JACAR（アジア歴史資料センター）Ref. B03050718900、『袁世凱帝制計画一件（極密）/反袁動乱及各地状況』第一巻、日本外務省外交史料館、1－6－1－75－001；『日本外交文書』大正四年、第 2 冊、240—241 頁。

27日“下午5点”，满铁奉天公所镰田弥助电告满铁总裁中村雄次郎其拜访段芝贵所获云南反对帝制有关情况。说：“今日我拜访上将军段芝贵，昨日电报所提吐血一事为事实，但其否认唐继尧谋叛一事，称毫无根据。据昨晚27师收到的情报，唐继尧更致电大总统，劝其此时应放弃称帝之念，同时表示如不将筹安会骨干杨度、孙毓均［筠］、胡映［瑛］、严修［复］及其他重臣阮忠枢、施愚、杨士琦、梁士诒、朱启钤、段芝贵等16人处死，将立即采取行动，并要求在时限之内（昨晚10点）前回电答复。唐继尧一派还似乎加入了蔡锷、汤化龙、梁启超。将军、师长开始对前途感到悲观。而对于此次封爵，北京的高官中也有人十分不满，前将军张锡銮即是其中之一。又云，就张作霖辞去爵位，还未收到任何指令。（1915年12月28日中村总裁送寄外务省）”①

28日“下午3点14分”，日置益以“第736号”密电石井菊次郎，告知从法国驻云南领事处所获云南反帝制有关情报。说：“法国公使非正式告知了12月26日之前法国驻云南领事的来电，其内容与之前已电告的部分多少有些重复，相关电报的概要如下，以供参考。（21日来电）印度总督通报，李烈钧使用他人的护照路经东京，蔡锷昨晚抵达云南。（22日来电）蔡锷被确认身处当地，将军虽接到北京要求逮捕蔡的命令，但反而对蔡深有敬意，礼遇有加。反对袁世凯的革命将于12月23日或1月1日在云南、四川、贵州、广西、广东、浙江、湖南爆发。”②

“下午5点5分”，又以“第739号（北京 *Daily News*、*Peking Gazette* 之声明）”密电石井菊次郎，告知蔡锷反对帝制，受到“革命党一方”的“鼓动”，特别是在日的谭人凤的影响。说：“蔡锷及唐继尧原先都赞成帝制，革命党一方告知蔡锷，中国政府针对五国之劝告，约定以提供众多利权作为交换条件换取支持。蔡间接受此鼓动，以治病疗养的名义秘密前往别府，探求事情的真伪，而与谭人凤会晤。据谭称此事属实，因此蔡极为愤慨，立即潜入云南，将此事通告给旧部的当地军队。唐继尧不仅原本意志不坚定，又身处边境不通晓中央的局势下，在蔡锷及一部分军人的胁迫

① JACAR（アジア歴史資料センター）Ref.B03050719000、『袁世凱帝制計画一件（極密）/反袁動乱及各地状況』第一巻、日本外務省外交史料館、1-6-1-75-001。

② JACAR（アジア歴史資料センター）Ref.B03050719000、『袁世凱帝制計画一件（極密）/反袁動乱及各地状況』第一巻、日本外務省外交史料館、1-6-1-75-001。

下，最终决定反对帝制。北京政府得知蔡锷被乱党所误，为说明时局，已遣人前往云南，一方面保证绝无向五国约定提供利权，另一方面为防万一，已将军队部署在要冲。云南属边境之地，兵力薄弱，军需品匮乏，终究无法强硬对抗政府。因此估计恢复平静殊非困难之事，但此时劝告帝制延期的各国不得不声明，宣称无意干涉中国的内政，且绝未向中国政府要求任何利权。”①

按：日置益此电实际来源于前述袁世凯同日发布的“各国亦发表从未干涉中国内政，亦未向中政府要求特别权利之宣言”。

31 日“下午 0 点 50 分”，日本驻上海总领事馆有吉明公使以“第 171 号”密电石井菊次郎，报告梁启超来访时所谈此次云南举旗反袁“施行帝制”，以及他与蔡锷的关系等详情。说：“滞留上海的梁启超要求与我密谈，昨日 30 日应允其来访后，梁感谢我国的警告言之在理，并称其确信帝制必然成为内乱的契机，对于中国极为不利，因此在京的最后两三个月极力劝说阻止，最终无容身之处，甚为遗憾。梁还表示，自己作为阁僚与袁接触过程中，深切感受到袁在国内不重视民心，只是依靠增加军队乃至警察维持势力，外交上采取远交近攻，不理解日本的地位及势力，相信以此永保权力地位必会引发危机。如今袁试图施行帝制，革命党一派自不待言，前清的遗民及愤而不平者等反袁声势正弥漫全国。而此次云南之举有别于二次革命者有如下几点。(1) 彼时袁之人物、手腕还未充分暴露，或是还被瞩望会实施善政。(2) 江西、南京等未得地利，易于受到攻击。(3) 时间上距离辛亥革命不久，民心厌乱，渴望和平。而如今：(1) 袁之恶政日益加剧；(2) 攻取云南并非易事；(3) 民心已背弃袁，即便一时遭到战乱，也欲将祸乱根源的袁除去。据梁从各省将军等其他渠道获取的消息，他们多少对袁有反对之意，在北京者除执政党外，像梁那样公然反对而得以离京者仍属少数，而像徐世昌等都是不得已被羁留在京。关于此次云南独立，还未做好充分准备，也未到用兵的时刻，因此虽然仓促举旗，也不易攻击。梁称云南暂且将自立，不久后将加入其中。事态会逐渐严重，但届时在各

---

① JACAR（アジア歴史資料センター）Ref. B03050719000、『袁世凱帝制計画一件（極密）/反袁動乱及各地状況』第一巻、日本外務省外交史料館、1-6-1-75-001；『日本外交文書』大正四年、第 2 冊、247—248 頁。

方面的斡旋下，战乱不会扩大，时局会得到收拾。此次云南之举至少是有系统的反袁运动的一部分，反对袁世凯帝制者中本来就包括各路人士，除了打倒袁世凯的目标一致外，缺乏统一，随着事态的发展，应逐渐设立组织。云南之举是蔡锷到达后两三天内发生的，由此来看事先应做了充分的准备，各省的事态也可据此类推。关于此次事变中梁与蔡的关系，据梁透露两人只是老师与学生的关系，事先虽然蔡与其进行了商量，但梁并不能强加阻止，也不能加以援手。梁启超称接下来将会去美国待一个月，其与我约定，今后关于时局进展的消息，将由其本人或是亲信不时告知。梁反复表示希望将真相告知日本，就此次云南事件，亦期待将来大有可为。总之梁来访的主要目的是希望获取日本的同情。以上仅供参考。此电已转发驻华公使。"①

按：1916 年 1 月 24 日，贵州步五团团长熊其勋在致陆荣廷等人电中也说过类似梁启超的话，说："其勋幼读诗书，稍知大义，往岁赣宁乱起，影响及于川东。革命党露布之词，谓袁氏将恢复帝制。吾侪以毫无实迹，认为扰乱治安，是以黔军援川，曾经躬任前敌。"②

同日"下午 9 点 40 分"，日本驻汉口总领事濑川浅之以"第 145 号"密电石井菊次郎，报告冯国璋、汤芗铭、陈宧等人的对袁态度，以及蔡锷未抵云南之前，就与唐继尧存在默契。说：

12 月 31 日革命党员吴荣兴（原名播，为柏文蔚之部下）向小松书记生密告，其要点如下。

从前革命党在湖北只是致力于情报通讯，自上海骚乱前后开始在当地军队内部渗透。湖北的军队驻守在武昌、汉阳的只有北军，并无相识之人，因此感到极难劝诱。而石星川所率湖北第一师、黎天才所率第十一师内现已有四分之一左右的内应。

关于云南事变，蔡锷在未进入云南之前就与唐继尧之间存在默契。

① JACAR（アジア歴史資料センター）Ref. B03050719100、『袁世凱帝制計画一件（極密）/反袁動乱及各地状況』第一巻、日本外務省外交史料館、1－6－1－75－001；『日本外交文書』大正四年、第 2 冊、257—258 頁。

② 《熊其勋致陆荣廷等电》（1916 年 1 月 24 日），《护国文献》上册，第 156 页。

且据最近之报告，广西陆荣廷也将于不久举起反袁大旗。

就长江流域，冯国璋态度暧昧，虽然未必会完全拒绝革命党一方的要求，但仍不可充分信任，只是据分析终究不会就任参谋总长。南京军队中预计多少会有内应，但张勋完全是袁世凯一派，不管如何接触也无法策动。

湖南汤将军的立场正如世间传闻，既与地方人民交恶，又与袁一派反目。此时有意开始策动，本日当地的同志之间决定派出人员进一步观察形势。

四川方面，陈将军自身属于袁一派，其参谋部及军队中多少有望策动，也正在观望形势之中。

总之，随着云南事变的进展，革命党人决心必然将其声势扩大。据称此次抱着事竟成之信念。

此电已转发驻华公使。①

1916 年 1 月 10 日，驻香港总领事今井忍郎函告石井菊次郎有关云南反帝制的有关情况。说：

关于本件的去电第4号，请参考驻海防领事横山正修的通信。兹另纸附上，以供查阅。

云南革命始末

1915 年 11 月 2 日，云南省东川曾发生一次动乱，革命党来去渐繁，警报频发。据我方所得知的消息，1915 年 12 月 26 日前云南都督蔡锷终集合其势力宣布云南独立，同时更檄告天下，以疾风迅雷之势掀翻整个中国。其计划之精巧缜密，其措施之雷厉风行，故轻易无法窥知其机密，且无任何主义主张，以豹变之巧妙集合著名人物，赢得如此成功。至于渠等领袖之人格手段，实有值得称赞之处。兹详报之际，先摘录最近收到情报中若干重要者，以此概述革命经过之一端。

① JACAR（アジア歴史資料センター）Ref.B03050719100、『袁世凱帝制計画一件（極密）/反袁動乱及各地状況』第一巻、日本外務省外交史料館、1－6－1－75－001；『日本外交文書』大正四年、第2冊、261—262頁。

（一）

12月12日，云南省都督府及民政部（按：此时尚称将军署将军、巡按使）宣告袁世凯不日将即位称帝，更训谕人民称对袁世凯称帝无须有所动摇，仍各就其业，不可受革命党煽动。但云南革命党气势渐涨，其势力聚集于云南府之日见多，都督府因此战战兢兢，昼夜在衙门配置两个大队进行戒备。12月16日受雇于中国政府的一外国人在Commerce Hotel举办盛宴，英、法领事、云南省民政长官为首的重要文武官员悉数出席，但唐继尧都督终未现身。

据传闻称，德国驻云南领事被召回本国，不日将前往上海。（以上为23日海防所收来电）

（二）

在四川省官兵的猛烈追击下，四川匪徒终流窜入云南省边境。日前携精锐武器的近百名匪徒袭击了云南省东北部的镇雄县衙门，打伤知县。21日前后，约八百名匪徒又奇袭镇雄北面的威信，所幸驻军及巡警将其击溃，但形势不容乐观，如蒙自道台已向必要地点派出军队。（以上为24日海防所收来电）

（三）

据法属印度支那总督府所获情报，关于云南省近来风传颇多，数日来果然形势急转直下，12月26日前云南都督蔡锷起义，就任新都督（按：无此事），终宣布云南独立。一切进行得颇为平静，未对法属印度支那边境有丝毫影响。新都督蔡锷发表声明，将极为注意保护外国人，尤其是法国人的生命财产及权利。推测该革命必将迅速波及四川、广西、贵州等相邻各省。

另据24日发自云南府的消息，约三千云南军队为支持四川革命，将于两三日内出发。云南省财政愈发困窘，官员的俸禄拖欠已达四个月之久，连所聘日籍官员山口义胜工学士自十月以来也完全未得薪给。（以上为12月28日所收信函）

（四）

26日云南省独立，将于1916年1月1日发表政纲。阿迷州知县、蒙自道台及云南省财政厅厅长逃往越南东京（指河内）。（12月31日来电）

云南省独立的消息传来，且彼等尤其优待法国人的声明电告四方后，法属印度支那官员极为狼狈，12 月 28 日后严禁报社刊登有关云南的报道。吾等日本人的电报也受到严格的审查，凡有涉及云南之事，均需逐一经河内总督府的审查，其中十有八九遭到没收。据传革命爆发前数日巨额军票经东京（指河内）运至云南府，虽然此说不宜轻信，但蔡锷、李烈钧均与法国人交情匪浅，且法国驻华公使馆武官拉泊雅雷德（音译）大尉现居云南省城，据传正暗中有所谋划。其他还有一外国人的盛宴，有称是为德国领事维斯（音译）回国，有称是法国官宪的极端钳口之策。如有具体行动，此间的消息将会跃然眼前，接下来将记载于 1 月 3 日到达的详报。

详报第一

1915 年 12 月 12 日，云南省都督府及民政部宣布袁世凯不日将登上帝位，并发布训谕，称云南省 96 名议员已表示支持袁世凯称帝，云南省民须保持平静，绝不可受革命党煽动轻举妄为。但大势已不可挽回，革命党来去渐频，巨星云集云南府，终唐都督宣布否认袁世凯即位，同时反对帝制。唐都督最近向日本汇去银二十万两，全部用于购买武器，这是为将来必然引起的战乱做准备。

虽然政府一方大为动摇，但云南省民保持平静，只是希望和平。且各地革命党的聚合日甚一日，近自香港、澳门，远自新加坡、吕宋、荷属东印度、太平洋群岛而来。

前云南都督蔡锷将军 10 月至 11 月期间离开北京，12 月 20 日携其妾、子与同志突然现身云南。蔡的家人原就在云南府，听闻蔡锷经越南东京省（指河内）来到云南府，都督唐继尧派其弟为代表前往海防迎接蔡锷。

前江西都督李烈钧将军也于蔡锷抵达前数日已在云南府，其原本是江西人，且久在江西为官，但出生在云南府，且在云南长大，因缘极深。

12 月初革命党三五成群悄然聚至云南，但不仅限于云南，四川、湖南、汉口，南京、上海、福州、广东、广西各地也收到了这样的情报。袁世凯深感痛心，决定立即派出密探侦察其行动的同时，如有可能尽数暗杀。

12 月 22 日，云南唐都督及民政厅厅长致电袁世凯，劝其放弃称帝并辞去大总统，要求 24 小时内复电。且向袁称，汝往年因某事曾向吾等宣誓声明，“予当完全忠实于共和国之法律及中国国民、共和政府建立之政纲，诚心诚意保护共和国”，汝必须忠实共和国，云南省民迫切盼望汝之反省，汝尚敢无愧食言，欲逞横暴乎。

12月25日上午10点到最后时限，但袁没有任何回电。

于是革命党终拥立蔡锷为新任云南都督兼民政部长，宣布独立，时为1915年12月26日。四川省仍未接到任何情报，贵州、广西、广东等各省已展现断然之决心，向袁发去言辞激烈的电报。蔡锷更训谕云南将校，称袁生性狡猾奸黠，只知己利，目中无国家无同胞，今又登帝位，内苦国人，外招列国干涉，令人慨叹。是以吾人宣布云南独立，置临时政府于云南府，临近各州也响应云南之举，致电袁世凯，强烈要求放弃帝制之念，维持共和体制。

进而其颁布命令，应保护天主教堂、基督教徒、新教教堂、传教士、外国旅客，同时谕令完全保护为外国人开港的城市及租界，不得引发任何与外国人的冲突，以免陷入被动。

云南政府宣布中华民国五年正月一日为新共和国元年正月一日，暂设临时政府于云南府，进而谕示将自腊月二十八日起在云南府准备盛大庆祝这一国家节日，并要求每家每户将写有共和民国万岁的红纸贴在门上。（完）

云南事变后，当地的报纸禁止登载云南的信息，如公报只发表头版，因此情报搜集不得不完全依托特别手段。以上详报是通过与云南官宪交情深厚的法籍人士获取的特别情报，来源十分可靠，故虽然可能与革命前的各种情报有重合部分，仍特此全部报告。1916年1月18日外务省接收。①

24日

▲蔡锷与戴戡“至急”电请袁世凯“立将段芝贵诸人明正典刑，并发明令，永除帝制”。说：“华密。自筹安会发生，演成国变，纪纲废堕，根

① 《关于云南状况的通信》，JACAR（アジア歴史資料センター）Ref.B03050719900、『袁世凱帝制計画一件（極密）/反袁動乱及各地状況』第二巻、日本外務省外交史料館、1-6-1-75。外务省列此函为“机密第1号”。

本动摇，驯至五国警告迭乘，辱国已甚，人心惶骇，祸乱潜滋。锷到东以后，曾切词披布腹心，未蒙采纳。弥月以来，周历南北，痛心召侮，无地不然。顷间抵滇，舆情尤为愤激。适见唐将军、任巡按使漾曰电陈，吁请取消帝制，惩办元凶，足征人心大同，全国一致。锷等辱承恩礼，感切私衷，用敢再效款款之愚，为最后之忠告。伏乞大总统于滇将军、巡按所陈各节，迅予照准，立将段芝贵诸人明正典刑，并发明令，永除帝制。如天之福，我国家其永赖之，否则，土崩之祸，即在目前，噬脐之悔，云何能及？痛哭陈词，屏息待命。锷、戡同叩。敬。印。"[1]

同日，又将上电内容电告各省将军、巡按使，并请一致要求袁世凯明颁命令，"永除帝制"。说："（衔略）密。锷、戡顷致中央敬电，文曰：'自筹安会发生，演成事变（按：以下内容与上电同，从略）……痛哭陈词，屏息待命'等语。诸公手造民国，身系安危，必不忍坐致陆沉，永沦万劫，则补天返日，谅有同心。敢乞一致主张，国家幸甚！蔡锷、戴戡同叩。敬。印。"[2]

又与戴戡、刘显世、唐继尧、任可澄电告袁世凯，必须以"实据"表达"中央拥护共和"之意。说："大总统钧鉴。……窃惟中外人士所以不能为大总统谅者，以变更国体之原动力，实发自京师，其首难之人，皆大总统之股肱心膂。盖杨度等六人所倡之筹安会煽动于最初，而朱启钤等七人所发各省之通电促成于继起，大总统知而不罪，民惑实滋。查三年十一月二十四日申令有云：民主共和，载在《约法》，邪词惑众，厥有常刑。嗣后如有造作谰言、紊乱国宪者，即照内乱罪从严惩办等语。杨度等之公然集会，朱启钤等之秘密电商，皆为内乱重要罪犯，证据凿然。应请大总统查照前项申令，立将杨度、孙毓筠、严复、刘师培、李燮和、胡瑛等六人及朱启钤、段芝贵、周自齐、梁士诒、张镇芳、袁乃宽等七人即日明正典刑，以谢天下。则大总统爱国守法之诚，庶可为中外所信，而民怨可稍塞，国本可稍定矣。再者，此间军民，痛愤久积，非得有中央拥护共和之实据，万难镇劝。以上所请，乞于二十四小时赐答，不胜悚息待命之至。唐继尧、任可澄等。"[3]

---

① 曾业英编《蔡锷集》（二），第 1232 页。

② 《蔡锷集外集》，第 344 页。

③ 《云南反对帝制二次之电文·第二电》，上海《时报》1915 年 12 月 27 日。

按：此电公开发表时，虽署名为“唐继尧、任可澄等”，未同时列出蔡锷等三人名字，但12月26日屈映光通电北京政府和各省说：“前得云南唐将军、任巡按使漾日通电，至深骇诧，当经严电儆劝，反复开喻。续得蔡锷、戴戡等通电，并探有冒称八省代表等事，尤骇听闻。兹复由电儆告，其文曰：前得唐将军、任巡按使漾电，当经复电劝阻，竭诚苦口，未荷察悟。续接蔡、戴诸公电，并悉近日复有自称八省代表，照会各国领事之举，益骇听闻。”27日段芝贵也电复政事堂、统率办事处说：“乃近数日来，迭接各省通告，谓唐继尧、任可澄电致各省，要求取消帝制。旋又接蔡锷自滇所发通电，语意与唐、任等略同，闻之曷胜愤激。”① 这些事实皆可证明此电也是蔡锷领衔的。至于未能见到所述“冒称八省代表等事”，那是因为被发表者上海《时报》以“前略”删除了。

▲报载是日蔡锷出席滇军的秘密会议。说：“云南因恶袁总统专横、叛国，欲行帝制，军民人等异常愤懑，全体同心，一律反对，跃跃欲动，已非一日。唐将军在先本欲暂行维持，俟他省有举动时再行响应。前都督蔡松坡先生由京到滇，滇军较前尤为激烈，乃于五日前开秘密会议，讨论进行方法。是日，蔡松坡君尚亲身出席，演说袁总统之虐待民党、渺视同胞，现在尚未登位，已属专横暴虐，异日实行专制，人民必无噍类。故蔡君愿牺牲身家，捐弃利禄，由虎穴逃出，奔至滇省起义，亦无非为维持共和、保护同胞云云。各军官闻之，不禁感愤，均愿身临前敌，仗义北讨，因是议决实行反对帝制，绝对拥护共和。”②

25日

▲蔡锷电请成都陈宧“登高一呼”，并表示自己“愿效负弩”。说：“建密。别来末由通款曲，常用耿耿。国体问题发生后，外瞩国际，内察舆情，焦灼傍皇，莫知所措，清夜扪心，尤难稍安。在京曾多方设法，冀挽狂澜，卒归无效，乃决然引去。月来涉足东邻，周历南北，知某国所以谋我者，蓄蕴甚久，国人之欲图覆袁者，蔓衍甚广，进行极锐。默察全国人心，对于中央已无些须系念之余地，众叛亲离，其何以立？纵吾侪倾心拥

① 《护国运动》，第500、501页。

② 《云南快报》，上海《中华新报》1916年1月14日。

护，幸平大乱于一时，而项城已近日薄西山之年，一旦不讳，复成土崩瓦解之局。我公明达，谅早洞瞩及此。同人再四熟筹，非趁兹时会建造新国，不足以挽厄运而植新基。一切计划，现已着着实行。滇、黔、粤、桂、湘、赣、宁、浙、苏、鲁等省，或早经决心，豫有准备；或运动成熟，克期发动。我公热忱爱国，洞察几先，谅有同心。如能登高一呼，将见万山响应。锷虽不敏，愿效负弩。此间同人，佩公甚至，亦惟马首之是瞻。何去何从，惟公裁之。闻黄陂甚危，段芝老已被害，深为恸悼。京中名流，多被嫌禁锢。日暮途穷，倒行逆施，是晚清之不若矣。临电不胜翘企之至。杏村、穆生、鸣阶、时若诸兄，并乞代致拳拳。锷手□矣。○有。廿五。”

又与唐继尧、任可澄、刘显世、戴戡及军政全体通电各省将军、巡按使、护军使、都统、镇守使、师旅团长、各道尹并转各报馆，呼吁“同申义愤，相应鼓桴”，“保国覆宗”，“确保共和”。说：

> 天祸中国，元首谋逆，蔑弃约法，背食誓言，拂逆舆情，自为帝制，卒召外侮，警告迭来，干涉之形既成，保护之局将定。尧等忝列司存，与国休戚，不忍艰难缔造之邦，从此沦胥，更惧绳继神明之胄，夷为皂圉。连日致电袁氏，劝戢野心，更要求惩治罪魁，以谢天下。所有原电，迭经通告，想承鉴察。何图彼昏，曾不悔过，狡拒忠告，益煽逆谋。
>
> 夫总统者，民国之总统也。凡百官守，皆民国之官守也。既为背叛民国之罪人，当然丧失元首之资格。尧等身受国恩，义不从贼，今已严拒伪命，奠定滇、黔诸地，为国婴守，并檄四方，声罪致讨，露布之文，别电尘鉴。更有数言，涕泣以陈诸麾下者。
>
> 阋墙之祸，在家庭为大变；革命之举，在国家为不祥。尧等夙爱和平，岂有乐于兹役？徒以袁氏内罔吾民，外欺列国，有兹干涉。既濒危亡，苟非自今永除帝制，确保共和，则内安外攘，两穷于术。尧等今与军民守此信仰，舍命不渝，所望凡食民国之禄、事民国之事者，咸激发天良，申兹大义。若犹观望，或持异同，则事势所趋，亦略可预测。尧等志同填海，力等戴山，力征经营，固非始愿所在。以一敌八，抑亦智者不为。麾下若忍于旁观，尧等亦何能相强？然量麾下之力，亦未必能摧此土之坚，即原麾下之心，又岂必欲夺匹夫之志。苟

长此相持，稍亘岁月，则鹬蚌之利，真归于渔人，而箕豆之煎，空悲于粝釜。言念及此，痛哭何云。而尧等则与民国共死生，麾下则犹为独夫、作鹰犬。坐此执持，至于亡国，科其罪责，必有所归矣。今若同申义愤，相应鼓桴，所拥护者为固有之民国，匕鬯不惊；所驱逐者为叛国之一夫，天人同庆。造福作孽，在一念之危微；保国覆宗，待举足之轻重。敢布腹心，惟麾下实图利之。唐继尧、蔡锷、任可澄、刘显世、戴戡暨军政全体同叩。有。印。①

▲报载云南宣布起义之前，全省军队及各界人民反帝制的情况。说："兹得较详消息云，云南全省军队及各界人民，自帝制问题发生以来极为愤慨，前月投票选举国民大会代表时，军队即起骚动，劝告各［全］省人民反对帝制，不准投票，并开会拟定电稿，即将拍至政府，主张诛戮发起帝制诸人。唐将军见大势将裂，即召集各级军官开会，慷慨演说，力言大局危急，国体问题当听全国人民解决，云南一隅，不可因此发难。并谓此间军队如有骚动，鄙人何以对全国等等强压之语，该省军心稍为安静，然秘密运动者仍多。唐将军见事势终属危险，乃陆续罢免军官十余人，军心更愤，谓唐将军只顾服差中央，不顾国家危亡，颇有其他激烈之运动。唐将军知军心无法慑服，并深知帝制实行以后，亡国之祸在即，故于前日与任巡按使联衔电达中央，力抗帝制。电中谓帝制实行，忧患百出，全国赞成尤属诬罔，滇省全体决不承认，并请将主张帝国首难诸人杨、孙等立置军典，以谢天下等语。闻袁总统接此电文，惊愕万状，不敢宣布，并即拟复电，欲以阴柔手段，消灭滇省之反抗云。"②

26 日

▲报载"午前十时，蔡锷宣布云南独立，并檄告滇民，解释各情。将军、巡按复有晓谕云南军界之文。蔡锷谓袁氏包藏祸心，只知私利，扰乱国家，召生外侮，并出示保护租界、商埠及境内教堂、教士、外人。蔡锷

① 以上二电见曾业英编《蔡锷集》（二），第 1233、1241 页。是书原定后电为 12 月，据《护国运动》一书第 182—183 页所载，当为 12 月 25 日所发。又见《蔡锷集外集》，第 345—346 页。文字有出入。

② 《云南反抗帝制之续闻》，《盛京时报》1915 年 12 月 25 日。

又谓，除四川外，各省皆已电致北京，措词与云南所发者相同”。①

又载本日“护国军第一军总司令部成立。总司令即前都督蔡公，前民政长罗佩金为参谋长，前征藏总司令殷承瓛为参议处长，前西藏宣慰使李曰垓为秘书长，何鹏翔为副官长。其他幕僚将校等约百人，皆滇中名流，其中如韩凤楼、吕天民、张华澜、蒋方震、方声涛、蒋应树、李增、顾视高、赵伸、李临阳等均一时杰出之选。第一梯团长为刘云峰，第二梯团长为赵又新，第三梯团长为赵钟琦，第四梯团长为顾品珍，第五梯团长为黄毓成。其下将领为董鸿勋、杨蓁、邓太中、黄永社、李植生、朱德、华封歌、王秉钧、贾紫绶、赵保贤等，皆久事戎行，以勇敢善战称于滇省，先复西征，援行［川］、援黔诸役，著卓战功者也”。②

按：此报道所列名单当为最初设想，多数符合事实，少数随后有变动，如方声涛编入了李烈钧护国第二军，赵钟琦、黄毓成也是后来奉调入川的，此时并非蔡锷第一军的梯团长。

27 日

▲蔡锷与唐继尧、任可澄、刘显世、戴戡及军政全体，“十万火急”通电各省上将军、将军、巡按使、护军使、镇守使、各都统，并转各军师旅长，各道尹，各知事，各商会、农会、教育会，各学校，各报馆，请“同义愤”，“共驱逐”谋“子孙帝王之私”的袁世凯。说：

> 呜呼！天祸中国，实生妖孽。袁氏以子孙帝王之私，致亿兆生灵之祸，怙终不反，愎谏无亲。既自绝于国民，义不同其履戴。敢声其罪，与众讨之。
>
> 袁氏昔在清廷，久窃权位，不学无术，跋扈飞扬，凶德既已彰闻，朝端为之侧目。迨民军首义之日，及清廷逊位之时，袁氏两端首鼠，百计媚狐，以孤儿寡妇为大可欺，以天灾人言为不足畏，迹其侮弄神器，睥睨君亲，固已路人知司马之心，识者有沐猴之叹。惟时我邦人诸友，念风雨之飘摇，惧民生之涂炭，永怀国难，力奠邦基。故赣、

① 《特约路透电·云南起义详情之追述》，上海《中华新报》1916 年 1 月 8 日。

② 护国军从军记者无伪一月九日发《云南倡义纪闻》，上海《中华新报》1916 年 1 月 29 日。

宁之役无功，而皖、粤之师亦挫。乃袁氏恃其武力，遽即骄盈，蹂躏人权，弁髦法治，国会加以解散，自治横被摧残，异己削迹于国中，大权独操于一手，彼固曰是可以有为矣。卒之无补时艰，不保中立，济南自拓夫战域，辽东复展其租期，甚至俯首为城下之盟，披发有陆沉之痛。呜呼！我国民之忍辱含垢，为已甚矣！袁氏之力图湔雪，以求报称，宜何如者？何图异想忽开，野心愈肆，元首谋逆，帝制自为。筹安会发生于前，请愿团继起于后，等哀章之金匮，假强华之赤符，对内国人民则谓外议之一致，于外交方面复假民意以相欺，自奋独夫之私，欲掩天下之目。呜呼！永除专制，夫已氏之口血未干；难拂民心，清帝之诏书具在。无信不立，宁得谓人！食言而肥，何以为国！因之外侮自召，警告频来，干涉之形既成，保护之局将定。此时杨再思一日天子，宁复有人间羞耻之心；他日石敬瑭半壁河山，更安有吾民视息之所。兴言及此，哀痛何云！

夫总统一国之元首，中外所具瞻也。今袁氏躬为叛逆，自失元首之资格。斯其丑行凉德，固有无能为讳者。更举其略，以告国人。南北和议初成，党人欢迎南下，袁氏欲留无辞，乃煽动兵变，以为口实。京津一带，惨付劫烧。张家口兵变，首乱不过数人，而全军咸遭坑杀。逞一已之淫威，轻万众之身命，是为不仁。黎副总统一代元勋，功在民国，段陆军总长当世人杰，志尤忠纯，皆袁氏股肱心膂也。徒以反对帝制之故，积彼猜疑。瀛台等羑里之囚，西山有云梦之辱。近传噩耗，未卜存亡。叹乌喙之凶残，悲鸟弓之俱尽，是谓不义。梁士诒、段芝贵、张镇芳、袁乃宽、杨度、胡瑛、顾鳌辈皆市井小人，顽钝无耻。袁氏利其奔走，任以鹰犬之材；梁等遂窃威权，肆其狼狈之技。群邪并进，一指当前。望夷之祸匪遥，轮台之悔何及，是谓不智。当和议初起，袁氏握清廷全权，每语人曰：吾誓不作总统。及叛迹已露，中外咸知，袁氏犹曰：公等若再以帝制相迫，则我必逃英伦。言犹在耳，今竟何如？是谓不信。辛壬之际，义旅同兴，争冒死以图功，更举国以相授。袁氏之有今日，伊谁之力？乃动矜禅让，横肆诛夷，谓不杀于谦，则此举无名；谓苟无曹瞒，则几人称帝。功反为罪，生者之身已冤；死而有知，地下之目岂瞑。是谓不让。又若财权集于内府，计部徒建空名。大借款以盐税抵押，用途始终秘密。长芦运盐公司独占，商利垄断闻亦同登。袁乃宽、梁士诒、张镇芳，袁氏之聚敛臣也；交通银行，袁氏之外府也。甚至以一国之元首，而寄私产于他邦，腾笑外人，贻羞当世。其寡廉鲜耻，有如斯者。尤可异者，显达违亲，陌［漠］视孔怀。乖戾已深，本实先拨。宫门喋血，患已伏于隐微；斗尺寻仇，祸恐烈于典午。彼宗且覆，吾国何存！哀我无告之人民，忍与昏暴而俱尽哉！昔者董逃未唱，关东州郡同盟；莽窃初成，两河义军并起。今袁氏之罪，更浮于二凶；民国之危，尤甚于季汉。而且孙皓与下多忌，祖约褊厄不仁。孟津之八百不期，牧野之三千愈奋，斯其时也。各省军民长官，身为共和官吏，实系大局安危，必能挥士行之义旗，标茂宏之大节，举足轻重，立判存亡。其有海内顾厨，先朝耆硕，在昔首阳贬节，原知心在国家；于今大盗潜移，宁肯助其乱逆？谅同义愤，请共驱除。至若南阳旧部，新室故人，谁非国民，岂任私昵。况悲凉风于斛律，铲地难除；感大树之飘零，长城已坏。难共忧患，请视韩彭，其必有倒戈以图奋袂而起者乎？其余各界人士，虽未与人军国之谋，应念兴亡有责之义。则匹夫蹈海，义感邦君；小吏登坛，节厉群后，于古有之，是所望也。尧等痛念阽危，诚发宵寐，力虽穷于填海，志不挫于移山，请负弩以先驱，冀鼓桴之相应。将与摧公路之枯骨，走杨越之居尸，义声播而黄河清，大旆指而幽云卷，然后保固有之民国，定再造之旧邦，解此倒悬，绵我华胄，天下自此定矣。诸君其有意乎？乃若觊延漏刻，眷恋穷城，等防后之稽诛，效蜚廉之死纣，则师直为壮，助顺者天，何枯朽之能支，将声名之并裂，幸毋贻悔于他日，庶其有感于斯文。唐继尧、蔡锷、任可澄、刘显世、戴戡暨军政全体同叩。感。印。[①]

28 日

▲报载“东京电”：“中国政府于本月（按：指 12 月）十一及二十五两日密向日本政府声言，谓如帝制问题之重大问题未与日本协议，自知甚为不合。惟今如果中止，不特帝制派许多人物不能保其地位，终与袁总统之地位有关，果尔则难谋中国之统一。今此帝制问题总须仰求援助，事后

① 曾业英编《蔡锷集》（二），第 1234—1236 页。

断不弃置日本等语。日本政府答以日本之警告非为窘袁总统，或其周围之帝制派云。现据一般人之观察，中国无论如何欲求承认帝制，须费所有手段与其牺牲云。”

又载“北京电”：“蔡锷、唐继尧电致奉天将军段芝贵、师长张作霖，声诉赞成帝制、破坏国家之罪，措词甚为激烈，因是非常惶恐。”①

1916 年 1 月 18 日，又载：“此次滇乱，实以蔡锷为之主动。闻诸熟悉蔡氏行动者，谓其蓄谋实非一日，当帝制问题发生之时，即思借端煽乱，后以布置未妥，外间又有谣言，遂集合高级军官于将校联欢社，首先签名，赞成君宪，以遮掩世人之耳目，及托病东游时，则已布置略有头绪矣。其派往各省及外国之调查员，其中即有与闻密谋之人，先其挟款出都，如殷承瓛、周钟岳、张耀曾等皆是，现闻均在云南供蔡氏之指挥。又闻蔡氏在局时，曾借汇寄美国调查经费为名，支用美金一万元，刻该调查员尚在美国（按：因世界大战爆发，实际并未去成，此说不实），需款甚急，迭次来电索款，局中则已开支有账，一时殊难解决，据此则蔡氏怀挟异谋，不必到东京始然也。又据某君云，蔡锷之倡乱，其黑幕中实有少数之政客为之主动。有粤人潘某者，曾于半年前为之奔走南北各省，借词蛊惑各省长官。以其稍负文名，又尝自称为某谘议，亦颇加以延接，然于其谋议则皆一笑置之，以为此特书生妄言耳。不料，潘某误认各处已为所动，遂怂某政客劫制蔡锷首先发难，蔡氏以为潘言可信，遽赴云南独立云。”②

29 日

▲曹锟在岳州发表所谓“奉令讨贼”通电。说：“锟奉令讨贼，誓将出师，前队已拔，大军继发，天心既顺，荡平可期。”③

31 日，统率办事处电令曹锟等人督师向云南进发。说：“奉大元帅训令：蔡锷、唐继尧、戴戡、任可澄等背叛谋反，亟应分派大兵驰往扑灭，以保地方，而卫生灵。特派虎威将军曹锟为行军总司令，马继曾为第一路司令官，督率第六师及第五旅由湖南经贵州向云南进发；张敬尧为第二路司令官，督率第七师及第六旅由四川向云南进发；该总司令由四川前进，

---

① 以上二电见日本人组织《东方通信社电》，《申报》1915 年 12 月 29 日。

② 《要闻一·关于滇事之纪载·蔡锷蓄谋之甚早》，上海《时报》1916 年 1 月 18 日。

③ 中国社会科学院近代史研究所藏档案，档案号：洪 181（1）。

务激励将士联合进行，早奏肤功。滇省瘠苦，闾阎凋敝，应申明约束，勿稍滋扰，有厚望焉。”①

又电告广东、成都、南宁、长沙、武昌、南昌、贵阳各省将军、护军使、巡按使，广东龙镇守使，岳州曹将军、马司令，汉口张司令，已特派曹锟等人督率部队向云南进发。说：“华密。奉大元帅训令，蔡锷、唐继尧、戴戡、任可澄等背叛国家，集兵谋反，亟应分派大兵驰往扑灭，以保地方，而卫生灵，特派虎威将军曹锟为行军总司令，马继增为第一路司令官，督率第六师及第五旅由湖南经贵州向云南进发，张敬尧为第二路司令官，督率第七师及第六旅由四川向云南进发，该总司令由四川前进，务激励将士联合进行，早奏肤功。滇省瘠苦，闾阎凋敝，应申明约束，勿稍滋扰，有厚望焉等因。除分行各司令外，特寄。处。三十一。印。”②

1916 年 1 月 17 日，曹锟电复参政院代行立法院，政事堂，统率办事处，各部总次长，各省除云南、贵州不寄外将军、巡按使等地方官说：“遵即筹备出发，所有第一路前部已抵黔边，第二路前部已抵重庆，大队均陆续进行，后方一切事宜亦已料理就绪。锟拟于本月十九号由岳起程入川，督饬进行，布置防剿，志在殄灭丑类，出民水火，奠我国家，以伸天讨。惟材力棉［绵］薄，深恐未逮，诸公忠荩为怀，关心大局，尚希随时指示机宜，是所切祷。曹锟叩。洽。印。”③

▲报载“政事堂以日来外间对于滇省情形，凭空捏造，谣传甚多，殊属有碍大局。因于日昨具折奏陈，请将该省将军、巡按使等关于劝进之电文，及关于辩正谣言之电件，一并发交《公报》，特别刊入，以靖人心，而息谣诼云云。当奉批准照办矣。总统府自接云南军巡长官漾电后，即召集各重要人物在居仁堂开秘密会议，议决对待办法。除先由政事堂将来电逐层驳斥外，一饬其于五日内明白回奏；二若回电仍旧主张，则派邻省进剿；三电饬附近滇省之数省，派得力军队驻守交界要地，以防扰乱；四派得力侦探员，前赴该省密访确实情形，俾知何人主动，反对者几数，以便定剿抚之办法”。④

---

① 《护国运动》，第 524—525 页。

② 成都《国民公报》1916 年 1 月 12 日。

③ 《护国运动》，第 525 页。

④ 《政事堂奏请宣布滇省要电》，天津《大公报》1915 年 12 月 29 日。

又载“新皇于二十八日在丰泽园召开会议后，逾时复由承宣官持交政事堂、统率办事处密谕各一道。据闻系密饬设法确查梁启超、蔡锷是否入滇，与该省反抗民意之举有无关系上之确证，速查报闻等语”。①

月底

▲蔡锷与云南起义将领发表拥护共和、誓灭国贼《誓词》。说：“拥护共和，我辈之责。兴师起义，誓灭国贼。成败利钝，与同休戚。万苦千难，舍命不渝。凡我同人，坚持定力。有渝此盟，神明必殛。”

又与唐继尧等人发表致驻各国公使电，“务望鼎力维持，同伸义愤”。说：“伦敦、波尔多、维也纳、日本东京、华盛顿、彼得格勒、柏林、罗马中国公使鉴。袁氏背叛民国，帝制自为，内拂舆情，外召干涉，迭经劝告，怙恶不悛。继尧受职民国，只知巩固共和。现已纠合义军，婴守滇、黔，严拒伪命，传檄声罪，共逐独夫。地方乂安，军民扬厉。公等衔民国之命，当必效忠宣勤。务望鼎力维持，同伸义愤，不胜盼祷。唐继尧、蔡锷、任可澄、刘显世、戴戡叩。”

又与唐继尧、刘显世三人达成共同遵守的《规约》（按：1916 年 2 月 2 日公开发表于云南《共和滇报》）。说：

袁贼肆逆，背叛民国，本军义不从贼，决计就滇、黔两省兴举义师，互相提挈，拥护共和，铲除帝制。兹先行编制护国第一军，公推总司令一人统率全军，专任由川进取事宜。所有滇、黔都督暨总司令各有权责，特定规约，以资遵守。计开：

（一）关于滇、黔各本省军民一切事件，滇、黔都督自主之。

（二）关于配置军队、筹备饷糈，滇、黔都督会同第一军总司令主之。

（三）关于军队进行、作战计划，第一军总司令主之，仍随时知照滇、黔都督，以期连贯。

关于上三款之事项，除不相关系外，均应互相切商报告。

（四）关于大局及对外事件，彼此商定后，由滇都督领衔行之。中

① 《交密谕确查梁蔡之实证》，天津《大公报》1915 年 12 月 29 日。

华民国五年月日。[1]

30 日

▲蔡锷与唐继尧、任可澄、刘显世、戴戡通电各省将军、巡按使，各镇守使、护军使，各都统，切盼共兴义举，“勿存心观望，坐误机宜”。说：

前陈两电，计蒙鉴察。袁氏违法背誓，背叛民国，凡有血气，莫不痛心，矧在服民国之官，食民国之禄者。乃电告已一周间，响应者固不乏人，尚有多省未闻同申大义，一致进行。见义不为，当仁而让，坐失事机，宁不可惜！意者岂有恋于袁氏之爵禄，不欲舍弃耶？夫袁氏爵赏之滥，亦可谓空前绝后矣。羊头灶婢，尽授官阶，走卒贩夫，咸膺爵位。物以稀而可贵，袁氏名器之滥如此，岂尚有价值之可言！果能同举义师，拔彼赵帜，共和复故，民国重新，则是烈烈轰轰，光耀千载。以视彼爝火之虚荣、冗滥之官秩，曾腐鼠之不若矣。又岂有惑于袁氏之私惠，不忍背弃耶？吾人所受之官禄，民国之官禄也。受爵公庭，谢恩私室，君子鄙之，何私惠之足云？况袁氏要结虽工，而阴狠实甚，附我者则豢之如犬马，异己者则诛之如寇仇。为怨为德，何常之有？今日以私恩之故，徘徊犹豫，异日功狗之烹，可翘足而待。与其噬脐后悔，何如及早决心，左提右挈，成功可必，保节全身，在兹一举。不然，其必以君宪政治为真可行耶？姑勿论世界文明已趋共治，君主国体日在淘汰之中，即就现政而论，袁氏就职以来，摧残舆论，滥耗库储，生杀由心，法律刍狗，民生困敝，呼诉无门，名为共和总统，实无异于君主专制。凡所设施，皆以为其私耳，所谓福国利民者安在哉！其为总统犹横恣如是，则异日之君主可知。今若戮力同心，铲除帝制，推倒袁氏，重建共和，则法、美之良规具在，我中华民国巍然继起于东亚大陆矣。舍此三者之外，则必其劫于积威之故，而不敢发难。不知自筹安会发生以来，薄海人民，同深愤恨，贤达君子，高举远引，众叛亲离，已成独夫，攘臂一呼，行见众山皆应，摧枯拉朽，可操券而决。又或狃于目前之安，悯念民生之苦，不欲变动，

---

① 以上三文、电见曾业英编《蔡锷集》（二），第 1264—1266 页。《规约》明文提及“先行编制护国第一军”，当可推知本《规约》达成于本年 12 月底。

贻累地方，不知见小利者反致大害，怀安乐者反贻困苦，况今日我国民之困敝甚矣，不改弦而更张之，又何乐利之可言？今兹之举，正所以去苦害之域，臻乐利之境，除帝制之毒，复共和之庥，安之大者也。人类以求安为目的，不此之求，复何求哉。继尧等计划已定，着着进行，但有进死，更无退生，非达到还我共和民国之目的不止。诸公皆当世贤俊，手造民国，忍使庄严璀璨之名邦，坠于浩劫而不复耶？神州陆沉，谁尸其咎？同舟共济，大有其人，恐着鞭之先我，愿负弩以前驱。切盼深谅热忱，共兴义举，机缘可惜，宏愿必偿。盖以正胜邪，以直胜曲，自然之验，必至之符也。幸勿存心观望，坐误机宜，甘作公民之敌，自贻后至之羞，万世千秋，永为世界人之诟病，则幸甚矣。临电神驰，伫聆好音。唐继尧、蔡锷、刘显世、任可澄、戴戡同叩。全。印。①

▲刘显世电陈代行立法院，商榷解决“滇变”问题。说：

代行立法院鉴。华密。自滇变发生，各省主张不一，迭得规［西］安陆将军，福州许巡按使、李护军使电，均拟推冯上将军领衔主持（遵）照，各省将军、巡按，必有良谋硕画，电商贵院，速谋解决。黔距滇较近，所闻较确，显世已于俭日（按：12 月 28 日）将对于滇稍［变］之管见，通电奉商各省，谨将电文译陈，以备采择。其文曰：

窃黔省当辛亥改革，哥匪蔓延时，黻三与任君可澄暨全省人民同处兵局，幸戴君戡赴滇乞援，蔡君锷、唐君继尧济艰戡乱，黔赖以安。显世与蔡、唐、戴代之交谊，实始于此。自孟月以来，闻蔡、戴出京，迭电京友探询，不知所往。适闻滇省军官对于帝制问题反对甚烈，私揣蔡、戴或将来滇参与其事。惟以夙昔公谊私交，不应以揣测之□，预浴上闻谝，一面将滇省暗潮，随时密陈统率处，请设法消弭；一面迭电唐、任，切衷此时国势，不宜有特别举动。9653② 及陈 6900 叁，劝滇之电，不下十余次，区区苦遐，天日可表。中迭接唐、任复电，初既赞成世言，继途坚执所见。其持论要悚，历有数端。一谓此次变

① 曾业英编《蔡锷集》（二），第 1237—1238 页。

② 此阿拉伯数字系原电稿未译出的数码（后同），此外上下文多个不可解的字词，皆为原译。

更国体，由于少数嫁人发纵指示，军民长官不忑［惜］破坏大局，逐既忍赞同，民意不说，聊自欺欺人。一谓各国劝告其名，干涉其实，将以承认问题为交换利益条件，长此既忍，必□沉□。且不知显世初受爵封，立经电辞，并责以恋一时之虚荣，忘千秋之清议等语。显世早岁读书，粗识大义，君轻民重，夫岂不知前次赞成君宪，实因外侮凭陵，国势颠危，冀以元首之威信，维持国脉，或可徐图自强。今实□端已□，口实有资，显世之愚，深不愿以国内阋墙之兴自召瓜分，尤不愿鹬蚌争执迁延岁月，使人以维持和平之名义为我解决。诸公国家柱石，公忠夙望，素所钦崇，拟请联络协同，设法调处，一面电请中央将近日外交真相切实宣布，并为决不丧失权利之保证，借以昭示大信，固结人心；一面拟照江西李将军尾（按：5 日）电办法，联络各省，警告相闻，患难扶持，保持大局，并用公电，或派员责滇，俾知□戒。至责滇文电，似宜专就外患凌夷、国家危亡之关系，择义选言，庶足以昭拳服。若徒以全国民意云云责之，恐滇仍有所借口，愈不足以感动天下人也。诸公至诚至明，用敢披沥祈教，如荷赞同，拟请照西安陆将军宥（按：26 日）电内推南京冯上将军主持进行，领衔入告，以期及早解决，国家幸甚。至显世辞爵之意，并非专畏滇责，实虑社会清议、国民舆论疑吾辈对于中央之拥护，出于个人贪恋爵位之私心，则区区忠义之忱，会无由自白。既忧甚大，关系匪轻，合并附闻。再黔省秩序如常，是纾谨注等语。谨闻。刘显世叩。卅。印。黏。收电第九〇一号，元年一月六日到。①

1916 年 1 月 2 日，又电复政事堂，表示“此时救国宗旨，似以团结人心、消弭外患为第一要义”。说：“堂密。奉电传上谕，饬将意见据实陈述，以备采择等因。”“窃维我国自辛亥改革，四载于兹，内乱纷乘，国基未固，仰见宸谟远运，转危为安，惟以国家新造，外侮侵凌，非为长治久安之谋，莫奠磐石苞桑之固。故国体问题发生之始，显世极力赞成君宪，实原于此。嗣自外人劝告，一般国民于政府慎重交涉之苦心未能领悟，加以在野政客助澜推波，社会思潮遂不免因之移转，至海外乱党借词煽惑，更不必论。

① 《贵州护军使刘显世陈述商榷解决滇乱之电文》，中国社会科学院近代史研究所藏档案，档案号：洪 183。

现在滇事告变，口实有滋，窃恐外人以维持和平之名，协商解决之法，顾念前途，忧心如捣。显世之愚，以为此时救国宗旨，似以团结人心、消弭外患为第一要义，必使全国人民晓然于外交之真相，并使怀才之士、自好之流，莫不鼓舞奋兴，乐为国家效用，则殷忧启圣，多难兴邦，是滇变发生，愈足促国家之进步，大局幸甚。显世待罪边疆，罔识大计，辱蒙垂问，谨贡愚忱。是否有当，伏祈睿裁，谨请代奏。贵州护军使刘显世叩。冬。”①

▲报载“闻昨晚政府得某处电报，乱党李根源（云南土司，前充云南陆军师长，在同盟会中最有资格者）现为蔡锷招致，已由香港入滇，帮助独立军云”。②

31日

▲蔡锷与唐继尧、任可澄、刘显世、戴戡、张子贞、刘祖武通过徐州巡阅使通电各省将军、巡按使、护军使，各镇守使、师旅团长，各道尹、各报馆，热河、察哈尔、归化、绥远都统，进一步揭露袁世凯的“乱贼之罪”，此时不讨，“则中国其为无人也已”，并表示将以“与全国民戮力拥护共和国体，使帝制永不发生”等四事为宗旨。说：

有日所发檄文，谅已达览。惟尚有未尽之义，谨再掬诚报告如下。

慨自晚清失政，国命阽危，我国民念竞存之孔艰，当元二年之交，举国喁喁望治，爱国之士，不惜牺牲一切，与袁氏相戮力，岂有所私于一人，冀借手以拯此垂亡之国而已。袁氏受国民付托之重，于兹四年，在政治上未尝示吾侪以一线之光明，而汲汲为一人一家怙权固位之私计。受事以来，新募外债逾数万万，其用途无一能相公布。欧战发生，外债路绝，则专谋搜括于内，增设恶税，强迫内债，更悬重赏，以奖励掊克之吏，不恤竭泽而渔，以致四海困穷，无所控诉。问其聚敛所入，则惟以供笼络人士，警防家贼之用，而于国务丝毫无与。对外曾不闻为国防之计画，为国际经济竞争之设备，徒弄小智小术，以

① 《贵阳刘显世来电》（1916年1月2日），中国社会科学院近代史研究所藏档案，档案号：洪104（2）。

② 《关于滇事之京报消息》，天津《大公报》1915年12月30日。

取侮于友邦，致外交着着失败。对内则全不顾地方之利害，不恤人民之疾苦，盗贼充斥，未或能治，冤狱填塞，未或能理，摧残教育，昌言复古，垄断实业，私为官营，师嬴政愚弱黔首之谋，尊弘羊利出一孔之教。法令条教，纷如牛毛，朝令夕更，自出自犯，使人民无所适从，而守法观念驯至澌灭以尽。用人则以便辟巧佞为贤，以苛酷险戾为才。忠谠见疏，英俊召嫉。遵妾妇之道，则立跻高明；抱耿介之志，或危及生命。以致正气销沉，廉耻扫地，国家元气，斫丧无余。凡此政象，万目具瞻，以较前清，黑暗泯棼，奚啻什倍。我国民既惩破坏之不祥，复谅建设之匪易，含辛忍痛，冀观后效，掬诚侧望，亦既数年。方谓当今内难已平，大权独揽，列强多事，边患稍纾，正宜奋卧薪尝胆之精神，拯一发千钧之国命。何图彼昏，百事弗恤，惟思觊觎神器，帝号自娱。背弃口宣之誓言，干犯公约之宪典。内罔吾民，外欺列国。授意鹰犬，遍布爪牙。劫持国人，使相附和。良士忠告，充耳弗闻。舆论持正，翻成罪状。以致怨毒沸腾，物情惶骇。农辍于陇，商闭于廛，旅梗于途，士叹于校。在朝节士，相率引退；伏莽群戎，伺机思逞。驯至列强干涉，警告再三，有严密监视之宣言，作自由行动之准备。夫以一国之内政，乃至劳友邦之容喙，奇耻大辱，宁复堪忍！谁谓为之，乃使我至于此极也。今犹不悛，包羞怙恶，彼将遂此大欲，餍其祸心，苟非效石晋割地称儿之故技，必且袭亡清奖拳排外之覆车。二者有一于此，则吾国永沉九渊，万劫宁复。

先圣不云乎：乱贼之罪，尽人得而诛之。况乃受命于民，为国元首。叛国之事实既已昭然，卖国之阴谋行且暴露，此而不讨，则中国其为无人也已。呜呼！国之不存，身将焉托。而立国于今，抑何容易。人方合兆众为一体，日新月异，以改良其政治，稍一凝滞不进，已岌岌焉为人鱼肉是惧。况乃逆流回棹，欲袭中世纪东方奸雄之伎俩，弋取权位，而谓可以奠国家，安社稷，稍有常识者，当知其无幸也。袁氏对于国家，既暗然不自知其职责之所在；对于世界，复懵然不审潮流之所趋。其政治上之效绩，受试验于我国民之前者，亦既有年，所余者惟累累罪恶，污我史乘，他复何有？就令怵于名分，不敢明叛国体，然由彼之道，无变彼之术，亦惟有取国家元气，旦旦而伐，酝酿大乱，以底于亡。况当此祸至无日之时，乃更有帝制自为之举，譬犹熟视父母，宛转属纩，而复引刀以殊［诛］之，别有肺肠，是孰可忍。数月以来，淫威所煽，劝进之辞，所在多有，彼方假借，指为民意，冀以窃誉当时，掩罪后史。实则群公之权宜承旨，或出于顾全大局、投鼠忌器之苦心，或怀抱沉机观变、待时而动之远识，岂其心悦诚服，甘作贰臣，狂走中风，殉兹戎首。尧等或任职中枢，或滥竽专阃，为私计则尊显逾分，更何所求？与袁氏亦共事有年，岂好违异？徒以势迫危亡，间不容发，邦之杌陧，实由一人。亦既屡进痛哭之忠言，力图最后之补救，奈独夫更无悔祸之心，即兆众日在倒悬之域，是用率由国宪，声罪致讨，翦彼叛逆，还我太平。

义师之兴，誓以四事：一曰与全国民戮力拥护共和国体，使帝制永不发生；二曰画定中央地方权限，图各省民力之自由发展；三曰建设名实相副之立宪政治，以适应世界大势；四曰以诚意巩固邦交，增进国际团体上之资格。此四义者，奉以周旋，下以侥福于国民，上以祈鉴于天日。至于成败利钝，非所逆睹，惟行乎心之所安，由乎义之所在。天相中国，其克有功。敢布腹心，告诸天下。唐继尧、蔡锷、任可澄、刘显世、戴戡、张子贞、刘祖武叩。卅一。印。①

按：1916年2月，唐继尧在致梁启超函中透露，云南护国起义最初确定的目标是推倒“袁逆”，“即举黄陂为总统，行内阁制”，以梁启超“为总理”。说：“月前复书，计尘钧览。自是以来，第一军入蜀，第三军入湘，均已节节进攻，所向克捷。然而各省将军，仍复拥兵观望，未即望风响应，虽有蒙古称兵，又闻其以拥护清室为帜者，与吾辈宗旨恐有不同。时局顿更，吾辈计划，亦宜较前略变。溯自滇军举义，原拟俟袁逆推倒，即举黄陂为总统，行内阁制，以先生为总理，届时发表，庶不失先后程序。今审时度势，似宜按照约法，将举黄陂为总统一层，及组织中央政府大概情形，先行发表。惟事关大局，非先生不能为此大文，拟恳即撰就一稿寄滇，并寄登上海、日本各报，一以引起各省之响应，一以消弭蒙古之异谋。或疑袁尚未倒，黄陂辄被举，恐将加害，窃谓此时黄陂果被举，见忌则有之，加害实未必然，段芝泉至今尚生存无恙，其明证也。闻已东渡扶桑，固较

① 曾业英编《蔡锷集》（二），第1238—1241页。

上海安稳，然事变无常，仍望为国珍重，早日归国，将上海应办事办妥，即便驾临敝省，尤深盼企。此致即颂撰安，伫候回示。”①

▲报载“据二十七日日本大阪《朝日新闻》关于云南事件，载蔡锷兴师，一则云入滇而图割据，拥兵而多精健，睥睨南方半壁，以待风云之奋兴。有前云南都督蔡锷者，于二十日与贵州、广西诸省相呼应，遂布举兵之飞电，曾到达于小石川某所在京革命党之本部矣。关于兹事，据其领袖中林坤载之语曰：蔡锷者，与李烈钧并为知名之革命巨子，前明治三十七年卒业于日本士官学校。其遄旋故国，向在滇、黔教授军学，以养成两省子弟尚武之精神。曾任云南第一旅团长及云南都督之要职。当第一次革命之际，以云南都督之职，曾举兵而起，诚爽快男儿也。其后南北和议已成，虽一时任昭威将军，最近因事与心违，遂生革命举兵之决意，于十一月中旬潜行脱出北京，同月十九日经由天津，二十八日至日本，滞留于长崎一周，又途出香港，本月十七日入于革命举兵策源地之云南。惟蔡氏今之举兵，本于十分之决意，其兵力约三个师团，固曩日亲所教授，久经练习，劲旅中之劲旅也。军器准备，皆德国之最新式，并弹药、粮食、军用资金，十分丰裕，滇黔之外响应者众，不止南方数省云”。②

▲袁世凯发布申令，改中华民国 5 年为“洪宪元年”。③

本月

▲蔡锷与唐继尧、任可澄、戴戡、李烈钧代表云南全省士民通电海外华侨，通告云南起义，要求袁氏“取消帝制”实情。说：“我四百兆人民含辛茹苦，肇造民国，委托袁世凯，奉以统治大权，原期其励精图治，福国利民。乃袁氏包藏祸心，蔑弃约法，利用群小，狗苟蝇营，为渊驱鱼，为丛驱雀，日以变更国体、恢复帝制为号召。于是自中央以及各省望风承旨，颂王莽功德者，奚啻万人，称魏珰神圣者，何止百辈。始犹托名讨论，继则演成事实，行将举无数志士仁人心血头颅所换得之中华民国，化而为一家之私产。良友忠规，褒如未闻，五国警告，悍然不顾，肆独夫之奸贪，

① 《护国运动资料选编》上册，第 181—182 页。

② 《东报对于滇事之纪载》，天津《大公报》1915 年 12 月 31 日。

③ 《杨晟致统率办事处电》（1916 年 1 月 7 日），中国社会科学院近代史研究所藏档案，档案号：洪 103（1）。

沦全国于永劫，阴霾盖地，毒雾弥天，天下可痛之事，孰有甚于是者？继尧等受民国付托之重，忝任封圻，义愤撄心，无可再忍。爰于本月二十三日电致袁氏，要其取消帝制，惩办元凶，限以二十四点钟内答复。并通电各省，求表同意，一致进行，一面简练军实，整率义旅，声罪致讨。呜呼！国家者人民之公有物也，人民者国家之主人翁也。当袁氏就职总统之初，何尝不一再声明保持共和，永不使君主复见。乃息壤在彼，不惜食言而肥。苟全国人竟从此默尔而息，一任其为所欲为，则是国魂已亡，人心已死，我神州古国，将从此永堕于万劫而不可复矣。所幸攘臂一呼，同声相应，川、黔各省，戮力同心，誓将扫除帝制，拥护共和。诸父老昆弟侨居海外，眷念祖国，山川阻深，不能自致。用特沥陈起义实情，请赐明察。唐继尧、蔡锷、任可澄、戴戡、李烈钧暨云南全省士民同叩。印。”

1916年1月中旬，再致海外华侨两电，企盼侨胞“解囊相助”，共襄讨袁“盛举”。其一说：“前电既蒙鉴察。比年以来，国内盗贼满地，萑苻遍野，水旱灾害，环起迭生。为之元首者，宜如何恐惧修省，奠定民生，而乃醉心帝位，汲汲不遑，挥霍金钱，滥施名器，牢笼要结，无所不为。而于国计民生，曾未尝画一长策，展一良图，此尚可谓有人心者耶？继尧等用是义愤风云，志除国贼，但有进死，更无退生。现已简料云南常备各旅团，合黔省各团营编制为护国第一、二两军，次第出发，由锷、烈钧分将之，拟长驱而北，会师武汉，直捣幽燕。继尧坐镇滇垣，可澄、戡赞助一切，筹运饷需，以为后盾。惟是义师既起，饷需浩繁，滇、黔瘠区，库储无几，民生困敝之秋，复不忍再加负担，重累吾民。素仰我海外父老昆弟眷怀祖国，高义薄云，是以率同滇、黔全体士民南面顶礼电援。助子乞文之毁家纾难，讵让昔人卜式之输财助边，定多来者。如蒙解囊相助，或随时径汇滇垣经收，或汇数集港，候派员领解。倘得源济无缺，士饱马腾，拯同胞于陷溺之中，复共和于危亡之际，则贵埠义声烁古今、震中外矣。专此布悬，敬请矜鉴。唐继尧、蔡锷、任可澄、戴戡、李烈钧等率云南全省士民公叩。印。”

其二说：“敬启者。宗国肇建共和，于兹四载，国基甫定，民志稍宁。讵意天降鞠凶，元首谋逆，施利诱威迫之手段，逞盗窃神器之狡心，以二三宵小为之爪牙，视全国同胞有若聋瞽，背誓食言，悍然不顾。列强干涉，退让自甘，揆厥私衷，殆不惜四百兆人之生命财产，以为帝王之代价，忍心害理，莫此为甚。此诚志士仁人所为愤激填膺，不能不出而维持国步者也。继尧等为宗国安危计，陈牧野之甲，致讨独夫；挥鲁阳之戈，愿回皎日。现集滇中子弟编为护国三军，联络湘、粤、川、黔，誓师伐罪，刻已陆续出发。军威所至，势犹破竹，将与中原豪杰，会剪蚩尤，重光八表。惟是首义区域军用繁多，负担特重，非广呼将伯，厚集饷糈，无以收士饱马腾之效，而鼓披坚执锐之心。素审侨胞高义干云，热忱爱国，知危必救，有同捐乘之弦高；见义勇为，肯让助边之卜式。尚冀同心提挈，毅力扶持，慨助义金，共襄盛举，庶偕来箪笥，用集底定之奇勋；重整河山，复巩共和之大局，享幸福于斯世，实拜赐于诸君。临颖神驰，不尽缕缕。祗颂公安，统惟惠照。唐继尧、蔡锷、李烈钧、任可澄同叩。”①

▲日本报纸报道蔡锷行踪信息。说：“先任为经界局督办，更任以将军府昭义将军、大元帅统率办事处办事员及参政院参政等职。蔡终不满意。至本年（按：指 1915 年）十一月中旬，蔡得请假至天津，十九日更与家属逸出北京，途中始上书于袁总统，言有日本之行。二十三日至长崎与同志会谈，计留五日。二十八日由长崎出发，于本月（按：指 12 月）十九日抵云南，二十日即举兵。蔡久滞北京，通晓政界之实情，并知政府之实力，则诚属一大敌云云。”②

① 以上三电见曾业英编《蔡锷集》（二），第 1245—1247 页。

② 《东报记云南消息》，上海《时报》1916 年 1 月 3 日。